大学戦略
経営の核心

篠田道夫 著

東信堂

はじめに

　前著『大学戦略経営論』の発刊から5年、この間に大学のガバナンスやマネジメントは大きく変化した。学校教育法の改訂で学長の権限が強化され、大学の運営に大きな影響力を持っていた教授会の行政面での役割が限定された。中教審では、学長のリーダーシップの強化に大きなカギを握っている職員の位置付けの強化や育成の義務付けが示されている。

　しかし、法律でトップの権限や役割を変えるだけで、真のリーダーシップの確立、迅速な意思決定、全学の一体運営、実効性ある改革推進が実現するわけではない。そうした制度・組織面での改革を生かし、如何にその大学に相応しい有効なマネジメントを作り上げられるかが問われている。だが、それぞれの大学にとって、その答えは一つではない。ただ、努力の方向には共通する原理がある。それが、本書で明らかにしようとしている戦略経営の核心である。

　大学は、いま教学面でも経営上でも厳しい現実に直面している。とりわけ地方に立地する中小規模大学は深刻だ。しかし、この5年間で経営調査に訪れた100校近い大学の中には、いったんは定員の6〜7割まで落ち込みながら、全学を上げた取り組みによって浮上した大学がかなりある。そこには、改革に取り組む真剣さとともに、いくつかの共通した行動がある。

　同じく、この間取り組んできた経営実態アンケート調査の200大学を超える回答をつぶさに読み、分析してみても、成果を生み出す具体的な努力の方向や改革のやり方には多くの共通項がある。

　ここ数年間の様々な調査を通じて明らかになった改革の具体的方途は、その時々に雑誌や新聞に発表してきたが、それらを総合すると「大学戦略経営の核心」は大きく3つに集約できると言える。それは、

　第1に、まずは実効性のある中長期計画の策定・実行・到達度評価、政策の浸透や課題の共有であり、

　第2は、その政策を実行し得るガバナンスとマネジメント、組織と運営の一体改革、リーダーシップの強化や全学一体行動の組織化であり、

第3には、それらの遂行を担う中核集団、大学職員の力量の飛躍的強化とそれを発揮するための経営・教学への参画である。

　本書では、これらの課題を追究して来たここ5年間の、雑誌や新聞に掲載された30ほどの論稿を集大成し、改革の具体的姿を明らかにできるよう、この3つの柱に整理した。

　成果を作り出す大きな方向は共通していても、具体の解決策は大学ごとに異なり、成果に結びつく有効な作戦、手法は千差万別、それぞれの大学自身が選び、作り出さねばならない。そのための改善課題や改革方針につながる実例は、全編を通じてできるだけ多く具体的に記述し、実践で活用できるようにした。

　激変する日本の大学環境の中で、直面する改革の方途と展望を明らかにするためには、理論や歴史、外国比較からだけでなく、現状、実態を徹底して分析し、何が問題となっているか、何故改革が進まないかを明らかにすることが必要だ。そして、その解決策も、実際の改革事例、苦労して作り上げ編み出してきたやり方から学ぶ以外にない。本質的、長期的視点は不可欠だが、現実を変革できない方策、問題を解決できない理論では、いま苦難に直面している大学にとっては、何の役にも立たない。

　困難を打開するヒントは、危機に立ち向かっている多くの大学の改革実践、努力の積み上げの中にこそある。数次にわたる経営実態の全国調査と大学訪問調査を通じてまとめ上げた共通する原理から、戦略経営の核心、大学改革の実践的な方途を明らかにしたいと思う。

　中央教育審議会が2008年の学士力答申、2013年の質転換答申、そして2016年の3つのポリシーのガイドラインで一貫して提起し続けているものは、大学教育の質向上であり、これを推し進める内部質保証システムの確立、教学マネジメントの強化である。これも、大学と法人が一致して取り組む中長期計画を軸とした戦略経営の中に位置づかねば実現不可能である。

　「2018年問題」が、雑誌等で様々に取り上げられている。今120万人前後で推移している18歳人口は、あと数年で2度と上昇することのない時代に突入する。急激な人口減少の中にすべての大学が、否が応でも巻き込まれる。2015年の出生数は100万人前後、そしてすぐ100万を割り込むだろう。数年

後から始まるこの危機に、如何に立ち向かうか。

　正確な現状分析、それに立ち向かう斬新な政策立案、そして、この政策を実行し得る強力なマネジメント、そのカギを握る職員の力量の向上、すなわち、大学戦略経営の核心部分の早急な強化・確立が避けて通れないということだ。これまでの延長線上での大学改善の積み重ねで、大学が存続できると考えるのは楽観的である。

　大学の未来を決めるこれらの取組みに、残された時間はそう多くない。本書が、向こう数年の大学改革の方途を探る実践的な指針になれば幸いである。

　本書は3部構成になっている。
　第1部「戦略経営の要、組織と政策の確立」では、第1章で、学校法人制度の特質、強みと課題を明らかにしたうえで、第2章で、それを生かしてどのように改革推進体制を作り上げていくかを述べた。特に学校教育法改訂による組織・制度改革を踏まえて、いかにマネジメントの改善を進めるか、ガバナンスとマネジメントの一体改革の視点で基本方向を明らかにするとともに学長のリーダーシップ発揮の条件を述べた。マネジメントの中核には、法人・大学の一致した中長期計画がある。第3章以降では、これを如何に策定し、浸透させ、実行し、評価・改善するか。また、その推進組織はどうあるべきか、私学高等教育研究所における2回にわたる調査を詳しく分析・整理し、実践に使えるよう、改善のための具体的な方途も記述した。
　第2部「戦略経営をいかに実行するか」は、第1部で明らかにした戦略経営の基本原理をどのように、実践に適用するか、現実の大学の改革事例をつぶさに観察し、その具体の姿を明らかにした。第1章では、特に、危機に直面する地方大学に焦点を当て、いかに厳しい事態を打開するマネジメントを構築してきたか、その優れた取り組みの中から共通する改革のヒントを探した。第2章では、中期計画の実際の策定、運用の現実の姿、特色を作り出す取り組み、地方大学での徹底したきめ細かい教育を紹介し、また立命館大学や二松学舎大学など、注目される中期計画の実践例も取り上げた。教学マネジメントのあり方について提示すると共に、前進する中国の、とりわけ学長のリーダーシップや資質を日本との比較で分析しあるべき姿を考察した。

第3部「職員の位置と役割、力量の飛躍」では、第1章で、中教審での職員の育成、研修の義務化や役割の向上についての議論を紹介し、その意義と今後の方向性を明らかにした。第2章では、とりわけ今日求められている職員の資質、企画提案力の向上のためには如何なる取り組みやシステムが必要か、育成を指導する管理者の役割も明らかにしながら実践的に論じた。第3章では、そうした力を生かすためには職員の大学運営への参画が求められており、その現状や参画の在り方を述べた。

　最後に、第4章で私、篠田へのインタビューを2つ掲載した。つたない経験ではあるが、41年間の大学職員生活における実践の姿をご覧いただければ幸いである。

2016年10月

篠田　道夫

目次／大学戦略経営の核心

はじめに　i

第1部　戦略経営の要、組織と政策の確立　3

第1章　学校法人制度の特質 …………………………………… 4
1. 学校法人制度の特質と私立学校法 ………………………… 4
    学校法人の特質　4
    自主性と公共性　5
    学校法人と設置学校　5
    改正私立学校法の柱　6
    一体運営の推進　6
    中長期の計画によるマネジメント　7
2. 私立学校法改正が提起するもの ………………………… 8
    改正の経緯と狙い　8
    理事会運営の実質化　8
    マネジメントサイクルの確立　9
    経営の評価　9
    経営の公開　10
    今後の課題　11

第2章　ガバナンスとマネジメントの一体改革 ………………… 12
1. 組織制度改革からマネジメント改革へ ………………… 12
    ガバナンス改革の歴史と学教法改訂　12
    私大ガバナンスの類型と特性　14
    成果に直結するマネジメントとは何か　15
    地域連携マネジメントから言えること　16
    求められるガバナンスとマネジメントの一体改革　18
    これからの私大運営改革に求められるもの　19
2. 学長統括力を強化する組織・運営改革 ………………… 21

教学マネジメントと学長のリーダーシップ　21
　　　学長がリーダーシップを発揮できない構造　22
　　　経営と教学の一体政策による統治　24

第3章　実効性のある中長期計画の策定と実行……………… 29
　1. 理事会運営、大学運営の現状 ……………………………………29
　　　はじめに──調査のねらい　29
　　　(1) 調査大学の概況について　30
　　　(2) 理事長、学長、役員構成等について　31
　　　(3) 理事会運営──特に経営・教学に意見の違いがある場合　39
　　　(4) 学長機能──特に学長方針が学部に浸透しない場合　41
　　　(5) 学長選任方式からみた大学統治の特性　44
　　　(6) 調査大学の経営状態　49
　　　(7) 大学が直面する課題、政策への期待　51
　2. 実効性ある中長期経営システムの構築に向けて …………55
　　　はじめに──中長期計画の策定状況の変化　55
　　　(1) 計画は現実（実態）から出発する（P）　57
　　　(2) 中期計画の具体化こそが実行の第1ステップ（D）　64
　　　(3) 具体的な到達目標を明示する（C）　66
　　　(4) 達成度評価を行い改善につなげる（A）　68
　　　(5) 課題の共有、浸透度合いが決定的に重要　73
　　　(6) 中長期計画に基づくマネジメント、PDCAサイクルの進化　76

第4章　私大経営システムの構造改革の推進………………… 79
　1. 私大経営システム調査が明らかにしたもの ………………79
　　　財務・職員の調査のねらいと特徴　79
　　　私大経営・財務戦略の現状と課題──両角亜希子氏（東京大学）の提起　80
　　　事務職員の力量形成に関する課題─坂本孝徳氏（広島工業大学）の提起　82
　　　経営政策支援組織としての事務局体制の構築─増田貴治氏（愛知東邦大学）の提起　82
　　　実効性ある中長期計画をめざして　83
　2. 中長期計画の策定とその実質化 ………………………………84

マネジメント構造改革の4つの柱　84
　　中長期計画による改革の推進　85
　　総合計画による評価の向上　86
　　政策の優位性、実効性の担保　88
　　選択と集中で重点事業推進　88
　　政策策定システムの強化　89
　　政策の浸透と共有　90
　3. 改革を担う経営・管理運営体制の整備 …………………91
　　理事会統治の実質化　91
　　学長機構の確立と教学経営　92
　　経営、教学組織との一体運営　93
　　評価を改革に生かす　94
　4. 財政、人事、人件費政策 ………………………………94
　　財務の計画化と人件費　94
　　財政悪化と人件費の増大　95
　　財務に占める人件費の位置と削減　96
　　中期計画に基づく処遇政策　98

第2部　戦略経営をいかに実行するか　101

第1章　地方大学のマネジメントはいかにあるべきか………102
1. 地域連携マネジメント調査から明らかになったこと … 102
　はじめに——私大マネジメントの調査で明らかになったこと　102
　（1）調査のねらいと調査大学のマネジメントの概要　104
　（2）マネジメントの特性と地域連携の成果との関係　106
　（3）地域連携推進体制の確立が如何に成果に結びつくか　112
2. 「マネジメントの強みと弱み、その改善方策」が示唆する改革の方途　113
　リーダーシップの構築に向けた課題と改善方策　113
　経営と教学、教員・職員の一体運営を如何に構築するか　115
　迅速な意思決定を如何に実現するか　116
　政策浸透、課題共有を如何に作り上げるか　117

組織の改善・改革に如何に取り組むか　118
  組織運営を担う人材を如何に養成するか　119
  まとめ　120
 3. 14大学の事例から何が言えるか……………………………… 121
  (1) 地方大学の特色化を推進するマネジメント　121
  (2) マネジメント事例から学ぶべきもの　130

第2章　中長期計画の実際……………………………………… 135

 1. 福岡歯科大学：中期構想、任期制、評価で活性化 …… 135
  ――緊張感ある教育・研究・業務で目標実現へ前進
 2. 静岡理工科大学：優れた中期計画で確実な成果 …… 137
  ――計画と評価の積み重ねで経営・教学改革を推進
 3. 甲南女子大学：総合政策で志願者V字回復 …………… 139
  ――学部新設、教育充実、教職員育成強化の一体改革
 4. 関西福祉科学大学：学園一体運営で誠実に教育創り … 141
  ――目標・計画を意識的に浸透、当事者意識と情熱で改革推進
 5. 金城学院大学：目標と評価の徹底した継続で前進 …… 144
  ――連続した学部の新設・改組で安定した評価を作る
 6. 日本福祉大学：90年代から政策を軸にした改革推進体制を構築 146
   日本福祉大学の概要、特色　146
   日本福祉大学マネジメントの形成過程　146
   第2期学園・大学中期計画で改革推進　147
   政策一致を作り出す学園戦略本部体制　150
   一致した政策の実行を担う執行役員制度　151
   政策を具体化し実行する仕組み、事業企画書　153
 7. 日本を縦断する7地方大学に共通する改革原理 ……… 157
   はじめに　157
  (1) 長崎国際大学：経営改善計画に基づき着実に成果、達成指標で厳しく評価　157
  (2) 長崎外国語大学：危機をバネに計画を浸透、志願者の大幅増を実現　159
  (3) 岐阜経済大学：中期計画軸に改革、学長機構強化等整備　161
  (4) 中部学院大学：急速な学部増で飛躍的発展、現場主義教育を推進　163
  (5) 青森中央学院大学：定員を満たせない学部があっても、超健全財政を実現　165

（6）弘前学院大学：理事長が経営・教学の会議に出席、陣頭指揮で前進　166
　　（7）びわこ学院大学：徹底した少人数教育で満足度向上　168
　　（8）8大学の事例から学ぶもの　170
8. 2020年、立命館の目指すもの、R2020ビジョン ……… 176
　　中国にIT系新学部設置を計画　176
　　質向上の重視への転換　177
　　主体的学び、学習者中心の教育へ　178
　　学びのコミュニティ、ピアサポート　179
　　目標・方針の明示と総括の伝統　181
　　「参加・参画」による計画原案の策定　181
　　未来をつくる未来志向の運営システム　182
9. 二松学舎大学の戦略的経営の実践 ………………………… 183
　　本書の優れた特性　183
　　本書の構成と内容　185
　　中長期計画の推進には何が求められるか　186
　　中期計画を如何に前進させていったか　189
　　企業と大学のマネジメントの比較から学ぶ　190
　　おわりに　191

第3章　教学マネジメントを構築する………………………… 193

1. 教学経営の確立を目指して ………………………………… 193
　　「学士力」答申の意義　193
　　「教学経営」への着目　194
　　教学運営の再構築　194
　　内部質保証システム　195
　　職員参加の前進　195
　　新たなマネジメント　196
2. 教育改革にはマネジメント改革を ………………………… 196
　　学習時間の増加は始点　196
　　学士力改革には教学経営が不可欠　198
　　教学マネジメントの重要性　198
　　教育改善にはマネジメントの改革を　199

3. 3ポリシーに基づく内部質保証と教学マネジメントの確立 … 200
   4. 学修成果（アウトカム）評価を如何に改善に生かすか … 214
      ──金沢工業大学の事例を基に
     (1) 学生を成長させる教育の仕掛け　214
     (2) 徹底した評価・調査に基づく改革システム　215
     (3) 学習成果の点検・評価システムとその体制　217

第4章　中国の大学のマネジメントとリーダー … 221

   はじめに ………………………………………………………… 221
   1. 戦略経営の意義とリーダー ………………………………… 222
     求められる戦略経営　222
     戦略経営の意義とその推進　223
     トップのリーダーシップとミドルの役割　223
     中国の現状と日本の課題　224
   2. イノベーションと質向上重視の戦略管理 ………………… 225
     戦略管理計画の策定の意義　225
     戦略管理に重要なイノベーションと質　226
     イノベーション意識を持った教育家　227
   3. 大学精神（ミッション）を守る運営 ……………………… 228
     大学運営の本質は理想主義　228
     学問の独立と社会貢献　229
     功利主義、経済的利益と社会的評価　230
   4. 学長の指導能力をいかに高めるか ………………………… 231
     トップの戦略的プランニング能力　231
     トップの創造的執行能力　232
     トップの資源活用能力　233
     特色化を進める文化醸成能力　234
     トップのコミュニケーション能力　235
   5. まとめ ………………………………………………………… 235
     戦略的マネジメントによる大学の発展　235
     戦略計画によるイノベーションの持続　236
     変えるべきものと変えてはいけないもの　237

リーダー、ミドルの役割と組織改革　238

第3部　職員の位置と役割、力量の飛躍　241

第1章　求められる新たな職員の役割と力量向上……………242

　1．新たな職員像と戦略経営人材の育成 ……………………242
　　戦略スタッフとしての職員の登場　242
　　『教育学術新聞』連載の取材・調査を通して　243
　　求められる力とは何か　244
　　職員育成制度の現状　245
　　戦略経営人材育成への挑戦　246
　　戦略経営人材の位置と可能性　247
　2．中教審が提起する職員の新たな役割と運営参画の必要性…248
　　中教審で職員の役割拡大が議論に　248
　　大学職員の資質向上、SDの義務化　250
　　事務組織を見直し、位置付けを高める　250
　　「専門的職員」の配置　251
　　大学教育は職員参画によって成り立つ　252
　　求められる専門的職員は2つの分野がある　255
　3．これからの大学改革の核、SD・職員力の飛躍　257
　　中教審で職員が議論になった意義　257
　　議論の焦点は何処にあったか　258
　　大学職員の専門職化とは何か　260
　　力量を高め職員力を発揮するために　261
　4．中教審の今後の取組みの方向性 …………………………265
　5．専門的職員に関する文科省調査を読む ……………………270
　　中教審大学教育部会・篠田委員が読み解く「専門的職員に関する調査」結果　270
　6．大学職員の専門職化とは何か ………………………………273
　　専門職についての最近の議論　273
　　専門職の位置づけとその育成　274
　　大学専門職とは何か　274

専門職の現状　275
専門職の今後の在り方　276

第2章　職員の育成システムの高度化　278
1．大学改革力強化へ──職員に求められる4つの課題　278
マネジメントの前進　278
改革の総合作戦推進の力　278
2．職員育成を基礎から考える──企画提案型職員の育成を目指して　283
(1) 育成に果たす管理者の役割　283
(2) 今日求められる職員の役割と力　288
(3) 戦略立案と企画提案力の育成　293
(4) 政策立案に必要な力とその獲得　301
3．職員はなぜ高等教育の基礎を学ばねばならないか　312
職員の育成への一貫した姿勢　312
職員はなぜ高等教育の基礎を学ばねばならないか　313
職員の「専門性」「プロフェッショナル」とは何か　314
職員が注目される背景　315
高等教育システムの概要とその特性　316
大学の歴史から学ぶ　317
変化する大学経営と職員の役割　318
おわりに　320

第3章　職員の大学運営参画の重要性　321
──教員統治からの脱却と真の教職協働
はじめに　321
1．職員参加をめぐる経緯とその必要性　322
大学の役割の変化と職員　322
「車の両輪」論の理念から実体化へ　323
職員参加の意義と必要性　323
2．職員参加の現状に関する調査　324
職員の経営・教学参加の現状　324
経営や教学組織に参加できない理由　325

政策決定への事務局の影響度合い　326
　　教職協働の前進　326
　　教職協働を進めるために必要なこと　326
　3. 日本福祉大学における職員参加の「戦い」……………… 327
　　職員の経営・運営参画　327
　　職員参画の理論的根拠　328
　　管理運営参画の要求（青パンフ）　329
　4. 職員参加の先駆的提起 ………………………………………… 330

第 4 章　経験的大学職員論……………………………………… 332
　1. 大学の職員たちが、大学を変える ………………………… 332
　　　──インタビュー：桜美林大学副学長、畑山　浩昭
　　大学改善への関与　333
　　大学運営のあるべき姿　334
　　大学マネジメントの改革　335
　　中教審の議論の柱　336
　　これまでの経験を基礎に　337
　　職員が大学を変えていく　338
　2. 篠田道夫の経歴と仕事 ……………………………………… 339
　　大学職員になったころ　339
　　職員としてどんな取組みをしてきたか　340
　　働く中で影響を受けた人物　342
　　参考になった書籍、読んでいる雑誌　343
　　身に付けてきた仕事のやり方　344
　　大学職員に対するメッセージは　344

あとがき………………………………………………………………… 347
初出一覧………………………………………………………………… 349
索　　引………………………………………………………………… 353

装幀：篠田鉱平

大学戦略経営の核心

第1部　戦略経営の要、組織と政策の確立

第1章　学校法人制度の特質
第2章　ガバナンスとマネジメントの一体改革
第3章　実効性のある中長期計画の策定と実行
第4章　私大経営システムの構造改革の推進

第1章　学校法人制度の特質

1. 学校法人制度の特質と私立学校法

学校法人の特質

　私学の自主性と公共性を統合的に発展させる仕組みとして、日本の学校法人制度はいくつかの特徴を持っている。日本私立大学協会附置私学高等教育研究所（以下私高研）「私大マネジメント改革」チームでは、石渡朝男座長の下で学習会を重ね、資料集『学校法人制度・学校法人会計制度に関する研究』（2011年、私高研）を発刊した。意思決定と執行機能を併せ持つ理事会、チェック機能を有効に果たすための理事の倍数を超える評議員会の設置、設置者である法人と設置校が別の法律で作られている点、監事の必置、役員への親族就任の制限、安定性、永続性を第一義とする学校法人会計制度などが主な特徴として上げられる。
　講師をお願いした大学設置の制度的変遷に詳しい大迫章史氏、羽田貴史氏も、財団法人を骨格に成立・発展してきた過程を詳しくご説明いただいた（上記資料集所収）。私学人の運動を背景に、監督省庁の権限を抑制し、自立性を確保してきたことが見て取れる。同じく両角亜希子氏も、アメリカの一法人一大学、学外者中心の理事会構成、監督機能を持つ理事会と執行機能の分離（学長委託）という設置形態と比較し、日本の特徴を明らかにしている（同所収）。

自主性と公共性

　この特徴の中の、設置者と設置学校が別の法律、私立学校法と学校教育法で作られるという制度設計は、課題も含みながらも私学発展の重要な要素であったと思われる。

　第1は、これによって一法人が多くの学校を設置することが可能となり、私学拡大の基盤となった点があげられる。幼稚園や高校を設置した法人がやがて短大・大学に発展してきた経緯は、講師の荒井克弘氏が調査や多くの学園史の丹念な分析で明らかにされた（同所収）。

　第2は、設置学校が国立・公立と同様、学校教育法で規定され、公教育の一環として扱われ、質保証されることで、国公私の設置母体の違いにかかわらず教育の信頼性を高め、私学教育の拡大に結び付いてきたことも指摘できる。

　第3には、教育管理組織が別に定められたことで、教育条件充実の立場から経営に一定のチェック機能を果たし、この過程で法人の全体政策と教学方針を結合させる運営や組織を作り上げ、活性化や改革を持続させてきた積極面も見なければならない。私学の自主性と公共性のバランスのとれた発展にとって意味があったと思われる。

学校法人と設置学校

　では、法人と設置学校・大学は切り離されているかというとそうではない。瀧澤博三研究所主幹も「学校法人と大学の関係について」（『教育学術新聞』2011年6月8日付）で述べている様に、法的には、学校法人・理事会が設置学校の基本政策を含む法人の最高意思決定機関（私学法第36条第2項）であり、学校教育法第5条「学校の設置者は、その設置する学校を管理し」との定めの通り、法人の下、設置学校も含め一体的に管理運営されることは明確である。

　対外的に法人格を持ち、法律上の権利義務の主体となれるのは法人しかない。設置学校の教職員の雇用も、校地・校舎の所有も、財務管理、資産の帰属も法人であり、設置学校は法人と一体化しない限り存立しないし、機能しない（参照『解説私立学校法』俵正市など）。また、そもそも理事会は、設置学校の学長、校長を理事に選任することが私学法で義務付けられており（第38

条第1項)、設置校の意思を含む理事会決定が可能な法的体制をとっている。これがアメリカの監督・執行分離型との大きな違いで、学内者が理事に就任し、理事会自身の中に設置学校の執行機能も組み込み、監督機能と結合することで一体運営が出来得るシステムとなっている。

改正私立学校法の柱

これらの点は2004年の私学法改正でより明確になった。この改正は、厳しい競争環境の中、法人・理事会のマネジメント強化を狙ったもので、理事会を法律上の必置機関とし、その権限と役割を定めた(第36条)。旧規定では理事長は「学校法人内部の事務を総括する」とし、狭い経営事務統括と誤解を与えかねなかった表現を改め「理事長は、学校法人を代表し、その業務を総理する」(第37条第1項)とした。総理とは「全体を統合し管理する」の意で、法人全体の目標・基本方針を管理・遂行する責任者としての役割をより明瞭にし、代表権も基本的に理事長のみとした。

また事業計画を新たに評議員会付議事項として位置づけ、更に決算と共に事業報告書の作成と公表を義務付けることでマネジメントサイクルの確立を狙った。説明責任の強化を目指し情報開示を拡大するとともに、監事機能を、財務監査と併せ、理事の業務監査から法人業務の監査(設置校の教学の基本計画を含む)に拡大、設置学校を含む法人業務全体に対する監査強化を図った。

一体運営の推進

このように法人が設置学校を含む全体管理を担うが、教育の直接的管理は学校教育法で定められているため、実際にこの政策統合をどう行い、目標達成の一致した行動を如何に作り出すかは私大運営で常に求められてきた。統合の仕方は大学により様々でいくつかのパターンがある。

小規模大学で、いわゆる「所有者的経営者」として理事長が直接経営・教学を統治しているところや国立大学法人と同様、トップを同一人格で統合している理事長・学長兼務型、理事会が実質的な大学統治を学長に委任する学長負託型、評議員会議決型、経営・教学の調整型、理事会のリーダーシップによる政策統合型など様々である。我々プロジェクトの調査研究も、迅速な

政策確立とその全学浸透による望ましいマネジメントの在り方を模索しているが、多様な大学の全てに当てはまるモデルというものはない。しかし、いかなる統合形態であろうとも、設置校を含む基本政策は、最終的には理事長・理事会が責任と権限を持って行う以外にない。

中長期の計画によるマネジメント

これからの学校法人の一体運営を進める上で注目したいのは、改正私学法で新たに加えられた事業計画書、事業報告書によるマネジメントサイクルとガバナンスの強化である。自立的な目標設定と実現計画なしには、大学の機能別分化（個性化）も質向上も進まない。中長期計画に基づくマネジメントが経営改善、定員確保や消費収支差額比率の向上に効果があることは、我がチームの調査によっても実証済みである。

事業計画は予算編成の根拠、予算で何を実現するかの方針書であり、理事会の業務執行責任とは、端的にはこの事業計画の遂行責任である。事業報告書も決算と一体で法人事業全体の到達を示す。そして当然ながらこれらは設置学校の計画も組み込まなければ法人の事業計画とはならない。この計画を数年（中期）にわたるものとし、事業報告書も単なるデータ集ではなく、記載例にもある「当該計画の進捗状況」を示すことで、到達点や課題を総括しPDCAが機能すれば、法人の自立的マネジメントの強化につながる。理事会決定が義務付けられた事業計画、事業報告を活用し、この立案と遂行過程を通して教学との結合も強化し、法人の政策統括下での一体運営を更に進めることが望まれる。

理事長が法人全体を「総理」する手段は、財政権、人事権、組織権限等いろいろあるが、目標を指し示し教職員を動かし得るのは政策統治しかない。これが日本の学校法人制度の特質を生かし、強みに変える道だと思われる。

初出：「学校法人制度の特質と私学法―中長期計画でマネジメント強化を」『教育学術新聞』2011年7月6日

2. 私立学校法改正が提起するもの

改正の経緯と狙い

　私立学校法の改正は、2004年4月16日衆議院、同28日参議院で全会一致で可決、成立した。1949年私学法制定以来の大幅な改訂である。可決に当たっては「学校法人の自主的・自立的な取り組み」を促すと共に改善の検証を行うことなどの付帯決議が付けられた。改正法は2005年4月より施行され、全学校法人は1年以内に寄附行為の改正申請が必要となる。今回の改正の趣旨は「近年の急激な社会状況の変化に適切に対応し、諸課題に主体的、機動的に対応するため法人の管理運営制度を改善すること」とされている。競争と淘汰の時代に、社会的期待に応える「個性輝く大学づくり」を行うこと、そのためにはマネジメントやガバナンスの改革が不可避だということにあろう。

　私学経営の運営原理をどこまで法律で定めるべきかは議論もあるところだが、これを単なる法改正に合わせた条文いじりに終わらせることなく、それぞれの法人が直面する経営の組織・運営改革の契機として積極的に活用すべきである。経営の現場に身を置く一人として、この改正に込められた提起をどう受け止め、自らの改革につなげていくべきか「理事会運営の実質化」「マネジメントサイクルの確立」「経営の評価」「経営の公開」という4つの柱で考えてみたい。

理事会運営の実質化

　今回の改正で初めて理事会が法律上明記された。「理事会は法人の業務を決し、理事の職務執行を監督する」ので、学長や教学出身理事も含む包括的な業務監督権限があるとも読めるが、経営と教学の関係は、最終的には学校教育法も含む整備が必要となろう。「理事長は法人を代表しその業務を総理する」と共に「理事会を招集」し議長となる。また、代表権登記も基本的に理事長一人とするなどその権限も強化された。理事は定めに従い「業務を掌理」し登記することも可能で、また役員には解任規定の整備も求められる。2003年10月の「学校法人制度の改善方策について」の答申では、理事長は原則常

勤、兼職は避けるなどの職務専念、非常勤理事の実質的な経営参加をすすめる諸措置など一層踏み込んだ改善策が提起されている。

　これらは理事会が、実質的な経営政策の決定、統治機関として機能強化することを期待している。理事会開催回数や資料の事前配布など経営遂行にふさわしい運営、拡大する経営課題を責任を持って遂行する為の担当理事制、常任理事制の採用、非常勤理事が名誉職化しないための方策など多くの具体的措置も提起されている。改正法や答申の視点で改めて理事会運営を近代化、実質化する改革が各法人に求められているといえる。

マネジメントサイクルの確立

　経営政策（計画）は全学が一致して目標に立ち向かう旗印であり、また、限られた資源を重点的に投下するための指針でもある。総合的、計画的な政策・事業の断行なしに今日の環境での社会的評価の向上は望めない。国立大学法人の中期目標・中期計画は、私学が得意とする教育の分野においても明確な数値目標を掲げその実現に取り組んでおり、6年後には運営交付金に反映されることからも侮りがたい力を持つ。

　今回、私学法に明記された理事会の事業計画の作成―事業実績の報告―事業報告書の作成の一連の流れは、目標と計画の明確な設定とその評価・総括、そして公表を理事会の重要な業務として設定することを提起している。私学はその戦略的な経営の確立の視点から、法人運営の中にこのプラン・ドゥ・シーのマネジメントサイクルの確立を積極的に位置付け、改革推進の武器にすべきである。私学経営は今日まで、事業遂行の結果としての財政（決算）の形でしかその到達を示す共通の客観的な資料はなかったが、今後はこの「事業報告書」が経営の成果を計る重要な尺度となりうる。学校教育法の改訂によって義務付けられた認証評価機関における第3者評価においても、これが経営評価の重要な指標として位置づけられるものと思われる。

経営の評価

　経営責任の明確化とマネジメント強化は、そのチェック、評価の仕組みの整備を不可欠のものとする。この点で重視されているのが、監事機能の強化

である。監事職務の第1に「法人の業務の監査」を位置付け、その監査報告書を評議員会に提出すると共に公開することとなった。また監事の選任方法の改善、外部性の強化や常勤化、情報提供の充実や定期的な理事長等による業務報告制度、支援する事務体制の整備などもあわせて答申では提起されている。「法人の公共性と運営の適正性を確保する」ために監事が、単に財政運営に止まらず、理事業務、理事会事業、経営政策等について適切な評価や助言を行うことは経営革新に不可欠で、この視点から、監査システムの見直し、整備が求められている。

また「答申」では、法人業務の中心は学校運営なので「学部・学科の新増設や教育研究の重点分野」等についても監査対象になりうるとしている。この点は、学内運営にも、また、監事の選任基準（教学事業への識見）にも関わるため、慎重な検討が必要と思われる。評議員会については諮問機関としての位置を明確にし、議事の拡充や構成の多様化によって、法人業務の全体に渡って広く意見が反映できるよう運営の改善が求められている。理事・監事・評議員などすべての役員の学外者登用を重視している点も、人事構成を見直す上での重要な視点となる。

経営の公開

今回、補助金の交付を受けているか否かに関わらず、全私学に財務情報の本格的な公開が義務付けられた。一般的公開ではなく「利害関係人」に限定し、拒否する「正当な理由」がなければ「閲覧に供しなければならない」ということである。すでに9割を超える大学法人が何らかの財政公開を行ってはいるが、その公表資料の範囲や公開方法は様々である。学園経営・財政の現状を学内構成員や学生・父母、関係者に公開することは、経営の現状と課題の理解を深め、また理事会のとる経営政策に協力を得る上で必要なことである。筆者が長年理事を務めていた日本福祉大学では1968年の決算書から財政公開を行い、現在はホームページ上での公開や教学機関や学生への説明も行っているが、評価の時代にはむしろ積極的な開示で信頼や支持も得られる。議論となっている公開の範囲については、部門別収支などが必ずしも経営の実態を反映していないところから慎重な取り扱いを求める声もあるし、その

点での裁量幅など配慮も必要だ。また、今回重要なのは、あわせて事業報告書や監事監査報告書の公表も義務付けられている点だ。これには事業内容の公表と共に、公開が課題となっている学生数、受験者数、卒業生の進路などの基礎データも含む方向となれば、財務資料を合わせ、法人事業の全体像が自ずと明らかとなってくる。そうした目で改めて法人事業全体の、ディスクロージャーを前提とした運営システムの構築や意識改革が求められる。

今後の課題

　以上、改正私学法が提起する4点の課題について見てきたが、その具体的運用は、政令、省令、通知、指針、作成モデルなどで示される。大学の現場で、法人の経営実務を担う立場からは、むしろこうした具体的な指針が、実際の業務に強い影響を及ぼす。寄付行為作成例の改訂も法の中身を正確に反映する上で不可欠だが、各法人の経営組織改革の様々な試みが柔軟に反映でき、自立的経営を一層促進するものになることを望みたい。「監査指針」の作成に当たっても、財政、理事業務、経営政策に関する監査の柱立て、教学の基本施策への監事の関わり方などは、各法人ごとの改革の進展に寄与するという視点で、画一的でなく柔軟な運用が望まれる。この法改正と並行して「学校法人会計基準」の改訂も検討されている。「財政公開」に連動して外から経営状態の良し悪しが一目で分かるという視点から、赤字・黒字、損益、時価評価などの切り口のみで改定するということになると、大学が収益確保を第一義とする組織でない以上問題も残る。公開すべき財務資料の定め方と合わせ、公開の方法も、ひとつの方法を徹底するというより、各法人の自主性を基礎にした様々な形の奨励が望ましい。私立大学は、特に向こう5年は、第2急減期の厳しい競争環境の中で市場で勝つ改革と強い経営が求められる。今回の法改正が、その精神にある私立大学法人の自主的な改革を励まし、理事会改革や経営の確立・強化を促進するものになることを心より期待したい。

　　初出：「私学法改正が提起するもの―理事会、マネジメント改革の契機に」『教育学術新聞』、2004年6月16日付

第2章　ガバナンスとマネジメントの一体改革

1. 組織制度改革からマネジメント改革へ

ガバナンス改革の歴史と学教法改訂

　2014年は大学ガバナンス改革の年と言われることは間違いない。しかし、改革の歴史や課題全体から見れば、新たな出発点と位置付けるのが適切だと思われる。

　学校教育法の改訂により教授会の役割や権限が変わり、学内諸規程の改訂が一律に実行され、学長選任制度や副学長の位置づけも改変された。しかし、こうした課題は突然出てきたわけではない。**図表1-2-1**に示したように、大学ガバナンス改革は1990年代後半から一貫して大学改革の主要テーマであり続けた。しかも、その内容は、1995年大学審議会答申「大学運営の円滑化について」や1998年の大学審議会答申「21世紀の大学像と今後の改善方策について」の第3章「責任ある意思決定と実行」（文科省HP）と直近の2014年「大学ガバナンス改革の推進について」（審議のまとめ）を読み比べてみると、課題も改善方向もほぼ共通していることが分かる。それは、学長のリーダーシップの確立、そのための補佐体制の整備、教授会の位置づけや運営改善、職員の役割の高度化などである。

　大きな違いは、前回は教授会が教員の採用や昇任をはじめ重要事項についての審議・決定権限を持っている（教育公務員特例法など）ことを前提に運営

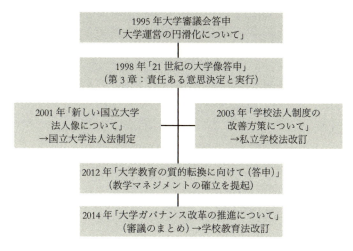

図表 1-2-1　ガバナンス改革の流れ

上の円滑化を目指すもので、学長選任も選挙制度を前提に適切な候補者の推薦システム等の改善提案が中心であった。しかし今回は、この枠組み自体を見直す根本的な提起となっており、教授会の役割や権限そのものを法令で改正することに踏み切った点にある。教育改革はその手法を提起するだけでは進まない。教職員を教育の質向上、授業改革に向けて動かす、ある程度の強制力を持った仕組みが不可欠だ。その要は経営と一体となった学長の、権限を持った大学統括力の強化である。学長直轄の全学的な意思決定組織や教育改革推進のための全学機構の確立、教職による強力な学長補佐体制、政策立案機能の構築など教育を学部任せにしないガバナンス改革が求められる。

　この改革の背景には、「学士力」答申で教学経営の重要性を提起し、2012年8月の「質的転換」答申で、教育の改善には教学マネジメントの構築が不可欠だと提起されたが、これが現実化され機能していかない、改革がなかなか進まない現状への危機意識がある。

　2014年5月28日、教育再生実行会議は「これからの大学教育等の在り方について（第3次答申）」で「学長が全学的なリーダーシップをとれる体制の整備を進める」として「学長選考方法の在り方の検討」「教授会の役割の明確化」を掲げ、初めて「学校教育法等の法改正」に言及した。

そしてこの改革が一気に進んだのは、「教育振興基本計画」、さらには安倍政権の「日本再興計画」で大学改革を経済再生の切り札の一つと位置づけ、大学を変えるにはガバナンス改革が不可避だとして閣議決定し国策として推進したことが上げられる。

この改訂はガバナンス改革の歴史で大きな意味を持つが、学長や教授会の位置づけの法改正だけで、いきなり迅速な意思決定が出来るわけでも、全学が一丸となって動くようになるわけでもない。これまでの答申等でも、トータルな改善には組織・制度改革と運営改善の総合的な取り組みが不可欠とされてきた。文部科学省や行政側から行えるのは法改訂で、それを生かして実際の運営の改善を行うのは、それぞれの大学しかない。

各大学とも、改訂法に沿った学内規則の整備は終了した。しかし、問題はそれをどう動かし、機能させるかということだ。改革の本来の狙いや目指すところをつかみ、課題に正面から向き合って、自らの改革推進に相応しい機動的な運営が求められる。肝心なのはこれからということだ。

私大ガバナンスの類型と特性

ガバナンスで常に指摘される問題点は、私が所属する私学高等教育研究所（以下私高研）の2011年調査（206大学回答）[1]でも裏付けられている。「理事会と教授会で方針や意見の違いがたまにある」26.7％、「理事会と教授会の関係不全が課題である」も37.4％と4割近い。意見の違いがない所は選挙で学長を選んでいる比率は31％しかないが、意見の違いがある所は学長選挙型が61％を占める。やはり選挙を採用している大学は理事会との意見の対立が生まれやすいことは確かだ。「学長方針は学部に不徹底、しばしば調整がいる」29.2％、「学部教授会には直接関与できず、1学部でも反対すると事が運ばない」17％という実態は、ガバナンス改革の必要性を提示している。

直近の2014年の同じく私高研の地域連携（COC）マネジメント調査[2]でも、学長のリーダーシップの確立や迅速な意思決定は、出来ているという法人もある反面、トップが統括できる組織構造になっていない、補佐体制が弱い、なんでも教授会の傾向、学部の独立性が強く統制が効かない、組織が複雑で手続き重視などの問題点を指摘する法人もかなりの数に上る。

私大のガバナンスは、以前から学長の選任方法によって、A理事長・学長兼任型、B学長理事会指名型、C学長選挙型の3類型に分けられてきた。2011年調査では、Aが2割弱、Bが4割強、Cが約4割という分類となる。その特性は、Aはオーナー系が多く、小規模、歴史は古い大学と新しい大学が半々、経営・教学の関係は良好。Bはややオーナー系が多く、中規模、新設大学が多く経営・教学の関係良好。Cは非オーナー系が多く、大規模、歴史があり、経営・教学に意見の違いありということだ[3]。
　ただ、注目したいのは3類型を比べても定員充足率や就職率、中退率、消費収支差額比率などには大きな差がない点だ。つまり、トップが強く権限を持っている、また逆に、ボトムアップの民主的運営だと言っても、このガバナンスの型の違いでは、平均すれば成果は変わらない。

成果に直結するマネジメントとは何か

　では何が成果に結びついているか。私高研「私大マネジメント」チームの調査では、まずは実効性ある中長期計画だ。これが経営・教学改善、定員確保や消費収支差額比率の向上に効果がある。実効性があるということは計画があるだけでは駄目で、**図表1-2-2**にあるように、プラン自体が現場の実態から出発し、具体性があり、達成指標や数値目標が明確で、達成度評価を行い改善につなげるサイクル（PDCA）が機能していることが必要である。
　我々の過去3回の調査でも、2006年、中期計画策定率が25％の時は、計

P（プラン）	計画の策定に当たっては、外部評価や大学の実態を示すデータを活用、重点を定め取捨選択。構成員との対話や提案制度があり専門的な企画部門やIR組織を重視、計画の内容を解説し情報を公開。現実を踏まえた計画を立案。
D（実行）	事業計画に具体化、予算編成や財務計画に連結、教育改革方針や事務局業務方針につなげる。数値目標を掲げ、部局の計画、個人目標と連動させる。期限やスケジュール、責任者を明確にするなど全構成員を動かす仕掛けあり。
C（チェック） A（改善）	計画の達成指標やエビデンスを明確にし、毎年度、数値で到達状況をチェック・改善指導、自己評価と認証評価を結合、評価部局を機能させ、部局や個人の取組みも評価し、結果を次の改善や計画策定につなげる。

図表1-2-2　実効性ある中長期計画

2012年、私高研中長期経営システムアンケート調査より

	十分浸透	ある程度浸透	浸透無し
学生確保がうまくいくようになった	42%	52%	34%
経費削減に成功した	67%	64%	56%
目標が教職員に浸透、共通理解が進んだ	100%	89%	42%
中長期計画に明記された改革が実現し易くなった	92%	94%	55%
法人と大学が共通の目標に向け活動	100%	92%	65%
大学の個性や特色化が推進された	92%	77%	47%
PDCAサイクルがうまく機能するようになった	67%	63%	25%
学生満足度の向上など教育面での改善が進んだ	73%	71%	48%
各部門が中長期計画を意識した改革を行う	92%	83%	40%

図表 1-2-3　中長期計画浸透の効果（肯定的評価の割合）

『私学高等教育研究叢書』(2013年2月) p.73、両角亜希子

画がある大学が成果を上げていた[4]が、2009年調査で策定率55％になると計画があっても予算や事業に具体化されていないと成果は上げられず[5]、2012年調査で75％になると、計画があり具体化しているだけでは駄目で達成度評価まで踏み込んでいる法人が成果を上げている。

2009年調査では、例えば中期計画が財政計画にリンクしている法人は帰属収支差額比率が＋8.3％であるのに対し、出来ていない場合は－1.9％、同じく計画が予算編成に反映されている場合は＋7.5％、反映されていない場合は－0.5％と明瞭な差が出ている。

このようにPDCAが機能している所は政策が浸透、課題の共有が進んでおり、**図表 1-2-3**で見るように、政策浸透度は、改革推進、円滑なマネジメントの遂行など多くの面で成果に結びついている。

こうして見てくると選挙型・非選挙型など、どのガバナンス類型であっても、具体性のある中長期計画を立て、教職員に浸透させ、PDCA本気で実行する戦略的マネジメントに努力している大学は成果を上げていることがわかる。

地域連携マネジメントから言えること

2014年には、前述した地域連携(COC)活動とマネジメントの関係につい

てのアンケート調査を行った。ここでは、地域連携はトップダウン型よりボトムアップ型の方が成果が上がっていることが明らかになった。学長の選任方法と地域連携の成果のクロスでも、「十分成果を上げている」のは、学長指名型が12.6%なのに対し、学長選挙型は22.4%である。選挙型、ボトムアップ型の運営の方が多少優位なのは、地域連携がもともと現場からの取組みからスタートしているという性格も影響していると思われる。しかし、この型に多い「議論によっては調整に時間がかかる」法人は、成果の比率が少ないことからも端的にわかるように、形だけが成果に直結しているわけではない。

　それでは何が成果の要因か具体的に分析していくと、**図表1-2-4**の通り、地域連携の方針が学則やミッションに明確に位置付けられ(P)、地域連携の専門部署や全学的委員会が置かれ、権限の委譲が進んでおり(D)、成果指標が明確で(C)、成果をチェックし、フィードバックする仕組みがある(A)ところが成果を上げ、COC補助金の採択率も高い。つまり、どの型であってもこうした地域連携マネジメントが構築できれば成果を上げることが出来るということだ。

　また「方針の浸透」は成果にかなり影響を持っている。中長期目標・計画が教職員に共有されている所は82%が成果を上げているのに対し、共有さ

○大学の学則等に地域貢献の位置づけを明記しているか

明記している	成果 93.2%	採択率 18.2%
明記していない	成果 75.0%	採択率 0%

○地域連携の成果指標の設定

定量的な成果指標を明確にしている	成果 96.7%	採択率 33.3%
成果指標を明確にしていない	成果 82.3%	採択率 11.8%

○成果をチェックしフィードバックする仕組みの有無

仕組みはある	成果 95.9%	採択率 24.3%
仕組みはない	成果 82.2%	採択率 9.7%

＊成果は、十分上げているとある程度の合計　採択率は、COC補助金（2013年度）採択率

図表1-2-4　地域連携の成果とマネジメントの関係

れていない所は成果は54％しかない。前述したPDCAの実質化、方針共有の効果は、ここでも明瞭である。

求められるガバナンスとマネジメントの一体改革

　こうしたことを総合すると、理事長、学長の権限、教授会の位置づけや役割、意思決定の組織・体制などのガバナンス、統治形態の改革は極めて重要だが、政策と計画を推進するマネジメントが無ければ機能しないということだ。

　大学の弱点である統制力の強化、そのための組織や権限、いわばハードの改革は不可欠だが、教育・研究を本業とする大学では、最後は一人一人の学生、研究テーマ、業務課題に向き合う教職員の自覚的行動、共感や意欲をいかに作り出すか、このソフトの改善なしには成果は得られない[6]。専門家集団である教員組織を動かし、役割の異なる理事会と教授会、事務局、理事・教員・職員という別々の集団を一つの方向に向かわせねば目標実現に迫れない。これは企業とは異なる組織特性だ。トップ集団の権限の強化だけでは構成員の心は結集できず、何を実現するのか、ミッション、目標や実現計画の共有、その遂行を担う幹部の資質、構成員からのボトムアップが求められる。

　この点は、今回の改革に中心的役割を果たした一人、日本IBM出身で現在国際基督教大学理事長の北城恪太郎氏も「学長に期待されるのは、まずは大学ビジョンを策定し、学内に広く伝え、共感を得ること、教職員からも積極的な改革案の提示を求め、数値目標を設定し、進捗を評価すること、その上で権限がある」と述べている[7]。

　この点で私が注目しているのは、経営・教学・事務を貫く中長期計画を軸とした運営の抜本的強化、戦略経営の確立である。厳しい環境では明確な旗印が不可欠であり、学生の育成は総合的な施策なしには進まない。この策定過程を通じて法人・大学・事務局が進むべき大きな方向を一致させ、いったん方針が決定すれば強力に実行することが求められる。こうした政策を軸とした運営がトップの恣意的な行動や過度の教授会自治を乗り越え、真の教職協働や職員の運営参画を進め、長期にわたる一貫した改革を前進させる。ガバナンスとマネジメント、法人・大学・事務局の一体の全体構造改革、強い

リーダーと参加型運営のベストミックスを作り出さねばならない。
　最終的には何割の教職員を目標達成行動に組織できるかが大学改革力の根源であり、そのための各大学に即したシステムの構築が必要だ。理事長が法人全体を「総理」し、学長が大学を「統督」するためには、権限と共に政策統治が極めて重要だ。ガバナンスの究極は、構成員の気持ちを如何に結集し、動かすかにある。

これからの私大運営改革に求められるもの
　最後に、今回の学校教育法改訂で注意すべき点として私大の理事長と学長、法人と大学の関係がある。改訂は学長権限強化を軸にしており、これは学長が経営の全権を持つ国立大学法人はともかく、私大運営全体を対象としたものではない。
　この点に関しては、前掲 IDE の 2015 年 1 月号、特集「学長のリーダーシップとは」で、文教大学学園理事長渡辺孝氏は「私大の学長の立ち位置が正しく理解されていない」と違和感を述べ、桜美林学園理事長佐藤東洋士氏は「私学で学長に求められるのは教学面でのリーダーシップだ」とし、金沢工業大学総長黒田壽二氏は「私大の管理運営や基本方針は、理事長が決定権を持っており学長はその権限の委譲の範囲で機能する」ことを強調している。
　審議のまとめや改訂通知は、私学法に基づき理事会が法人の最終意思決定機関であると述べているが、特に理事長の権限強化や力を持った学長との関係の変化については言及がない。
　日本の学校法人制度の特質の一つに、法人と大学の意思決定機関が私学法と学校教育法の二つの法律で別々に定められ、この両者の関係に定めがない点がある。私大の 2 元構造とか 2 重構造とか呼ばれ、現実にもこの両者が対立したり権限を主張し合ったりしてきた歴史がある。しかし、私学の根本精神である「自主性と公共性」すなわち、自由なミッションに基づく自主的、自立的な経営と国公立と同じ基準で公教育を担う大学の公共性、この結合・統合の努力の過程が私学に強い個性とともに信頼をはぐくみ、私大の発展を作り出してきたと言える。

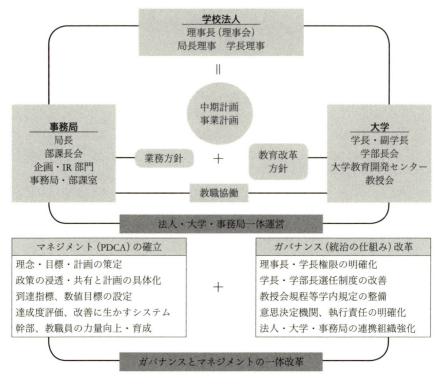

図表1-2-5　法人と大学、ガバナンスとマネジメント改革の全体構造

　私大での学長のリーダーシップは、理事会と一体にならない限り力を持たない。今回の学教法改訂による学長統括力強化を、法人との一体運営の更なる強化につなげていかねばならない。**図表1-2-5**に示した法人運営総体の改革を、戦略達成の視点から作り上げていくことが必要だ。

　また、改訂通知では私大の学長人事等は改訂対象でないとされ、何も変えなくて良いとの理解もある。私学は学長選任に様々な方式があるが、理事会が学長を決定するという本来の原理に立ち返り、優れたトップを、幹部や構成員の適切なコンセンサスを踏まえ、改訂法の精神で選任していかねばならない。時代は強いリーダーシップを求めている。

　もちろん、私大運営の具体的な仕組みをどう作るかは歴史や環境の違いで、ひとつとして同じものは無い。法律による一律的な定めや規制は、私大の個

性や機能分化には逆行する。

　厳しい時代を生き抜く改革推進に相応しい、それぞれの大学に合ったマネジメントの構築こそが大学の未来を約束する。

注

1　私学高等教育研究叢書『中長期経営システムの確立、強化に向けて』(2013年2月)
2　同叢書『地域連携活動の意義と推進マネジメントのあり方を考える』(2015年3月)
3　「私大のガバナンス」両角亜希子『IDE―現代の高等教育』(2012年11月号)
4　私学高等教育研究叢書『私大経営システムの分析』(2007年11月)
5　同叢書『財務、職員調査から見た私大経営改革』(2010年10月)
6　本稿ではガバナンスを統治の機構、組織や制度などのハードとして、マネジメントをその効果的な運営、政策の策定やそれを担う人材、その育成などソフトの意味で使っている。
7　『IDE―現代の高等教育』「学長のリーダーシップとは」2015年1月号

　　初出:「組織・制度改革からマネジメント改革へ―改革推進に相応しい運営システムを如何に作るか」『カレッジマネジメント』2015年

2. 学長統括力を強化する組織・運営改革

教学マネジメントと学長のリーダーシップ

　大学が直面する最重要課題、教育の質向上を実現するためには、2012年の中教審答申[1]も強調する(1)教育課程の体系化、(2)教員間の連携による組織的な教育、(3)教育方法の改善や授業計画の充実、(4)成績評価の厳格化(5)学習成果の把握と改善(6)教員の教育力の向上などトータルな教育改革が求められる。

　しかし個々の授業改善の手法は重要だが、これら全体を動かす「しくみ」がなければ絵に描いた餅、成果は上がらない。今求められるのは教職員を動かす全学的な教学マネジメント、学長のリーダーシップの強化である。

　学長が教育改革推進に統括力を発揮するには、直轄する大学意思決定組織、大学評議会等の強化、教職による強力な学長補佐体制や政策企画機能の整備

による学長機構の確立、それとの関係での学部教授会審議事項の明確化、全学教育改革推進組織やIR組織の発足による改革の実行管理など、教育を学部任せにしない組織・運営改革が必要だ。説得力のある学長方針を策定し、構成員に浸透・共有させる実効性のあるマネジメント、ボトムアップに基づいたトップの強い統率力が求められる。

また私立大学では、学長統括力の大本にある理事会との政策一致と強い連携、入口から出口まで教学を支える事務組織との一体推進体制も重要だ。

全学的な改革を推し進めようとするとき、これまでは教授会や学科会議などの抵抗や温度差からなかなか方針が決定できないとの指摘が多かった。大学全体の目標達成に責任を負う学長と、学部の教学のみに視点を置く学部とのスタンスの違いも大きい。学長による全学の意思決定後も学部が異を唱えるような運営の在り方は改善せざるを得ず、学長のリーダーシップの貫徹は不可欠だが、それは権限の強化だけでできるものでは無い。学生の育成・成長に向き合うのは一人一人の教職員であり、この主体的な行動を作り出すことなしには実効性は無い。結局は課題の共有や方針の一致を作り出す運営改革が併せて行われなければいくら良い方針を決めても実行は覚束ない。

今、教育を本気で改革しようと思えば、教育の改革を実際に動かす大学運営組織や教学マネジメントの改革は避けて通れない。まさに中教審の議論の中で出された「全体戦略と教授会自治の緊張感ある再構築」が求められている。

学長がリーダーシップを発揮できない構造

私立大学では、学長権限だけを強化すれば改革が進むという構造にはない。設置者である学校法人との関係がまず問題となり、こことの連携がなければ進まない。しかし、そこには構造的な対立を生む要素があり、実体としても私学運営の大きな課題であった。まず学長権限は、この法人との関係を如何に構築するかが問われる。

設置者（学校法人）と設置学校（大学等）が別の法律、私立学校法（同施行令や学校法人審査基準）と学校教育法（大学設置基準）で作られ、その両者の関係に定めがないことが、私大の２元構造を生むといわれてきた。経営と教学、法人と大学が分離し、理事会と教授会が対立の構図で見られ、学長はその狭間

で調整役を期待されながら強力なリーダーシップが発揮できなかったともいわれる。

　では、法人と設置学校・大学は切り離されているかというと実はそうではないことはすでに見て来た通りである。学校法人の最高意思決定機関である理事会の下、設置学校は一体で運営管理されることが定められており、大学は法人と一体とならない限り予算や人事も含め機能しない。そもそも法人理事会には、設置学校の学長、校長を最低一人は理事に選任することが義務付けられており（第38条第1項）、理事会は設置学校管理者の意見や実情を踏まえ意思決定し、一体運営が出来得るシステムとなっている。私大は必ずしも二元構造とは言えず、理事でもある学長は、これをバックに法人と一体で強いリーダーシップを発揮しなければならない。

　しかし、現実にはいろいろな問題が存在する。日本私立大学協会附置私学高等教育研究所（以下私高研）で私が所属するチームが行った調査[2]でも理事会と教授会の間に意見の違いがある所は設問によって違いがあるものの3割から4割近くに上る。そして意見の違いがある所は学長を選挙で選んでいる所が6割以上に上り、学長を実質的に選ぶ権限がどこにあるかが、現実の大学運営や意思決定に影響を与えていることが見て取れる。しかし、理事会と教授会に関係不全があるとした大学の政策調整会議の設置率は33.8％なのに対し、関係が良好な所は66.2％が設置しており、政策を一致させる努力、マネジメントの工夫次第で対立は改善できることを示している。

　学長機能に関する調査では、おおむね8割以上が学長権限や学長スタッフ機構は整備され、意思決定はスムーズで円滑な運営ができていると回答している。しかし半面、学長方針が学部に徹底しないところも3割ほどあり、2割近くは学部の意向によっては政策がストップしてしまう厳しい事態にあるという現実もうかがえる。学長権限は確立しているとしながら実際には学部との関係で問題を抱えているということだ。

　これがどのような事態をもたらすか分析すると、例えば学長方針が学部に徹底しているところは中退率が3.1％なのに、やや不徹底は3.4％、不徹底は5.5％で、学長方針が浸透していないところほど中退率は高くなる。面倒見の良い教育、学生満足度の向上などには影響があるといえる。また学長権限

は確立しているとしながらも「学長の下、教育開発センターやIR組織が機能し全学的な教育改革が進んでいる」ところは56.4％である。これを見ると半分近くの大学が、教育改革を進める全学組織が十分でなく、学長の実効的な教育統括には課題があるということだ。

　これらは、この間新聞報道された事例を見てもわかる。

　東京大学の9月入学、当時の浜田学長は「秋入学への全面移行を目指す」と表明し果敢に推進したが、教授会等学内の反対意見が強く、結局「春学期維持」の結論となった。立命館大学の茨木キャンパスの移転を巡っても、当時の川口総長の提案に学内から異論が続出、反対決議をする教授会も出て、当初計画通りの移転は出来なかった（2013年8月20日『日本経済新聞』）。青山学院の新学部、地球社会共生学部設置をめぐり、教員が学長を提訴したが、この理由も3学部が学部新設提案を認めなかったことが、設置手続きの要件を欠くというものだ（2015年4月9日『毎日新聞』）。

　こうした事例を見ると、学長の最終意思決定権限の組織・制度としての確立は極めて重要だが、一方でトップダウンや命令だけで構成員を動かすことは、とりわけ経営組織、教学組織が法制度上の役割を持って複雑に動いている組織体では不可能で、一致した政策を如何に作り上げ、それを一体的に執行できるマネジメントの実行性が問われている。強いトップのリーダーシップも必要だが、構成員の多くを改革に巻き込み、組織できるか、こうした運営の構築が求められている。

経営と教学の一体政策による統治

　法人と大学の政策統合を行い、如何に理事・教員・職員3者の一致した目標達成の行動を作り出すかは常に私大運営で求められてきた。この点で重要なのは、経営・教学・事務を貫く基本政策としての中長期計画、年度ごとの事業計画であり、この中軸に大学教学の充実方針、3つのポリシーをはじめとした学生の育成方針をしっかり位置づけることである。

　厳しい環境では明確な旗印、重点設定が不可欠であり、また、ひとりの学生の育成には最低でも4年の総合的な施策・計画が求められる。教育事業は財政・人事・施設整備などと一体となって初めて実効性を持つ。こうして見

てくると、学長の指導力や権威は、この法人との政策の一体化、全学的な教学改革方針の一致を抜きには不可能であり、またこれなしには教員や事務組織全体の力を結集することはできない。学長が全学的な見地から政策一致を作り上げ、それを実行するに相応しい全学組織を構築し、責任と権限を明確にして教学マネジメントを行う必要性はここにある。

　具体的な教育課題についてみても、例えば共通する基礎学力の本格的な獲得にかじを切った「学士力答申」では、答申の中で繰り返し「教学経営」の強化に言及しているように、学部任せだけで学士力が付く全学的な教育体制が出来るわけではない。この答申以降、本格的に提起された3つのポリシーの策定・実行による教育の質向上についても、入学―教育―学位授与、就職に至る一貫した全学的な教学マネジメント体制の構築なしの実現は不可能である。最近強調されるアウトカム評価についても、全学的なIR組織の強化・確立など、権限を明確にした機構の整備無しでの現場任せでは、実効性ある評価・改善は不可能で、学生の実際の成長に軸足を置いた改革や内部質保証システムの確立は絵に描いた餅となってしまう。

　2012年の質転換答申でも、学生の学習時間の増加など実質的な効果のある教育改善には、アクティブラーニングなど教育方法の改善、カリキュラムの体系化、シラバスの充実、ルーブリックなどによる学習成果の客観的把握、FDの実質化などが提起されたが、これを全学一体的に機能させるためには、学長を中心とした全学的な教学マネジメントが極めて重要だと強調されている。学部・学科と学長の関係を再構築し、現場での積極的な議論と活性化を学長の全学統括の強化と両立させるような新たなマネジメントが求められている。

　こうした学長機能を効果的に推進し、有効に発揮させるためには、職務や執行責任を明確に分担した副学長や学長補佐の配置、学長の政策提案をサポートする学長室、企画室、IR室など現状を正確に分析し何が課題かを特定し、他大学の優れた取り組みをベンチマークし、解決策を正確かつ見通しをもって先駆的に提起できる体制の確立・強化が不可欠だ。その上で教育開発センター、地域連携センターのような、学長政策を形にし、学部・学科に浸透させ、また調整しながら全学的に推し進める学長直轄の機構もなければ

ならない。

　また、学部長、学科長、各教学機関長などを一堂に集め学長政策を伝え、また議論し、知恵を集め、方針一致を図る機関も不可欠だ。学長が各教学機関に直接出向いて説明する機会を増やすとともに、学科、コース単位など少人数の単位での教育運営に対する具体的なきめ細かい議論と一致をする場を重視し、一人一人を教育実践に参画させ、方針を実行させるところまで詰め切れなくては実効性は危ういものになる。その点で、個々の授業改善にまでつながる実践的なFDや教育到達度評価、教員の教学目標の設定やその達成度を明らかにする教員評価などは有効な仕組みである。

　学長を軸とする全学的な教育目標の達成を推進するPDCAサイクル、学部や教育課程ごとの教育実践を進めるPDCAサイクル、個人の教育課程の達成度や授業改善を進めるPDCAサイクル、この3層のPDCAサイクルを如何に構築し、有効に動かしていくかが学長の教学マネジメントの中味を構成するが、これには複雑かつ高度な要素を持つ大学組織の連携や意識改革が必要で、なかなか容易ではない。しかし、この実効性あるシステムの構築と運用こそが、隅々までの政策浸透、課題共有を作り出し、教育の内部質保証システムを有効に機能させることになる。

　こうした改革を法人全体の中期計画の中に、主要な柱として組み込み、教育・研究の活性化、積極的な地域貢献など教学全体の年度ごとの充実を作り出し、それを効果的に広報・浸透させることで大学の特色や成果を定着させ、評価向上を図り、志願者を確保し、財政の安定化につなげる好循環を作り出すことが求められる。

　このような実効性ある中期計画が教学・経営改善、定員確保や消費収支差額比率の向上に効果があることは私高研調査によっても実証済みである。そして、こうした政策に基づく運営こそが、学長の真の意味での強いリーダーシップを作り出し、必然的に教授会中心、部局中心の運営を乗り越え、職員参画を促し、経営・教学、教職一体の運営を作り出す。こうした運営を、私は戦略経営と呼んでいる。

　私高研調査で明らかになった重要な点は、こうしたトップから末端まで、PDCAサイクルによって政策が浸透し課題の共有が進んでいる法人ほど中退

第 2 章　ガバナンスとマネジメントの一体改革　27

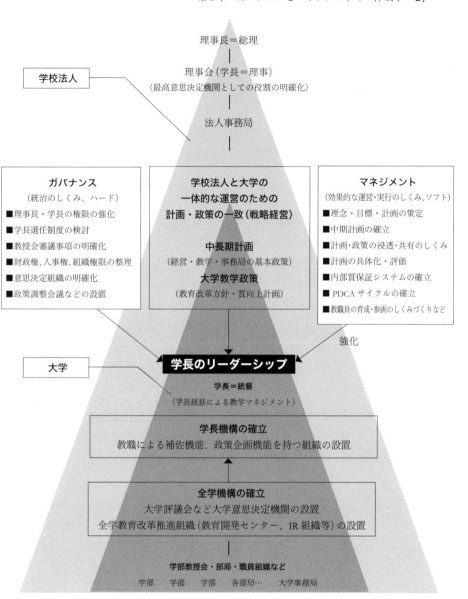

図表 1-2-6　ガバナンスとマネジメント、法人・大学一体改革による学長のリーダーシップ強化

率が低く、学生満足度が高く、結果として定員充足率が高いなど効果があるということである。

図表 1-2-6 にある通り、ガバナンスとマネジメントの双方の一体改革、組織、権限の強化（ハード）と共に、そうした統治で何を実現するのか、その理念、目標や実現計画の中身とその共有化、それを担う幹部の資質（ソフト）の強化を合わせて実現していかねばならないということである[3]。他方、経営と教学が一体化することなしには構成員の意思を結集する真の改革は出来ず、法人と一体化しまたその強力なバックアップなしには学長のリーダーシップも確立できない。

権限、命令だけでは構成員の心を結集することは出来ない。理事長が、私学法で定められた法人を「総理」する、学長が学校教育法で定められた大学を「統督」[4]する手段は、もちろん人事の権限、組織権限、財政権限等いろいろある。しかし、本当の意味で教職員が目標を共有し、自覚的に動くためには政策による統治しかない。政策に基づく運営こそが学校法人と大学を一体化させ、学長統括力を高め、全学の教職員を目標に向かって組織する唯一の道だと考える。

注
1 中教審答申「新たな大学の未来を築くための大学教育の質的転換に向けて」（2012年8月）
2 調査結果は私学高等教育研究叢書『中長期経営システムの確立強化に向けて』（2013年2月）
3 ガバナンスはここでは統治のための仕組み・機構、マネジメントはその仕組みの下での効果的な政策、その運営・実行の意味で使っている。
4 学校教育法第92条「学長は校務をつかさどり、所属職員を統督する。」

初出：「学長の統括力を強化するガバナンスとマネジメントの一体改革」『ビットウィン』2013年8-9月号

第3章　実効性のある中長期計画の策定と実行

1. 理事会運営、大学運営の現状

はじめに —— 調査のねらい

　私立大学協会附置私学高等教育研究所（以下、私高研）「私大マネジメント改革」プロジェクトチームは、私大経営の実態分析とそのマネジメント改革のあり方を、現実に進行する経営危機とそれを乗り越えようとする多くの大学の取組みに軸足を置き、追求してきた。その一環として、2011年に「私立大学の中長期経営システムに関する実態調査」を行った。

　マネジメントやガバナンスが議論になると、例えば創業家一族がトップを継承するオーナー型が問題とされたり、経済同友会の提言書「私立大学におけるガバナンス改革」の様に学長や学部長の選挙制度が問題の根源だとされたりする。もちろんオーナー型でも選挙型でもトップの権限、意思決定組織の不明確さなどマネジメント上の問題点は当然あるが、一方、こうした体制でも優れたマネジメントで成果を上げているところも多い。今回のアンケートで明らかになったことのひとつは、こうした統治形態の違いだけでは、マネジメントの結果、成果にほとんど違いはないということだ。

　統治形態や歴史、環境の違いを超えて優れたマネジメントを作り出す共通項は、明確なミッション、実行計画が掲げられ、それが事業計画、予算編成、

教育計画、業務計画に具体化され、その策定過程や周知の取り組みを通じて全学に浸透し、多くの教職員をこの目標実現の行動に動かしているかどうかにある。

単に方針を出すだけでなく、それを確実に実行し到達度を評価し次の改善に結び付ける、このPDCAサイクルが実質的に動いているかどうか、今求められている大学の質向上も、社会的評価向上も、その結果としての財政の安定化もこの取り組みなしには実現しないという点である。

この実効性ある中長期経営システムの確立と強化に向けて、具体的には何が求められるか、調査結果の分析、考察を通じて、改革を前進させる優れたマネジメントに共通する原理と手法を明らかにしていきたい。

(1) 調査大学の概況について

学生数、教員・職員数

回答大学206校の平均学生数2786人、教員126人、職員93人。在籍学生2000名未満が51％、約半分というのは、2006年の「理事会の組織・運営・機能・役割アンケート調査」(以下06年調査)とほぼ同じである。私大協会傘下の大学(加盟校390大学)を対象としていることから、規模の点では中小私大が多数を占めていると言える。学生数3000人未満、教職員もおよそ200人程度、

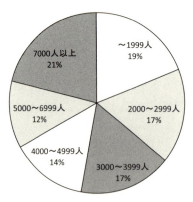
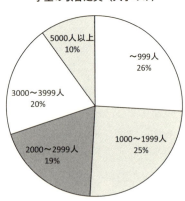

図表1-3-1　学生規模

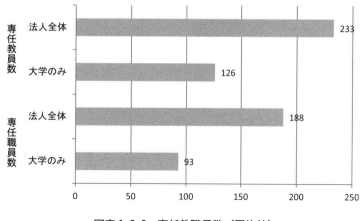

図表1-3-2　専任教職員数（平均値）

顔が見える範囲でのマネジメントは、掌握のしやすさの半面、何もしなければ活性化が難しいなど独特の困難さもある（**図表1-3-1、1-3-2**）。

学部数、帰属収入に占める大学の割合

学部数は平均2.7学部、1学部のみ（単科大学）は33％で、06年調査では単科大学が40.9％を占めていたので、学部数としては志願者のニーズに応える形で増える傾向にある。帰属収入に占める大学の割合は平均61％、比率は06年調査とほぼ同じである。大多数が法人内の併設校を持っており、この時は幼稚園、中学を併設している所が50％前後、高校併設が75％、短大63％という結果であった（**図表1-3-3、1-3-4**）。

(2) 理事長、学長、役員構成等について

理事長と学長の関係

理事長・学長が同一人物であるところは18％で、06年調査の19.5％とほぼ同じである。規模別でみると、1000人未満だと約25％、3000人未満でも20％程度と、規模が小さいところが同一人物である比率は高い（**図表1-3-5**）。

理事長と学長の在任期間

理事長は平均8.9年。06年調査は設問が違うので単純比較はできないが、

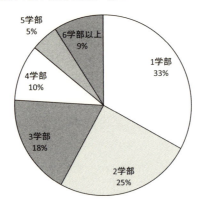

図表 1-3-3　学部数

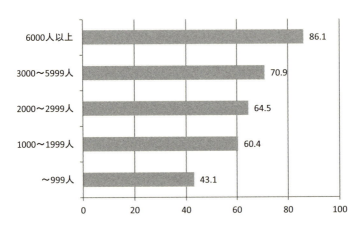

図表 1-3-4　法人の帰属収入に占める大学の割合（大学の収容定員別）

1980年代に理事長就任している法人が62法人あり、この30年近い長期政権が平均を伸ばしている可能性はある。オーナー系理事長は、平均在任期間は13年5カ月と長い傾向にある。学長在任4.1年は、任期・1期4年が多いのでその反映かと思われる（**図表 1-3-6、図表 1-3-7**）。

理事・監事構成

　学内理事6.5人、学外理事4.8人、理事数合計11.3人が平均的理事会構成

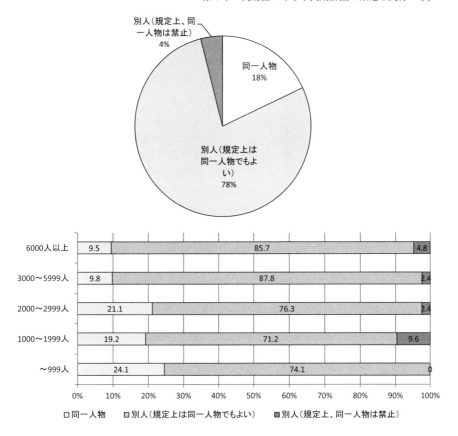

図表1-3-5　理事長と学長の関係（全体、大学の収容定員別）

である。06年調査では、理事数9人（学内理事5人、学外理事3人）が最も多い回答で、7人から14人（学内理事3人～8人、学外理事2人～6人）が最頻値だったので、理事数、理事構成そのものには大きな変化はないと思われる。常任理事は平均3.5人だが、06年調査では1人が64％、2人が20％で、合計すると1人～2人の所が9割弱を占めていたので、数としては2倍以上に増えていると思われ、この5年間で常勤理事体制の強化が急速に進んだことがうかがわれる（**図表1-3-8、1-3-9**）。

34 第1部 戦略経営の要、組織と政策の確立

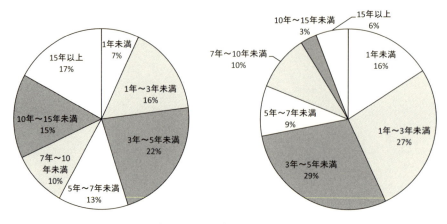

図表 1-3-6　理事長と学長の在任期間

	理事長	学長
オーナー系	13年5か月	5年6か月
非オーナー系	6年5か月	4年6か月

図表 1-3-7　理事長と学長の平均在任年数、オーナー系、非オーナー系在任年数

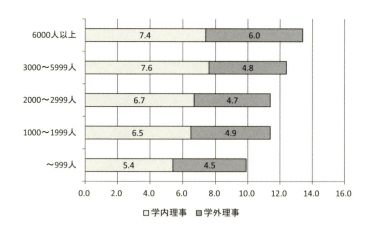

図表 1-3-8　大学の収容定員別の理事数（学内・学外内訳）

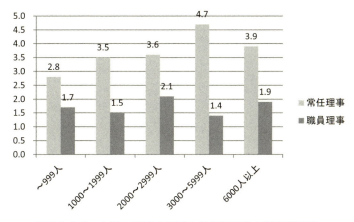

図表 1-3-9　大学の収容定員別の常任理事数と職員理事数

　監事数の平均は 2.2 人、常勤監事は 0.2 人。06 年調査でも監事が 3 人以上いるところは 13％程度、常勤理事配置も 1 割強だったので、人数的な変化はほとんどないと言える。

職員理事の増加

　職員理事は平均 1.7 人、06 年調査では職員理事を置いている法人は 59％、職員理事がいない法人が 120 法人ある一方、2 人以上 5 人までが 63 法人あるが、平均すると 1 法人あたり 0.89 人で、こちらも倍増していることが見て取れる。詳しく見ると、職員理事なし、46 法人 (22.3％)、1 人・64 法人 (31.1％)、2 人・26 法人 (12.6％)、3 人・17 法人 (8.3％)、4 人・9 法人 (4.4％)、5 人・14 法人 (6.8％)、6 人以上・6 法人 (2.9％) という内訳である。ここ 10 年の競争環境の激化に伴い、経営の実効性を担保するため職員理事の増加が進んできたと見ることができる。

創設者と理事長の関係

　現理事長が創設者本人またはその親族であるケースが 42.6％で半数近い。06 年調査でも 45.8％なのでほぼ同じである。しかし収容定員が 6000 人以上の大学では 23.8％しかなく小規模大学に多いと言える。（**図表 1-3-10、1-3-11**）

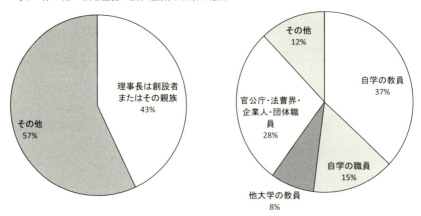

図表1-3-10　理事長の出身母体

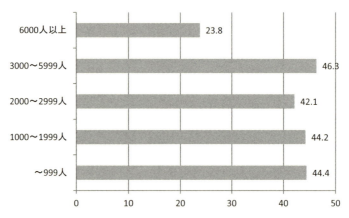

図表1-3-11　オーナー大学の割合（大学の収容定員別）

理事長の出身

　理事長はやはり教員出身が多く、自学の教員が37.1％、他大学の教員7.4％を加えると44.5％と半数近くなる。しかし職員も15.3％もおり、比較データはないが、10年前に比べ職員出身理事長はおそらく確実に増えているのではないか。職員理事の急増と併せてみておく必要がある（図表1-3-10、1-3-11）。

理事会構成の特質

第3章 実効性のある中長期計画の策定と実行　37

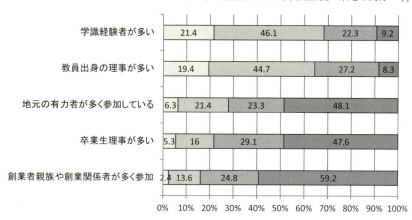

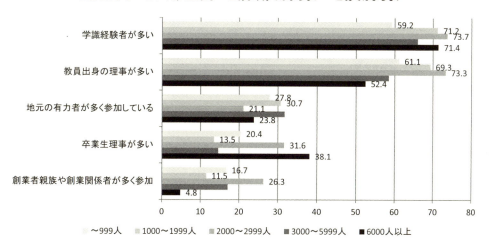

図表 1-3-12　理事会構成（上：全体、下：大学の収容定員別の肯定回答の割合）

　理事会構成として創業者の親族や関係者は多くないと回答したのは84％、地元の有力者や企業経営者も同様に多くない71.4％。逆に学識経験者が多いと回答した法人は67.5％、7割近い。同じく教員理事が多いという回答も64.8％ある。卒業生理事が多いというところも21.3％で意外と少ない。こうして見てみると出身母体の関係でいろいろ影響力を持ちやすい創業関係者や地元有力者、卒業生は理事構成としては多数派ではなく、学内者、教員とそれに力を貸してくれる学識経験者（実際の属性は各大学によってまちまちだと思

われるが) 中心に理事会編成されているのが主流と見て取れる (**図表1-3-12**)。

理事会機能の向上方策

「理事に明確な業務分担がある」と回答したのは44.7％、業務・職責を規定化しているところも29.6％で、理事に実際の執行責任と権限があると自己評価しているのは46.1％と半分ほどの法人は理事が分担責任を明確にしながら経営を動かしている。これは06年調査で、理事の職務分担ありとの回答が53.4％であったのとほぼ照応している。ただ担当理事が当該分野の方針提示まで行っているところは12.6％で、理事がたんに監督責任を果たすだけでなく、自ら方針を出し実行管理を担うという点では、まだ不十分だとも言える。

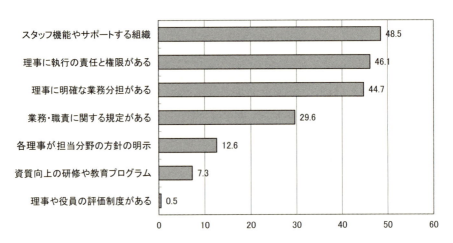

図表1-3-13　理事会機能を向上させるための工夫（複数回答）

	スタッフ機能やサポートする組織	理事に執行の責任と権限がある	理事に明確な業務分担がある	業務・職責に関する規程がある	各理事が担当分野の方針の明示	資質向上の研修や教育プログラム	理事や役員の評価制度がある
〜999人	35.2	48.1	42.6	25.9	9.3	13.0	-
1000〜1999人	40.4	32.7	38.5	28.8	7.7	3.8	-
2000〜2999人	60.5	52.6	50.0	34.2	13.2	5.3	-
3000〜5999人	51.2	48.8	46.3	31.7	17.1	7.3	-
6000人以上	76.2	57.1	52.4	28.6	23.8	4.8	4.8

図表1-3-14　大学の収容定員別の工夫

理事の資質向上の教育プログラムは少なく (7.4％)、評価制度はほとんどないが (0.5％)、これからの課題である (**図表 1-3-13、1-3-14**)。

(3) 理事会運営――特に経営・教学に意見の違いがある場合

理事会運営 (教学との関係を含む)

理事会開催日数に関する回答では、理事会を毎月開催、重要事項は全て理事会で決める (約 45％) に対して、年間数のみの回開催は約 65％でおよそ 4：6、06 年調査の理事会開催回数の分布、年 7 回以下：62.6％、7 回以上：41.1％とほぼ同じである。理事会運営の実質化という点で見ても、理事会開催回数そのものは大きくは変化していない。ただ、学内理事会が運営の中心は 62.2％あり、06 年調査の学内理事会あり、58.8％よりやや増えている。日常経営を学内理事が掌握、日常管理しながら運営を行う体制は前進していると見ることが出来るかもしれない。

「理事会が大学・教学の重要課題には全て関与している」というのが 73.3％ある一方、「大学・学校運営は責任者に任せている」というのも 87.3％、9 割近くあり、「教学の意向を尊重した運営を行っている」は 95.1％ほぼ全法人となる。この関係をどう読むかが問題だが、学長を含んだ理事会では教学の意向を踏まえながら全体の政策は理事会が出す (関与はしている) が、その執行はかなりの程度学長にゆだねており、教学の意向は尊重されていると自己評価しているということではないか。

「理事長等の強いリーダーシップにより運営されている」は 65.5％と意外に多く、調整型、集団指導型は 3 割強である。理事長等が直接教学機関に出かけて方針提起等を行うのは 53.4％と半数を超えるが、逆に全く出席していないところも半数近くある。トップである理事長、学長が定期的に協議を行っているのは 87.9％。経営・教学の政策一致のための組織があると答えたのは 65.1％。06 年調査で政策調整組織があると答えたのは 44.2％なので、経営・教学一体運営体制はかなり強化されつつあると読める。一致した方針なしには改革の前進が図れない現実が背景にあると思われるが、この変化はマネジメントの改革にとって重要である (**図表 1-3-15**)。

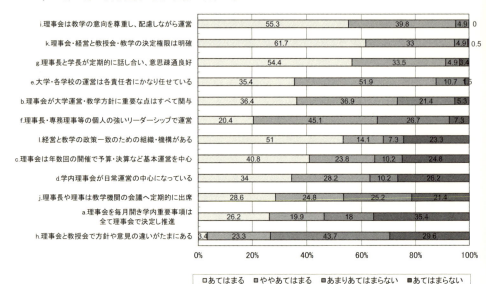

図表1-3-15　理事会運営

経営と教学で意見の違いがある場合

　以上は全てどちらかというと肯定的な設問だが、「理事会と教授会で方針や意見の違いがたまにある」の設問のみは、問題点を聞いている。これには正直になかなか答えづらいところだと思われるが、それでも26.7％、3割近くあり、この問題が依然、私学運営において大きな位置を占めていることがうかがえる。合わせて、問22「理事会と教授会の関係不全が課題である」(図表1-3-28)も37.4％、4割近くある。

　これを他の要素とクロス集計してみると、理事会と教授会に意見の違いがあるところは、選挙で学長を選んでいるところが61％、反対に無いところは選挙型は31％しかない。同じく学長の理事長指名は、意見の違いがあるところは34％なのに対しないところは50％ある。また、理事会と教授会が関係不全があるとした法人の政策調整会議の設置率は33.8％なのに対し、ないと回答した所は66.2％と多数が設置している。同じく関係不全がある法人では学部自治の強さが課題となっているのは63.1％だが、関係不全がないところは36.9％と半分近く減となる。また、両者に意見対立があるところは

人件費比率が、無い所より悪い（つまり人件費が多い）という結果も出ている。人件費比率の高さは、こうした選挙によるところでは構成員の意思の反映が強いとも見ることができる。

やはり、選挙型を採用している大学は理事会とは意見の違いが生まれやすく、学長選挙型は学部長選挙型に当然連動していると考えられ、学部自治が強くなる傾向にある。しかし、政策調整会議などコミュニケーションの仕組みがあるところでは意見の違いは半減する。ただ、いずれのパターンであっても、定員充足率や消費収支差額比率などには統計的に有意な結果が見られなかったことは、こうした選挙型をとる法人の多くが、あとの分析で出てくるように規模が大きく歴史が古く、知名度が高いということも影響しているのかもしれない。意見の違いがあるというのは、教学管理が自立して確立し、大学に合った運営が行われているとも言え、ここからくる緊張関係を如何に改革のエネルギーに変え、その法人ごとのやり方で改革を前進させることができるか、意思決定と執行の仕組みの在り方が求められている。

　理事長・学長への期待

図表 1-3-16 の通り、ビジョン提示、計画の断行、外部の顔としての対外関係作りなどの項目は、理事長、学長とも期待の度合いはほぼ一緒である。違いが出たのは「部局の意見調整」の項で、「とても必要」の割合は理事長 12.6％に対し学長 38.8％、同じく「構成員の意見に耳を傾ける」が、理事長 34％に対し学長 51.9％だった。どちらかというと理事長にはトップダウン的リーダーシップを、学長にはボトムアップ的な調整機能への期待が大きいのかもしれない。経営・教学方針を実際に実行に結び付ける上では、温度差がある学部間を調整し、また教員間の意見の違いを乗り越え構成員をまとめ上げる学長の手腕が期待されていると言える。「財務諸表を理解し方針を打ち出す力」が理事長に求められる（67.5％）のは当然である（図表 1-3-16、**1-3-17**）。

（4）学長機能――特に学長方針が学部に浸透しない場合

　学長の機能や役割

　学長権限は確立し（91.7％）、学長スタッフ機構は整備され（83.5％）、学部教

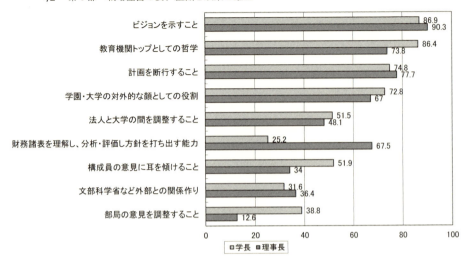

図表1-3-16　理事長と学長に期待されること（「とても必要」の割合）

	教育機関のトップとしての哲学	ビジョンを示すこと	計画を断行すること	対外的な顔としての役割	法人と大学の間を調整すること	構成員の意見に耳を傾けること	部局の意見を調整すること	文部科学省など外部との関係作り	財務諸表を理解し、方針を打ち出す能力
～999人	79.6	85.2	72.2	64.8	59.3	51.9	48.1	31.5	27.8
1000～1999人	84.6	84.6	71.2	75.0	51.9	57.7	42.3	40.4	28.8
2000～2999人	89.5	86.8	68.4	76.3	47.4	50.0	31.6	26.3	21.1
3000～5999人	90.2	90.2	85.4	78.0	46.3	56.1	31.7	22.0	19.5
6000人以上	95.2	90.5	81.0	71.4	47.6	33.3	33.3	38.1	28.6

図表1-3-17　大学の収容定員別の学長に期待されること（「とても必要」の割合）

授会等を統括・管理出来て意思決定はスムーズ（90.3％）で、大学政策は明確（84％）に出され、理事会からの支援もある（80.1％）という回答が大半で、学長機構としてほぼ確立し円滑な運営ができていると読むことができる。ただ、これは「あてはまる」と「ややあてはまる」の合計数値だが、「確立している」と自信を持って回答したのはそのうちの半分程度、あとの半分は実際には確立しつつあるが課題もあると言ったところかと思われる。

それは「学部の意向はいろいろだが最終的には学長方針によって決定できる」（87.4％）という回答にも表れている。つまり学長権限が確立していると回

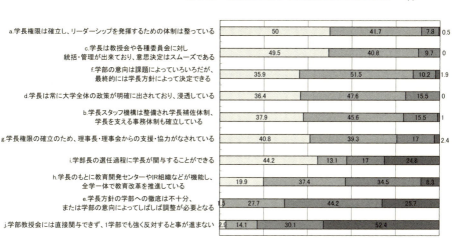

図表1-3-18　学長の機能と役割

答したところが、実態としては大半が学部との関係ではいろいろ苦労しているものの、最終的には何とかまとめることができている状態かと思われる。

同様に、「学長の下、教育開発センターやIR組織が機能し全学的な教育改革が進んでいる」ところが56.4％である。学長機構が確立していると言っても、教育改革を実際に進めるための全学組織が半分近くの大学では設置されていない、もしくは十分機能していないということは、学部教育を所管する教授会との関係では課題があり、学部や部局への浸透、教育現場を実権を持って動かすという点では、まだ不十分だとも言える。具体の教育改革方針が不徹底の状態だと全学的な教育改革が意思決定できず、教育の改善が進まない上、教学マネジメントが十分機能していないことになる。

「学部長の選任に学長が関与できる」ところは57.3％あり、関与出来るところとそうでないところもこうしたマネジメントに影響していると思われる（図表1-3-18）。

学長方針が学部に浸透しない場合

学長権限が確立しているという回答が9割を超える半面、「学長方針は学

部には不徹底、しばしば調整がいる」大学は 29.2％、「学部教授会には直接関与できず、1 学部でも反対するとことが運ばない」ところも 17％もある。こうした問題を指摘する回答はなかなか答えづらい所からみると、3 割の大学は学部との関係で政策調整が難しく、2 割近くは学部の意向によっては政策がストップしてしまう厳しい事態にあることを示している。同様の設問は他にもあり、学部自治の強さを直面する課題に挙げている大学が 31.5％ある。つまり、学長権限は確立していると自己評価していても、実際学部との関係で明らかに課題を抱えている大学は 3 割前後存在するということである。

　これがどのような事態をもたらしているのか、クロス集計で分析してみると、中退率、定員充足率、人件費比率などに一定の有意な結果が出ている。例えば学長方針が学部に不徹底の設問にあてはまると回答したところの中退率は 5.5％だが、ややあてはまるが 3.4％、あまり当てはまらないは 3.1％となっており、学部との関係がうまくいっていないところの中退率は平均的に高い。つまりは面倒見の良い教育など学生満足度の向上や教育成果には影響があると見て取れる。学部教授会に直接関与できないところとそうでないところでは定員充足率も差が出ており、学長権限が確立しているところと未確立なところでは人件費比率でも違いがみられる。このことは、学長を軸とした全学的な教育改革の確立ができるか否かが、教育の成果、ひいては学生確保や財政の安定化につながっていることを示しており、これをいかに実現するかが教学マネジメントの課題であることを示している。

(5) 学長選任方式からみた大学統治の特性

　学長選任方法

　学長の選任は、選挙で選ぶのが 39.3％、理事会（理事長）指名が 46.1％である。学長選考委員会方式も 52.4％あるが、これは指名の場合も選挙の場合もありうるので、選任の方式としては前者の 2 つ、選挙制か指名制かの大きく 2 つのタイプに分かれる。オーナー系では選挙型は 18.4％なのに、非オーナー系では 55.6％、学長の理事会（理事長）指名制はオーナー系では 59.8％なのに非オーナー系では 35％と少ないなどの特徴もある。学長選任への職員参加は全員参加が 13.1％、一部の職員参加が 11.2％、計 24.3％、選挙によって選

第3章 実効性のある中長期計画の策定と実行　45

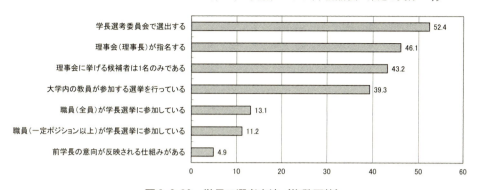

図1-3-19　学長の選考方法（複数回答）

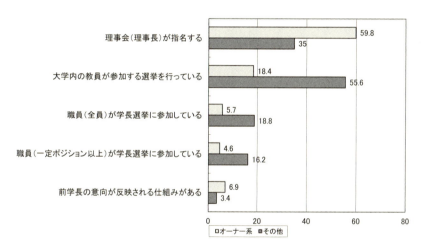

図1-3-20　オーナー系か否か×学長の選考方法（違いがみられた項目のみ）

任している大学の半数以上で職員参加が行われており、まだまだ少ないが前進してきたと言える。職員参加の比率も非オーナー系が圧倒的に多い（**図表1-3-19、1-3-20**）。

　学長選任方式による統治の特性
　学長選任方式には、上記の選挙制、指名制以外に、問7にある理事長と学長が同一人物18％があり、これを加えて3つのパターンとなる。これを両角亜希子氏は理事長・学長兼務型、学長負託型、教学経営分離型に分け、そ

の特性を『IDE －現代の高等教育』(2012 年 11 月) で分析している。この分類の仕方自身は私立大学連盟が 1984 年『私立大学―昨日・今日・明日』で使った分類とほぼ共通するものである。

　その特性を両角氏の分析を基に私なりに要約すると、以下のようになる。

　　A、理事長・学長兼務型、はオーナー系が多く、小規模、歴史は古いところと新しいところが半々、経営教学の関係は良好。

　　B、学長指名型、オーナー系やや多く、中規模、新設大学やや多い、経営教学の関係良好。

　　C、学長選挙型、非オーナー系多く、大規模、歴史あり、経営・教学意見の違いあり。

　そして、この 3 パターンで定員充足状況、経営・財務状態には大きな差はないことがクロス集計で判明している。これは、非常に重要な点だ。少なくともトップの選任方式、統治形態が直接、大学の成果の善し悪しには結びついていないということである。冒頭でも述べたように、特定の統治形態 (選挙型か非選挙型かなど) やガバナンスの仕組み自体に、マネジメント上の問題点の根本原因を一律に求めることは無理があることを示していると言える。むしろ、C の学長選挙型がやや学生確保が良好の傾向があるが、これも統治形態、マネジメントから来る強みというより規模大きさ、歴史があることから来る知名度の差などの要因が大きいと思われる。

　では統治形態ではなく、何がマネジメントの優劣を左右しているのか、この点は本稿の「2. 実効性ある中長期経営システムの構築にむけて」で詳しく分析したい。3 つの選任形態から来る特性として想定できるのは、例えば、

　　A、理事長・学長兼務型は意思決定が迅速、法人・大学一体運営が可能だが、トップダウンの弊害やリーダーが適任者でない場合のリスクは大きい。

　　B、学長指名型も経営・教学の一体運営には強いシステムだが、理事会に近い分、学長と教授会や教員の関係、構成員の意思の反映、方針を浸透させ部局を如何に動かすかなどが課題である。

　　C、学長選挙型は民意、総意の反映には強いが、選挙母体を意識し勢い調整型運営になるリスクがあり、厳しい改革が出来ない、経営との方

針に違いが生まれるなどの課題がある。

　政策調整機関設置が設置されている場合は、Cでは意見の違いを克服し一体運営の効果が顕著なので、特性や弱点をカバーするマネジメントさえできれば、弱みを強みに変えることが可能だということだ。逆にAでは調整機関の設置が多い方が対立が多いとのことだが、これは設置の効果がないのではなく、むしろ対立が多いところが設置しているためではないかと思われる。

　こうしたことを統合して言えるのは、どのような経営の型であろうと、その特性、強みや弱点を良く把握し、政策と計画を意思決定、執行できる中長期経営システムの確立が出来るかどうかがむしろカギであるということだ。この点は、様々な経営、管理運営体制を持つ大学の訪問調査からも共通して言えるところである。トップダウンが必要な場合もあればボトムアップが効果を上げている所もあり、オーナーが居ないところでは選挙制度が強い統治を支えている所もあり、逆に調整型となり強いリーダーシップを求めて権限の集中を図る運営改革を進めているところもある。教育・研究を中軸とする大学では、強いトップ集団、明確な戦略も求められるが、構成員がそれを自覚し自ら行動する自発性を作り出すことなしには成果が上がらない。そのためのボトムアップ、民意の反映ないしは政策の理解や浸透が必要で、そのやり方は選挙型、非選挙型を問わず共通する側面を持つ。問題は目指す目標に構成員を巻き込んで如何に実行できるかその大学に即したシステムの構築である。

　大学の風土

　そのあたりが、この風土の設問の回答にも表れている。学長のリーダーシップが重要だ(89.8％)、大学運営への理事会の影響は大きい(73.3％)、目標に向かっての行動が重視されている(85.4％)と回答したところが多数を占める反面、公平、平等な手続きを重視(90.8％)、経営陣や学長に自由に意見が言える(86.9％)、学部自治を尊重している(77.7％)、同僚的文化である(70.9％)など、一見矛盾した回答を多くの大学がしている。このトップとボトムの微妙な関係、目標を浸透、遂行していく上での運営システムの複雑さや工夫の積み上げがこの矛盾した回答にも表れており、またその大学なりの工夫やあり様が

48　第1部　戦略経営の要、組織と政策の確立

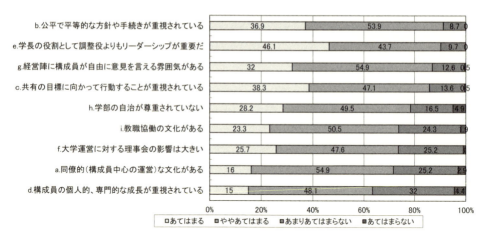

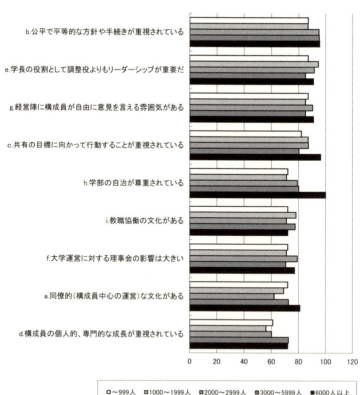

図表1-3-21　大学の運営や教職員の風土（上：全体、下：大学収容定員別）

(注) 下図の割合は「あてはまる」と「ややあてはまる」を合計した数値。

問われていると言える（**図表 1-3-21**）。

(6) 調査大学の経営状態

大学の現状

人件費比率55.2%は、06年調査55.1%とほとんど変わらず。全国平均よりはやや高め。帰属収支差額比率1.8%は、06年調査3.3%に比べ、悪化の傾向がさらに進んでいる。定員充足率95.5%は、06年調査95.9%に比べほぼ横ばいと言える。中退率3.2%は、ほぼ全国平均並みと言える。就職率（対就職希望者）86.1%、就職率（対卒業者）72.1%は平均より高く、まずまずの数字と思われる。

規模別に見ると在籍学生2000人未満の大学の充足率は80%〜90%台、帰属収支差額比率もマイナス数%となっており、人件費比率も60%前後と高くなっており、小規模大学はさらに全体として厳しい状況にある（**図表 1-3-**

a. 学生生徒等納付金比率（平成22年度実績）	77.5%
b. 人件費比率（平成22年度実績）	55.2%
c. 帰属収支差額比率（平成22年度実績）	1.8%
d. 定員充足率（在籍学生数／収容定員）（平成23年5月1日現在）	95.5%
e. 中退率（過去1年間の退学学生数／在籍学生数）（平成22年度実績）	3.2%
f. 就職率①（就職者／就職希望者）（平成22年度実績）	86.1%
g. 就職率②｛就職者／（卒業者－進学者）｝（平成22年度実績）	72.1%

図表 1-3-22　経営状態（全体平均値）

	学生生徒等納付金比率	人件費比率	帰属収支差額比率	定員充足率	中退率	就職率①	就職率②
〜999人	74.0	61.7	-6.7	85.5	3.1	83.8	70.2
1000〜1999人	78.2	56.4	-1.3	91.0	3.2	86.4	73.0
2000〜2999人	78.8	54.9	4.7	94.5	3.4	86.9	72.9
3000〜5999人	77.8	50.4	8.1	106.1	3.1	85.7	72.3
6000人以上	81.3	47.2	10	115.4	3.5	89.3	72.3

図表 1-3-23　大学の収容定員別の経営状態

22、1-3-23)。

定員充足状況

全学科で定員を満たしているのは 31.6％、学科によっては定員割れ 38.3％、大学全体定員割れ 24.3％で、7 割の大学が何らかの定員割れというのは深刻な事態が依然続いている状況と言える。しかし、そういう状況の中でも、帰属収支差額比率はギリギリながらもプラス（黒字）を保っており、定員充足率が 9 割台を確保しておれば、継続性を重視する学校法人会計制度の仕組みもあり、経営を継続できる体質にスリム化されつつあるとも言える。と

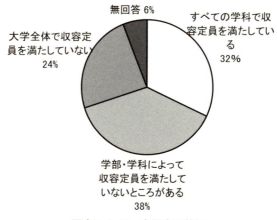

図表 1-3-24　定員充足状況

	学生生徒等納付金比率	人件費比率*	帰属収支差額比率*	定員充足率*	中退率*	就職率①	就職率②*
全学科で満たしている	78.6	48.3	12.2	113.6	2.8	88.2	74.5
学部・学科によって満たしていない	78.3	55.4	2.4	94.6	3.3	86.5	73.2
大学全体で満たしていない	74.6	64	-13.2	75.2	3.9	82.9	66.3

図表 1-3-25　定員充足状況別の経営状態

（注）＊印の項目は統計的に違いがあるもの（5％水準で有意）

はいえ、大学全体として定員も満たせない 50 大学は、平均すると定員充足率75.2％、帰属収支差額比率マイナス 13.2％、人件費比率 64％と大変厳しい事態にあることに変わりはない（**図表 1-3-24、1-3-25**）。

(7) 大学が直面する課題、政策への期待

大学の直面する重要課題

課題別に「非常に重要」と答えたのを順番に見ると、1．志願者減少対策 (79.6％)、2．教育の質向上や学士力の育成 (68％)、3．就職率の向上 (65％)、4．経費・人件費支出削減 (60.2％)、5．学力低下対策 (59.2％)、6．教育改革の恒常的推進体制強化 (50.5％)、退学率減少 (42.2％) の順となっている。志願者確保がトップの課題となるのは、前項の定員充足率から見ても当然だが、それを実現するためにこそ、それに続く回答にある教育の質向上、就職率アップ、教育改革推進体制の確立や学力低下対策が求められるという構造だと思われる。出口問題、教育改革の課題が上位に来ており、課題の重さと同時に、教

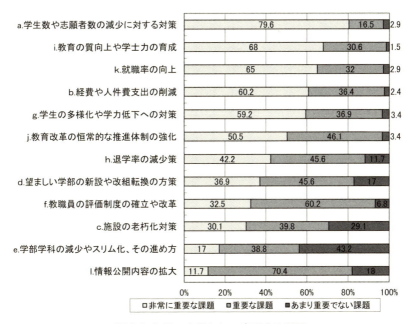

図表 1-3-26　大学として直面する課題

	定員充足率が			
	80%未満	80%～100%	100%～110%	110%以上
a. 学生数や志願者数の減少に対する対策	100.0	92.9	60.5	64.3
i. 教育の質向上や学士力の育成	73.2	58.9	63.2	82.1
k. 就職率の向上	65.9	62.5	63.2	67.9
b. 経費や人件費支出の削減	63.4	66.1	57.9	53.6
g. 学生の多様化や学力低下への対策	48.8	62.5	60.5	62.5
j. 教育改革の恒常的な推進体制の強化	51.2	53.6	50.0	48.2
h. 退学率の減少策	41.5	48.2	39.5	35.7
d. 望ましい学部の新設や改組転換の方策	41.5	39.3	31.6	35.7
f. 教職員の評価制度の確立や改革	43.9	21.4	36.8	32.1
c. 施設の老朽化対策	22.0	30.4	36.8	26.8
e. 学部学科の減少やスリム化、その進め方	26.8	19.6	7.9	10.7
l. 情報公開内容の拡大	9.8	12.5	5.3	14.3

図表1-3-27　大学の定員充足率別の課題（「非常に重要」の割合）

育の充実なくしては学生が集まらない実態を反映していると思われる。

これを定員充足率別に見たのが図表1-3-27だが、これを見ると充足率80％未満の大学は即効性のある志願者増対策や学部新設スリム化、退学者減少対策や評価制度の確立等を重視いて取り組んでいるが、一方充足率110％以上の所は教育の質向上や学力低下対策、就職率向上方策など、長期的な教育充実策に取り組んでいるのが特徴だと言える（**図表1-3-26、図表1-3-27**）。

組織運営上の課題

次に、図表「組織運営上の課題」（1-3-28）で「非常に重要＋重要」を上位から順番に見ると、1，教員の意識（95.2％）、2，職員の意識（93.7）、3，次期経営・教学幹部の育成（92.2％）、4，職員の力量・専門性（87.3％）、5，経営陣の経営能力（82.5％）、6，教員の教育力（80.1％）、7，職員の意思決定への参加の不十分さ（67.9％）、8，経営政策の不徹底（62.1％）の順である。教員の意識、職員の意識はほとんど全ての法人が上げているが、しかし、実際それを変えようと思うとその下の回答にある政策の不徹底とか、職員参加の不十分さとかの課題を一つ一つ変えていくことなしには不可能であり、そうした問題構造に

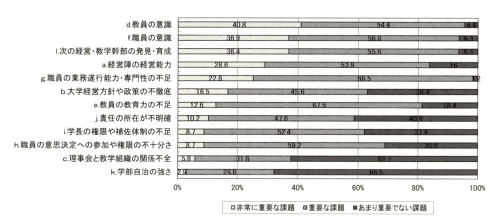

図表 1-3-28　組織運営上の課題

なっていると見れる（図表 1-3-28）。

　主な問題点を「問題がある：ない」の比率でみてみる。例えば、理事会と教授会の関係不全が「ある」37.4％：「ない」61.7％、学部自治の強さが「ある」31.5％：「ない」66.5％、学長権限や補佐体制の不足が「ある」61.1％：「ない」37.4％で、およそ 4：6 の比率である。また職員の意思決定の参加・権限の不十分さが「ある」67.9％：「ない」30.6％は 7：3 である。まず、これだけの比率でマネジメント上改善すべき重要な課題を持っている（課題と位置付けている）ということを確認しなければならない。これらの問題点を解くカギはどこにあるのか、大学全体の管理運営体制の構造的な改革を推し進めるにはどうしたら良いかという視点で、後の中期経営システムの在り方を考えていかねばならない。

　政策に期待すること

　これからの大学政策に期待することとして、補助金の増額や問題法人への的確な対応、定員超過への厳しい対処などの行政施策については 9 割前後の大学が基本的に一致して求めている。意見が分かれたのは、学部・学科の設置条件をより厳しくする・賛成 5：反対 5、大学の機能別分化・賛成 6：反対 4 などである。大学の置かれている環境や取り組む課題意識の違い、図表 1-3-30 に見る定員充足率別の政策期待などに表れている直面している各法人

第1部 戦略経営の要、組織と政策の確立

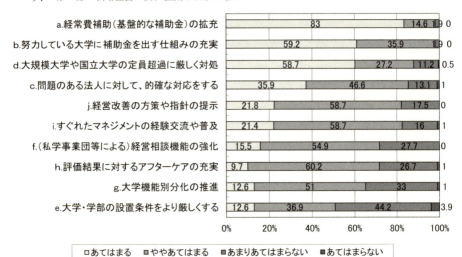

図表1-3-29 政策に期待すること

	a.経常費補助（基盤的な補助金）の拡充	b.努力している大学に補助金を出す仕組みの充実	d.大規模大学や国立大学の定員超過に厳しく対処	c.問題のある法人に対して、的確な対応をする	j.経営改善の方策や指針の提示
80%未満	100.0	97.6	92.7	85.4	85.4
80%〜100%	100.0	92.9	85.7	80.4	89.3
100%〜110%	97.4	89.5	84.2	78.9	76.3
110%以上	92.9	98.2	78.6	85.7	67.9
	i.すぐれたマネジメントの経験交流や普及	f.(私学事業団等による)経営相談機能の強化	h.評価結果に対するアフターケアの充実	g.大学の機能別分化の推進	e.大学・学部の設置条件をより厳しくする
80%未満	75.6	80.5	73.2	61.0	53.7
80%〜100%	82.1	73.2	73.2	69.6	48.2
100%〜110%	71.1	65.8	65.8	68.4	57.9
110%以上	83.9	64.3	64.3	57.1	44.6

図表1-3-30 定員充足率別の政策に対する期待（肯定的回答の割合）

の課題の違いによっての意見の違いが出ていると言える(**図表1-3-29、1-3-30**)。

2. 実効性ある中長期経営システムの構築に向けて

はじめに―中長期計画の策定状況の変化

中長期計画の立案・策定

　中長期計画を策定している大学は58.7％。ただし、今回の設問では、中期計画と銘打っていない政策や計画を持っているケースも聞いており、将来計画は持っていない23.8％以外の法人は経営の基本方針、複数年にわたる事業計画などの形で目標と計画を持っており、その合計は約75％となる。設問が異なるので単純比較はできないが、06年調査時の25％からは大きな飛躍であり、「財務運営実態調査」(09年調査、私高研)の55％よりさらに伸びていると言える。特に6000人以上の大規模大学では策定率は8割を超えている(**図表1-3-31、1-3-32**)。

　2006年調査で中期計画を持っている法人が約25％の時点では、中期計画を持っていれば財務状況が良いなど、計画があることが成果と連動していた。今日の時点では中期計画を持っている法人と持っていない法人を比較しクロスしても成果に大きな違いはない。これはなぜか。この点については、以下のようなことが言えるのではないか。

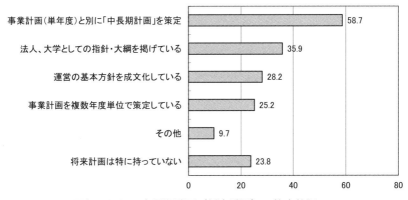

図表1-3-31　中長期計画(将来計画)の策定状況

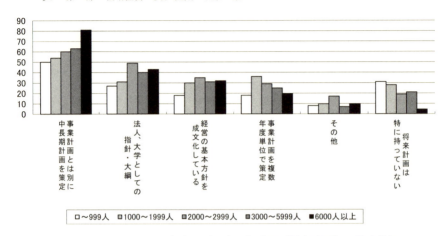

図表1-3-32　大学の収容定員別の中長期計画（将来計画）の策定状況

　計画を策定する法人が増え、とりわけ厳しい環境に置かれた中小規模法人が中期計画を策定し改革に取り組んでいる。進んだマネジメントシステムはむしろ厳しい経営状況にある法人が採用している傾向もあり、こうしたマネジメントを推進しているところが、必ずしも成果を上げるまでに至っていない、ないしは成果はあるが定員確保や財政改善にまで到達するには困難な環境にある。

　そして、最も重要だと思われるのは、環境が厳しくなり、中期計画を持っているだけでは前進せず、それを実現する実効性あるマネジメントなしには前進しなくなったと言える。この実効性あるマネジメントとはいかなる要素、どのような取り組みなのかを具体的に明らかにしなければならない。

　目に見える成果を上げられるのはやはり規模の大きい、歴史があり知名度の高い所が優位で、これが優れたマネジメントの結果かどうかは慎重に分析すべき点もある。この点では優れたマネジメント手法を導き出すのに調査データのみ、成果が上がっているかのみから明らかにするのは限界があるということも踏まえておくべきだと言える。

　実効性ある中期計画は何によって成り立っているのか。この基本点を明らかにすることが今回の調査の大きな狙いのひとつである。ここでは、調査データをベースとしながら、訪問調査での知見も踏まえ実効性のあるマネジメン

トの原理・手法のポイントを5つの柱（PDCAサイクル）の流れで整理し、マネジメントの進化の方向を考えてみたい。

(1) 計画は現実（実態）から出発する（P）

　まずは中期計画が優れた、現実性のある、問題点や課題に正面から向き合うプランになっていなければならない。そのためには、客観的な事実やデータから出発する必要がある。ビジョンや目標、計画は、トップからの提起が必要不可欠だが、トップの思いだけでは計画はできず、また、現場が作ったもの、部局丸投げやその寄せ集めでは総花的で、重点が定まらず、したがって計画はあっても実効性が伴わない。良い計画、実効性を伴う計画とするためには、その策定過程が重要で、広範な意見とそれを絞り込みトップのミッションと整合させる専門的な体制が欠かせない。

　どんな情報を活用しているか。

　設問にある志願者動向や入学生、学生調査、授業評価、就職状況などの基本データは、多くの大学が利用しているが、卒業生調査、採用企業の意見、地元高校生のニーズなど政策立案をする上で、問題点の指摘、マイナス情報も得られる重要なステークホルダーの調査・分析は、まだ一部でしか取り組まれていない状況である。調査には人手、体制が必要で規模の大きい所が調査も進んでいる実態があるが、調査対象・項目を精選し、現実に切り込んだ調査を集中して取り組むことは、むしろ方針さえ持てば小さい所のほうが実行可能性が高い。改革に先立って市場の声を聞く、マーケティングマインドは大学にとっても重要な手法である。調査を重視して改革に成果を上げている事例として、共愛前橋国際大学（『教育学術新聞』2011年9月14日）、文京学院大学（『教育学術新聞』2011年11月2日）などがある（**図表1-3-33**）。

　課題発見の方法

　改革・改善課題を設定する上で、自己点検評価委員会は95.2％と、ほとんどの大学で設置・運営されている。しかし、情報収集・分析組織（IR）設置となると41.8％となる。それでも09年調査の「IR組織がある」16.9％からは大き

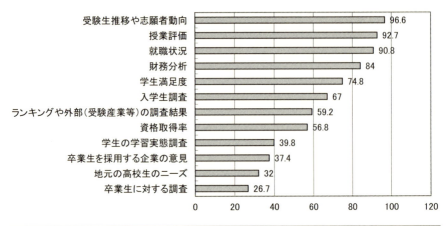

	受験生推移や志願者動向	授業評価	就職状況	財務分析	学生満足度	入学生調査
〜999人	90.7	87.0	77.8	75.9	61.1	55.6
1000〜1999人	98.1	94.2	96.2	80.8	76.9	75.0
2000〜2999人	97.4	97.4	92.1	94.7	84.2	68.4
3000〜5999人	100.0	92.7	97.6	87.8	80.5	65.9
6000人以上	100.0	95.2	95.2	85.7	76.2	76.2
	ランキングや外部の調査結果	資格取得率	学生の学習実態調査	卒業生を採用する企業の意見	地元の高校生のニーズ	卒業生に対する調査
〜999人	27.8	40.7	29.6	18.5	29.6	20.4
1000〜1999人	61.5	61.5	36.5	38.5	34.6	26.9
2000〜2999人	76.3	63.2	47.4	39.5	28.9	28.9
3000〜5999人	78.0	65.9	43.9	36.6	26.8	19.5
6000人以上	66.7	57.1	52.4	81.0	47.6	52.4

図表1-3-33 分析している情報（上：全体、下：大学の収容定員別）

く伸びている。理事長や学長が構成員と話す場の設定は74.3％と多いが、構成員が意見を言える提案制度などを設けているのは51.9％となる。競合校など他大学情報の分析は75.3％が行っているが、SWOT分析等となると21.9％、コンサルタント等の利用も27.7％となる。トップからの明快な提起と議論、現場の意見反映の点で理事長・学長が構成員と対話する機会を持つこと、ま

第3章 実効性のある中長期計画の策定と実行　59

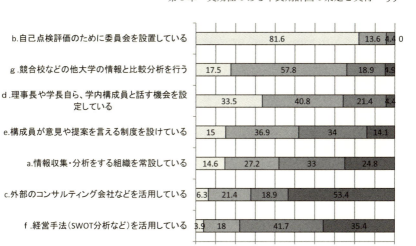

図表1-3-34　課題の発見方法

	b.自己点検評価のために委員会を設置している	g.競合校などの他大学の情報と比較分析を行う	d.理事長や学長自ら、学内構成員と話す機会を設定している	e.構成員が意見や提案を言える制度を設けている	a.情報収集・分析をする組織を常設している	c.外部のコンサルティング会社などを活用している	f.経営手法（SWOT分析など）を活用している
～999人	98.1	64.8	75.9	48.1	31.5	29.6	24.1
1000～1999人	88.5	78.8	75.0	53.8	32.7	21.2	11.5
2000～2999人	97.4	78.9	73.7	65.8	47.4	26.3	18.4
3000～5999人	95.1	73.2	73.2	39.0	43.9	22.0	19.5
6000人以上	100.0	90.5	71.4	57.1	76.2	52.4	52.4

図表1-3-35　大学収容定員別の課題発見方法（「あてはまる」＋「ややあてはまる」の割合）

た、構成員からの提案制度は有効な方法である（**図表1-3-34、1-3-35**）。

中期計画への意見の反映
　中期計画を検討する際、教授会、委員会、課室会議などの常設機関以外での討議や意見反映の方法としては、プロジェクト56.1％、中期計画説明会

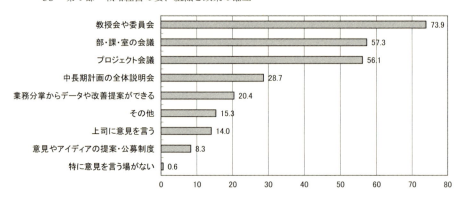

図表1-3-36 教職員の意見の吸い上げ・共有方法

	教授会や委員会	部・課・室の会議	プロジェクト会議	中長期計画の全体説明会	業務分掌からデータや改善提案ができる	上司に意見を言う	意見やアイディアの提案・公募制度	特に意見を言う場がない
80％未満	71.0	51.6	58.1	38.7	29.0	19.4	12.9	-
80％～100％	72.5	60.0	55.0	27.5	22.5	12.5	7.5	-
100％～110％	74.2	61.3	61.3	29.0	12.9	16.1	6.5	-
110％以上	79.5	59.1	52.3	25.0	20.5	13.6	6.8	2.3

図表1-3-37 定員充足率別の意見の吸い上げ方法

28.7％などがある。担当者レベル、分掌業務からの改善提案が行われているところが20.4％、意見やアイディアの公募制度など構成員が計画策定に主体的に関与できるシステムも広がりつつある。こうした中期計画の浸透や主体的参加を促すシステムを取り入れている所が、中期計画の目標や課題の共有が進んでいることが分析から明らかになっている。業務の現場からの改善提案制度、意見やアイディアの公募制度などが多く採用されているのは、定員充足率80％未満の大学であること（図表1-3-37）も注目すべきで、厳しい大学ほど現場からの提案を重視し、現実を踏まえた改善を図ろうとしていることが見て取れる（**図表1-3-36、1-3-37**）。

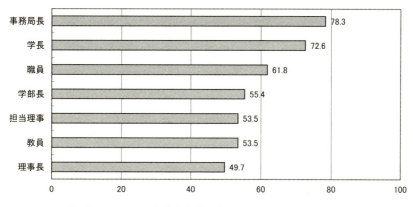

図表 1-3-38　原案策定組織の主なメンバー（複数回答）

中期計画原案策定組織

　計画原案の策定組織は、責任者は理事長が4割と多いが、学長も2割強、担当理事15％を加えると、学長を含む経営のトップ層が中心となって原案策定がされている所が多いことが分かる。メンバーには学長（72.6％）と共に事務局長（78.3％）、職員（61.8％）が必須の構成員になっており、比率としては学部長、教員より多い。計画策定に、教員と共に職員が大きな役割を果たしている。このことは、「原案の作成は教員よりも職員の果たす役割が大きい」（64.9％）にも表れている（**図表1-3-38**）。

計画策定で重視していること

　重視していることの1位が財政の裏付け66.9％、2位が競合大学との差別化46.5％、3位が教学・経営のバランスや関係強化45.9％、4位が認証評価・自己評価結果41.4％、5位が特色化や機能分化36.9％、6位が文教政策や社会の動向を踏まえる32.7％などとなっている。やはり、特色化、差別化を図ることを中心的な狙いとし、評価結果や政策動向を踏まえながら、特に実践に当たっては財政並びに教学との関連、一体化を重視していると言える。計画に実効性を持たせるための「計画の中味を具体的に書く」「到達度評価指標の具体的設定」「現場のヒアリング」「実態調査の重視」「企画等専門機関での検討」などの課題の重視は2番手になっており、計画で実現すべき目標や狙

項目	とても重視	重視	あまり重視しない
d.計画の財政的裏付けや見通し	66.9	29.9	1.9
f.特色化や競合大学との差別化	46.5	42.7	9.6
e.教学改革と経営改善のバランスや関連づけ	45.9	47.1	4.5
c.認証評価や自己評価の結果	41.4	51.6	5.1
m.大学の特色化や機能分化を図ること	36.9	56.1	4.5
n.文教政策や社会の動向をふまえること	34.4	59.9	4.5
i.到達度評価の指標や達成指標の具体的設定	28.7	51	17.2
b.現場の教職員からのヒアリングや提案	28.7	61.8	7
h.計画の中味を具体的に書くこと	21	65	11.5
l.旧中長期経営計画の各項目の到達度の結果	18.5	49	26.8
k.幅広く情報を公開し、多くの意見を募ること	16.6	45.2	34.4
j.企画部など専門的機関での検討・提案内容	15.9	49.7	30.6
a.実態調査やアンケート調査の結果	12.7	72	11.5
g.全学のあらゆる課題を漏れなく盛り込むこと	7	47.1	42

図表 1-3-39　将来計画を策定する上で重視する点

	d. 計画の財政的裏付けや見通し	f. 特色化や競合大学との差別化	e. 教学改革と経営改善のバランスや関連づけ	c. 認証評価や自己評価の結果	m. 大学の特色化や機能分化を図ること
−10％以下	72.7	36.4	54.5	50.0	27.3
−10％～0％未満	72.2	55.6	38.9	27.8	44.4
1％～10％未満	63.6	47.3	43.6	38.2	36.4
10％以上	65.4	46.2	48.1	42.3	40.4

	n. 文教政策や社会の動向をふまえること	b. 現場の教職員からのヒアリング提案	i. 到達度評価の指標や達成指標の具体的設定	h. 計画の中味を具体的に書くこと	l. 旧中長期経営計画の各項目の到達度の結果
−10％以下	36.4	31.8	36.4	22.7	4.5
−10％～0％未満	22.2	38.9	30.9	16.7	16.7
1％～10％未満	36.4	25.5	23.6	14.5	21.8
10％以上	36.5	26.9	25.0	25.0	17.3

	k. 幅広く情報を公開し、多くの意見を募ること	j. 企画部など専門的機関での検討・提案内容	a. 実態調査やアンケート調査の結果	g. 全学のあらゆる課題を漏れなく盛り込むこと
−10％以下	31.8	18.2	18.2	9.1
−10％～0％未満	11.1	11.1	11.1	5.6
1％～10％未満	16.4	12.7	7.3	3.6
10％以上	11.5	17.3	17.3	5.8

図表 1-3-40　帰属収支差額比率別の重視する点（「とても重要」の割合）

いは定まっているものの、それを実行するための具体的手立てはさらに強化することが必要である（図表1-3-39、1-3-40）。

中長期計画の策定方法

中長期計画の策定方法は、理事会を中心にトップダウンで作成(44％)、学内の構成員から広く意見を集める(49.1％)に傾向としては大きく分かれているといえる。しかし、実際はこうしたトップダウン型とボトムアップ型にきれいに2分されている訳ではなく相互に絡み合っているようだ。それは他の設問、各部署の案を取りまとめ理事会等と協議して策定(63％)、学部・学科・委員会で策定したものを取りまとめ全体計画とする(44.6％)、など各部署に策定を任せ、それを取りまとめて中期計画にしている傾向にもうかがえる。部署（現場）からの提案を重視するのは良いが、その寄せ集めでは全学的重点を鮮明にした中期計画としては問題だ。やはり「全体の方向性を示し、詳細は各部署に策定を任せる」(59.5％)など計画のコントロールや重点化、取捨選択は不可欠である。策定過程を公開している所は意外に少なく(27.4％)、計画の透明性、意見集約、全学浸透の点では課題がある。コンサルタントは課題発見には3割弱が活用していたが、計画策定は2割弱である。こうした外

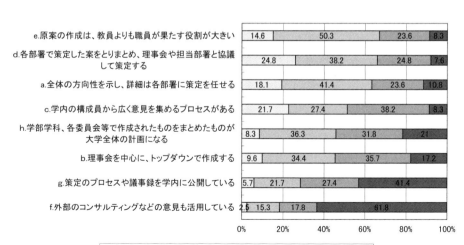

図表1-3-41　将来計画の策定方法（1）

	c. 学内の構成員から広く意見を集めるプロセスがある	
	○	×
b. 理事会を中心にトップダウンで作成する ○	18.0	27.3
×	33.3	21.3

図表 1-3-42　将来計画の策定方法（2）（数値は全体%）

部の力の活用は効果を持つ半面、丸投げでは大学の主体的な計画にならず、有効な利用の仕方には工夫がいる（**図表 1-3-41、1-3-42**）。

(2) 中期計画の具体化こそが実行の第1ステップ（D）

中期計画に具体性を確保するために取組んでいること

計画に具体性を持たせるためには、1. 予算編成方針や財政計画に連動させる (79%)、2. 事業計画で具体化 (78.3%)、3. 数値目標を掲げる (66.2%)、4. 各部局・部門の計画と連動させる (59.9%)、5. 事務局業務方針に落とし込んで具体化 (56.1%)、6. 教育改革方針に具体化 (53.5%) の順になっている（**図表 1-3-43**）。

中長期計画が、単なる飾りものではなく、現実の改革を推し進める上で機

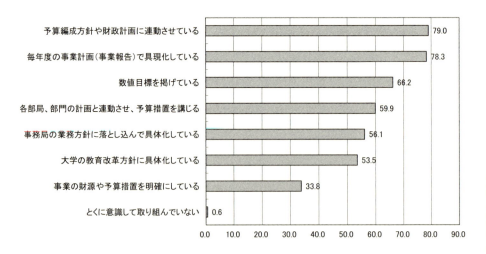

図表 1-3-43　具体性を確保するための取組（複数回答）

能発揮するためには、アンケート結果通り、予算、財政計画、事業計画、部門計画、業務方針、教育改革方針に連結され、具体化されることが必須の要素である。

この具体化の効果は、すでに前回、2009年の調査の両角分析、中期計画が財務計画、予算編成に具体化されているほど効果が高いことで実証済みである。すなわち、中期計画が財政計画にリンク出来ている法人は帰属収支差額比率が＋8.3％であるのに対し、出来ていない場合は－1.9％、同じく予算編成に反映されているところは＋7.5％、反映されていない場合は－0.5％と明瞭な差が出ている（私学高等教育研究叢書『財務、職員調査からみた私大経営改革』15p、2010年）。

今回のこの設問に対する両角分析でも、計画内容を具体的に書く、財政的裏付けをもつ、計画内容の適切さ、評価結果の反映など中期計画に実効性を持たせる努力をしているところが、マネジメントサイクルがうまく回り、共通理解が広がり、教育改善に効果を上げるなどプラスの影響を与えている（『文部科学教育通信』「中長期計画を策定する上で重視する点」2012年9月10日号）。

計画を実現するための工夫

計画を実現するための工夫を多い順に見ると、1，計画を柔軟に見直し修正する（73.9％）、2，期限やスケジュールを明確に定める（66.2％）、3，予算と連動させる（61.8％）、4，毎年、計画の進捗状況を評価する（60.5％）、5，教授会、事務局等で中期計画の内容を解説する（55.4％）、6，数値目標を掲げる（49.7％）、7，専門的な推進組織を設置する（42％）、などである（**図表 1-3-44**）。

やはりここでも予算に連結させ、期限を定め、数値目標を明確にし、進捗状況を定期的にチェックするなどが重視されている。それらを可能にする背景として、計画内容の解説等構成員への理解を進める取組みを重視するとともに計画そのものを現実に合わせ柔軟に変更することが実効性を高めている要素として指摘されている。計画に実効性を待たせていく上での各大学の実践的経験が反映された内容となっている。

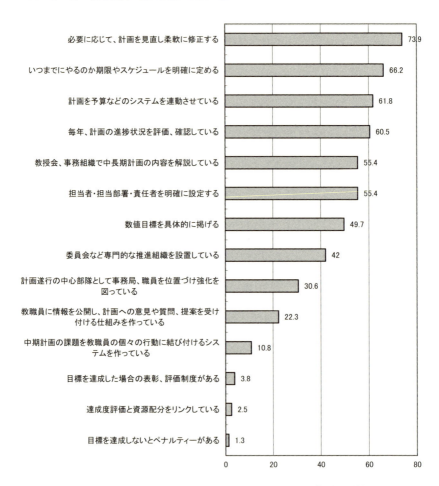

図表1-3-44　将来計画を実現するための工夫（複数回答）

(3) 具体的な到達目標を明示する (C)

このように、中期計画を実効性あるものにするための工夫を見てくると、何を、いつまでに、誰が、どこまで……この重要性が浮かび上がってくる。大学では経営とかマネジメントの考え方の導入が遅れ、これまでは方針さえ出せばそれで満足、というような状況であったが、それでは実践に結び付ける点で不十分なことがだんだん明らかになってきた。何をやれば、どこまで

第3章 実効性のある中長期計画の策定と実行　67

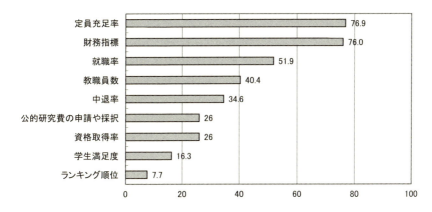

図表1-3-45　掲げている数値目標（回答した104校のみ、複数回答）

実現できれば進んだと言えるか到達度評価も求められるようになってきた。プラン、ドゥ（PD）からチェック（C）への進化とも言える。

　計画に具体性を持たせるために、数値目標を掲げている大学は66.2％あり、その中身は図表1-3-45に掲げている通りで、多い順に定員充足率、財政指標、就職率、教職員数、中退率、資格取得者数、研究補助金の獲得数、学生満足度などとなっている。まだ一般的な目標設定に止まっている所も多いが、具体的な数値目標を掲げることで実践性を高める努力が多くの所で始まってきたと言える（**図表1-3-45**）。

　こうした達成度指標を設定している所が中期計画の前進に全体として効果を上げていることは両角氏の分析、『文部科学教育通信』（2012年9月24日号）「達成指標の有用性と留意点」で明確である。特に目指す目標が浸透し各部門で計画を意識した取組みが進み、PDCAサイクルがうまく機能、法人と大学が共通目標に向かって活動を進めるなどの点で効果を持っているということだ。

　ただし注意しなければいけないのは、こうした一歩進んだマネジメントはむしろ厳しい状況にある法人が採用しており、こうしたマネジメントを取り入れているところが必ずしも全て成果を上げている状況にはなっていないという点だ。逆に言えば、データ上で成果が上がっていない手法は効果が薄いマネジメントだとはいえず、この点は考慮しなければならない。

　例えば、図表1-3-40のクロス集計「帰属収支差額比率別にみた中期計画策

定で重視する点」によると、到達度評価の指標や達成目標の具体的設定は、帰属収支差額比率がマイナスの法人の方がかなり多く採用しており、「これは計画の中味を具体的に書く」「実態調査結果を重視する」「財政的裏付けを重視する」「情報を公開し多くの意見を募る」「現場の職員からの提案を重視する」等の項目でも同様に帰属収支差額比率がマイナスの法人の方が多く取り組んでいることからも見て取れる。

　しかし、達成指標をあまり詳細に設定しすぎて過度に重視するのは危険だと両角氏は指摘する。方針の実行方法をあまり細かく規定することは創造性や主体性を引き出せなくなる可能性があり、この点は留意が必要である。ただ、達成指標の設定は現場が計画づくりに参加している所が多く、事例調査でも達成度指標設定は現場が行っており、計画づくりと同時に設定されているところがほとんどである。現場でなければ具体的達成指標の設定は無理であり、上からの一方的な目標提示ではなく、現場レベルで具体的な到達目標を数字で掲げ、その達成に努力するという現場での創意を生かす現実的な目標であれば効果があると言える。

　事例調査で、達成度評価を生かして改革を進めている大学としては、福岡工業大学、明星大学、福原学園〈九州共立大学、九州女子大学〉、筑紫女学園大学、静岡理工大学、神田外語大学などの事例がある。

(4) 達成度評価を行い改善につなげる (A)

　達成度評価を改善につなげる取り組みとして認証評価、自己点検評価と中期計画の連結の効果の指摘は重要だと思われる。両角氏の『文部科学教育通信』(2012年10月8日号) は、中期計画を基本に自己点検評価を行っている大学の多くは達成度評価ができていると自己評価している。

　認証評価を単なる評価として取り組むか、学内の生きた目標・計画である中期計画、その具体化としての事業計画、教育方針や財政計画、業務方針の総括や到達度評価と連結して評価するか、この効用の大きさは検討に値する。教育機関である大学にあっても数値目標は重要であるが、やはりそれを含む総合的な定性的評価を交えた達成度評価も重要で、それを認証評価、自己点検評価を生かして評価し、問題点を明らかにして次の改革に繋げている大学

が実効性を上げているとも言える。事例調査でも中期計画を取り組む大きな契機のひとつが認証評価となっているケースが多い。この視点から認証評価について設問した一連の項目を見てみたい。

自己評価、認証評価について
評価活動の現状

毎年、自己点検評価を行っていると回答したのは61.7％でかなり多い。これだけの大学が自ら内部質保証の継続的な取組みをはじめているのは大きな前進だと思われる。評価の部署を常設している大学は52.9％、評価担当専属職員を置くのも16.5％、逆に認証評価時のみの設置は13.1％であるが、恒常的な評価推進体制は整備されつつあると見ることができる。

中期計画を基本に評価しているのは27.7％、数値目標の達成度を毎年評価しているのも20.4％ある。認証評価以外の第3者評価をやっている大学も18.9％あり、評価を単にクリアーするための評価から、自らの目標を達成するための評価へ多くの大学は進化しつつあることが見て取れ、この評価を生

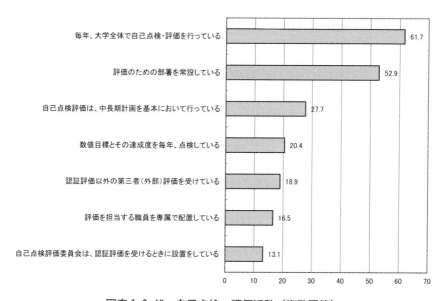

図表1-3-46　自己点検・評価活動（複数回答）

70　第1部　戦略経営の要、組織と政策の確立

かす姿勢の違いが改革にとって大きな意味を持つと思われる。特に、自らの目標・計画である中期計画を軸に評価を展開しているところが3割になっているのは重要である（**図表1-3-46**）。

評価は改革に有効だったか

評価の有効性は、多い順に、1．現状評価や改善課題が明確になった94.2％、2．第3者の客観的課題が明確に89.9％、3．目標や改善課題が設定できた89.4％、4．外部への説明責任が前進87.4％、5．自律的改革を推進す

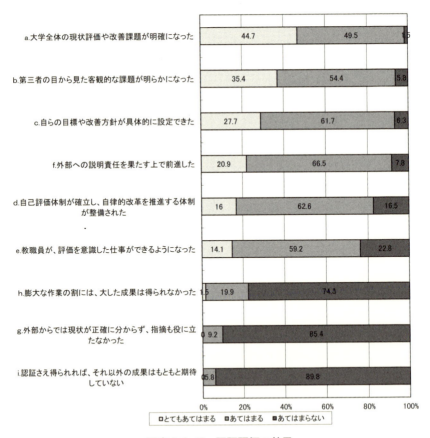

図表1-3-47　認証評価の効果

第3章　実効性のある中長期計画の策定と実行　71

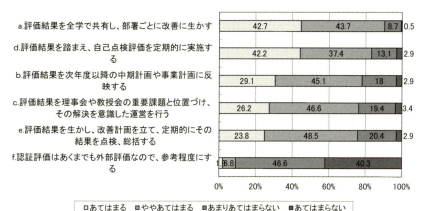

図表 1-3-48　認証評価の課題をいかに改善に活かすか

る体制が整備 78.6％などで、大半の大学が肯定的評価をしている。ただし、膨大な作業の割に大きな成果がなかったが2割強、役に立たなかった、もともと期待していない等が1割くらいあり、取り組みの姿勢や評価の在り方、さらにアフターケアの充実などに改善の余地があることを示している（**図表 1-3-47**）。

評価をどう改善に生かすか

評価結果を重要課題と位置付け、改善計画を立て、中期計画や事業計画などに反映させ、また部署ごとに改善に生かしているという回答が7～8割と大半を占めている。一方で、改善に生かせていないところも2割前後ある（**図表 1-3-48**）。

中期計画実現の問題点

ところが、中期計画を実現する上での問題点としてトップに上がるのが「中期計画は作るものの、達成度評価が不十分」（73.9％）である。これはやはり認証評価と中期計画の達成度評価を分けて、別物としてとらえている所にその要因があると思われる。問35に、中期計画を軸に評価している3割の大学と対応しており、この改善は評価の次のステップの重要なテーマとなりうる。

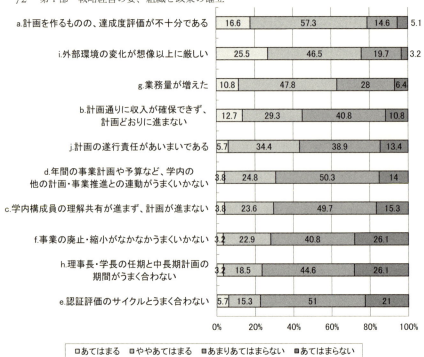

図表1-3-49　将来計画を実現していく上での問題点

　その他にも、「事業の廃止・縮小がうまく行かない」「計画の遂行責任があいまい」「構成員の理解・共有が進まない」など計画を実行する上での壁、重要な課題が指摘されておりこれをいかに克服していくかが問題だと言える（図表1-3-49）。

　このように見てくると、認証評価が役立つか、改革への有効性を持ちうるかの鍵は、自ら立てた目標や計画の結合があるかないかに大きく左右されることが分かる。問題は認証評価機関の評価基準や運営というよりも、この結びつきを如何に実現するかの評価機関と大学双方の努力や工夫、評価を自大学の改革に結合し、有効性を高める意識的な取り組みが必要なことを示している。認証評価、自己評価と中長期計画の到達度評価の結合は、今後の大学評価や改革の前進にとって大きなテーマの一つとなってくることは間違いないと思われる。

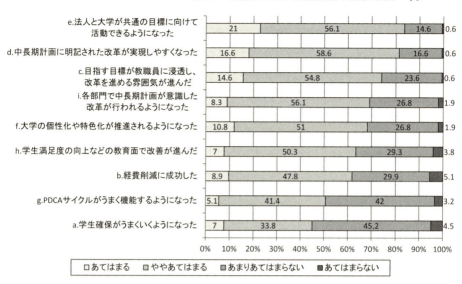

図表 1-3-50　将来計画策定の効果

中期計画の効果

多い順に見ると、1，法人と大学が共通の目標で活動77.1％、2，計画に明記された改革がやりやすくなる75.2％、3，目標が浸透、改革の雰囲気が出来た69.4％、4，各部門で計画を意識した改革が進展64.4％、5，個性化、特色化が推進61.8％である。

どちらかというとマネジメントや運営改善にまず効果が表れ、学生確保、経費削減、学生満足度の向上など直接的効果は、上がってはいるが多少順位が落ちる。しかし効果があることは間違いなく、これを継続すること、より実効性を高める改善を不断に続けること、この改革の持続こそが最も重要な点だと言える（図表1-3-50）。

(5) 課題の共有、浸透度合いが決定的に重要

中期計画の浸透状況

中期計画の浸透状況は、教職員全員だと、十分浸透している1割、ある程

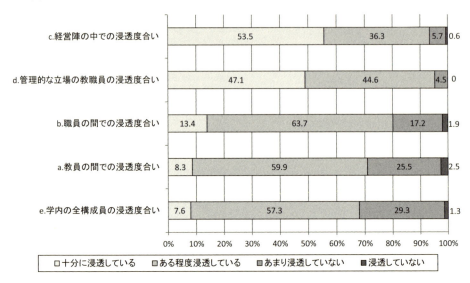

図表 1-3-51　将来計画の浸透状況

		十分に浸透している	ある程度浸透している	あまり浸透していない	浸透していない
教授会、事務組織で中長期計画の内容を解説している	×	4.6	43.1	49.2	3.1
	○	10.6	72.9	16.5	-
教職員に情報を公開し、計画への意見や質問、提案を受け付ける仕組みを作っている	×	5.1	55.6	37.6	1.7
	○	18.2	75.8	6.1	-

図表 1-3-52　学内の全構成員の浸透度×工夫の有無

度浸透6割、浸透していない3割といったところである。経営陣や管理職では、十分浸透が約半分、ある程度浸透が3割〜4割強である。やはり、全構成員が十分浸透していると自己評価できるところはまだ少ない。(**図表 1-3-51、1-3-52**)

浸透の効果は、両角分析(『文部科学教育通信』(2012年8月13日号)「課題共有の重要性」)でも明瞭で、これが計画の成否を分ける重要なポイントと指摘している。全構成員への浸透状況が良いほど定員充足状況が良く、中退率は低く、学生満足度の向上などにも高い効果が認められる。また法人・大学の

一体改革の推進や各部門の計画に基く改革などマネジメントの円滑な遂行の点でも効果は明瞭である。結局、政策の浸透度合い、課題の共有が進んでいるかどうかが教育改善なども含むあらゆる大学改革の成果に最も影響を与え、また結び付いていることを示している。

　逆に、どうすれば政策が浸透し、課題共有ができ、多数の教職員を行動に巻き込めるかがマネジメントの大きな、あるいは最終的なテーマになるとも言える。浸透度合いに直接的影響を与えているのは、調査結果からみると、計画策定に当たって情報を公開し、アイディアの公募や提案制度があり、計画の内容を解説する場を設けているなどの努力をしているところである(『文部科学教育通信』「課題共有のための工夫」2012 年 8 月 27 日号)。また、中期計画の実質化の工夫をしている所、計画で予算システムと連動させたり、事業における財源や予算措置の明確化、教育改革方針への具体化がされている所は、そうでない所と比して浸透度に大きな差がある。(『文部科学省通信』「中長期計画の実質化をめざして」2012 年 10 月 8 日)

　それらも含め、これまで見てきた PDCA の全過程での優れたマネジメントの努力、中長期計画の作られ方、方針の具体化、意思決定組織、推進組織、数値目標の設定、到達度チェック(何を・いつまでに・誰が・どこまで)、認証評価との結合、そのためのリーダーシップ、構成員の力量強化システムの充実などの全過程での努力であるともいえる。そしてその実効性を高める手法のひとつひとつが成果に有効性を持っていることはこれまで見てきた通りである。それが究極の所、課題共有・浸透に結び付き、多くの教職員を巻き込むことで力となり、目標の達成に結び付いていると言える。これが大学改革力の根源であり、中期計画の実質化とはここに尽きるとも言える。逆に言えば課題共有に有効なマネジメントは何かということが問われており、それはPDCA のマネジメントサイクルのそれぞれの段階で展開される有効な手法やその改善・工夫の総和であるともいえる。

　単純なトップダウンでもボトムアップでもなく、構成員を目標達成に組織するための、それぞれの大学に見合った PDCA サイクルの確立、工夫されたマネジメントシステムが求められている。文京学院大学(「教育学術新聞」2011 年 11 月 2 日)では、これを「循環型管理運営」と呼んだが、トップから現

場へ、現場からトップへ、この政策の徹底と遂行、現場からの提案や発信、評価と改善の流れ、このふたつの風、上から下へ、下から上への対流、循環が求められている。

(6) 中長期計画に基づくマネジメント、PDCAサイクルの進化

　我がチームが中長期計画に注目し、目標と計画に基づくマネジメントの確立の重要性を指摘し始めた2005年段階から、中長期計画に基づくマネジメントは急速に拡大、確立しつつあり、今や大学マネジメントのスタンダードになりつつあるといえる。

　こうした進展の背景には、環境の厳しさが増していることはもちろん、認証評価制度の確立が大きな影響を持っていることは、大学訪問調査で明らかになりつつあり、大学改革へのインパクトの大きさは改めて分析してみる必要がある。また、国立大学法人化と中期目標・中期計画や競争的、戦略的補助金システムによる誘導なども大きな影響を持ってきた。こうした流れの中に、我がチームによる10年間の一貫した「中長期計画の実質化」の提言があり、調査結果が雑誌等でも注目されるようになって来たと言える。

　この間の3回のアンケート調査を通じて言えることは、この10年間で、大学のマネジメントは急速に進化しつつあるということだ。それを調査に沿ってPDCAで概括すると、

　P（プラン）段階
　2006年調査、中期計画策定は全体の4分の1。まずは計画を作ることが重要で、方針も無く、やみくもに運営していた時代から厳しい環境に目標と政策を持って立ち向かうことが、曲がりなりにも出来始めた段階。この段階では、中期計画を策定していれば成果を上げている。

　D（ドゥ）段階
　2009年調査、中期計画は4分の2。中期計画があるだけでは実践に結び付かない。事業計画、教育計画、予算編成、業務計画に具体化すること、実質化こそが重要で、それを行っている所が前進している。

C（チェック）段階

2012年調査、中期計画を含め何らかの政策を持っているのは4分の3。中期計画があり、方針に具体化しているだけではだめで、その達成指標、数値目標、到達した証明（エビデンス）・データ等を明確にし、方針を掲げるだけでなく、それを実践した結果、成果を上げたのか、未達成なのか、総括、チェックし、具体の方針の実行性を高めている所が成果を上げている。

A（アクション）段階

ここからは想定だが、中期計画をはじめ何らかの政策を持っているのはほぼ全大学となる段階。計画があり、それが具体化されチェックされているだけではだめで、到達度合いや問題点、実態や現状が、確実に改善に結びつき、次の方針に生かされる。PDCAサイクル、改革・改善を推進するマネジメントが機能している段階。

そして、この進化の過程こそが、課題共有を広げ、目標実現に向けた行動への教職員の参加を増やし、大学の改革力や評価向上に結びついていくと思われる。

こうしたマネジメントサイクルを繰り返すことで、それが風土として定着し、改革をリードできる幹部の層が厚く形成され、構成員全体の専門的力量が向上した段階では、ビジョンや目標の提起・共有は必要でも、上からの計画に基づくマネジメントは弱くなっていく可能性はある。進化したマネジメントのもとでは具体の改善行動は現場で自律的に行えるようになり、目標の共有、自律的、自発的行動と知恵の発揮による創造的な改革の推進の方向に進むことも考えられる。

稲盛経営学で言う所のソフィアの共有、アメーバ経営（部門独立）のような方向かもしれない。

いずれにしても中期計画があるだけでは改革は前進しない。効果をあげるためには、アンケート結果が示す、このPDCAの全ての段階を通じてのマネジメントの工夫・改善が有効性を持つことが明らかとなった。自らを取りまく環境、現状や目標を踏まえた上で、いかにして実効性あるマネジメント

を作り上げるかがそれぞれの大学に求められており、また厳しい環境の中で決断を持ってそこに踏み込んだものだけが成果を手にできる時代となった。

　アンケートに示された多くの大学の苦労、奮闘の中から作り上げられてきた組織運営の共通の原理をくみ取り、優れたマネジメントサイクルを動かす実効性ある経営・教学システムを作り上げる上で、本調査の分析とまとめが実践的指針になることを願っている。

　　　注：文中の図表・データは全て『中長期経営システムの確立、強化に向けて』、私学高等教育研究叢書（2013年2月）による。
　　　初出：「実効性ある中長期経営システムを如何に構築するか－私高研調査に見るマネジメントサイクル確立・強化の課題（連載6回）」『学校法人』2013年

第4章　私大経営システムの構造改革の推進

1. 私大経営システム調査が明らかにしたもの

財務・職員の調査のねらいと特徴

　2009年5月、所属する私学高等教育研究所「私大マネジメント改革」プロジェクトは、「財務運営実態調査」と「職員の力量形成に関する調査」のふたつの調査（以下09年調査）を同時に実施し、私大協会の加盟校230大学から60％を超える回答を頂いた。

　その第1次集計（速報）を基に、2010年2月19日、私学高等教育研究所・第43回公開研究会「私立大学経営システム―現状と課題―財務並びに職員アンケート調査を踏まえて―」を開催した。また、調査結果の分析をもとに、各研究員が論文にまとめ、研究叢書『財務、職員調査に基づく私大の経営改革』として同年10月に発刊、2011年3月末には、公開研究会の報告をまとめた『私学高等教育研究所シリーズNo.41』が刊行された。

　その後、研究員各氏には雑誌等からの執筆依頼をたくさん頂戴し、調査を基に新たな考察・分析を深めてきた。特に、『私学経営』誌には、今年に入り、両角亜希子氏の連載にはじまり、坂本孝徳氏、増田貴治氏など、この調査にかかわったメンバーが、調査結果を踏まえ、連続的に執筆させて頂く機会を得た（『私学経営』2011年1月号〜5月号）。これ以外にも、わがプロジェクトメンバーの石渡朝男氏、岩田雅明氏なども『私学経営』誌にたびたび登場して

いる。今回、プロジェクトの研究代表を務めさせて頂いている立場から、研究員各氏の誌上での提起のポイントを確認するとともに、「私大経営システムの構造改革推進に向けて」何が求められているか課題を整理してみたい。

このふたつのアンケート調査は、従来のこの種の調査に比べいくつかの特徴を持っている。まず財務調査の方は、単なる財務状況調査ではなく、経営が方針を掲げ、それが事業計画や予算編成方針を通してどのように具体化され、予算に貫かれているか、財政の指標やシミュレーション、分析がどのように行われ、財政管理やコントロールがどうなされているのかなどの実態と課題を明らかにしようとするものである。中長期計画に基づく財務運営、重点課題へのシフト、選択と集中、リストラクチャリングが、今とても重要となっているという視点を重視した。

事務職員調査も、タイトルが示すように、職員の力量形成にポイントを置いたが、単に職員の研修制度の在り方や充実方策だけでなく、職員の採用から始まり、異動方針や管理者への昇格、管理職制度の改善、経営や教学運営への職員参加の現状やあり方、教職協働の取り組み、人事考課制度の改善・充実など幅広く調査した。これらの総和、トータルな改革と総合的な取り組みの推進で職員の力量形成を図ることができるという視点で調査を行った。

私大経営・財務戦略の現状と課題――両角亜希子氏（東京大学）の提起

公開研究会において、研究員・両角亜希子氏は「私立大学の戦略的経営―現状と課題―」と題し、戦略経営のあるべき姿を示したうえで、計画の実質化が重要だという視点から報告を行った。事業計画は96.6％、予算編成方針も91.9％とほとんどの大学で策定されている。しかし、それが実際に予算に反映されるシステムを持っているのは47％だ。反映できた理由は「目標や計画が明確で具体性がある」が76.5％を占め、リーダーシップがある36.4％を大きく上回っている。財務シミュレーションを行っている法人は71％、財務分析の実施は49％、数値目標の設定や財務評価指標を置いて、計画を予算に具体化する努力を行っているところが、良い財務構造を作り上げている。

中長期計画策定法人数は、55％と大きく前進した。次頁の**図表1-4-1**に見るように、こうした中長期計画を持っている法人は帰属収支差額比率がプラ

	中長期計画の策定状況			
	既に策定ずみ	現在、策定中	今後、策定を予定	策定の予定なし
帰属収支差額比率	5.0%	3.5%	0.5%	－6.2%

		中長期計画の策定状況	
		すでに策定済み	現時点で策定なし
大学収容定員	999名以下	0.6%（27校）	－1.0%（24校）
	1000－1999名	1.4%（36校）	－2.7%（23校）
	2000－3999名	3.2%（31校）	2.4%（27校）
	4000名以上	14.4%（32校）	5.5%（19校）
大学類型	地方・中小規模	－2.1%（44校）	－4.8%（30校）
	都市・中小規模	8.5%（18校）	3.4%（17校）
	地方・大規模	7.6%（36校）	0.7%（27校）
	都市・大規模	10.7%（27校）	7.9%（19校）

図表 1-4-1　中長期計画と帰属収支差額比率（09年調査）

スとなり、策定予定のない法人はマイナスで、計画に基づく経営が効果をあげているのが見て取れる。これは経営が厳しい小規模大学でも同様で、規模が2000人未満だと平均は赤字だが、中期計画を推進する大学は黒字となっている。財務分析、計画の具体化と予算への反映などの取り組みが極めて重要だということが調査から証明された。

『私学経営』(2011年1月号)で両角氏は、この分析と考察をさらに深め、中期計画があるだけでは改革は前進しない、それが、学内構成員に共有された時、初めて効果を表すことを統計的に明らかにした。「課題の共有の有無によって定員充足状況が大きく異なる。その大学が置かれた状況、目指す課題やそのためになすべきことを学内の教職員が共有することが学生確保に効果的で、しかも規模の小さい大学ほどその効果がいち早く出やすい」としている。

また、財務面でも、中期計画があるだけでは効果が薄く、この計画を財政計画と関連づけた場合に、収支改善に効果が表れることを示した。これらのことは、中期計画が生きたものとして教職員に浸透し、また、大学の各分野の方針に反映され、具体化した時に効果を表す、つまり、中長期計画の実質化が求められていることを示している。

事務職員の力量形成に関する課題――坂本孝徳氏（広島工業大学）の提起

　研究員・坂本孝徳氏が同報告「事務職員の力量形成に関する課題」で明らかにしたのは、そうした中長期計画の前進を図る為にも、職員の育成、とりわけ開発力量の水準アップが喫緊の課題だということだ。職員の成長は、単に研修制度の充実だけでは十分ではない。採用、異動、管理者昇格などトータルな育成の仕組みがいる。

　目標が明確で政策や計画が教職員に浸透している大学は、人事考課制度の導入率も高く、研修制度も充実しており、政策や教育改善に対する職員の発言力も強いことが調査で明らかになった。改革に努力している大学では、人事採用も計画的に行い、採用方法も工夫している。異動も計画的で、可能な限り多くの部署を経験させる。管理者改革でも、年功制を廃止し、職務内容や権限の明確化に取り組み、昇格基準を定め、また昇格方法の改善を通じて管理職のレベルアップを図っている。

　人事考課制度、目標管理制度も全体平均で48.1％と増え、研修制度も、新人研修や全員研修は7割近い大学で行われており、テーマ別研修や階層別研修も4割前後の大学が取り組んでいる。

　今回『私学経営』(2011年4月号)では、これらの分析に加え、事務組織に経営戦略、中期計画推進の支援組織としての役割、機能強化が求められているとして、企画能力のさらなる向上やIR機能をあらゆる業務の中に導入し、データの調査・収集・分析に基づく提案型業務の構築が不可欠な機能になると強調されている。そして「中長期経営計画を部署の具体的業務計画や事務職員の年間業務目標に反映させ具体化するための方策を検討実施すること」すなわち、中長期目標と業務目標を結合することで、はじめて計画の実質化ができ、また職員の育成にもつながるとした。

経営政策支援組織としての事務局体制の構築――増田貴治氏（愛知東邦大学）の提起

　そうした力量を改革推進に生かすためには、職員の位置づけや役割の明確化、大学運営への参画が重要だ。研究員・増田貴治は「経営政策支援組織としての事務局体制の構築」をテーマに報告した。職員の大学運営に対する影響度は徐々に拡大している。調査では、中長期計画、事業計画で6割の影響

力を持ち、学生支援、就職支援、学生募集など教育を支える分野でも7〜8割の力を持っている。

この実績が学内での存在感や信頼を作り出し、就職進路支援、学生募集、学生相談や生活支援などの分野で90％超の大学が教職協働を行っている。特に最近は、大学の将来構想作りや認証評価業務、GPなど競争的補助金の獲得の場面での教職協働が前進しており、職員の役割は高まりつつある。

しかし、職員の積極的取組みが評価される反面、それに相応しいポストや権限、組織への正式参加は、進んでいる大学と不十分な大学とに二分している。調査では、職員が提案、発言する風土がないと答えた法人が49.8％、約半数あり、参加出来ない理由として、教授会の自治意識が強い、22.1％、教員が統治している13.9％、職員の位置づけが低い23.4％などがあげられている。職員の成長と力の発揮、経営・教学の充実や学生満足度の向上のためにこそ、職員の運営参画が求められている。

その上で『私学経営』(2011年5月号)では、大学では組織的マネジメントの確立が遅れており、教職員の情熱と献身は重要だが、それらを束ね、一貫性を持たせ、大きな方向を指し示す中長期計画が不可欠で、それなしには 職員の個別の努力が特色ある教育として定着しない。「大学の存在価値を高めて外部から評価されるためには、教職員の全体が一致して協力可能な、戦略化した将来計画とあらゆる経営資源を有効に活用して、最大の成果を発揮する組織運営が必要である。」と結んでいる。

実効性ある中長期計画をめざして

私の報告「中長期計画に基づく私大マネジメントの改革」でも、この計画づくりの重要性を強調した。中長期計画は、全学一致を担保する上で必要なばかりか、即効的には成果が出ない大学教育にとって、総合的、年次的取り組みは不可欠である。平等的風土の強い大学では、重点を明らかにすることなしには、目標実現はおぼつかず、この点でも計画は欠かせない。

経営計画と教学計画は、中期計画として一体化される傾向にあり、これなしに社会的評価の向上は難しい。しかし、各報告で明らかになったように、ただ計画・プランがあれば良い訳ではない。

財務調査で明らかになった「計画の具体性」の効果は、こうした中期計画が予算編成に貫かれ、教学改革方針や業務方針に落ちているかが肝心だということを示している。中期計画をお題目に終わらせないためには、政策重点に人・物・金が集中されなくてはならない。しかし、これは入学生の減少などで縮小する財政構造の中では、並大抵のことではない。重点事業を実現しようとすれば、一方で削減、縮小すべき事業も明らかにせざるを得ず、こうした「選択と集中」にとっては、「計画の具体性」が担保されれば大きな力になる。

もうひとつ重要なのが、中期計画を具体化し推進する体制、経営や管理運営の責任体制や意思決定と執行システム、政策の企画・立案体制、リーダーシップ。そして、それを担う職員の力量、とりわけ目標を実現する開発力が問われている。将来計画の策定と推進に職員が大きな役割を占めつつある。

2. 中長期計画の策定とその実質化

マネジメント構造改革の4つの柱

今回の財務ならびに職員調査と、同じく我がチームが2006年に実施した「理事会の組織・機能・役割に関する調査」(回答大学298校、以下06年調査)、この3つの調査つなぐキーは、マネジメントであり、その中心を担うのが中長期計画である。明確な政策を確立し、方針や計画が浸透している法人が、改革も前進している。そのポイントは、中期計画の実質化にあり、また、それを推進する体制の整備、さらに、それを担う、とりわけ職員の力量の形成と大学運営への参加にある。

地方・中小規模大学の定員割れが改善しはじめたところが出ている。この原因として、経済的困難から自宅通学を選択したり、入学者が確保できない学部の定員削減などが指摘されている。しかし、その根幹には地方大学の急速なマネジメント改革の前進があると思われる。それは、09年調査で地方中小規模大学の中期計画策定率が平均よりやや上回っていることからも見て取れる。マネジメント改革の成否は、いまや二極化の分かれ道となっている。

私大マネジメント改革の諸課題を4つの柱、中長期計画の策定とその実質

化、改革を担う経営・管理運営体制の整備、財政・人事・人件費政策、大学改革を担う職員力の強化に整理し、改革の全体構造を考察してみたい。

中長期計画による改革の推進

2006年調査では、下の図でご覧いただけるように、「中期計画」を持っているのはわずかに24.8％（69大学）であった。しかし、2009年の調査では大幅に前進し55％（図1-4-3）となった。大学が掲げる諸目標を達成するためには、中長期の実現計画が不可欠で、また、そうした運営を確立している大学

	n	有効%
策定済み運営中	69	24.8
策定中	68	24.5
検討中	89	32.0
予定なし	23	8.3
策定済み運営中＋策定中	28	10.1
策定済み運営中＋検討中	1	0.4
合計	278	100.0

図表1-4-2　中長期経営計画の策定状況（06年調査）

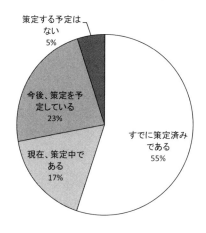

図表1-4-3　中長期計画の策定（09年調査）

は、改革が前進していることが、今回の調査から明らかになった。

マネジメントの根幹を成す中期計画立案の第一の意義は大学の目指す基本方向を指し示す明確な旗印を掲げ、全学一致を作り出す点だ。言論の自由を基調とする大学では、ベクトルの一致なしには改革への力の集中は困難だ。第二には即効性に欠ける教育・研究改革を基礎に、困難な社会的評価を獲得するには、単発のイメージ作戦では無理で、目標実現への総合的施策や年次計画が欠かせない。さらに第三には政策重点を明らかにし、資源の重点投下へ政策転換することにある。ミッションを実現するための中期計画が、法人経営やガバナンスの中核に据わらなければならない。

中期計画とは、もとより経営戦略だけを意味しない。教育の中身や特色、就職水準が直接入学者獲得に結びつき、経営存立基盤に直結している。また地元企業や自治体と連携した研究が地域における大学の存在価値を既定している。理事会のイニシアティブのもと、経営と教学による共通の現状認識、一致した基本政策の立案と推進が求められる所以である。

総合計画による評価の向上

図表1-4-4のように、06年調査では、計画に含まれる内容としては、やはり財政計画(80.6%)、施設・設備計画(84.9%)など経営に直結するものが多かった。しかし、続いて学部・学科改組計画(69.9%)、教育内容、方法など教育改革(66.7%)、学生募集計画(64.5%)など、教育内容の刷新とその広報など教学分野の計画的改善に力を入れているのが分かる。目標の実現に向けて、経営計画と教育改革の統合が進んでいると見ることができる。

09年調査(図表1-4-5)では、この経営・教学の一体作戦がさらに進んでいることが見て取れる。教学改革との結合なしに経営改善は図れない。直面する最大の課題である学生募集にとっても、こうした総合的な取り組みなしには、社会的評価の向上に結び付かない。

06年調査では、計画期間は5年(43.1%)が最も多く、おおむね3～5年で、活用方策としては、各年度ごとの事業計画を立案する際の基本目標として活用(63.7%)されており、単なる抽象的なビジョンではなく、計画策定の指針として機能していることが分かる。その効果としては、年次的、計画的な事

第4章　私大経営システムの構造改革の推進　87

	n	有効%
経営ビジョン	58	62.4
財政計画	75	80.6
人事・人員計画	62	66.7
施設・設備計画	79	84.9
情報化計画	44	47.3
学部・学科改組計画	65	69.9
学生募集計画	60	64.5
就職対策	41	44.1
教育改革（教育内容・方法など）	62	66.7
研究戦略	34	36.6
その他	10	10.8

図表 1-4-4　策定済みの中長期経営計画に含まれる内容（06 年調査）

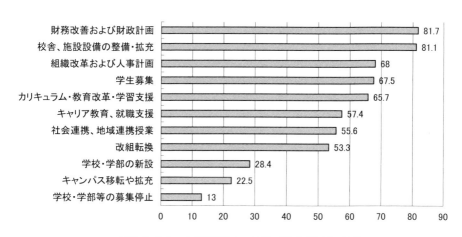

図表 1-4-5　中長期計画の内容（09 年調査）（%）

業計画の実施が多い (57.0%) が、法人と大学が共通の目標を持ち (52.6%)、重点を設定した運営ができる (56.1%) ようになり、教職員に大学が目指す方向の共通理解が進む (34.2%) とともに、PDCA サイクルが定着 (20.2%) し、学生募集や教育改革が改善された (21.9%) などがあげられている。しかし、直接的な成果という点では、まだ十分ではないともいえる。

政策の優位性、実効性の担保

　戦略を策定するに当たって前提となる建学の精神、これはほとんどの大学に存在する。しかし、時代に即したものとして、現在の課題や教職員・学生の行動に結び付くものになっているか、そして肝心なその実現計画があるか、中身が自校の特色や強みを伸ばし、他校との差別化や優位性を確保し評価を高めるものとなっているか、どのように学内外に示され、教職員に提起、浸透しているか、などとなると状況は様々である。

　更に、政策や方針を実現するため、どのように実行計画化しているか。例えば、事業計画として、財政計画、予算編成方針、財務指標の設定などとして具体化がされているか。また、教育方針、人材育成目標、教学改革方針、学生支援計画、社会貢献事業計画など教学面の方針に生かされているか。業務方針、事務局運営計画、人事計画などに貫かれているかなどが問われる。

　内容面では、全体戦略と部門目標が連結されているか、担当部署、期限、責任者の明記、評価指標、評価尺度、到達イメージの設定、すなわち政策の遂行の結果を客観的なデータや調査で検証することが求められる。新規事業を計画するに際しては、事業全体を見直し、再構築が検討されたか、また、学内者に痛みの伴う改革になっているかどうかも、本質的な改革に迫るという点では重要な評価指標だ。政策立案にあたって、関係者、ステークホルダーなどからアンケート調査を行い組織的に実態や意見を聴取することも現実性のある政策の立案としては重要な点である。

選択と集中で重点事業推進

　特に、中期計画を単なるプラン、お題目に終わらせないためには、実際の実行計画に落とし込み、業務遂行計画や教育改革に具体化する仕組みが不可欠だ。戦略重点課題が学部の教学計画や予算編成方針に反映され、政策重点に人、物、金を集中することが求められる。

　しかしこれは言うほど易しいことではない。今日の右肩下がりの財政構造の中で目標の実現を図ろうとすれば、当然にも廃止・縮小すべき事業を明確にする決断が求められる。既得権益や前例を重視する大学風土の中では、批

判や抵抗は免れえない。しかしこれを避けたり中途半端な調整を図っては、中期構想の実現は絵に描いた餅となる。ここにこそ経営の責務、幹部集団の役割があり、真価が問われる。中期計画の実現は、トップ層の決断によるこうした資源の再配分、平等型から選択と集中への転換、戦略重点にシフトしたリストラクチャリングできるかどうかに懸かっている。

政策策定システムの強化

　将来計画の策定システムも様々である。臨時的な将来構想委員会、特別委員会を設置して取り組んでいるところ、政策審議組織を常置し、日常的に機能させているところもある。

　トップの直轄で有力な若手教職員のプロジェクトを置き、企画やアイディアを提案させて改革を断行し成功した例、テーマ別に一般教職員も構成員としていろんなアイディアを集め、改革に厚みを持たせ、また参加意識を高めているところもある。いずれにせよ、政策実現を最大の目標とした運営を目指すのであれば、日常組織を政策目標で統括する機関が学園運営の中軸に位置づくことが不可欠である。

　単に委員会等で臨時に集まって議論するだけでは深みのある政策は出てこない。やはり、専門的な企画部門の確立、小規模大学でも担当者(担当役職)の配置が望まれる。ここで、SWAT分析、マーケティング、ベンチマーク、選択と集中、コアコンピタンス、リストラクチャリング、戦略マップの作製、PDCAサイクル、目標管理などの手法を駆使して、先見性ある政策の立案に挑戦すべきだ。評価・分析を担うIR(Institutional Research)機能、データの集約と分析からの課題設定がますます求められてくる。これらの機能が、大学全体だけではなく分野別にも作られれば、さらに良い。

　06年調査で注目すべきは、次頁に掲げた**図表1-4-6**に見られるような原案策定部署で、1位が担当事務局(40.6%)、2位が法人事務局長(34.4%)という点だ。担当理事も職員出身がおり、また委員会も多くは事務局が参加していることを考えると、その役割は大きいものがある。大学の将来を決める政策立案への事務局の深い関与は、期待に相応しい企画立案力量の飛躍的向上が問われていることを意味する。09年調査でも、政策審議機関として、教

	n	有効%
担当理事	43	26.9
法人局長等	55	34.4
担当の事務部署	65	40.6
担当の委員会	48	30.0
その他	15	9.4
合計	160	

図表1-4-6　中長期計画の現案策定部局（複数回答）

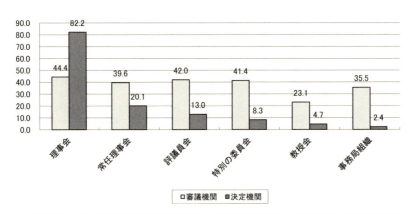

図表1-4-7　中長期計画策定にあたっての審議機関、決定機関（09年調査）
中長期計画策定の体制（複数回答、％）

授会より事務局がはるかに関与していることが見て取れる。

　素案策定に至るプロセス、素案策定⇒提案⇒機関審議⇒全学討議⇒決定、この流れがどうなっているかも、政策内容の形成、そして、政策の浸透や共有に大きな影響を持つ。議論の度に角がとれる利害調整型ではなく、常に基本目標実現の原点に立ち返って、現場の真の課題解決に繋がるものでなければならない。

政策の浸透と共有

　両角氏も提起しているように、中期計画の有無よりも、それがどれほど教職員に共有されているかが、改革の前進にとって重要な点だ。結局、何割の

教職員が目標実現に向かって真剣に行動しているかが、その大学の改革力を決める。危機認識の一致、現状や課題の共有のための努力、政策がどのように全学の教職員に伝達されているか、トップ、または幹部層から全教職員に直接語りかけるような機会があるか、会議体を通しての方針提起や議論は十分か、決定事項や議事録、各種データの公開、インハウスコミュニケーションやウェブを活用した情報・意見交換、……などなどが、目標実現への教職員の行動力を左右する。

　逆に、政策に対しての現場からの提案や意見は生かされているか、提案制度、組織的な検討システム、意見を言う場はあるのか、またプロジェクト等の設置など組織的な意見反映の機会はあるか、意見を出しやすくする工夫、多くの意見を集めるシステムが重要だ。提案を奨励する組織風土、率直な批判ができる雰囲気が政策をより良いものに練り上げる。教員や上司との日常的なディスカッション、課会議や打ち合わせで発言する機会の確保、課室縦割りを超え他課の人と議論する機会や業務の経験交流の場でのプレゼンの機会、自由な交流会、率直に意見が出せる集まりの設定など、多くの取り組みや経験の積み重ねでこうした風土は作られていく。

　政策は最終的にはトップ機関でまとめられていく。しかし実態から出発しない限り有効性・実効性は持ちえない。非営利組織である大学においては、目標や使命感の共有と個人の主体的・自立的行動の奨励、現場からの発信こそが、大きな力を作り出す。

3. 改革を担う経営・管理運営体制の整備

理事会統治の実質化

　もうひとつ重要なのが、中期計画を具体化し推進する体制、経営や管理運営の責任体制や、意思決定と執行システム、リーダーシップの貫徹などだ。

　戦略の遂行にとっては、政策の具体化と推進を担う組織のあり方が問われる。ミッションの実現、計画の実行を組織運営の中軸に据えなければならない。まずは法人・学園全体の運営に最終責任を負う理事会機能の確立・強化が求められる。

06年調査によると各大学の理事構成は7人から14人の間が最も多く、学内理事4-8人、学外理事3-6人となっている。改革に先立ち企業経営者を理事に登用したり、逆に多かった学外理事を減じ、実際業務を担う学内理事を増やし、経営機能を強めたりしている。理事の構成は法人創設以来の歴史を反映したものにならざるを得ないが、目標実現のためには実質統治機関としての機能強化が不可欠だ。理事長が創立者本人かその親族のケースは45.8%で約半数、理事の出身も教職員のほか卒業生、地元有力者、自治体関係者等構成比率は様々で、それぞれに強み弱み、課題もある。理事会決定の執行を担う学内(常任)理事会の設置も増加し、6割の法人に近づいている。こうした経営政策の日常推進機関の強化も必要だ。

業務遂行にとって、理事の責任分担は重要だ。個人責任制で経営を遂行する体制をとる大学が半分を超えている。厳しい改革には、計画を最後までやり抜く担当責任者、いわば「憎まれ役」が不可欠だ。最終責任を持つ者が曖昧なまま、いくらシステムを整備しても実践は進まない。

理事会開催回数も年数回と10回前後に2極化している。回数が多いほど良いとはいえないが、統治にふさわしい理事会開催も求められる。理事会の議事運営も、06年調査では、予算、決算、寄付行為改正などの定められたものから、経営戦略(85.9%)、経営計画(98.9%)、さらには学部の改廃(96.4%)、教育・研究計画(85.9%)に軸足を移しつつある。このことからは、理事会が狭い経営事項に止まらず、教学を含む全学的な視野で、全体目標推進に実質的役割を果たして行こうとしていることが読み取れる。議決を形式的に行う理事会運営から政策の審議と推進への重点の移行が、厳しさを増す環境に対応する道となる。

学長機構の確立と教学経営

大学が、法人全体の戦略・中長期計画に基づく運営を行う上で、学長機能の確立、学長リーダーシップ発揮のための仕組みも重要だ。そのためには、スタッフ機構、学長補佐体制、学長の業務執行を支える事務体制の整備・強化が求められる。学長選任システムのあり様も学長の機能や権限に連結している。選挙制(選挙への職員参加など)、選考委員会制、任命制、それぞれに長

所短所があり、支持基盤形成に違いが出る。置かれた環境と課題から制度の構築や改革が求められる。

　全学意思決定機能、意思決定システムがどうなっているかも学長権限に直結する。学長方針と学部教授会権限の関係、1学部の反対で全学的決定が滞るようだと大学全体の改革推進が難しい。環境の変化に対応し、教授会機能の見直しや再構築、会議体を出来るだけ簡素化し、意思決定のスピードアップに努力すること、学長方針の部局への浸透システム改善などが求められる。

　「学士力」答申でも教学経営という考え方が強調されている。入り口・中身・出口をトータルに把握し、機能させているか、3つのポリシーの一体運営、学習成果、ラーニングアウトカムの重視、教育改革推進組織・IR 機能の活用、インストラクショナル・デザインなど新たな教育改善手法の導入も必要だ。そして、それらを担う人づくり、FD の活性化、教育目標の教員への浸透と熱心な指導、授業評価の活用や教育・教員評価、教育や研究成果の評価・報奨制度、そして何よりも教育系職員を教育作りに参画させ、教職協働で学生の成長、満足度向上を作り出さなければ、大学の存立と発展はない。

　学長機構は、これら全体を教学経営として意識的に政策統括することがますます求められる。

経営、教学組織との一体運営

　理事会の基本政策のもと、経営と教学の政策一致、協力体制の構築も重要だ。06 年調査によれば、理事長と学長が分離している法人は 8 割を超えており、経営・教学の「政策調整組織」がある大学は 44.2％となっている。その構成員は、理事長、理事と学長、副学長、それに教学現場にいる学部長や担当教学役職者、法人・大学事務局幹部を含み全学一致ができる体制となっている。経営と教学が別々の方向を向いて縄張りを主張していては、大学の評価を高めることなど不可能である。理事長と学長、理事と教学役職者の率直な議論と一致の場、教員と職員幹部の一体となった運営が大切だ。

　また、理事会と教学の権限責任があいまい、決定権限が不明確では政策一致の前提が成り立たず、「教授会が経営の専決事項にも関与してくる」とか、理事会と教授会の間で方針の齟齬が起こるということになりかねない。

トップ機構だけを整備し権限を拡大しても、それが教学分野、学部教授会や各部局、事務の現場に貫徹されねば実効性は無い。このトップとボトムの結び目にあり、構成員の行動を目的に向かって組織する実行機関をどう作るかが、中期計画の実質化を左右する。教授会や事務組織の末端にまで浸透させ、実践させる組織・運営になっているかが政策の実効性の要となる。

評価を改革に生かす

　最後に、評価に立ち向かう姿勢の重要性を指摘したい。昨年度で認証評価の第1サイクルが終了した。しかし、制度の有無にかかわらず大学はステークホルダーからの評価にさらされている。これに真摯に向き合い正面から問題解決に取り組んでいるか否かが、成長する大学かどうかの分かれ目となる。評価をクリアーすれば良いという受け身の対応では前進はあり得ない。

　評価を改革に生かす仕組み、全学あげた自己評価体制の構築が重要だ。自己評価活動への出来るだけ多くの教職員の参画や改善への活用が、現状や課題の共有、方針の一致を作り上げる大きな力となる。現場からの学内データの集約と分析、そして課題設定、解決策の提示を評価を契機に一斉に取り組むことで、問題の全体像も、改善方策も、また、強化すべき強みも見え、確信になっていく。そのためには、評価組織と政策決定機構との連結、様々な調査をやっている学内の関連部署の連携システムも重要だ。現状の分析、目標・政策の到達度合いの評価・総括を恒常的に推進し、チェック、改善を発信できる仕組みは、改革の恒常的な推進に不可欠である。

4. 財政、人事、人件費政策

財務の計画化と人件費

　中期計画推進の基盤となる財務計画の中で、人件費問題は経営にとって基本問題のひとつである。中期計画で定めた重点に資源を投下するということは、一方で、経費削減策や財政コントロールを不可欠とする。その方策としては、今回（09年）の調査では、管理経費削減80％、人件費削減59.1％、教育研究経費削減50.6％の順番となっている。

中期的な財政シミュレーションを行っているところは71.1％、何らかの数値目標を設定しているところが約4割あり、こうした目標に基づく運営を行っている大学が、財政状況も良いことが調査からわかってきた。この点は、両角氏も『私学経営』(2011年2月号)「人件費比率からみた私学経営」で論じ、財務分析を行っている大学ほど人件費比率が低い、中長期計画を早くから策定運用している大学ほど人件費比率が低いことを明らかにしている。

経営の根幹は、実現すべき目標へ資源の集中が出来るか否かにある。右肩下がりの財政構造の中、大きなウエイトを占め、かつ手をつけるのがもっとも難しい課題は人件費問題である。しかし、定員割れ私大が増加する中、財政改革、経営の確立と改革には避けて通れないテーマとなっている。

財政悪化と人件費の増大

2009年度に年間の帰属収入で消費支出が賄えなかった法人(「赤字法人」)は、4年制大学で265校となり、全大学の42％、4割以上に拡大している。この数年間で2倍近く増えている(『中日新聞』2011年1月29日)。消費収支差額比率がマイナス(赤字)に転ずると、人件費比率は急激に高くなる。

人件費比率の全国平均は54.5％(2008年度)で、増加傾向にある。定員を満たせず収入が減れば、最大の固定費である人件費の比率が急速に増大し経営を圧迫する。逆に人件費総額を抑えられれば、定員割れでも消費収支の悪化を防ぐことができる。

09年調査による次頁の**図表1-4-8**の通り、人件費比率は平均で55.1％、定員が未充足の大学は合計48.1％だが、帰属収支差額比率がマイナスのところは合わせて33.6％で、つまり定員割れしていても帰属収支がプラスになっている法人が約15％ある。

また、**図表1-4-9**を見ると、同じく帰属収支差額比率がマイナスになるほど人件費比率は上がる。しかし、帰属収支差額比率がプラス15％〜20％を保持しているグループを見ると、これだけの収益を上げる構造ながら、平均では定員充足率は95.9％と、5％近く定員割れをしている。このグループの人件費比率の平均は46％となっており、ここでも人件費比率が大幅な「黒字」経営の大きな要素になっているとみられ、収支バランスを保つ上で、人件費

人件費構成比率

定員充足率

帰属収支差額比率

図表1-4-8 （09年調査）

問題、人事政策のあり様が重要テーマになってくる。

財務に占める人件費の位置と削減

　もちろん、大学にとって最大の課題は収入増、入学者確保にある。そのために、教育の充実、特色化への重点的投資が求められる。大学の社会的評価の向上、法人の存立と発展なしには雇用の維持はできず、そのためにも人件費、経費を可能な限り圧縮し、最低限の改革原資を確保することが必要である。

　収入に見合った支出構造でなければ大学経営は成り立たず、経費削減と併せて、その検討の中心は、最大の支出項目である人件費になってくる。通常

第4章 私大経営システムの構造改革の推進

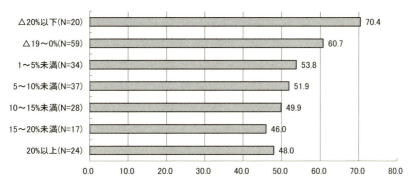

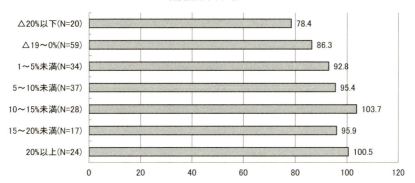

図表 1-4-9 帰属収支差額比率別の財務比率の平均値（％）（09年調査）
出典：「私立大学の財務運営に関する実態調査（速報）」（私学高等教育研究所、2009年）

　賃金は、基本生計費、社会的（大学）相場、支払い能力の3つの要素で決定するといわれる。しかしながら、支出超過構造の大学経営にあっては、支払い能力が財政枠を規定する。中期的な学生数推移（見通し）に合わせて総人件費、教職員数の計画的調整と抑制が求められる。

　しかし、これは教職員の直接的利害に絡むものもあり、前例や既得権益に重きを置く大学風土の中にあっては抵抗も強い。長きにわたり毎年予算、給与は増えるものだという右肩上がりの環境の中での大学運営のスタイル、染

みついた風土を転換するのはそうたやすいことではない。特に、人員削減、人件費削減は、踏み込んだ決断が求められる。

　総人件費の基本は、教職員数×平均給与で成り立つ。したがって、このいずれか、または両方を抑えていかねばならない。具体的な人件費削減策は割愛せざるを得ないが、教員人件費については、中期的な見通しを持った人員計画の立案、専任教員担当科目の精選や雇用形態の多様化、有期雇用制度や任期制採用、早期退職制度や選択定年制などによる平均年齢引き下げの取り組みなどが多くの大学で行われている。職員についても、人員の計画的抑制、部課室の統廃合や業務の一元化、管理者ポストの削減や役職定年制の採用、人材派遣等の活用が増えている。給与、賞与そのものの抑制、定期昇給の抑制、諸手当の抑制なども多くの大学で取り組まれている。

　収入で支出を賄う財政構造の維持・改善は、生き残りの絶対条件であり、その中心となる人件費抑制、人事政策、人員計画や処遇政策は、経営改革の柱のひとつになってきた。

中期計画に基づく処遇政策

　収入が大幅に減少した経営の改善に、人件費の圧縮は避けがたい。そして、その実施にあたっては、法人全体の人事政策、処遇政策に基づく一貫した考え方が大切だ。それ無しにあれこれの策を多用すると、当然ほころびも出てきうる。人事に関する事柄は、いったん実施したら途中変更が困難だからだ。人件費の構造改革にとっては、人員数や雇用制度の問題は決定的に重要だ。すぐには成果が出ない場合もあるが、中期的な見通しのもとに計画的に取り組めば大きな効果をもたらす。

　そして最も肝心なのは、そのことによって何を実現するのか、法人、大学全体のミッション、今回の調査でも強調した中長期計画による戦略目標の明確な提起と共有だ。例え個々の人事施策には異論がある場合でも、大学の目指すもの、その存立の意義や評価の向上の大きな方向が基本的に理解、共有されていることが、こうした厳しい改革の断行を支える大本となる。

注：文中の図表、データは全て私学高等教育研究叢書『私大経営システムの分析』（2007年11月）、『財務、職員から見た私大経営改革』（2010年10月）による。
初出：「私大経営システムの構造改革推進に向けて－財務・職員・経営実態調査を踏まえ」『私学経営』2011年6月

第2部　戦略経営をいかに実行するか

第1章　地方大学のマネジメントはいかにあるべきか

第2章　中長期計画の実際

第3章　教学マネジメントを構築する

第4章　中国の大学のマネジメントとリーダー

第1章　地方大学のマネジメントはいかにあるべきか

1. 地域連携マネジメント調査から明らかになったこと

はじめに―私大マネジメントの調査で明らかになったこと

　私学高等教育研究所「私大マネジメント改革」プロジェクトチームは、2004年にスタートして以来、足かけ10年にわたって、私大経営の実態分析とそのマネジメント改革のあり方を追求してきた。この間4回の実態調査、2006年・理事会の組織・運営、2009年・財務運営と職員の力量形成、2011年・中長期経営システムに取り組んできた。

　これまでの調査・研究では、法人運営の中核をなす理事会の機能・役割、それを支える財政計画や改革を担う職員の役割を明らかにし、その運営の中核にある中長期計画の策定とその実行システムの在り方について研究を深めてきた。そして今回ご紹介する地域連携調査はチーム5回目の調査となる。これまでの調査で明らかになったマネジメントの基本原理が地域連携マネジメントの構築にどのように結びつくか、成果に結びつく地域連携マネジメントが如何にあるべきかを明らかにできれば幸いである。

　これと並行して私自身は『教育学術新聞』の連載「改革の現場―ミドルのリーダーシップ」の取材で85大学（2015年末時点）を調査した。今回、その中から特に地方に立地する大学を取り上げ、特徴ある14大学の取り組みから地方大学の生き残りをかけた改革推進マネジメントに共通する原理を明らか

にしていきたい。

　この10年の調査で明らかになったことは、ガバナンス、統治形態、組織や制度は重要だが、それを動かす政策と組織運営、マネジメントが無ければ機能せず、この一体改革が求められるという点である。大学の歴史や環境、経営や管理運営体制の違いを超えて優れたマネジメントを作り出す共通項は、明確なミッション、目標が掲げられ、それが事業計画、予算編成、教育計画、業務計画に具体化され、その推進組織が確立し、政策が全学に浸透、多くの教職員をこの目標達成行動に動かしているかどうかにある。単に方針を出すだけでなく、それを確実に実行し到達度を評価し次の改善に結び付ける、このPDCAサイクルが実質的に動いているかどうかが大切である。大学の質向上も社会的評価獲得も、その結果としての財政の安定化もこの取り組みなしには実現しないという点である。そして、この基本原理は地域連携マネジメントにも共通していることが明らかとなった。

　マネジメント推進の中核には中長期計画がある。厳しい環境では明確な旗印が不可欠であり、学生の育成は総合的な施策なしには進まない。しかし、計画があれば成果が出るわけではない。この間の4回のアンケート調査を通じて言えることは、この10年間で、大学の中長期計画はその策定率も急速に増えたが、計画に基づくマネジメントの実行方法も急速に進化してきたということだ。

　目標を実現するためには、このPDCAの全ての段階を通じてのマネジメントの具体的なあり方、工夫・改善が有効性を持つことが明らかとなった。取りまく環境や目標を踏まえた上で、それぞれの大学が如何にして実効性あるマネジメントを作り上げるかが求められており、厳しい環境の中で、多くの教職員を目標達成行動に動かしたところだけが成果を手にできる時代となった。

　我がチームが中長期計画に着目し、目標と計画に基づくマネジメントの確立の重要性を指摘し始めた2005年段階から約10年、中長期計画に基づくマネジメントは急速に拡大、今や大学マネジメントの主流になった。こうした進展の背景には、環境の厳しさが増していることはもちろん、認証評価制度の確立や競争的・戦略的補助金システムによる誘導なども大きな影響があっ

たことは間違いない。こうした流れの中に、我がチームによる10年間の一貫した「中長期計画の実質化」の提言もある。そして、今回の地域連携マネジメントの確立の骨格も、この点は共通している。

(1) 調査のねらいと調査大学のマネジメントの概要

(1) 調査のふたつの狙い

今回の調査の狙い、目的は「地方に立地する圧倒的多数の大学の存立と発展にとって地域連携は極めて重要な中核的事業だ」という点だ。地方創生が国策の中心の一つとして浮上し、地方の活性化と人材育成の中核としての大学の役割がかつてなく注目されている。地方大学が廃れれば人口流出の構造にさらに拍車がかかる。今年も教育・研究改革や経営改革を断行する地方私大に私学助成が重点的に配分されている。しかし、大学の本業である教育や研究についての調査研究は多くの蓄積があるが、地域連携の現状や在り方、意義についての調査・研究はまだ始まったばかりで、ましてやそのマネジメントの全国的な動向や在り方についての本格的な調査・分析は、ほとんどないのが現状だ。

そのため、第1に、私立大学において地域連携(貢献)事業の形態やその優れた特性、地域社会における効果や教育・学生生活の活性化の実態などを明らかにすること、また、第2に、事業の発案(意思決定)や実行組織、教職員の関与の在り方など、事業内容とともにマネジメントシステム全体の構造を明らかにすること、この2つを目的とした。

調査対象は、文部科学省2013年～14年度「地(知)の拠点整備事業」に申請した私立大学全227校とし、2014年5月～7月に実施、136大学から回答(回収率59.9％)をいただいた。地域貢献活動に積極的に取り組んでいる大学に共通する優れた特性、地域連携の事業内容やマネジメントの仕組み、組織能力などを見出したいと考えている。

(2) 調査大学のマネジメントの概要と特徴

〔文中の前回調査とは、2011年「私大中長期経営システム実態調査」。前々回調査は2006年「理事会の組織・運営・機能・役割に関する実態調査」を指す。〕

①大学概況

　法人、大学の収容定員は平均 3940 名（以下小数点以下切り捨て）、教員 180 名、職員 142 名は、いずれも前回調査の 2786 名、126 名、93 名より多いのは、対象に私大協会以外の大学（大規模校が多い私大連盟系）が含まれているためである。設置学部も前回が 2.7 学部、今回は 3.5 学部と設置学部数も多い。

②意思決定・執行システム

　理事長が創設者またはその親族の比率は 38.2％。この、いわゆるオーナー系の比率は、前々回 40.9％、前回 42.2％で、今回やや少ないのも同じく調査対象の違いによる。

　問 8、役員構成は以下の回答になっている。

問 8　役員構成（実数）についてご記入ください。
（2013 年度 5 月 1 日現在。常任理事には、専務理事、常務理事なども含みます）

```
1) 学内理事 7.1 名
 （うち、常任理事 4.0 名、うち、学部長 0.8 名、うち、職員理事 1.7 名）
2) 学外理事 5.1 名
3) 監事 2.2 名（うち、常勤 0.2 名）
```

　学内理事 7.1 人：学外理事 5.1 人は、前回調査 6.5 人：4.8 人と総数はやや少ないものの比率はほぼ同じ。理事構成の内訳も同様。前々回調査では職員理事は 1 法人平均 0.89 人だったので 1.7 人と倍増しており、下のグラフの通り 1 大学複数配置が非常に多くなっている。理事会機能の実行性、実務性強化のためと思われる。

②学長の選任について

問 9　理事長と学長との関係についてご記入ください。（○は 1 つ）

```
11.8　理事長が学長を兼務している　　88.2　理事長と学長は別人が担っている
```

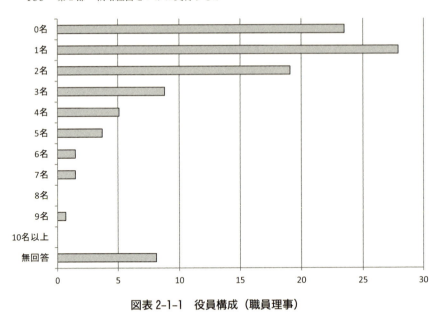

図表 2-1-1　役員構成（職員理事）

問10　学長の選任方法についてご記入ください。（○は１つ）

```
36.0  選挙を行っている
64.0  選挙以外の方法で選出している
```

　理事長・学長兼務は11.8％。これは前回調査では18％でこれも調査対象に違いによる。

　学長選挙を行っているのは36.0％で、前回調査39.3％を下回っているが、これは前回調査と設問の仕方が違うことが原因と思われる。この理事長・学長兼務体制、学長の選挙による選任か否かは、マネジメント、地域連携事業の推進にも影響を与えており、後ほど詳しく分析する。

　副学長、学部長の選任方法については前回比較は無いが、副学長の選挙選任は3％、学部長選挙も38.1％で、副学長はともかく、学部長の選挙による選出は意外に少ないと思われる。

(2) マネジメントの特性と地域連携の成果との関係

次に、マネジメントの特性と地域連携事業との関連を探ってみたい。まず調査結果の単純集計は以下の通り。

(1)「マネジメントの特性」設問の狙いと集計結果

問13　組織運営上のマネジメントの特徴について

	あてはまる	やや あてはまる	あまりあて はまらない	あて はまらない
ア) 意思決定が迅速にできる体制になっている	49.3	36.8	13.2	0.7
イ) 会議による運営を重視し、皆で議論して総意で決める風土である	34.6	48.5	15.4	1.5
ウ) トップが強いリーダーシップを発揮し、組織の一体感を醸成している	33.8	41.9	21.3	2.2
エ) ボトムアップよりは、トップダウンの傾向が強い	7.4	61.8	28.7	2.2
オ) 教職員が自由に意見や提案ができる風土で、それを取り入れた運営をしている	19.1	64.7	14.7	0.7
カ) 教授会など学内機関の議論によっては、調整に時間がかかることがある	14.7	44.9	32.4	8.1
キ) 教職員の意見や議論は重要だが、最後はトップや幹部が決断し、断固として実行する	31.6	55.9	12.5	-
ク) 理事長や学長の方針は、かなり教授会や教職員に浸透している	33.8	51.5	11.8	2.2

この設問は、大学マネジメントの類型と特徴を分析するため、以下のような選択肢になるだろうと想定して設問した。この視点から分析してみたい。

- ボトムアップ型大学=(イ)皆が議論、総意で決める、(オ)自由に提案できる風土を選択
- トップダウン型大学=(ウ)トップが強いリーダーシップ、(エ)トップダウンの傾向が強いを選択する
- 結果としての良いマネジメント=(ア)意思決定が迅速にできる
- 結果として悪いマネジメント=(カ)学内議論によっては調整に時間がかかる
- 平均的な姿=(キ)議論は重要だが最後はトップが決断・実行
- 成果につながる共通の原理=(ク)理事長や学長の方針は教職員にかなり浸透

全体を見てみると、(イ)(オ)と(ウ)(エ)の回答分布から、ボトムアップ型とトップダウン型はほぼ3割ずつで、その中に、(イ)「皆で議論、総意で決める運営」＝強いボトムアップ型17.9％、(エ)「ボトムアップよりはトップダウンの傾向が強い」＝強いトップダウン型7.5％があると読める。その他4割は双方の要素を含んだ中間型だと言える。

意思決定が迅速にできるところが約半数ある反面、議論や調整に時間がかかる所が、「ややあてはまる」を入れると6割に上り多くの大学で共通の課題となっていることがわかる。平均的には、(キ)「議論を尽くして最後はトップが決断」が、「あてはまる」、「ややあてはまる」、の合計が最高の87.3％となることからも、これが平均的な運営の姿と言える。

(2)「マネジメントの特性」と他の項目のクロス集計から見た特徴

それでは次に、問13のマネジメントの特性と問7オーナー系、問10学長選任方法、問24連携の成果の有無をクロスして、その特性を見てみよう。

①オーナー型か否かとのクロス

理事長は創設者かその親族、オーナー系は、やはりトップダウンの(ウ)88％、(エ)86％が多く、オーナー系以外のところはそれが50～60％台なのに比較して、はっきり違いが出ている。「迅速な意思決定や最後はトップが決断」の比率も高く、「調整に時間がかかる」は40％と非常に少ない。他方、その他(オーナー系以外)は、「皆の総意で決める」、「自由に意見が提案できる」が多いが、一方、「調整に時間がかかる」もたいへん多い。オーナー系がスムー

問13クロス

問7　学園の創設者と理事長の関係

	理事長は創設者またはその親族	その他
ア)意思決定が迅速にできる体制 あてはまる計	96％	79％
イ)皆で議論して総意で決める風土 あてはまる計	76％	86％
ウ)トップが強いリーダーシップ発揮 あてはまる計	88％	69％

エ）ボトムアップよりはトップダウン あてはまる計	86%	58%
オ）自由に意見や提案ができる風土 あてはまる計	80%	86%
カ）調整に時間がかかることがある あてはまる計	40%	71%
キ）最後はトップや幹部が決断し実行 あてはまる計	96%	82%
ク）理事長や学長の方針は浸透している あてはまる計	92%	81%

ズな運営という点では軍配が上がる。

②学長選任方式とのクロス

　学長非選挙型は、選挙型と対比すると、（ア）の迅速な意思決定で91％：76％、（ウ）の強いリーダーシップで82％：65％、（エ）のトップダウンで75％：59％と多いのが特徴で、選挙型が多かったのは、（カ）の調整に時間がかかる65％：55％。（イ）皆で議論し総意で決める87％：80％となっており、他の項目はほとんど差がない。これを見ると、非選挙型は上からの強いマネジメントが特徴と言えるが、次に見るように地域連携の成果とのクロスでは逆の傾向を示している。

　学長の選任方法と地域連携の成果のクロス

　問10、学長の選任方法と問24、地域連携の成果のクロスでは、十分成果を上げている大学を選択した比率は、学長選挙型の22.4％に対して、それ以外の方法で学長を選任している大学は12.6％で、成果を上げている法人の比率では選挙型の方が多い。ある程度成果が出ている、を加えても、選挙型95.9％に対し選挙以外86.2％で選挙型がやはり優位にある。

　しかし、それは選挙型という理由だけで成果が出ているわけでは無いのは、この後の分析でわかる。

問10　学長の選任方法

	選挙を行っている	選挙以外の方法で選出している
ア）意思決定が迅速にできる体制 あてはまる計	75%	91%
イ）皆で議論して総意で決める風土 あてはまる計	87%	80%
ウ）トップが強いリーダーシップ発揮 あてはまる計	64%	82%
エ）ボトムアップよりはトップダウン あてはまる計	57%	75%
オ）自由に意見や提案ができる風土 あてはまる計	85%	83%
カ）調整に時間がかかることがある あてはまる計	67%	55%
キ）最後はトップや幹部が決断し実行 あてはまる計	87%	87%
ク）理事長や学長の方針は浸透している あてはまる計	87%	85%

③地域連携の具体的成果とのクロス

　十分成果が出ているというのを、ボトムアップ型の（イ）（オ）とトップダウン型（ウ）（エ）で比較すると、（イ）84％（オ）85％：（ウ）76％（エ）68％で、明らかにボトムアップ型が成果を上げていることがわかる。（ア）の迅速な意思決定は、出来ていても出来ていなくても連携の成果にはあまり大きな影響はない。

　（ク）の方針の浸透は成果にかなり影響を持っている。このことは、問16の設問の（ア）中長期目標・計画の共有の有無と成果のクロスでもはっきりわかる。共有されている所は成果82％に対し共有されていないところは54％しか成果があげられていない。わがチームが明らかにした課題共有の効果はここでも明確に読み取ることが出来る。

　このようにみてくると、オーナー系で、非選挙型のマネジメントの方が経営や大学の運営や意思決定はスムーズに見える。しかし、地域連携の成果ではボトムアップ型の方が優位なのはなぜか。

この点では、地域連携事業の特性も見なければいけない。教育・研究・社会貢献は大学の3大機能だ。ただ、教育・研究は歴史もあり、制度も整い、法体系、行政からの政策や指導も明確で、いわば上から改革を推進していきやすい側面を持っている。これに対し地域連携は歴史も浅く、行政的な枠組みや決まった取り組みがある訳でもなく、現場の知恵や発想、提案に基づかない限り事業として形に出来ず、実を結ばない。ここに、ボトムアップを主体とする運営が中心となる要因の一つがあると思われる。

　地域連携は重要だが、教育・研究のように全ての大学に必須条件として義務付けられているわけではない。ある意味で、やっても良いしやらなくても良い。その点で、地域連携は、現場から実際の連携活動を作り出さねば始まらない。一人一人の教員が、実際の授業で、地域を題材・素材に教育活動を作り出さないことには実質的な地域連携は始まらず、これは強制できる性質のものでは無い。ここにボトムアップ型の優位性が出て来る背景があると思われる。

問24「地域連携（貢献）」を進めることによる具体的な成果

	成果が出ている合計	成果が出ていない合計
ア）意思決定が迅速にできる体制 あてはまる計	86%	81%
イ）皆で議論して総意で決める風土 あてはまる計	84%	63%
ウ）トップが強いリーダーシップ発揮 あてはまる計	76%	81%
エ）ボトムアップよりはトップダウン あてはまる計	68%	81%
オ）自由に意見や提案ができる風土 あてはまる計	85%	72%
カ）調整に時間がかかることがある あてはまる計	59%	63%
キ）最後はトップや幹部が決断し実行 あてはまる計	87%	90%
ク）理事長や学長の方針は浸透している あてはまる計	87%	72%

しかし、ボトムアップ型、選挙型ならば成果が上がるかというとそうではない。さらに具体的に分析していくと、地域連携の方針が明確にされ、実効的な推進責任体制や達成度評価など運営体制が整備されていない限り成果に結びつかないことは、後のクロス集計とその分析で明らかになってきた。つまり、ボトムアップでも、こうした体制なしには成果は上げられないし、トップダウンでも、この地域連携マネジメントが構築できれば成果を上げることが出来ると言える。このあたりを次の項で分析したい。

(3) 地域連携推進体制の確立が如何に成果に結びつくか

次に、見るのはマネジメント体制の構築が、いかに成果に結びつくかという点だ。地域連携を方針に明記し、専門部署を置くなど推進体制を整備、成果指標を設定し評価しているか否かが連携の成果やCOC補助金の採択率にどのような影響を与えているかを見てみたい。

〈地域連携マネジメントと成果のクロス集計〉

大学の学則等に地域貢献の位置づけを明記しているか

明記している	成果 93.2%	採択率 18.2%
明記していない	成果 75.0%	採択率 0%

中期計画・事業計画に明記しているか

明記している	成果 92.9%	採択率 18.6%
明記していない	成果 72.7%	採択率 13.6%

地域連携の担当役員がいる	成果 93.5%
地域連携の担当役員がいない	成果 87.8%

地域連携部署に権限が委譲

かなり権限が委譲されている	成果 94.6%	採択率 24.3%
ある程度権限が委譲されている	成果 90.9%	採択率 15.6%
ほとんど権限が委譲されていない	成果 80.0%	採択率 20.0%

地域連携の専門部署の有無

設置している	採択率 22.9%
設置していない	採択率 0%

地域貢献の全学的委員会の設置の有無

設置している	採択率 23.9%
設置していない	採択率 6.5%

地域連携の成果指標の設定

定量的な成果指標を明確にしている	成果 96.7%	採択率 33.3%
定性的な成果指標は明確にしている	成果 93.1%	採択率 17.2%
成果指標を明確にしていない	成果 82.3%	採択率 11.8%

成果をチェックしフィードバックする仕組みの有無

仕組みはある	成果 95.9%	採択率 24.3%
仕組みはない	成果 82.2%	採択率 9.7%

　こうして見てくると、地域連携の方針が学則やミッションに明確に位置付けられ(P)、地域連携の専門部署や全学的委員会が置かれ、権限の委譲が進んでおり(D)、成果指標が明確で(C)、成果をチェックし、フィードバックする仕組みが在るところが、ほぼすべてにわたって成果を上げ、COC補助金の採択率も高いことがわかる。

　ここから言えるのは、地域連携マネジメントにおいても、PDCAを実質的に取り組んでいることが、成果に結びついているという事実である。目標に明確に位置づけ、推進体制や権限を明確にし、到達度を評価し次の改善に繋いでいる所が、成果を上げている。これが優れた地域連携マネジメントの望ましい基本形と言える。

　選挙型、ボトムアップ型が無条件に良いわけではない。それは、選挙型、ボトムアップ型に多い「議論によっては調整に時間がかかる」法人は、成果を上げる比率が少ないことから端的にわかる。強いリーダーシップの発揮やオーナー型が悪く、選挙型が良いというのではなく、ガバナンス形態はそのいずれであっても、前述のようなPDCAに基づく運営が実現できるかどうかが要にあることを示している。どのようなガバナンスの形態であってもそこには強みとともに弱みがあり、問題はそれを如何に克服していけるかということだ。そこにマネジメントの在り様、改革がある。

2.「マネジメントの強みと弱み、その改善方策」が示唆する改革の方途

リーダーシップの構築に向けた課題と改善方策

　回答134法人中109法人が自由記述欄にマネジメントの強み、弱み、取り

組んでいる改善方策を記載していただいた。大学の組織・運営改革の現時点の実相を表している貴重な情報である。その中から特徴的な意見を整理し、共通するいくつかの特性に分類、そこから直面している問題点と改善方策を考察した。

学長を中心としたリーダーシップが強みと書いた法人は20を超える。しかし、その多くは、それを支える補佐体制の整備を強みとしている。理事長・学長などトップの力は、それを支援する体制の整備・強化に依拠するところが大きく、逆にいえば、優れたトップほど優秀な補佐体制を築いていると言える。

また、トップダウンが強いと現場からのボトムアップ力が育たないという重要な指摘もある。改善策を見ても、リーダーシップをさらに強化するという所がある一方、少数意見に耳を傾け、バランスの取れた運営を行うなどボトムアップを重視する運営改善が指摘されている。「ボトムアップに基づくトップダウン」と言われるように、現場からの発信を重視し、戦略スタッフからの提言を踏まえるなど、聞く耳を持った、現実判断のできるトップが求められている。

IRはボトムアップをシステムとして行うものだとも言える。IRを活用した経営判断情報の重視、PDCAサイクルの構築など、下からの企画・提案力を組織的に作る改善策が多いのも特徴だ。学校教育法改訂に沿った教授会の位置づけや権限の改定も目立った。一方、学長と学部の関係改善や学部のリーダーシップの確立の課題もあげられていて、問題はトップだけではないことを示している。

リーダーシップの確立・発揮の現状
理事長・学長が同一人で強いリーダーシップ／学長中心に教学マネジメントシステムを構築／副学長の職務権限を分化し学長の意思を反映しやすい体制を構築／担当分野を明確にした副学長を置き、学長のリーダーシップの発揮の補佐体制を強化／トップダウンだったので一人一人のプラン提案力や実行力が弱い／大学・学部運営にトップダウンの傾向が強く、ボトムアップの意識が弱い
リーダーが強いリーダーシップを発揮できない組織構造になっている／トップマネジメントの補佐体制が弱い／管理職の業務管理力の弱さ

第 1 章　地方大学のマネジメントはいかにあるべきか　115

> **リーダーシップの強化策**
> トップダウンの傾向が強く、現状では機能しているが、今後は多くの意見に耳を傾けバランスの取れた運営を行うのが成功のカギ／中期計画を策定し、PDCAサイクルの実行を行う／大学改革推進室、PDCA推進室の機能強化、学長メッセージを主軸に副学長、学部長が一体となって事業執行、少数意見にも配慮して意思決定していく。トップのサポート体制の強化が必要／学長補佐室の設置等学長中心の執行力の強化／理事長・学長中心の運営を維持しつつ、学部長権限を強化し、学部固有の課題に対応し得るマネジメント力を高める／役職別の権限を規定化、意思決定組織体制が整い理事長・学長のサポートも学長室など効果を発揮しつつあり、さらにIRで経営判断情報の的確な提供の体制を強化する／学校教育法の改定に沿って学長のリーダーシップを重視し、教授会は単なる参考意見陳述の場とすべき／教授会自治尊重風土の中、各種案件に迅速に対応するため、学長の下に教職協働のプロジェクトを立ち上げ推進、さらに学長の権限拡大、責任の明確化が必要／トップマネジメント強化のため学長室を設置、IR機能強化のため組織・要員の両面で充実を図る／毎週、学長統括の運営会議を開催、諸問題を検討し関係部局に指示

経営と教学、教員・職員の一体運営を如何に構築するか

　経営・教学一体運営を強みと特記している所も20大学ほどある。経営と教学の風通しが良く、連携がうまくいっている大学は、自由記述にあるように、具体的な連携・協同組織を作って、実質的に運用していることによる。例えば、経営・教学双方の幹部を構成員とする経営戦略会議、経営協議会、各種の検討委員会の設置などが上げられている。そのための組織や運営の改革が改善の中心課題となっている。ここでもトップダウンとボトムアップのバランスや在り方が課題となっている。

> **経営・教学一体運営の現状**
> 理事長・学長の意思疎通の良さ／理事長と学長が併任、教学と経営の連携が取りやすい／理事会・教学が構成員の経営戦略会議を置き、教学の意見を反映／経営トップと教学組織間の意思疎通で臨機応変の意思決定／理事長、学長、副学長の連携強化により大学改革に向けた意識の共有化／法人本部と大学の連絡協議会開催等による連携協力
>
> **経営・教学の連携強化策**
> 法人と教学、教員と職員の良好な関係を維持するため風通しを良くすることが肝要／理事長・学長の協働体制構築によるガバナンス強化、そのために理事・評議員で構成する検討委員会を設置、課題解決の実行性を高める／月2回の経営協議会で法人と大学が意思疎通、学務研究協議会では学科の意見を集約するとともに学長方針を周知、部課長会には理事長、学長が出席するなどトップダウンとボトムアップの仕組みが整備

教員・職員の一体化を妨げているのは、物理的には複数キャンパスの問題などがあげられるが、部署間の壁、縦割りの業務執行、教・職の溝なども大きい。やはり目標や方針の共有、そのためのトップのリーダーシップや構成員とのコミュニケーション、ボトムアップ重視の運営改善が多く上げられている。

構成員、教員・職員一体運営の現状
教職員の一体感、同窓生とのネットワークが強い／現場レベルで教職協働意識が浸透、双方に良い効果
部門間の意思疎通と総合調整が不足／4キャンパスに分散しているため連絡調整と意思疎通が不十分／縦割り行政的な部分があり非効率／2つの学部が全く分野が異なり大学全体のマネジメントが難しい。教員と職員のコミュニケーションが弱い／各部局への権限委譲と相互連携が弱い／戦略的課題に対応するため教員・職員それぞれの高度な専門性を生かした協働の水準を高めることが必要

構成員（教員・職員）の一体化の促進策
教職協働の意識を全学に浸透させ、職員が個々の能力を高め政策決定に携わる／学生本位の改革に向け全学的意識の共有を深める／ICTの活用で学園本部と2つのキャンパスのコミュニケーションを改善／同一法人3大学のため、学園全体のビジョンを確立するには各大学間の調整が必要。教職員が一丸となるには牽引する強いリーダーシップが不足している／中長期計画の策定、実行を通して、構成員の意見集約と意思統一を図り、力の結集をしていく

迅速な意思決定を如何に実現するか

　意思決定が迅速なのを強みとした法人もかなり多いが、そのためには最終意思決定機関を少人数とし、権限や役割を規程などで明確化、決めるべき提案内容を事前に調整し、事務局がしっかり用意するなどの組織や運営が整備されている。

　一方、迅速でない、意思決定に時間がかかりすぎる大学も多い。問題の中心は、教授会の位置づけや役割が大きな影響を持っていることがわかる。手続き重視、なんでも教授会の議題にする、民主的に、ということで意見を聞きすぎ決められないなどだ。

　議論や合意形成は重視しつつ、意思決定までの時間短縮、決めるべき時に決めることの重要性が指摘されている。そのためには、明快な政策・方針の提示、決定過程への一般教職員の参加などトップダウン強化だけでない改善

が指摘されているのが特徴である。会議体をスリム化し、明快な方針とともに当事者意識を持って参画する、議題の精選や手続きの簡素化、権限や役割に関する教授会規程の改訂なども必要となる。

　さらに、現場からの提案がうまく生かされない、データを使った意思決定が弱いなどIR活動の不十分さなどの問題も繰り返し指摘されている。

迅速な意思決定の現状
改革推進の意思決定が迅速／学長ガバナンスの強化による教学意思決定の迅速化／目標の決定と予算措置が速やかで成功の確率が高い／最終意思決定機関である大学部局長会を月2回開催／学長室会議など少人数で迅速に意思決定できる体制／事務局が案を作成するので迅速
意思決定に時間を要する／スピードが遅く決定過程が複雑／教学以外の課題でも教授会承認が必要／教授会への諮問が多すぎる／教授会の議論を優先するため時間がかかる／民主的運営が時に弱みとなる／各学部が独立して活動し、全学共通のシステム構築が遅れている／会議運営の手順重視で決定にまで時間がかかる／現状を変えたくない、改革に消極的な教員がいる／IRの活用やデータを用いた意思決定システムが弱い／現在の規程では様々な委員会を経ないと決定できず、迅速かつ全学的な施策は進めにくい／規定にある委員会のほか小委員会、ワーキンググループなどが増え意見集約が難しい／審議事項と報告事項の峻別が出来ない

意思決定の迅速化に向けた改善
合意形成を重視しつつも決定に至る期間の短縮の仕組みが必要、学内問題にリーダーや幹部が明快な方針を示すこと／会議体の意思決定システムの一層のスリム化、情報・意識の共有のための連絡の強化／常に課題発見に努め部署を超えたチームを作り、速やかに対応する／管理職クラスの経営参画、情報共有／全教職員が当事者としてマネジメントにコミットする参加型運営を拡充する／現場の意見をシステマティックに吸い上げるシステムの構築／教授会規定を改正し、審議事項を減らす／全学委員会の機能や権限強化を検討

政策浸透、課題共有を如何に作り上げるか

　記載内容からは、情報共有や課題・方針の浸透を図るには、政策を立案・推進する組織運営体制の確立やトップの努力、運営上の工夫が必要なことがわかる。

　その内容の第1は、方針や計画を明確に策定すること。第2は、その内容を浸透・周知させるためにトップ自らが会議で説明したり、情報共有を重視した運営を行うこと。第3は、ボトムアップや合意形成を重視した組織運営を行うこと。そのためにプロジェクトやワーキンググループを活用し、提案を出させ、かつ生かすこと。第4に、ただ意見を聞くにとどまらず、その実

行にまで構成員を巻き込むこと、PDCA を実質化し IR を強める、数値目標を掲げその実行状況を評価するなど、課題の実践を通じて方針を学内に徹底している。第5にそのための情報公開など。こうした浸透・共有の様々な努力こそが、改革推進には決定的に重要なことを示している。

政策の浸透、課題共有の現状
マネジメントの基本方針が明確／トップの意思が組織に浸透／ミッションはおおむね全学に浸透、中長期目標・計画に基づき大学改革が推進／学長自ら会議の席上で方針を述べ、教職員の理解と協力を求める／情報公開が徹底している／基本構想を立案、内容を教職員に周知、PDCA の見える化を実行し、教職員の改革意識と実行力のベクトルをひとつの方向に集約／学長リーダーシップの下、学内民主主義を確立、合意形成を重視したシステムにより決定事項の目的の共有が確固としたものになっている／
全教職員にまでマネジメントの方針が浸透するまでには至っていない／職員数が多く現場の教職員まで理解が浸透しない／各部門の情報共有が薄い／意思決定の内容の理解不足

政策浸透（課題共有）の推進方策
経営戦略会議の下にプロジェクトチームやワーキンググループを柔軟に組織し、具体的議論や素案作成を行い、小回りの利く運営を行う／ICT 活用で全教職員が情報共有できる体制を構築。月1回、全教員・役職職員による教育会議を開き情報共有を確実に図る／トップダウンよりもボトムアップで政策執行できるプロセスを作る／大学全体で情報の見える化、見せる化に取り組んでいる／方針の理解が現場まで浸透していないので管理職が具現化して部下に示す／中長期の目標・計画を立て、定期的に点検評価、達成状況の検証で次年度の取り組みを改善。数値目標で客観的評価／中期計画を踏まえた PDCA サイクルを学内で実質化し、会議体で定期的に計画、成果の検証を行う。IR 機能を強化したい

組織の改善・改革に如何に取り組むか

　記載の事例からは多様なガバナンス、マネジメント改革が取り組まれていることがわかる。その内容は、リーダーシップ強化のための改革、例えば常任理事会の機能強化、教学運営会議の新設、経営と教学の会議の合同による開催などが上げられている。逆に権限移譲、教職員の意見の吸い上げ、ボトムアップ促進のための改革がある。教授会の位置づけに関わる規定改訂、データの収集・分析機能を高め意思決定に生かす IR 機能や職員の運営参加の拡充による役割の強化、外部有識者の運営参画、点検評価体制の充実などテーマは多岐にわたる。

第1章　地方大学のマネジメントはいかにあるべきか　119

> **組織改革・改善の実行事例**
> 意思疎通の速さを生かした組織改革、決定後速やかに行動できるチームを編成する／担当理事制で迅速な対応／役員(理事や執行役員)の職務行動基準を定め、計画の達成度評価を行い、理事長、専務理事、常務理事が事業の評価と情報共有するマネジメントの仕組みを整えた／学長のリーダーシップの下、全学的方針の企画・立案・執行を行う教学運営会議を設置した／理事会開催は限られているため、月例の常任理事会、毎週の常任理事会運営委員会のさらなる機能強化を図る／理事長、学長権限が明確に分かれているため、将来計画等双方の責任が折り重なる所は運営委員会と大学協議会の合同開催などで意見調整を行う／さまざまな取り組みを如何に入口・出口につなげるかが課題／マネジメントにおける職員の役割を拡大し、マネジメント能力の向上を図る／IR機能を強化し、データ収集・分析の機能を高め、意思決定に供するシステムの確立／教職員からの幅広い意見の吸い上げが不十分で改善のための組織改編を計画／学部長、学部教授会を廃止した／教授会に関する規定を改訂しガバナンスにおける責任と権限の一致を図る／内部質保証システムは整備されているが、点検評価が年度末だけなので年2回やり進捗状況を把握する必要がある／マネジメントの強みを維持していくためには外部有識者の助言を参考に検証システムを強化していくことが大切

組織運営を担う人材を如何に養成するか

　制度やシステムだけではなく、ひと、人材の強みを強調する法人も多い。人材豊富で、外部人材をうまく取り入れ、育成・評価制度もうまく機能している法人がある一方で、女性管理者の不足、次世代幹部の育成、職員の力量不足などの指摘も多い。求められる課題に対し教職員の育成が不十分だとの指摘も多いが、進まない原因としてFDやSDが機能していなかったり、研修や評価、処遇との結合、情報共有の不十分さなど指摘もあり、改善できる余地もある。次世代への引継ぎなどスムーズな世代交代の課題も指摘されており、長期的な視点での育成制度の整備が求められる。

> **人材、人材育成の現状**
> 教職員に経営感覚を持つ人材が多い／アイディア・提案のある教職員が多い／理事が地元自治体、企業トップで構成され広い視野で意思決定／情報収集による視野の広さ教員評価制度、職員人事考課による組織の活性化
> 女性管理職への登用が不十分／問題解決のための情報の共有と分析の能力が不十分／幹部の年齢構成から次の世代への引継ぎが課題／次世代の幹部養成、年齢構成の偏り是正、組織的な執行体制の形成／教職員の意識に温度差がある／情報収集力、分析力の不足／広報力不足／一般教職員の動機づけのための施策が弱い／マネジメントに適した人材の層が薄い／教職員からのボトムアップが足りない／事務スタッフのスキルアップ／教職員の能力開発の余地がある／運営が教員主導で職員の力量が不足

人材の育成・強化策

FD 等を通じた教員のモチベーションを向上させること／教員評価制度の実態に即した見直し、処遇の賞与への反映／権限移譲に対応した教職員の資質向上、他大学調査による業務改善、FD、SD の充実／適材適所の人事異動、若手職員の登用、組織の若返り／IR に基づく FD、SD の充実・強化／次世代の職員の育成策／年功序列賃金から成果主義を取り入れた給与体系の構築を図りたい／マネジメント強化のため教職員の研修を重視、資質向上のため大学院の授業の受講も行う／人材開発のための人事考課制度を試行中、建学の理念を教職員研修で行う／職員からの改革提案の拡大、頑張っている職員を正当に評価する仕掛け／アドミニストレーターの育成のため各種研修会に参加、今後は専門知識を持った大学院修了生を採用したい

まとめ

　自由記述欄に寄せられた直面するマネジメントの現状と改善の取り組みの柱は、1．リーダーシップ、2．経営・教学の一体運営、3．迅速な意思決定、4．政策の浸透・課題共有の 4 つである。リーダーシップは改革の前進に不可欠だが、それは経営・教学、教職の一体運営、構成員の参画の支えなしには力を発揮しない。迅速な意思決定はこうしたトータルな運営の確立なしには不可能で、取組全体の PDCA が機能することで政策の浸透・課題共有が図られ、より多くの構成員を改革に巻き込むことで、初めて成果に結びつく。

　トップのリーダーシップを確立するためには、トップ個人の資質や力だけでなく、補佐体制や支援スタッフの力量が決定的に重要であり、経営・教学の一体運営を実現するためには、それにふさわしい目標や政策の明確化と一致、一体運営に相応しい組織体制の確立、情報公開やコミュニケーションの努力が必要なことを示している。

　迅速な意思決定のためには、意思決定機関の整備や必要な権限や手続きの明確化、それに連動する規定整備も求められる。政策の浸透・課題共有にも、明確な方針提起とその浸透のためのトップや幹部の努力、また、構成員のボトムアップ、プランの策定から実行、評価に至る参加型の運営が重要で、こうした、トップダウンとボトムアップのバランスの取れた運営こそが効果を発揮することが共通して述べられている。

　そして最後はひと。運営を担う教職員が政策を主体的に受け止め、自覚を高めるとともに、その力量形成の重要性、そのための育成システムの改善・

第1章　地方大学のマネジメントはいかにあるべきか　121

構築の必要性を多くの大学が指摘している。これらを総合すると、今日のマネジメント改革の大きな流れ、方向性を読み取ることが出来る。

3．14大学の事例から何が言えるか

(1) 地方大学の特色化を推進するマネジメント

> 宮崎国際大学／南九州大学／愛知学泉大学／奈良大学／足利工業大学／鹿児島純心女子大学／志學館大学／四国学院大学／四国大学／広島文化学園大学／金沢星稜大学／札幌大学／松本大学／静岡産業大学

地方大学の特色化を推進するマネジメント

2011年から始まった『教育学術新聞』連載、「改革の現場―ミドルのリーダーシップ」の取材調査で、これまでに90校を越える大学を訪問した。この中から主に地方に立地する14大学を選定し、その特色、個性を如何に作り上げ、推進しているか、地方大学におけるマネジメントの在り方の共通点・基本原理を明らかにしたい。地方にあって如何に教育充実、学生育成を図り、都会志向に抗して、教学の発展と経営の存立を両立させてきたか。厳しい環境にある地方大学の改革の努力は、マネジメント改革全体にとっても大きな影響を持つ先駆的な内容を持つとともに、困難に立ち向かう多くの地方大学のマネジメント改革にとって指針となるものが多いと思われる。

全国に通用する強い特色作りにこだわる

まず、地方で強い特色作りを進める5大学を紹介する。

都市圏を離れたところに位置する地方小規模大学は、自らの特色に磨きをかけ、その分野で、全国屈指の実績を作り上げることなしには、存立を保持できない。国際教養大学のモデルともなった宮崎国際大学は、全ての授業を英語でやるなど徹底しており、南九州大学は園芸・造園分野の数少ない高等教育機関として、農業高校教諭を多数輩出している。社会人基礎力教育にいち早く取り組み、この分野で全国の先進を行く愛知学泉大学、奈良の立地を徹底して生かし、日本初の文化財学科や世界遺産コースを置く奈良大学、自

然エネルギー教育で強い特色を打ち出す足利工業大学などいずれも他の追随を許さぬ特色を持ち、さらに磨きをかける。しかし、それを維持し発展させるためには、それぞれの大学にあった改革推進マネジメントの取組みと努力がある。

まずは、典型的な地方都市、宮崎に立地する2つの大学から。

宮崎国際大学[1] は、強い特色を持っている。外国人比率はこの分野で著名な国際教養大学や APU の約2倍、8割を占める。徹底した少人数によるチームティーチングを行う。全授業が英語で、授業は教科を教える教員と英語を教える教員のふたりで担当、それほど英語が得意でない新入生が最後は卒論を英語で書くまでに成長する。ここには、長期の海外研修も含む徹底した英語漬け生活、自ら参加し、話して学ぶ創立以来のアクティブラーニング、そして優れた能力を持つ教員集団がある。理事長の、日本初の英語によるリベラルアーツ教育の理想を形にし、揺るぎなく、一貫して個性的な教育を推進してきた。運営はアメリカ型で、理事長、学長、学部長の責任と権限は明確、少人数で構成される運営委員会や大学評議会で迅速に意思決定、不断の教育充実を推進する。

同じく、宮崎にある**南九州大学**[2]。園芸、造園分野の高等教育機関として、強い特色を保持、農業高校教諭を多数輩出、環境園芸学部は8割が県外出身だ。厳しい志願状況から、4年前、大学創立時からのキャンパスを閉じ、交通至便な宮崎キャンパスを購入、さらに都城に誘致を受け、造園系の2学部を1学部に統合するとともに、地域ニーズの高い管理栄養士養成学部とこども教育系学部を相次いで新設した。元々オーナーはおらず、学長は選挙で選ばれて理事長を兼務、教授会自治が強い、最も改革に不向きな運営システムだ。なぜ、これほど果断な改革が出来たのか。その背景には、現実に進行する危機認識の共有を背景に、学長の粘り強い説得、自身が設置した経営企画室による丹念な調査と現実感ある政策立案、全役職者が一堂に会する改革委員会での徹底した議論、学部教授会を作らず、大学教授会一本での運営による学長の直接統括、直接対話による意思決定が、調整型運営に陥りやすい弱点を乗り越え、必要な改革を最後は全学合意、推進してきた。

愛知県にあっても、岡崎と豊田にキャンパスを置く**愛知学泉大学**[3] も地方

に立地する。早くから就業力、社会人基礎力に着目し、強みを発揮できるのはここだと定め、当時文系では数少ない産学共同協定を締結した。そして、経済産業省のモデル事業に採択され、この分野では草分けの地位を確保した。従来の教科型学力から、コミュニケーション能力や対人能力など人間力教育に大きく舵を切った。しかし、人間力はテストで力が図れない。そこで、「じぶん振り返りシート」や事前・中間・事後の3回面接、プレゼンテーション会での発表や、それらの到達を評価する愛知学泉大学社会人基礎力評価基準を編み出した。こうした全学を挙げた特色づくり、手間をかける教育づくりには、理事長の強いリーダーシップと合わせて、やはり、圧倒的多数の教職員の参画が不可欠だ。全教職員参加の学園報告討論会や分科会での議論と一致、学科、専攻、部署ごと、分掌ごとの目標・計画作りと達成度の確認、全教員の授業改善報告書の提出など徹底した全員参加を作り出す取り組みの成果でもある。

　奈良大学[4]も徹底して奈良の強みを生かす。奈良を教室とし、徹底してフィールドワークを重視するとともに、日本で唯一の文化財学科や世界遺産コースも、奈良でなければ出来ない強みだ。理事長主宰の戦略的企画会議では、経営・教学の管理者が一堂に会し、重要事項や将来計画を議論する。改革に当たっては、利点と問題点の双方を徹底して調査、その中から身の丈に合うものを着実に形にするというやり方で、奈良の特性を生かした教育の強みに特化してきた。いたずらに規模拡大せず、常に中期財政計画をベースとした堅実な財政運営で、地に足の着いた経営の実践が成果に結びついている。

　地方にあっては、単なる工学では都市志向を押しとどめられない。**足利工業大学**[5]では、工学細分化をやめ、多くの学科を創生工学科一つにまとめた。工学の様々な知識・技術をつなぎ合わせ、生活に役立つ、実践的な開発が出来る技術者の育成に特化した。そして、その中核に自然エネルギーを置き、これからの脱原発時代に対応できる、先駆的な人材作りを目指す。教育連携センターが取り組む、高校に出向いて行う再生エネルギー発電やソーラークッカーの授業は大人気だ。風力発電研究者である学長のリーダーシップの下、危機意識を共有し、多くの教職員を巻き込んで、特色ある工学教育作りを目指す。厳しい財政状況の中でも、教学充実に手を抜かない経営の判断も、

この強みを支える。経営・教学の協議機関、法大会議がこうした一体運営を支える。

以上の大学に共通するのは、強い特色に集中する一貫した政策、揺るぎない信念そして、これを担い推進するそれぞれの大学に見合ったリーダーシップの在り方、教職員参加型の強いマネジメントだ。これが、厳しい地方小規模大学の未来を切り開く。

都市移転か地方に留まるか

1・2年次教育の1部を行っていた鹿児島キャンパスを引き払い薩摩川内市に統合した鹿児島純心女子大学、霧島市から鹿児島市に移転した志學館大学、この異なる選択をした2つの大学の決断とその底流に流れる共通点をご覧いただきたい。

都市移転にかけるか、地域密着で生きるか、どちらも大きな決断がいる。鹿児島純心女子大学と志學館大学は、それぞれ対象的な生き方を選んだ。**鹿児島純心女子大学**[6]は、一部の授業を鹿児島市内で行っていたものをすべて引き揚げ薩摩川内市にある本校に統合し、地域密着で生きる決意をした。一方、**志學館大学**[7]は、鹿児島市内にあった高校が志願者減から廃校を余儀なくされるという厳しい事態の中で、この校地を活用し短大を移転、その跡地に霧島市から大学を移転するという大胆な決断を行った。

純心女子大学は、あえて厳しい道を選んだ危機意識が全学に浸透、5年連続GPを獲得するなど地方大学としては屈指の特色ある教育を展開、就職率もほぼ完ぺきに近い98.1％の数字を保持し、特色ある教育の成果を目に見える形で示すことで、定員をほぼ確保するところまで来た。志学館大学は移転が決まると同時に志願者が急増したが、もともと鹿児島市内移転で起死回生を図ろうと計画していた訳ではない。志願者がボトムの時代にあっても、至学館学園長期経営計画や教育改革基本方針を堅持し、その達成度を年2回、項目別にABCDで評価するなど、多数の教職員を改革に参加させ内部充実に力を注ぎ、移転後もこの姿勢を変えていない。移転人気は長続きせず、やがて本当の教育の力が試されると考えているからだ。純心女子大もその点は同じで、生真面目なくらい中教審答申等が提起する課題に正面から向き合い、

地域で生きる危機意識をバネに特色ある教育作りに励んできた。カトリック精神をバックにした一体感で、中期計画を大学管理運営会議や教育面は大学教務委員会が主導、GP特別委員会なども作り、多くの教職員を改革に動かしていく。志学館の連続移転にしても財政悪化の中での過大な投資には決断がいる。両大学とも大きなリスクを抱えながらの決断である。

　どこに立地するかは大学発展の大きな条件の１つではあるが、結局その大学の命運を決するのは教職員の、その大学を良くしていこうという本気の思い、危機意識の浸透、課題に真摯に向き合い改善を持続的に進める努力、そして、それを持続的に進めるための中期計画とその推進体制の確立、これが出来るかどうかが分かれ目となる。２つの大学の事例はこのことを明瞭に示している。

　独創的改革で特色を鮮明化、存在感示す
　これまでみたように、地方で存立するには特色ある改革が不可欠だ。これはだれしもが言うことである。しかし、これを本気で突き詰め、一貫して実行することなしには、都市型大学に真似のできないオリジナリティのある改革は難しい。四国という最も困難な地域に立地する２大学はこのことを体感しており、その改革の目指すものは深く、本質に迫る。

　四国学院大学[8]は言う。「地方大学に残された選択肢は特色ある教育創造、どこでもやっていない斬新な企画を作る以外にない。生き残り、サバイバルは最優先だが、それは教育の付け足しでは出来ず、本質改革が不可欠」だ。文、社会、社会福祉の３学部の壁を壊し、リベラルアーツ教育を学部横断の19のメジャーで実現すべく、現行制度の枠組みギリギリで、共通教養教育の理想を追う。クラスターアドバイザーとピアリーダー、徹底した個人支援なしには、全入時代の学生の成長は望めない。小手先の改革では駄目だ。本物の力を付ける教育のみが生き残りの根源。こうした改革を断行すべく、私学法改訂を機にトップ機構の権限を強化、学部中心運営を転換し、少人数の部長会と大学協議会を意思決定機関とするとともに、17のプロジェクトで改革行動に教職員を巻き込む。模索と挑戦は続く。

　四国大学[9]も、大学名変更、男女共学化、看護学部を設置。「大学改革ビジョ

ン2011」を掲げ、四国大学スタンダード、新たな全学共通教育、新教育体系「教育プログラム2014」を定め、特色ある教育作りに挑む。参考書と漫画本の両方を置く学修支援センター、実態を踏まえつつ本気で学生を育成しようとする工夫の表れだ。経費削減も一般論や小手先ではない。多くの大学がやろうとしてできない授業科目の10〜20％削減、委員会統合による会議の2割削減など実効性のある改革に取り組む。点検評価も形だけではない。達成状況は根拠データを示し、評価が低ければ幹部がヒヤリングする。経営会議は必要に応じて朝・夕でも開く。ビジョンの策定に当たっては、全教職員会議を何回も開き、策定後も大学改革学内フォーラムを開催、政策浸透と全学推進を強める。ビジョン全体は大学改革推進本部が統括、項目ごとに行動計画、責任部署を明示、達成状況を評価作業部会が4段階評価、これをさらに教員の業績評価、職員の人事評価にまでつなげる。

地方で独創的改革は不可欠だが、それを実際に作り出そうとすると、血の滲むような努力が求められる。都市型大学では実行困難なマネジメントをやりきることによってしか、地方大学では、改革も、評価向上も実現できない。マネジメント改革の新たな地平は、地方から始まるといえる。

広島文化学園大学[10]も先進的改革を次々に実行してきた。1998年、全国に先駆けてアドミッションオフィス入試を開始、それは慶應義塾大学湘南藤沢キャンパスと同時期だ。HBG（広島文化学園）夢カルテによる学生支援には学生ポートフォリオ機能が組み込まれている。ポートフォリオという言葉がなかった30年前から手書きで学生カードを作っていたものの発展形で、歴史は古い。その他にも留学生に配慮した秋季入学制度を2002年から、またパートタイム学生、社会人の受け入れのための長期履修制度も2002年から、いずれも全国に先駆けて導入した。何でも一番にやるという進取の精神だ。

2011年「守りから攻めへの転換」を合言葉に中期経営計画Ⅱを策定、具体的な数値目標を掲げると共に、その徹底した達成度評価を行い、毎年度、報告書を発刊する。個人目標も掲げ、その到達も自己評価している。自己点検評価の歴史も古く、1992年からだ。

持続的な改善を図るための意思決定システムも整備、3役会議であらゆる戦略を練り基本方針を提起する。それを代議員会に諮り改革の具体的内容

を協議、教授会等に提起する。企画の素案は2013年より経営企画局を設置、タイムリーにプロジェクトを編成するなど諸施策の企画・立案・課題解決を図る円滑でスピード感ある体制を整備した。目標や方針を掲げるだけでなく部局や個人にまで徹底させ評価する仕組みは、地方における改革推進マネジメントの優れた取り組みと言える。

抜本改革でイメージを一新、評価向上を図る

金沢星陵大学[11]の改革は、基礎学力育成とビジネス検定に挑戦する週2回の「ダブルゼミ」、学生の多彩な自主活動、自律成長を支援する「星陵ジャンププロジェクト」、船上合宿就職研修「ほしたび」などユニークな就職支援に特徴づけられる。そして、これらが現実に学生の飛躍的な成長と満足度向上につながり、就職率を押し上げ、志願者を2倍3倍に増やす原動力となってきた。その根底にあるのはピアサポート、学生は自ら考え行動し、学生同士の教え合い学び合いの中でこそ力を付けていくという実践から掴んだ確信である。

ピアサポートは、立命館大学をはじめ古くから行われてきた。しかし、例えば学生にオープンキャンパスの企画・立案、実施、その実績評価まで、事業全体のPDCAを、職員が付きながらではあるが任せているところ少ない。就職支援も、内定者のインタビューからその体験談のとりまとめまで全て学生がやり、また、就職が決まった上級生が下級生を徹底して指導する。学生をお客様にしない、自ら考え動き体験する、この徹底ぶりのレベルが違う。

この原動力となったのは学長と事務局長の強力な連携と職員力だ。何か日本一になることをやろうと始めた職員手作りの学生向け日刊紙「星陵TODAY」。これが学内情報、教育への関心を高め、文章力を向上させ、何よりも問題意識と改善提案を飛躍させた。

札幌大学[12]は5学部を有し、規模に比して多くの学部で多角的な専門教育を展開、成長期にはたくさんの入学生を集めてきた実績と伝統を持つ。しかし競争環境の激変の中、都市型大学と同じような学部構成では全く太刀打ちできなくなり、しかも細分化された学部では必置科目を配置するのが精いっぱいで特色を打ち出すことが出来なかった。そこで、これまでの5学部

を全廃し、1学群に再編した。合わせて独自色が強かった5つの教授会も廃止し、伝統的な学部中心の意思決定システムを、学長の下、少人数の学群会議を意思決定機関とした。専門委員会も廃止、副学長、副学長補が分担して業務を執行する全学一体改革システムに抜本的に改めた。当然大きな抵抗もあったが、理事会の下に置かれた政策室が改革案の立案、説得を粘り強く進め、危機的な事態の進行を共有し、徹底的な議論で乗り越えてきた。トップや幹部の不退転の決断が、これまでの大学像を一変させる大改革を実現させたと言える

2大学の改革のやり方は違うが、抜本的な改革を徹底的に断行することで大学を生まれ変わらせるイメージの一新、教育充実や学生支援の飛躍を図っている。

COCモデル大学のマネジメント

松本大学[13]は、地元から設置経費の3分の2の支援を得て誕生した地域立大学である。地域密着型の教育方法を次々に編み出し、この分野で全国のモデルとなり、見学者を集める。その3つの仕掛けが「アウトキャンパス・スタディ」「教育サポーター制度」「地域づくり考房『ゆめ』」だ。地元の工場や事業所、ホテルや老人ホーム、農家の庭先等が教室となる。生々しい実体験が学生を飛躍させる。またそこから、ものづくりの職人や営業マン、市町村の職員や農家のおじさんが先生として100人以上、教室にやってくる。生きた教師であり広報マンであり、大学の厳しい評価者であり、強力な就職応援団である。考房『ゆめ』は、この地域と学生をつなぐ拠点だ。

経営母体の学校法人松商学園は校友会（卒業生）を母体に運営される。理事会も全員が非常勤で強い管理がない分、各学校の教職員に自立心や自己責任を培ってきた。職員は、新設ということもあり7割が企業出身で教員が出す方針に黙って従うという風土は元々なく、若手職員も元気で遠慮なく提案をし、またそれを幹部が推奨する。住吉学長や小倉事務局長の教職員をやる気にさせ、動かすマネジメントも優れている。

「地方・単科・小規模・新設」。潰れる大学の条件が全て揃っており、言われるまでもなく危機意識は浸透。これを全て逆転の発想でとらえ、小規模な

らではの協働と実践の速さで、都会では絶対に出来ない、地域を最大の財産に変えた。新設であることを活力に、先進大学のまねを一切やらず、個性あるCOCのモデル大学を創り上げてきた。

静岡産業大学[14]も、県民大学宣言を発し「地域社会に貢献する人材の育成、地域の産業・文化の発展のための連携」を掲げる。この実践として、地元企業の出資による20の寄附講座（冠講座）を開講、講座には、ヤマハ、スズキ、ブリジストン、タミヤ、中外製薬などの日本を代表する企業の名前が並ぶと共に、静岡銀行、浜松ホトニクス、磐田信用金庫、静岡県の厚生部、産業部、藤枝市など地元企業、自治体も多い。そのほかにも「ジュビロ磐田のチーム経営」と題してジュビロの現職経営者やスタッフが授業を担当したり、「静岡第一テレビの番組製作」がテレビの製作現場や経営の講義を現場の専門家が語る講義も行われている。

教育第一主義を掲げ「分からないのは教え方が悪い」の合言葉で、全教員がティーチングメソッド（教授法）の開発に取り組む。その中から生まれたのが「大化け教育」「オバケスイッチ」のコンセプト。学生を大化けさせるために地域を徹底的に活用した体験型学習で学生に自信を与える。

改革の成功は、米国ブリジストンの経営責任者などを経て学長に就任した大坪檀学長のリーダーシップによるところが大きい。「静岡産業大学の理念とミッション」を作り、この方針の徹底的な実践を行うため、達成度報告体制を整備した。学長用、学部長・事務局長用、委員会用、教員・職員用に作られた報告書は、分担された課題の遂行状況をチェックだけでなく、実践にあたっての問題点や課題、提案や要望・工夫、私の貢献策などを記載する。方針の実践過程での問題点や改善点、さらには様々な提案事項や要望を集約することによって、方針がより現実の実態を踏まえて遂行できる。「方針管理制度」と総称されるこれらのシステムは、掲げた戦略を適切に具体化し、推進する上で極めて有効だ。

地域を徹底して教育に取り込み、体験型学習で学生を成長させる構成員参加型の巧みなリーダーシップとマネジメント、ここに両大学に共通する強さがある。

(2) マネジメント事例から学ぶべきもの

　地方大学は、急激に財政悪化している大学が多い半面、大きく財政改善している大学の比率も高い。これは、都市部よりはるかに厳しい環境の下、これに対応できる大学とそうでない大学が峻別され中間がないからである。二極化は、都市と地方だけでなく、地方大学の中でも激しく進行している。改善と悪化、その違いは何処から出て来るのか。我々、私高研プロジェクトチームの過去3回の調査によると、それは中期計画を軸としたマネジメントが確立している所とそうでないところの差であり、中期計画が単なるプランではなく、実質化し、PDCAが実際に機能し、構成員に浸透し動かしている所が成果を上げていることが分かった。二極化の分かれ道には、この実効性のあるマネジメントの確立がある。

　これは事例でみた14大学のマネジメントにも共通している。成功の裏には、強い特色作りにこだわり、それを徹底して推進するマネジメントの存在がある。しかし、このマネジメントのやり方は、一見、どの大学も全く違ったものに見える。しかし、良く分析すると、それはいくつかのパターンに分類でき、共通の特徴を持っていることがわかる。

　まず、14大学のマネジメントの特徴を整理すると以下の表のようになる。

　各大学のマネジメントを4つの型、Aトップダウン型、Bボトムアップ型、Cトップダウン・ボトムアップの併用型、D政策（中期計画）重視型に分類し、その主な特徴を整理した。

　4類型ともマネジメントのやり方はそれぞれ個性があり、独特のものである。しかし、共通するのは、やはり教職員を動かす方法や仕掛けに工夫があるという点だ。もちろん、動かし方は4つのパターンとも異なっている。議論や合意を重視するものから、上から方針を提示しある程度強制力をもって動かすやり方、方針策定時にはボトムアップ、実行に当たってはトップダウンで個人にまで、あいまいさを残さず徹底して点検するなど様々である。

　しかし、方針が末端まで下り、周知され浸透しない限り改革は進まず成果は上がらない。この点は類型の違い、ガバナンスの仕組みを超えて共通である。人を動かすということは、人の気持ちを動かすこと。マネジメントの究極は、この心の結集を如何に成し遂げるかにあり、やり方や方法は異なって

14 大学のマネジメントの類型と特徴

	大学名	特徴	マネジメントの概要
A トップダウン型	宮崎国際大学	全授業英語、卒論も英語	アメリカ型の運営。会議を重視せず、トップや役職者の権限と責任が明確。少人数で意思決定。
	札幌大学	5学部を1学群に再編	学部教授会を全廃し、少数による意思決定、学長統括権限強化、政策室が改革を主導。
B ボトムアップ型	南九州大学	園芸・造園、農業高校教諭排出	選挙で学長・理事長選出。学長が直接対話で全学を説得し運営。経営企画室が的確な方針を立案。
	足利工業大学	自然エネルギー・風力発電	経営・教学合同による法大会議などで全学一致を重視した運営。
	奈良大学	奈良の立地を生かした教育	戦略的企画会議等で方針を慎重に議論し決定。中期財政計画に基づく堅実経営。
	金沢星稜大学	ダブルゼミ、徹底したピアサポート、学生主役の取組み	改革派の学長、事務局長の強い連携による改革推進。職員全員で学生向け日刊紙を発行。ここで培った文章力、教育・学生に精通した職員力が改革の力。
C トップダウン・ボトムアップ併用型	愛知学泉大学	社会人基礎力育成教育	理事長のリーダーシップと全員参加の研修会、教職員全員に教育、業務の報告書を求める。
	鹿児島純心大学	5年連続GPなど徹底した特色作り	クリスチャン学長を軸に教職幹部が明確な責任と権限を持って改革を遂行し、成果に結び付ける。
	四国学院大学	リベラルアーツ、学部横断の19のメジャー	トップ機構の権限強化、学部中心を転換し全学一体運営へ。17のプロジェクトで教職員を改善行動に巻き込む。
	松本大学	アウトドアキャンパススタディ、教育サポーター制度、地域作り工房ゆめ	理事会の管理機能が弱く、自己責任による自律した運営。学長、事務局長による教職員をやる気にさせるマネジメント、企業出身職員の教員に遠慮しない提案力。
	静岡産業大学	県民大学宣言、地元企業の寄付講座、大化け教育	ミッション・方針の明示、達成度評価と現場からの提案を兼ねた報告書、この方針管理制度による教職員参加型運営。
D 政策(中期計画)重視型	志學館大学	鹿児島移転と徹底した学生本位の教育	長期経営計画や教育改革基本方針を基に年2回達成度評価をするなど計画をとことんやり遂げる。
	四国大学	四国大学スタンダード、全学共通教育の実施	大学改革ビジョン2011を掲げ、その策定・浸透のために全教職員会議を開催、達成度を評価作業部会が評価する。
	広島文化学園大学	なんでも全国初、先駆的改革を推進	中期経営計画を定め、数値目標、達成度評価、個人目標を徹底。

類型別のマネジメントの特徴

	大学名	マネジメントの特徴
Aトップダウン型	宮崎国際大学 札幌大学	強い特色、個性を保持し、また、反対意見を乗り越えて抜本的な改革をやりきるためにはトップダウンは必要。所信・方針を構成員に明示、説明、正しい現実性のある方針を打ち立て、説得・合意をとる過程も必要。
Bボトムアップ型	南九州大学 足利工業大学 奈良大学 金沢星稜大学	学部教授会や教員が強かった時代の慣行や手続き重視の風土が残っている。納得過程を経て、行動に巻き込めれば力を発揮する。正しい政策と信頼されるトップや幹部がおり、教職員の意見を聞き、取り入れつつも、基本方針は曲げず、粘り強く、一貫した取り組みを進めている。議論を尽くした上で決断し、責任をもって実行する。
Cトップダウン・ボトムアップ併用型	愛知学泉大学 鹿児島純心大学 四国学院大学 松本大学 静岡産業大学	トップが大きな方向をきちんと提示するが、具体的な推進は幹部に任せる。構成員からの提案をうまく取り入れることでやる気を育て、かつ、現実的な方針を作る。意見は聞くが、やるべき方針・計画は綿密に立て、実行するための目標や方針の達成度評価、報告制度などをあいまいにせずやりきる。トップの役割を明確に保持した上で必要な権限委譲や役割・責任分担が行われている。
D政策（中期計画）重視型	志學館大学 四国大学 広島文化学園大学	しっかりした中長期計画を持ち、それを行動計画（アクションプラン）に具体化し、構成員に浸透させている。達成度指標や数値目標を明確にし、それを定期的にABCなどで評価、問題点を明らかにし、確実な実行のための対策を行うなど緻密な運営を行う。中期計画を個人目標にまでブレイクダウンさせ徹底する仕掛けを作っている。

も本質は同じで、事例はこの点に努力し、成功していると言える。

　厳しい環境は強いマネジメントを求める。強いマネジメントの根幹は、政策を基礎とした信頼であり共感であり、それが構成員の主体的な知恵や行動力を作り出す。事例の中から、そして、調査結果や自由記述欄から、各大学の特色あるさまざまな手法と共通する原理を掴んでいただき、改革のヒントとしていただければ幸いである。

　（事例に記載された内容は、全て注に記した掲載年月当時のものである。）

注

1 「日本初、全て英語で授業―外国人教員比率は80％超・宮崎国際大学」『教育学術新聞』2014年4月16日
2 「移転経て定員確保・直接統括と対話で改革を断行―南九州大学」（同）2014年4月23日
3 「社会人基礎力育成教育を徹底―愛知学泉大学」（同）2014年3月19日
4 「伝統を生かし、堅実な運営―奈良大学」（同）2013年12月18日
5 「工学部改組から看護学部設置へ―足利工業大学」（同）2013年11月27日
6 「地域密着で個性的教育を作る―鹿児島純心大学」（同）2012年7月25日
7 「移転、教学充実で志願者急増―志学館大学」（同）2012年8月1日
8 「教育の本質への深い洞察に基く独創的改革―四国学院大学」（同）2013年10月23日
9 「『大学改革ビジョン2011』で前進―四国大学」（同）2013年11月6日
10 「中長期計画に基づく徹底した組織評価、個人評価で前進。AO入試、ポートフォリオ、秋入学、いずれも全国先駆け―広島文化学園大学」（同）2015年4月15日
11 「『北陸1の教育大学』目指して―金沢星稜大学」（同）2013年5月22日
12 「5学部を統合、1学群で特色化―札幌大学」（同）2013年6月12日
13 「学生を通じて培われる教職協働―松本大学」（同）2011年8月17日
14 「企業手法の大学への創造的応用―静岡産業大学」『大学戦略経営論』(p.52-56)

参考文献

1 『大学マネジメント改革―改革の現場・ミドルのリーダーシップ』ぎょうせい、2014年3月
2 『大学戦略経営論―中長期計画の実質化によるマネジメント改革』東信堂、

2010 年 11 月

初出:「地域連携マネジメント構築に向けて―地方大学の特色化とその推進のあり方を交えて」私学高等教育研究叢書『地域連携の意義とマネジメントのあり方を考える』 2015 年 3 月

第 2 章　中長期計画の実際

1. 福岡歯科大学：中期構想、任期制、評価で活性化
　　――緊張感ある教育・研究・業務で目標実現へ前進

　福岡歯科大学の中期計画は、2000年8月「福岡歯科学園の新世紀に向けての将来構想」に始まる。教員組織の改組／教育改善／研究活性化／病院拡充／複数学部化検討／医療短大の充実／キャンパス構想／学園財政の健全化の8項目の重点課題を掲げ、総合的改革に着手した。次の計画は「福岡歯科学園の中期構想」(2004年)と名称を変え重点14項目を設定、8つの柱に加え、口腔医学の確立／第3者評価の推進／国際交流促進／施設更新／地域貢献、そして後に述べる大きな制度改革、教職員の考課制度の確立と処遇改善(任期制・年俸制導入)を提起、実行に移すこととなる。

　現在は2011年3月理事会決定の第2次中期構想(2012年～17年までの6年間)が稼働中で、これは1、教育に関する目標、2、研究に関する目標、3、学生支援に関する目標、4、社会との連携・貢献に関する目標、5、組織運営に関する目標の大きな5本柱に整理され、中項目として20、細目として49の方針が走っている。それらは事業計画にも貫かれ、中期目標の柱に従って事業計画が分類・策定され、事業報告書では中期計画の方針ごとに総括が行われる。

　原案は達成度や自己評価を踏まえ直接理事長が提起するが、下案は学長や各機関の責任者を務める理事などと議論しながら事務局長が取りまとめ、常任役員会、学園連絡協議会の議を経て決定される。基本政策の重点は理事会

主導、トップダウンだが、その実行計画、とりわけ教育研究に関する具体的な改善方針は、中期構想に沿って関連する委員会等で企画立案されるなど学部や部局が現場の実態を踏まえて策定・遂行するシステムとなっている。理事長が年頭のあいさつで、毎年、重点目標を10項目に絞って分かりやすい形で提示、全教職員への浸透を図っている。そしてこの到達度評価、検証は理事長発令の自己点検評価委員会が行い、ほぼ2年ごとに報告書「福岡歯科大学の現状と課題」にまとめて発刊、課題として挙げられた事項の改善実績も改善報告書として刊行している。

　この中期計画の実践に大きな役割を果たしているのが、任期制と人事考課だ。教員の任期に関する規定は「教員の任期中における教育、研究、診療、管理・運営及び社会活動等の領域における人事考課の結果を任期に反映させることにより、教員としての意識を高め、能力を最大限に育成して学園の活性化を実現する」と位置付ける。

　教授、准教授、講師の全員が5年の任期で再任は可、助教と助手は3年任期で1回限り再任可である。再任するか否かの基準は人事考課制度における評価結果で決まる。評価得点でA〜Eまで分類されているうちのDランク（50点未満）が任期中2回以上、またはEランク（30点未満）が1回あった場合は原則再任不可、Dランク1回の場合は再任可否が審議となる厳しい内容である。

　提起から制度発足までには3年の歳月を要し、全教員一人ひとりから同意書を取り付けた。昨年の任期満了者、計16名が再審査を請求、教員評価委員会が再任審議を行い、申請者全員の再任を決定したが、過去には再任されなかった例もある。

　教職員の人事考課制度は、各人が設定した業務目標の達成度を自己評価、上司評価が1次考課、2次考課で行われる。目標シートは、中期構想の重点項目に対し各人が何が出来るかを問う内容となっており、年度目標と中期目標を関連させている。教育、研究、診療、管理運営、社会活動それぞれ項目ごとに評価点を付け、総合得点に換算し評価ランクが付けられる。結果は、年度末手当、昇給・昇格に反映されると共に、再任の根拠資料となる。考課対象者は教員だけでなく事務職員、付属病院や介護施設の職員も含まれ

る。結果は本人に1次考課者からフィードバックされ、能力育成、研究・教育、業務の活性化を図ると共に、中期構想の目標達成に向けて全職員の力を結集するシステムとして機能している。

　この2つの制度により教員の目的達成や協力意識は格段に向上したと自己評価され、これが授業改善システムや研究活性化施策と結び付いて、医師国家試験の合格率の平均以上の維持や安定した学募、財政に結び付いていると言える。

　自らに任期制と厳しい評価を課すことで、緊張感を持った教育・研究・業務を作り出し、目標の前進と活性化を進めている全国的にも数少ない事例である。

> 初出：「福岡歯科大学－中期構想、任期制、評価で活性化」『教育学術新聞』2013年2月13日

2. 静岡理工科大学：優れた中期計画で確実な成果
―― 計画と評価の積み重ねで経営・教学改革を推進

　静岡理工科大学の中期計画は良く工夫されている。計画本体は冊子形式だが、概要版はそのポイントを1枚に端的にまとめ、その裏には5年間で取り組む年次ごと分野ごとの改革課題と進行計画を記載、一目瞭然だ。

　まず将来ビジョン、理念・使命・教育方針が明示され、現状と課題（外部・内部環境、強みと弱み）が簡潔に書かれ、その上で個別戦略（教育・研究・社会貢献・高大一貫教育・管理運営・SD）、学部学科再編計画の柱が示される。定性的な目標だけでなく具体的に5年後の数値目標（入学生数・在籍学生数・帰属収支差額比率）、投資計画として教職員数計画、施設・設備充実計画、帰属収支差額比率改善計画の数値や表が載る。第2次中期計画ではそこに第1次計画の到達度評価、数値目標には志願倍率、入学生の偏差値、就職率や進学率も加えられた。1枚の紙にグラフや図をカラーで入れ込み、現状・課題・目標・実行計画が端的に、分かり易く一覧でき全教職員が共有出来る。

　またこの推進・評価システムも優れている。中期計画は年度計画に具体化

され、全体の重点目標と事務局の課別の重点目標を定め、さらにテーマ別（教育・研究・地域・学生・就職・広報・管理運営等）または学部・学科別の方針に分けられ推進責任者名明記の上「計画遂行必須事項」を記載する。これによって誰が、何を、いつまでに、どのようにやるかが明確になる。そしてその目標・施策ごとに「何を実施したか」「その結果はどうであったか」「課題は何であるか」「そのため来年は何をやるか」という形で、PDCAを現場レベルまで実質化し改善を積み上げていく仕組みだ。この実行計画の策定や具体化、評価には全部局、学科、課室が主体的に関与する。大学評議会に中間報告、最終報告され、最後に「現状と課題」(総括)にまとめられる。認証評価はこの中期計画の総括を評価機構の形式にのっとって整理する形で行い、中期計画総括と認証評価を一体化している。教育の評価は教育評価委員会が中心になって行い、教育方針の効果を毎年アンケート等で検証する。この取り組みを通じて中期計画は教職員一人ひとりに浸透し、教育や業務に結合、評価と改善の実践的なマネジメントを作り出す。

　第1次中期計画は、総合情報学部の新設や理工学部に航空工学コース等ニーズに対応した学科充実、スカラシップや高大連携、FMやTVのCMなど積極広報を行ったこともあり、四年間で効果は明瞭にあらわれた。計画がスタートした2007年が志願者のボトムで、定員360人に対して入学者297人、これが2011年には423人となり3年間続いた定員割れ状態を脱却、負のスパイラルを回避し消費収支差額比率もプラス9.7％に大幅改善、経営安定化を軌道に乗せた。中期計画に基づくマネジメントの開始には、コマツ出身の現理事長の優れた経営手腕、国立大学で中期計画作りを主導した現学長のリーダーシップ、そして事務局幹部の企画力が大きい。

　第1次計画では教育改革も大きく前進した。何でも積極的にチャレンジする「やらまいか教育」、理論ではなく体験で学ぶアクティブラーニング「ものから入る教育」、カリキュラムの全面改定、習熟度別授業、ポートフォリオなども導入した。

　第2次計画はいよいよその教育の内実を作ること、個々人の授業改革、教育内容と手法の抜本的充実が問われる。雇用情勢の悪化の中で、これまで100％を保持してきた就職率が80％台へ急激に悪化、就職に強い大学の評価

の低落となれば生命線を断たれるに等しく、改革の成果を消し去るほど重たいと認識、社会人基礎力養成教育の徹底強化、優れた学生をさらに伸ばすアドバンスト教育を進める。一部教員の異論や非協力的態度には学長自ら厳しい批判を行い、入学した学生を必ず成長させる教育の実現に決意を持って臨んでいる。

　改革行動に多くの教職員を巻き込む上では、中期計画テーマへの主体的な挑戦を励ます人事評価制度の存在も大きい。チャレンジシートへの職務目標の記載から始まる職員評価の5つの着眼点の第1は挑戦（職務内容の飛躍、目立った進歩）であり、管理者集団は、中期計画推進上の問題点、成功・失敗事例を徹底議論する「問題・課題解決のための意見交換会」を開催する。教員評価の柱にも、教育・学生指導、研究、大学運営、社会貢献と並んで「大学の重点施策に関する項目」を掲げ、中期計画に特に教育の面から何が貢献できるかを問いかけ、評価している。

　優れた中期計画を掲げ、多くの教職員による計画の具体化と評価の真摯な取り組みによって、改革を着実に推し進め成果を上げている貴重な実践事例である。

　　　初出：「静岡理工科大学―優れた中期計画で確実な成果」『教育学術新聞』2013年2月13日

3. 甲南女子大学：総合政策で志願者V字回復
―― 学部新設、教育充実、教職員育成強化の一体改革

　2000年代初頭から志願者が減り始め、一時は大幅な定員割れ。しかし全学を挙げた改革の努力で、ボトムの2005年の志願者2760人から2011年には1万人を超えた。

　驚異的なV字回復の背景には、路線を鮮明にし、大学の教学改革と組織・運営・人事改革の総合作戦で効果を上げる成功への基本原理がある。急速な高校生離れで2005年からはついに定員割れ、財政も悪化、消費収支差額比率もマイナスとなり、人件費比率も6割、創立以来最大の危機に陥った。定員未充足が大きかった学科廃止や不人気学科の定員削減を行うが、負のスパ

イラルにはまり志願者減が止まらない。

　そこで、これまでの文学部、人間科学部を中軸とするとする教養型の学科構成を大きく転換、実社会で即戦力となる人材育成、職業教育に特化した学科、学部を新増設した。保育士を養成する総合子ども学科、マスコミ等を目指すメディア表現学科、さらに翌年には看護師、理学療法士を育成する看護リハビリテーション学部を相次いで作った。このイメージチェンジに高校生が反応、志願者減が止まった。

　しかし、優れているのはここからの取組みである。学部新設だけではいずれ限界が来る。既設学部の本格改革をやらねばならない、そしてトップや一部で進める改革はやがて息切れすると、全員参加型の改善運動に広げる取り組みを開始した点である。教育現場の第一線にいる教職員自らが行うボトムアップ型の改革が実際の教育力向上には不可欠だと位置付け、ニーズに基づくカリキュラム改革や学生サービス向上のための現場総ぐるみの改善活動を始めた。

　その推進組織「大学活性化七つのプロジェクト」は、教育理念、ブランディング、入口（学募戦略）、出口（就職・キャリア教育）、教室の中（カリキュラム）、教室の外の社会貢献活動、学生サポート・学生満足度向上で構成。これに多数の教職員が参加する全学運動とすることで危機の中でもなお伝統に寄りかかろうとする人たちの意識改革も狙った。併せて創設以来の教育理念も再確認、建学の理念の時代を超えた正統性、一貫性を明確にした。変化しようとするときほど原点に返る。この学園は何のために存在するか、どのような学生を育てるか、ミッションに立ち返ることで教職員は改革の方向に改めて確信を持った。

　2008年の認証評価の受審がこうした取り組みの追い風となった。部門ごとに現状を明らかにし改善を行う取り組みがこのプロジェクト活動に重なった。11の評価基準が七つのプロジェクトテーマと連動し、これが最終的に13項目からなる学長の中期ビジョンにまとめられ、それらを具体化したものが2009年から始まる中期計画へと結実していく。

　当初は不慣れな計画作りで部署によっては完成度の低いものだったが、学科レベルまで、全部門で中期計画改善事業を展開することで次第に高位平準

化、PDCA サイクルによる持続的活動が現場に定着していった。それに連動するように志願者が増加することでますます勢いが付いた。タイミング良く2010年が創立90周年。ブランド戦略本部を立ち上げ、UI導入、広報・宣伝、記念事業の三つのタスクフォースを立ち上げ、遅れていた広報・学募の本格強化を図った。

　これら全体改革の指揮を執ったのが理事長主宰、学内理事を中心とした理事小委員会。学部の新設・改組、教学改革を学長提案をベースに果断に決断していく。

　この理事小委員会の政策判断に至る前に、学内での意見集約の場として学長主催の部局長会議が機能している。副学長、学部長に常務理事、事務主要幹部も加わる経営・教学・事務一体組織として率直な議論がされてきた。これを支える企画広報課や総務課の政策立案、調整力の高さも特筆されなければならない。並行して管理職の役割と責任を明確にする研修の本格強化、担当者の意欲的取組みを基礎にした業務改善プレゼンテーションの実施、目標管理を中軸とする職員人事制度の開発と導入など組織運営活性化のトータルプランを作り、実践に移した。

　こうした急速なマネジメントの改善強化の背景には、理事長であるパナソニック副会長の松下正幸氏や企業出身者の力も大きい。しかし、生え抜きの教職員のやる気と力なしにはやはり実現できなかった。的確な政策と組織活性化の基本手法が大学の厳しい現実にマッチし、教職員の心に火を付け大きな成果に結び付いた事例と言える。

　　　初出：「甲南女子大学―総合政策で志願者Ｖ字回復」『教育学術新聞』2012年5月23日

4. 関西福祉科学大学：学園一体運営で誠実に教育創り
――目標・計画を意識的に浸透、当事者意識と情熱で改革推進

　建学の精神「感恩」。ありがとう―感動・感謝から人の幸せを願う行動へ。この教育を、当事者意識、情熱を持って、誠実に、愚直に、そして構成員の総力を結集して実現すること。江端理事長のこの熱いメッセージは、この学

園のビジョン・中長期計画の基本精神に貫かれている。「教育に情熱のない教職員に教えられる学生は不幸である」「目が輝き、夢が語り合える学園」「確かな教育力と情熱を持った教職員魂の高揚」。これらの言葉が示す通り、気合のこもった教育への熱情こそがこの学園を動かしている原動力だ。

中長期計画は最初から整っていた訳ではない。創立から70年の歴史を持つが、大学設立は15年前、当初は運営を軌道に乗せるため四苦八苦だった。2008年ようやく第1期中長期計画を策定したが、実現性のないものもあったり、そもそもバックボーンとなる学園の理念が不鮮明だった。第2期の中長期計画の策定過程の中で理事長の思いを言葉にし、ミッションに整理することで一本筋の通ったものとなった。

中長期計画の柱は5つ、①豊かな心の育成、②学園教育事業の質向上と規模拡大、③地域貢献、社会に必要とされ愛される学園、④教育環境の充実、⑤学園総合力向上と社会に誇れる学園ブランド力の確立。この柱ごとに具体的項目が設定され、大学、短大、高校、幼稚園、法人本部別に課題・方針が策定されている。

優れているのは、第1に建学の精神から使命、ビジョン、計画が一貫した流れで、一覧できること、第2は原案策定に当たっては一般教職員からの提案も全て一旦は「素材案」に加え、そこから原案を練っていくという強い参加型方式として当事者意識の形成を図ったこと、第3に計画ごとに責任者・担当部局と難易度を明記し、戦術（アクションプラン）を詳しく書き込み、それを9月と1月の2回、達成状況を記載、自己判定と所属長の判定を行う到達度チェックシステムを作り上げたこと、第4に基本理念（大学の使命、教育理念、教育目的・目標）を浸透させるため、昨年1年は執行部会や大学評議会、職員朝礼で会議の都度全員が声に出して唱和、理事長・学長からも所信表明等の形で、直接、大学・学校ごとの説明を行うなど徹底を図ったこと。さらに第5には具体的な教育活動や業務に結び付けるため、数年前からスタートした教員、職員双方の教育評価、人事考課制度にこの目標を連結させ、達成目標の中に意識的に入れ込み処遇に反映する評価を行うことで、計画の実効性を高めようとしている。

ミッションを実現するための教育改善システムの確立にも努力する。学生

による授業評価アンケートは年2回、非常勤まで含む全科目を義務化、授業評価と学生自身の自己評価の両面から調査、授業理解にも踏み込む。学生満足度調査も毎年実施、調査・分析のため授業評価委員会、満足度調査委員会を設置する。FD委員会も設置、授業参観を実施し参加者から意見を募り、公開者は自己反省、授業改善の材料にし、参観者は授業のあるべき姿を考える。これらは全学教育の管理を担う教育開発支援センターの一元的管理の下に行われ、入学前教育、初年次教育、キャリア教育も所管する。センター長が兼務する教務委員会がシラバスチェックも実施する。教育の魅力は、理事長・学長を先頭に若手教職員で「Fukka（関西福祉科学大学）の素晴らしさWG」を編成、強み、特色の掘り起こし、感銘・感動の言葉でキャッチコピーの作成を試みる。

　教員採用は理事長承諾の下で選考開始、採用候補者に事前に理事長が面接してから教授会に諮る、学長、大学主要役職者も理事会で直接選任するなど、仕組みとしては強い理事会権限を保持している。一方、運営は細心の注意を払い構成員の意見を尊重する参加方式をとる。それを支える運営体制が経営・教学・事務トップで構成される経営教学協議会であり、議事ごとに全学の諸会議のどこで審議決定すべきか丁寧に調整、円滑運営の要になるのが執行部会である。法人も常勤理事で構成する運営理事会が中核となり、設置する五つの学校の幹部で構成する所属長会が同一キャンパスにある利点を生かし丁寧な議論で一体運営を作り出す。構成員の思いや意見を踏まえ方針の軌道修正を柔軟に行い、構成員の総意を生かした運営に努力することでいわゆるトップダウン的要素を払拭し自覚を促す。学園全体の一貫した政策の立案・推進は、法人事務組織である経営企画室や大学事務局の総務部企画チームが支える。

　トップの情熱を政策と組織の両面から支える運営システムを確実に作り上げることで「学園ファミリー」型の一体運営、構成員の主体的行動を喚起することに成功している。

　　　初出：「関西福祉科学大学―学園一体運営で誠実に教育創り」『教育学術新聞』2012
　　　年10月17日

5. 金城学院大学：目標と評価の徹底した継続で前進
――連続した学部の新設・改組で安定した評価を作る

　金城学院大学は、2000年前後から急速に文学部や家政学部など伝統的な人間教育・教養教育から女性に適した専門職業分野に対応する実学教育、資格対応型学部への転換を進めた。現在は文学部、生活環境学部、国際情報学部、人間科学部、薬学部で構成する。早い時期からの実学型学部への抜本的再編が今日の安定した評価を作っている。

　120周年となる2009年度からは金城学院中期計画(2009年～2014年)を制定、金城学院大学の将来構想(2009年～2014年)と併せ、教育の充実、経営の改善に計画的に取り組む。6か年計画の4年目にあたる昨年には中期計画の中間報告書も出し、到達状況を確認しながら、学院の中期計画と大学の将来構想一体で目標達成を目指す。

　そして、大学の改革推進にはもう一つの強力なバックボーンがある。それは「伝統とはたえざる改革の連続でなくてはならない」という強い信念である。徹底した目標と評価を重視した運営を行う。

　そのひとつが学科ごとの教育効果の数値目標制度である。学科は自らの教育目標にあった数値目標とその実現計画、対策を自己評価委員会に提出する。目標は、学科が目指す分野への就職率とか資格取得学生数(%)、国家試験合格者数(%)、TOEIC何点以上・何%など学科の特徴にあった設定を工夫する。しかし目標はあくまでも数値にこだわる。それは数値でなければ評価が難しく、また数値化することで実践性が高まると見るからだ。PDCAは進化と成果向上に必須と位置付けている。

　6月の評価委員会で前年の数値目標に対する達成度を評価、全国平均との比較、未達成の理由等を明らかにし、当該年度の目標を発表、目標達成に向けた学科としての具体的方策、そのための大学への要望を提示する。これによって学科目標の達成責任を明確にするとともに、自己評価委員会が客観性を担保し、評価と改善をつなぐ結節機能を果たす。

　目標と評価は学科だけではない。もうひとつ、すべての役職者に対する活動目標、活動報告のシステムがある。学長を筆頭に、学部長、各専門部長、

委員会の責任者は、年度ごとに1枚の用紙に活動目標とそれを達成するための具体的な計画を書く。そして活動報告では、目標の項目ごとに1年間の取り組みと到達状況を総括、第3者の評価コメントを記載する。幹部自らが率先垂範評価されることで、評価風土を確実に定着化させてきた。

金城学院の自己点検評価の歴史は古い。1994年～2002年まで毎年自己評価報告書を刊行、目標設定と検証の地盤がある。短期・1年サイクルの学内各部署、役職者の活動評価、中期・3～4年サイクルの学長任期4年、部長任期2年に対応しての自己評価、長期・7年サイクルでの認証評価というシステムを確立、これを自己点検評価の3つのサイクルと呼ぶ。体系的・継続的な評価システムである。

改革を推進するシステムも工夫されている。評価を重視する一方、構成員の意向を大切にし、積極的な意見は取り入れる。総合戦略会議が置かれ、大学・教学改革の基本方針を議論する。恒常的委員の他に教職員はだれでも参加でき、多い時は100人を超える。大学の基本構想などはまずここで議論され大筋の合意を経て教授会や理事会に諮られる。実際に学部改革構想の提案がここでの議論で大幅に修正されたこともあり、こうした運営が構成員の信頼や協力につながっている。

一方、改革の提案は学長室が担っており、評価事務局を兼務していることから、実態を踏まえつつトップのリーダーシップも貫くことができる。学長室では改革のテーマごとに作業部会を作り、職員も参加することで教職一体での改革を実行する。また常任理事会のもとに理事長室会が機能し、教員人事、採用計画や施設計画など財政に絡む案件は教授会等に諮る前に全てここに報告協議され、経営との実質的合議で連携した改革を図る。

金城学院大学の事務局には課がない。2002年、縦割り業務を打破すべく課を廃止、部編成とした。総務、企画広報、学生支援、教育研究支援の4部構成だ。このうち学生支援部は学生の入学から卒業、就職まで包括的に支える最大の事務組織で、エンロールメントマネジメントの立場から学生支援を行う。こうした仕組みも教学充実を支える。

目標を掲げ評価を行い改善する、この着実な積み上げの上に、優れた教育実績を作り出している。

初出:「金城学院大学―目標と評価の徹底した継続で前進」『教育学術新聞』2013年10月2日
※ここまでの大学事例の記載内容はすべて初出に記載の掲載日当時のものである。

6. 日本福祉大学：90年代から政策を軸にした改革推進体制を構築

日本福祉大学の概要、特色

「日福、うごく。」これは、大学案内のキャッチフレーズだ。日本福祉大学は、福祉を大学名に入れた福祉専門人材養成の大学として日本で最初に誕生し、2013年、60周年を迎えた。現在、東海キャンパスに看護学部・経済学部・国際福祉開発学部、美浜キャンパスに社会福祉学部・子ども発達学部・福祉経営学部（通信教育）、半田キャンパスに健康科学部、名古屋キャンパスに大学院を持つ。ふくし（人の幸せ）の実現を目指す7学部から構成される人間ふくしの総合大学である。学生数は5000人余、通信生も7000人おり、学生の出身地は47都道府県、全国型大学だ。地方事務所も構え、西から福岡オフィスを筆頭に、岡山、名古屋、豊橋、松本、東京、富山、山形、最上の9か所に上り、全国多数の自治体と友好協力協定を結んでいる。国家資格、社会福祉士の合格者数も大学全体としては全国1位を続けるなど、日本の福祉の屋台骨を支える。

日本福祉大学マネジメントの形成過程

それではなぜ「日福、うごく。」なのか。現状に満足せず、社会の動き、時代の課題に向き合い、常に改革を進める伝統や体制はいつから、どのように出来てきたのか。

日本福祉大学の60年の経営や大学運営の歴史を振り返ると、大きく20年ごとに3期に分けられる。大学は1953年、宗教法人法音寺によって創立された。1950年～60年代は理事長、学長、理事の大半を法音寺関係者が務め、経営に当たってきたが、教学の自律的運営もある程度担保されていた。この時期は、教授会を中心とする学内者と寺の調整で運営されていた。

70年代80年代は、学内から数人の理事が誕生し、ある程度自律的な経営が可能となった。しかし、一方で学内教学を統治し、実権を持つ全学教授会（全学教授会議長や学監）とは、その時々発生する課題や方針をその都度調整する形で運営されていた。それが1983年の知多美浜町への移転、その後起こった不幸なバス事故対応（23名の学生等が亡くなった）、移転後の新学部設置計画や大学発展方針をめぐって意見の対立が激しくなった。調整型の運営では解決が不可能となり、学園全体の統一した意思決定が困難になる事態が続いた。

　事態終息が困難な中で、理事長、学長職が法音寺から学内者に移譲された。専任の理事長・学長が誕生、危機意識を持った事務局の一丸となった働きかけもあり、1989年、経営・教学・事務が一体となって策定された「長期計画の基本要綱」が、理事会、教授会の双方で議決され、職員会議でも確認された。創立以来初めて、全学が一致したひとつの方針で活動することになった。その後、中長期計画は数年ごとに見直し改訂され、それに基づき、新学部や新キャンパスが計画され、教育の充実や特色化を進め、今日の日本福祉大学の姿を作り出した。

　これが「日福、うごく。」の原点である。改革を不断に続ける、常に先を見た政策・方針を作り出し、全学に示し共有する、それに基づいて全学がひとつの方向に向かって活動する伝統はここからスタートする。

第2期学園・大学中期計画で改革推進

　この、政策を基本に改革を進める精神は、30年近くを経た今も変わっていない。現在は、2015年からスタートした第2期学園大学中期計画がスタートし、これを基にした学園・大学運営が図られている。内容は添付の骨子をご覧いただきたいが、基本戦略を3つの柱、教学の充実と財政基盤の確立、それを推進するガバナンスの強化の3点にまとめ、重点が端的にわかるものになっている。

　基本戦略Ⅰは、教育の質的転換とその実質化を掲げる。内部質保証システムの確立を掲げ、エンロールメントマネジメントの強化や全学共通教養教育の重視、地域との結びつきを重視した実践的教育を提起している。まさに今、中教審等が提起する教育の質向上の課題に正面から挑むものとなっている。

1．基本構想　　　　　　　　　（第1フェーズ：平成27年度〜平成29年度　▶

| 2つの基本視点 | 「ふくしの総合大学」にふさわしい教育改革の推進 |

2．基本戦略及び重点戦略
　基本戦略Ⅰ．教育の質的転換とその実質化

５つの重点戦略

Ⅰ-A）戦略Ⅰの横軸
(1) 教育の質的転換に向けた質保証と改革
　①多様な学生・生徒の実態を踏まえたエンロールメント・マネジメントの強化
　②教育の内部質保証システムの確立
　③「ふくしの総合大学」としての全学共通教養教育及び専門教育の充実、多(他)職
　④2学部新設等に対応した大学院改革と若手研究者支援・育成制度の強化・充実
　⑤付属高校におけるスーパーグローバルハイスクール事業への対応及び教育の情
　⑥実践的な職業教育を行う高等教育機関としての発展に向けた専門学校改革と、
　⑦スカラシップ・高大接続強化をはじめとする入試制度改革と学生募集強化
(2) 地域発展・地方創生への貢献
　①文部科学省「地(知)の拠点整備事業（COC）」の推進
　②健康・福祉・生涯学習支援機能の集積による地域コミュニティ拠点の形成
　③周辺地域の開発・発展への寄与を見据えたキャンパス環境整備
　④地域で活躍する学生の主体的活動への支援・協力
　⑤同窓会及び通信教育部を中核とした、全国の学園拠点展開地域における地域貢
(3) スポーツの振興・強化
　①「ふくしの総合大学」のミッションを体現するスポーツ科学部(仮称)の開設と、
　②美浜町との連携による総合型地域スポーツクラブ事業(みはまスポーツクラブ)の拡充・発展、及
　③東京パラリンピック・オリンピック出場をも視野に入れた競技力強化・サポー
(4) 教育・研究のグローバル化
　①「日本福祉大学国際化ビジョン」の策定・推進
　②高大接続政策と連関させたグローバル教育の推進
　③長期ビジョンを踏まえた「FUKUSHI」を目ざす教育・研究のグローバル化
　④留学生政策を支える総合的な厚生制度(スカラシップ、住居等)の展開
(5) 同窓会・後援会・産業界・他大学等との連携強化
　①東海キャンパスを中心とした産業界、大学、地域、機関との連携教育(インター
　②学生・生徒の学修支援・就職実績向上に向けた同窓会・後援会との連携強化
　③キャンパス周辺地域における産学官コンソーシアム設立等を視野に入れた連携

基本戦略Ⅱ．財政基盤の確立

(1) 諸改革事業を推進するための財政基盤の確立
　①定員充足(収容定員比1.05以上)
　②新たな収益事業の展開に向けた経営資源の確保と活用
　③戦略的な資産運用・活用、選択と集中による事業投資
　④寄付金や補助金等の外部資金の獲得
　⑤事業別(学部等)収支管理及び収支改善に向けた合理化と効率化
(2) リカレント教育事業による収益の安定化
　①通信教育事業における安定的収益確保
　②高度専門人材育成事業の採算性向上
　③研修事業の見直し・強化による収益拡大
(3) 同窓会・後援会との連携強化・拡大及び3法人連携の推進
　①10万人を超える本学園学窓ネットワークの連携拡充
　②父母や地元産業界をはじめとする後援会組織の強化・拡大
　③同窓会・後援会による支援及び3法人連携を基盤とする福祉文化創成事業等の展開

図表2-2-1　第2期学園・大学中期計画の骨子

第2フェーズ：平成 30 年度～平成 32 年度）

本学が抱える固有の課題（地域性・福祉逆風）等の解決

種連携教育の推進

報化の推進、部活動を含む青年期一貫教育の充実
同校における付帯事業の展開

献の取組

青年期一貫型スポーツ教育の展開
び同クラブと他地域の総合型地域スポーツクラブとの連携推進
ト政策の推進

ンシップ等）・事業・活動の強化・拡充

構築

Ⅰ－B）戦略Ⅰの縦軸
(1) 新学部開設と既存学部・学科の改組・再編
　①スポーツ科学部（仮称）の開設
　②社会福祉学部の改革
　③子ども発達学部の改革
　④福祉経営学部（通信教育）の改革
　⑤健康科学部の改革
　⑥経済学部の改革
　⑦国際福祉開発学部の改革
　⑧看護学部の完成と高い国家試験合格率の達成
(2) リカレント教育による社会的ニーズへの対応
　①日本福祉大学リカレント教育ブランドの形成
　②大学院を軸とした高度専門人材の育成
　③学外機関との連携による新たな高度専門人材の育成

基本戦略Ⅲ．中期計画を着実に遂行するための組織ガバナンス強化

(1) 組織ガバナンスと意思決定
　①中期計画及び年次計画による政策・計画管理型の組織・事業運営の推進
　②理事長・学長会議を中心とする民主的かつスピード感のある意思決定
　③法務、財務、マーケティング、国際事業等、専門分野における有識者の活用
　④大学認証評価や外部評価委員会制度等を活用した PDCA サイクルの推進
　⑤FD・SD の推進による組織力強化
(2) 危機管理政策の推進
　①全学園を対象とする事業継続計画（BCP）の策定及び適時的な更新
　②周辺自治体・医療機関等との連携による防災事業の推進
　③包括協定を締結する自治体をはじめとする諸地域との協力・連携強化

第3期中期計画（平成 33 年度～平成 37 年度）へ

そして、それを展開していく器が、縦軸として位置付けられた学部新設・再編計画である。スポーツ科学部の新設をはじめ既存学部の大胆な見直しで学生・生徒のニーズに応える。

基本戦略Ⅱは財政基盤の確立。収容定員の1.05倍以上の確保、通信教育事業や各種研修事業、収益事業など大規模に展開するリカレント教育事業の強化を提起している。

そして、基本戦略Ⅲでは、中期計画を着実に遂行するための組織ガバナンス強化を提起する。政策・計画管理型の組織・事業運営を掲げ、理事長・学長会議を中心とする民主的かつスピード感のある意思決定の推進、PDCAサイクルの強化、FD、SDによる組織力強化を図る。

中期計画に、改革の方針は盛り込むが、その推進のための財政やガバナンス改革を計画の大きな柱として位置付けている大学は少ない。これらを3本柱とすることで、はじめて中期計画を実効性のあるものとして機能させることが出来る。計画は6年間で、第1フェーズは2017年まで。短期で戦略を見直し、現実に見合ったものに改定する。

それを年次ごとに実行計画として具体化するのが事業計画である。事業計画は、中期計画の重点事項に沿ってその実行計画を定めるものになっており、文字通り中期計画の年度実行方針になっている。また事業計画は予算編成方針と一体で策定され、予算編成に事業重点が直接反映される。中期計画を実行に移すため、年度の具体的計画、予算編成と意図的に連結させることで改革を現実に進行させている。

政策一致を作り出す学園戦略本部体制

それを支えるのが学園戦略本部体制であり理事長・学長会議だ。学園戦略本部は1990年代のスタート時からほぼ同じ形で継続している。理事長をトップとする理事会・法人経営組織と、学長をトップとする大学運営組織の間に学園戦略本部という協議、合議組織を置き、理事長を議長として経営・教学の基本方針を一致させ、確認していく場だ。メンバーは、学内理事、学長、副学長や学部長など教学幹部、事務局長や職員部長など事務局幹部が一堂に会する。もちろん全体会議だけでは具体の議論は出来ないので、準備する様々

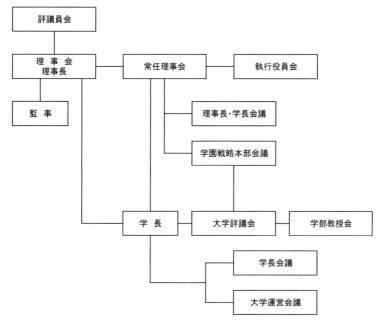

図表 2-2-2　2015 年度経営組織図

な組織で事前に調査・検討・調整を行い、中期計画、事業計画をはじめ新学部設置など経営と教学が一致して取り組まねばならない基本方針を審議する。最終決定は理事会、大学評議会などそれぞれの担当機関で行うが、ここでの一致した方針をベースに、大学、設置校や部局の方針が具体化されていく。

現在は、2015年度経営組織図（**図表 2-2-2**）に見るように、理事長・学長会議を中核にする、より機動的な意思決定と執行が出来るよう組織再編されたが、経営と教学が一致して改革に取り組む伝統は強く維持されている。

一致した政策の実行を担う執行役員制度

その政策・方針の執行を担う組織の一つが、常任理事会が統括する執行役員会である。学園戦略本部、理事長・学長会議で政策を一致させても、その執行が経営・教学でバラバラでは法人・大学一体で目標達成に向かうことはなかなか難しい。共通した政策を実現するには、その実行に当たっても統合された組織が必要だ。だが経営課題と教学課題は、具体の目的や遂行の仕方

分　担	職　　　務	兼　務　役　職
周年事業	・学園の周年事業に関する事項	【職員】事務局長兼企画政策部長
経営企画	・法人・大学の長期計画に関する事項 ・法人の経営政策に関する事項	
支援組織	・大学同窓会に関する事項 ・大学後援会に関する事項 ・学園全体の支援組織に関する事項	【職員】教育文化事業部長
教学連携	・大学のエンロールメント・マネジメントに関する事項	【職員】事務局次長兼学務部長
専門職教育	・大学の専門職教育に関する事項 ・大学の国家試験対策に関する事項	【教員】社会福祉実習教育研究センター長
多職種連携教育	・多職種連携教育に関する事項	
スポーツ・文化政策	・学園のスポーツ・文化政策に関する事項 ・学生生活活性化事業に関する事項	【教員】スポーツ科学センター長
地域連携政策	・学園・大学と地域との連携に関する事項 ・地元地域における連携に関する事項 ・COC事業推進に関する事項	【教員】まちづくりセンター長
国際	・大学の国際化推進に関する事項 ・学園・大学の国際交流、留学生政策に関する事項	【教員】国際福祉開発学部長
危機管理	・法人の危機管理政策・方針に関する事項 ・危機管理事象が発生した場合の対策に関する事項	【職員】総務部長
情報政策	・情報環境・コンテンツ整備に関する事項 ・情報化投資に関する事項 ・情報セキュリティに関する事項	
東海キャンパス	・東海キャンパスに関する事項	【教員】副学長（就職）兼就職部長兼就職キャリア開発委員長兼CDPセンター長
就職	・学生の就職支援に関する事項	
学校連携	・専門学校及び付属高等学校の学生募集に関する事項 ・専門学校及び付属高等学校の教員人事に関する事項 ・専門学校及び付属高等学校の教学運営に関する事項	常任理事（学校）・付属高等学校学監
高大接続	・高大接続推進に関する事項	【教員】社会福祉学部長
全学教育改革	・大学全体の教育改革に関する事項 ・全学的な教学マネジメントに関する事項 ・教育改革に係る補助金政策に関する事項	【教員】教務部長兼全学教務委員長
地域連携教育	・地域連携教育推進に関する事項	【教員】教務部副部長（COC担当）
産学連携教育	・産業界との連携教育推進に関する事項	【教員】経済学部長
大学間連携	・他大学との連携に関する事項	【職員】東海キャンパス事務部長
半田キャンパス	・半田キャンパスに関する事項	【教員】副学長（研究）
通信・社会人リカレント	・大学通信教育課程の学生募集に関する事項 ・大学通信教育課程の教学運営に関する事項 ・社会人リカレント教育事業に関する事項	【職員】通信教育部長
福祉文化創成	・福祉文化創成事業に関する事項	常任理事（企画）・総合企画室長
学生募集	・学生募集に関する事項	【職員】入学広報部長

図表 2-2-3　執行役員職務一覧

に違いもあり、教員と職員の認識の違いもある。しかし、だからこそ両者が協働することでより実効性のある教職協働が作り出せる。

執行役員職務一覧(**図表 2-2-3**)をご覧いただければお分かりのように、経営・教学にわたる幅広い職務を教学役職と事務局管理職が分担して担いながら、対等の執行役員として中期計画を実現するために一致協力する。その中でお互いの情報を交換し、また共通理解が進む運営となっている理事・教員・職員合体組織だ。執行役員は理事会から執行権限を付託され、担当分野の執行に責任を負う運営とすることで、個人責任を明確にし、いたずらに会議を増やすのではなく、責任者の判断で業務を進める運営に努めている。

この執行役員が、中期計画や事業計画の中心課題を分担し、責任を持って執行していく仕掛けが「学園事業計画・執行役員課題カード」だ。第2期中期計画の分担責任課題を3つまで記載し、それを実行するための事業名、事業概要、到達目標を設定し、前半・後半に分けて到達点を明記、達成状況の評価を行う。執行に当たって必要な予算の計画や人事に関する提案や計画を書く欄も設けられている。また、次の項で述べる「事業企画書」の担当執行役員を明確にすることで、執行役員と事務局・職員とがチームとなって目標に迫り、中期計画のテーマを確実に前進させようとしている点である。

理事会の意思決定機能と執行機能のある程度の役割分担を行い、教員・職員幹部を大学行政管理職員(アドミニストレーター)として一体的に機能させることで、事務局・職員と連携しながら事業全体を統括し、目標の達成に迫っていこうとする組織運営である。

政策を具体化し実行する仕組み、事業企画書

もうひとつ、中期計画、事業計画を実際に実行していく仕掛けがある。それが前項で述べた、職員が計画を更に具体的に企画・提案・実行する設計図、事業企画書である。これは中期計画、事業計画の重点事業と業務方針の結合でもあり、これが無ければいくら良い計画を作っても実行される保証はない。毎年100本ほどの事業企画書が事務局役職や中堅職員から企画・提出され、審議・決定され、実行に移される。その後、到達度評価を行い、人事考課にも結び付ける。重点課題にストレートに直結した業務目標の設定、実行

提出日	企画書　　年　　月　　日		報告書　　年　　月　　日	
重点(相当)課題名称 **事業期間**	☐重点課題　☐重点相当課題			
	事業期間：☐1年　　☐複数年(　　　年)　　☐常設			
前提または関連する **事業計画**				
	担当執行役員： 担当部長： 担当課長：			
事業目的(ねらい)				
事業効果	☐学生生徒募集向上　☐教育効果向上　☐財政改善　☐業務改革 ☐社会的評価向上　☐その他(　　　　　　)			
事業目標 事業計画との整合性に注意 複数年計画の場合は当該年度目標と最終目標を記載	定量的目標			
	定性的目標			
評価基準 各評価レベルの内容	A評価			
	B評価			
	C評価			
	D評価			
担当者 役割 ※ 担当者欄は任意に追加 2課題相当以上とする場合はその理由も記載	氏名	役割(遂行のために想定する必要日数も記載)		
			(　　　)日	
			(　　　)日	
			(　　　)日	
	協力者			

図表 2-2-4　2015年度　事業企画書・報告書

第2章　中長期計画の実際　155

スケジュール&プロセス 複数年計画の場合は想定期間内の全てを記載	スケジュール 理事会・常任理事会、大学評議会・学部教授会の意思決定を要する場合は記載	
	プロセス 目標達成までにクリアするべきプロセスを記載	
業務遂行のために必要となる能力とその獲得計画		
事　業　費　用	合計：　　　　　円　　　予算措置：□済　□未	

中間点検報告

点検実施日	年　　月　　日
修正・変更の有無	□予定どおり　　　　□修正・変更あり
修正・変更の内容	□担当者の変更　□目標レベルの変更　□スケジュールの変更　□その他

結果報告

事　業　検　証	到達点や今後の改善点など
事業総合評価	□A評価　□B評価　□C評価　□D評価
	【評価の理由】
担　当　者　評　価 担当者欄は任意に追加	担当者ごとに記載 個別に評価する場合は以下に記載 スタッフ級の評価はA・B評価のみ1段階上げて記載
	氏名：　　　　　評価：　　　　　理由： 氏名：　　　　　評価：　　　　　理由： 氏名：　　　　　評価：　　　　　理由：

計画の具体化、チームによる仕事、課を超えた横断的なプロジェクトなどがこれに基づいて動くこととなる。この事業企画書で、中期計画、事業計画に基づく学園全ての事業実行計画が具体化され、この進捗管理を行うことで事業目標全体の推進管理、達成が図られる仕組みだ。

しかし、事業企画書はこうした戦略遂行管理のツールとしての機能だけではない。合わせて、業務を高度化するツール、そして職員の能力開発のツールとしても機能する。それは直面する事業重点課題、その遂行過程での調査・分析、学習・研究、企画提案やその実行マネジメントを通じて、単なる処理的な業務を脱却し、高い目標に挑戦することで、実践的能力を養おうとしているからに他ならない。

事業企画書のフォーマット（**図表2-2-4**）をご覧いただきたいが、事業の期間、計画、目的（ねらい）、効果、評価基準や達成指標、実行計画としてスケジュールやプロセス、予算措置などを書いた上で、そこでどんな能力を身に付けるか、必要な能力とその獲得計画を詳しく書き込む内容になっている。そして、これらは全て個人ではなくチームとして遂行され、その到達がチームとして、また個人ごとに評価される仕組みになっている。

策定された中期計画や事業計画の重点項目のそれぞれのテーマに沿って、関連する課室の管理者や中堅職員によって多くの事業企画書が作成され実行計画となる。これによって、はじめて計画や方針が具体的な実現可能な計画となって姿を現し、そこにチャレンジすることで力を高め、学園全体として目標の実現に迫っていくシステムとなっている。

「日福、うごく。」の、日本福祉大学を動かす政策を軸とした運営は、基本戦略の学園戦略本部、理事長・学長会議による策定、常任理事会、執行役員会による遂行責任体制や課題シートによる計画の具体化と管理、政策の部局、チーム、個人への浸透と事業企画書の作成・評価、このトータルシステムが「うごく。」ことで初めて成果を上げることが出来る。

7. 日本を縦断する7地方大学に共通する改革原理

はじめに

　日本を縦断する長崎県、岐阜県、青森県、滋賀県の7つの大学を調査した。場所は大きく離れており、取り組んでいる課題や改革内容も違い、それぞれに個性がある。しかし、7大学を改めて俯瞰して見てみると、調査時点では、各大学の独自の改革努力に着目していて気付かなかった改革推進の基本骨格に、多くの共通点が見えて来た。

　現在でも、まだ定員割れから抜け出せていない所もあり、決して全てがうまくいっている訳ではないが、厳しさを一歩一歩乗り越え、前進を作り出している。その力の根源は何か、どんな努力をしているのか、そこにある地方大学共通の改革原理は何か、取り組みの具体的内容を基に、最後に対比表に整理してみた。奮闘する地方大学の改革を、是非ご覧いただきたい。

(1) 長崎国際大学：経営改善計画に基づき着実に成果、達成指標で厳しく評価
　　——外部評価を重視し、戦略的な広報で受験生集める

　長崎国際大学は、2000年に長崎県と佐世保市、地元財界の公私協力方式で誕生した新しい大学だ。しかし、法人は1945年に九州文化学院としてスタートしてから約70年の歴史がある。大学名は国際だが、人間社会（国際観光、社会福祉）、健康管理、薬学の三学部を擁する、人間に関わる総合的学部構成で地元の期待に応える。

　創立頃より特に顕著になった大都市集中傾向の中で、入学定員確保が厳しくなった。ボトムは2010年、定員の65％まで落ち込んだが、2014年の入学者は、健康管理学部と薬学部はほぼ定員を満たし、収容定員でも九割程度まで回復、財務の黒字化を達成し、経営指標も改善させた。

　如何にしてこうした改革が実現したか。その力の根源は何処にあるか。

　大学創設以来、帰属収支は赤字、これに定員割れ、高校移転による多額の債務も加わり財務を圧迫した。2007年には中期財政計画を策定、経営改善を図るが成果が十分上がらない。そこに同年、認証評価があり、財務面や理事会運営について改善指摘、2011年には文科省・学校法人運営調査委員が

調査に訪れ、第三者による評価の重要性を認識、これらの指摘に基づき経営改善計画を策定した。これを徹底して全学に浸透、全教職員説明会の開催、理事長が教授会に出向き、また学科会議でも説明、以降、この改善計画があらゆる活動の中心軸となる。

まずは学募活動の強化。入試センターと募集企画センターを統合し、入試・募集センターとして一元的運営を行うと共に、募集状況を毎月の経営・教学・事務トップの集まる運営会議で報告、全学での情報共有化を徹底した。経済的困窮者に対しての奨学金制度を拡充、学費減免と特待生も充実した。募集地域として熊本、大分、鹿児島、沖縄（93人が在籍）を重視、ニュースリリースやホームページを徹底的に充実した。更には教員が合格者全員に自筆の手紙を出すこととし、1人5～6人を分担するなど受験生一人ひとりを大切にする広報に徹した。

就職にも力を入れた。キャリアセンター利用者も延べ3000人を超え、就職率は94%を確保する。

教育も、個々の学生の実力を付ける教育を重視、ポートフォリオやリフレクションカードを活用、出席情報のみならず、授業の理解度、質問事項、事前・事後の学修状況、更に、授業の方法・進め方、配布プリント、質問への回答、確認事項等を記載、授業改善に生かす。SA（ステューデントアシスタント）を52人置き、ピアサポートも重視、ハウステンボスへの長期インターンシップなど体験型学習を徹底する。

優れているのは、自己点検評価報告書《教員個人による諸活動について》で、各教員が掲げた3つの教育目標に対し自己評価し公開する仕組みである。学生による授業アンケートで満足度が低い場合は学部長が指導・助言、教員相互の授業公開も実施、すでに薬学部は全員が終了した。職員の方も先行して人事考課制度を導入、毎朝の職員朝礼で方針や情報を周知する。FDも2012年度は13回実施するなど活発で、SDも含め、理事長・学長が直接講話する機会が多く、トップが改革の先頭に立つ。

理事長・学長や幹部が、経営改善計画を本気で実行すべく、計画に基づく経営規律を全学に徹底した。常に、全ての改革の基軸を、この計画の達成を基準とし、また、その精神を全教職員、全組織に徹底し浸透させている。そ

して、こうした計画の具体化と推進に経営企画室が大きな役割を果たす。

　経営改善計画と事業計画、予算編成の有機的関係を作り上げ、計画の実践に現実性を担保した。この大学を動かしてきたのは、経営の再生にはこれしかないというトップの確信と、その認識を共有した教職員の力、推進体制の構築によるところが大きい。

　この大学は、もともとトップダウン型ではない。しかし、危機に直面し、認識を一致させ、経営改善計画を自らの計画として教学、経営、財政、学募、就職のあらゆる場面に貫き、その到達目標で自らを厳しく評価することで、確実な改善を成し遂げてきた。この大本に、経営・教学・事務一体の運営会議がある。この、派手ではないが真摯な取り組みの中にこそ、成果を作り出して来た根源的な力がある。

(2) 長崎外国語大学：危機をバネに計画を浸透、志願者の大幅増を実現
　　——徹底した外国語教育を推進、カリキュラムマップなどで緻密に教育設計

　1947年、原爆で廃墟と化した長崎で、いち早く長崎外国語学校としてスタート、長い外国語教育の歴史を持つが、大学は2001年の創立だ。外国語学部単科だが、例えば国際ビジネス、航空・観光、通訳・翻訳、英語専門職など将来の仕事に直結する9つのプログラムを持つ。創立以来、徹底した国際化、外国語教育で特色を鮮明にしてきた。

　学習効果を生み出す授業を作るため5つの観点からカリキュラムを分類したカリキュラムマップ、科目ごとの教える中身の配置図・コース・ディスクリプション、科目ナンバリングの検討など最新の手法を導入してきた。

　CORE & ACEプログラムは、五段階の英語力レベルでクラス分け、基礎力から応用力へ段階的に上位プログラムに移行できる仕組みだ。学生提案型、教員提案型のプロジェクト授業も置き、半期ごとに振り返り・報告会を組むことで人間力、実践力を育成する。学習成果をできる限り可視化し、ポートフォリオで、出来るようになった成果を明示、成長を実感できるようにした。

　カンバセーションパートナー制度は、留学生と日本人が小グループを作り双方の語学力を高めるシステム、アドバイザー制度では一教員10人程度の学生を担当、濃密な指導を行う。

留学を非常に重視し、年間で学年の3割を超える学生が留学、4年間トータルで7割を超え、日本のトップクラスだ。留学先で学費がかからない交換留学制度も充実させた。留学生受け入れにも熱心で全学生の3人に1人は留学生。キャンパスそのものが世界、海外を体験できる環境を作り出す。

　国際学生寮・アンペロスは大学隣地に318室を持ち、日本人・外国人学生が共同で生活する。アメリカ、ドイツ、中国、ネパール等様々な国の学生が入居し自治運営、生活の中で海外体験、外国文化、語学力を自然に身につける重要な教育機関として機能する。

　就職も重視し、内定率は94.8％。インターンシップを正課科目化、空港研修を中部セントレア空港などで行う。社長の鞄持ち三日間体験では、市内企業の社長、支店長や学長に密着し、トップの行動を実地に学ぶ。

　開学当初は注目されたが徐々に志願者が減少、2005年からは入学・収容定員共に一倍を切る状況となる。2008年には定員充足率68.9％まで落ち込んだが、2012年には94.6％に大幅改善された。この間に何があったか。

　志願者ボトムの2008年、文科省が調査に訪れ、その指導で経営改善五か年計画を立案、その前年には大学基準協会の認証評価で財務悪化から保留の判定を受け改善計画を策定した。中心は、学生確保、財政改善。理事長主導で、経営状況を全教職員に徹底すべく、法人運営の現況と方針を直接説明する機会を何回もつくり、改善計画を共有、全学一体の推進体制を整える。

　法人・大学をつなぐ運営協議会を連携の中核機関として設置、全役職者と事務課室長全員で重要議題を討議・実行する。経営会議（法人運営）、学長室会議（教学運営）が時機を逸することなく改革に対処する体制を整備、学長が学部・全学を直接陣頭指揮する。

　2005年以降、それまで教員のみで構成されていた委員会に職員が構成員として参加、職員の意識改革も進んだ。専任職員会議を毎月全員参加で開き情報を共有、方針を浸透させる。

　2012年は経営改善計画の最終年度。こうした努力で、計画値には及ばなかったが、155名の入学生増加を実現（定員充足率95.9％）、計画値743人に対700名で、財政面でも僅かではあるが90万の黒字を達成し日本私立学校振興・共済事業団からも評価された。危機認識を全学で共有、外部評価も生かした

総合的改革をトップからボトムまで一致して取り組んだ成果といえる。

2013年からは、「長崎外大ビジョン21」(2013—2020)として自ら立案した新たな中期計画に取り組んでいる。教育研究ビジョンと大学経営ビジョンを統合、大学の持続的発展を保証する仕組みの構築もめざし、4つの基軸と21の戦略からなる本格的なものだ。優れているのは、これまでの経験から、全てのテーマごとに実現のプロジェクトを置き、評価指標とターゲット（数値目標）を設定、実践に迫ろうとしている点だ。危機を力に変え、継続的な改革に取り組んでいる。

(3) 岐阜経済大学：中期計画軸に改革、学長機構強化等整備
　　――企業人育成課程を置き、実力ある人材育成

岐阜経済大学の50周年ビジョンは、2007年の40周年時に全教職員の決意表明として5つの大学宣言を行い、不断の自己改革を誓ったことに始まる。初のビジョンで、これに基づき2009年、第一期中期計画、「アクションプラン2009-2012」を策定、教育改革・大学改革に着手した。

分かり易く実践的な経済学・経営学を重視、地域連携推進センターを軸に地域や企業とコラボしたサービスラーニングに力を入れる。ゼミを重視、研究成果を発表する学内ゼミナール大会は、優秀賞のトロフィーを争って盛り上がる一大イベントだ。学修行動調査で、一日の学習時間や読書習慣も把握し実態を掴んで教育改善、2012年からは授業参観、意見交換会も実施する。輩出した経営者の大学の規模に対する比率では県内一位、企業人育成課程を置き、第一線で活躍できる実力を持った人材を養成する。

キャリア教育には特に力を入れる。優れているのは、就職意識の強い学生の就職特訓講座を年20回以上開講、早期に内々定を勝ち取り就職活動全体を牽引、内定率を10％押し上げた。就職率は96％、対卒業生比でも84.5％、全国初の取り組みとなったジョブカードを活用したキャリアコンサルティングやジョブサポーター制度で支援する。就職活動に踏み出せない学生には定期的に電話、つまずいた時点で早期に手を差し伸べ就職率を底上げする。卒業生アンケートでのキャリア支援課への評価は高く、満足53％、まずまず満足29％。企業アンケートも517社に送付、回答があった160社の総採用数

は1180人、うち離職者269人 (22.8%)、全国平均に比して低い。

　喫緊の課題である学生募集も重視、担当副学長を置き、スポーツ推薦入試や体育系指導者によるスカウティング、沖縄県での学募にも力を入れ毎年30人前後の入学生を確保する。過去にイメージキャラクター・ギフレンジャーでHPアクセス13万件、資料請求数三倍化を実現したこともある。しかし、基本は汗をかく広報戦略を重視する。

　第一期計画の総括は、2013年3月理事会に報告、冊子にまとめ全教職員に配布するとともに、引き続く後期計画として第二期中期計画 (2013年4月～2018年3月) を策定した。学長は中期計画の責任者として毎年度目標達成状況を検証、遅延部局には理由の説明も求める。学長をサポートするのは学長室機能も担う企画広報課、理事長室とも兼務し、政策の取りまとめ、経営との調整、特命事項を担う。中期計画の進捗管理、認証評価・自己評価、事業報告、三者の一体管理で着実な前進を目指す。

　こうした総合的改革の成果は徐々に実を結び、2006年設置のスポーツ経営学科の人気もあり全学では定員充足に近い96.5%まで確保、厳しかった福祉関係の学科も2012年公共経済学科への改組により回復しつつある。これにあわせ財政状況も徐々に改善、学生確保のため入学者の六割を超えた学費減免者も見直しを行うなど五か年で収支の均衡を目指す。

　管理運営体制の改革にも取り組む。もともと伝統的にはボトムアップ重視、大学自治を尊重する学風で、これは、ともすれば慎重審議や意思決定の遅れをもたらす。学長がリーダーシップを発揮できるように、投票はあくまで意向投票とし、学長の最終選考は大学協議会から常任理事会の下で学外理事も含む選考委員会へ移行させた。また、理事兼務の副学長を二人配置し学長補佐体制も強化した。

　教学の最高意思決定機関は大学協議会で週一回開催、学長、副学長、学部長、教学主要役職、事務局長の少人数で構成される。全学案件は2つの学部教授会の合同会議を学長直轄で開く。重要議題は常任理事会運営委員会と大学協議会の合同会議を開くなど、経営・教学も実質的な一体運営を行う。

　公設民営の設立経緯から地元企業、県や市の有力者が多く理事に就任、公立大学法人に向けた環境整備をすすめる。しかし日常経営は、代表権を持つ

常勤副理事長や学長(理事)、事務局長(理事)が中心となり、教職一体、職員参加で行われている。2010年より目標管理制度を導入、職員の力を引き出す事務局長の全職員面談、副理事長、事務局長による課長面談なども毎年行う。中期計画の目指す目標に全学あげて真摯に取り組み、着実な成果をあげている。

(4) 中部学院大学：急速な学部増で飛躍的発展、現場主義教育を推進
　　──国試対策、徹底面談等で就職100％

　1997年、岐阜県初の福祉系四年制大学として関市に誕生した中部学院大学は、後発新設校を意識し、その後、急速に三学部を増設、福祉を核にした小規模総合大学として基盤を固めてきた。創立当初の人間福祉学部に加え、2007年、各務原キャンパスに子ども学部、同年、関キャンパスにリハビリテーション学部、2008年には各務原に経営学部、2014年にはリハビリテーション学部に看護学科を増設、看護リハビリテーション学部に改組した。極めて短期間に総合大学へ飛躍的に発展してきた背景には、関市の立地から来る学生確保の厳しい現実に立ち向かい、教学充実とニーズに合った学部新設へのたゆまぬ挑戦がある。

　人間福祉学部は、ダブルライセンス、社会福祉士に加え精神保健福祉士、介護福祉士、中・高教員免許が取得できるカリキュラムを組み、2012年の東洋経済「本当に強い大学」で文系就職二位、同年、国試合格率、社会福祉士30.8％、理学療法士94.3％と全国平均を大きく上回る。経営学部も従来型インターンシップを超えた長期職場実習プログラムで徹底した現場主義教育を行う。経営学部とシティカレッジ・会計プロフェッショナルコースの学生が2012年の簿記インカレ全国大学対抗簿記大会で団体、個人戦でいくつかの級で優勝した。東大や一橋大などそうそうたる参加大学の中での成果で、優勝した学生3人は岐阜県文化・スポーツ功績賞も受章した。

　7～10人の少人数クラス・ゼミでクラス担任と学年担任制のダブル担任制を敷き、クラス担任からこぼれた学生は学年担任が拾うことで、一人の落ちこぼれも許さない手厚い体制を敷く。これに加え、パソコンスキルを教える情報活用論の授業担当者が活用論担任として、一人一人のパソコン操作を

サポートする。

　文科省の大学教育・学生支援推進事業に採択され、「進路決定率100％、進路満足度100％の巣立ち支援体制の確立」をテーマに活動、アンケート調査による満足度は、雇用側＝2007年77％→2010年86.7％、学生側＝2007年72.2％→2010年85％に上昇、3年以内早期退職率も21.6％（全国平均31.1％）と少ない。その推進のために、独自の学習PPMプログラムを導入、これにより基礎・教養・専門・キャリアの各教育を結び付け、学習意欲と能力開発を促す指導プログラムを開発した。また、学生支援ファイルのシステムも開発、学生基本情報、成績・出欠・ケア履歴・就職登録を一元化、迅速な対応と支援を強化した。

　就職は、2012年、開学以来初めて、全学部、短大も含め100％を達成、社会福祉学科は10年連続、短大の幼児教育学科は11年、100％が続く。これも学生1人に対し年間平均15回の個別面談をするなど、徹底したマンツーマン指導の成果だ。

　学募対策も強化、性格や資格・志向が異なる学部の学募方法を工夫、一高校6回を目標に訪問し高校訪問担当の入試アドバイザーを配置する。子ども、経営、看護リハは定員を充足するが、人間福祉はやや定員割れ、教育実績をアピールし全学あげた努力が続く。通信教育部も700人を超える学生が学ぶ。

　大学運営は、小規模単科大学時代からの転換期と位置付けるが、2012年度より学長・副学長会議を新設、大学、短大両学長、副学長のリーダーシップ強化を図り、教養教育の見直し、キャリア教育の充実、学院創立100周年アクションプラン、通信教育の将来構想など大きな方向性を提起する。学部教授会は無く、教授会は四学部合同で行い、学長直轄で全学改革を推進する。大学評議会は大学・短大一体の意思決定機関として機能する。大きな改革プランは、理事長、学長の発想に基づき、企画戦略室（2011年設置）が調査、素案とりまとめ、理事長、学長、事務局長等の打ち合わせを通じて形にしたうえで、理事会や教授会に諮る柔軟性と機動性のある運営を行う。

　中期構想等はないが現実感ある経営で、自治体からの誘致等のチャンスを逃さず機敏に決断することで確実な経営拡充と基盤強化を実現してきた。その結果、連続的な大改革とキャンパス・学部増設を断行、地方の厳しい環境

第 2 章　中長期計画の実際　165

(5) 青森中央学院大学：定員を満たせない学部があっても、超健全財政を実現
　——留学生と共に地域活性化、グローカルに学生を育成

　戦後、手に職を付けて生活の自立を図ろうと珠算簿記学院と裁縫学院を設立した伝統。これは現在も、法律知識を持って経営の意思決定ができる全国唯一の学部、経営法学部と看護学部（平成 26 年度設置）に息づいている。

　教育の特色は、地域貢献、国際化、少人数教育の三本柱。とりわけ地域と連携した実践力を育成する教育を徹底する。その柱は「地域・企業との連携による課題解決・参加型プログラム」。地元企業とコラボし、学生たちの力で新商品を開発する。授業は体系的に組まれ、一年次は様々な業界の社会人と座談会、二年次は学生が青森県産品をプロデュース、三年次では企業が抱える課題や問題に学生目線で解決策を提案するプログラムに発展する。

　優れているのは、こうした地域連携に留学生も巻き込み、地元の国際化にも貢献している点。留学生は、現在、7 つの国と地域から 124 人、ベトナム、タイ、中国、韓国、マレーシア、台湾、セネガルなどである。その留学生が語学サポートセンターに自分の特技なども含め登録、地元の要望に基づき派遣される制度は、小中高生の総合学習が人気で、地域の文化交流に大きな役割を果たす。留学生の活躍や学生の地域・企業との連携は、「地域企業とコラボ、学生ら新商品開発」（『朝日新聞』）など連日のように紙面を賑わし、大学評価の向上にもつながる。別々に見える地域貢献と国際化は一体となって強い特色となり、また、それ自体がサービスラーニング、実践教育として機能する。

　開学以来の徹底した少人数教育、一ゼミ 10 名程度の密度の濃い授業で顔の見える教育を行う。学習支援センターでは、学生相談記録、学生出席情報などを学習支援、生活支援に生かす。

　FD にも積極的に取り組み、FD ネットワーク"つばさ"に参加、授業アンケートでの学生コメントに対する教員の回答を公開、各学期一回、授業方法検討会を実施、授業の状況、成績・評価、教育方法の報告、交流、改善議論を行う。

　就職率 95.9％。朝日新書『就職力で見抜く！沈む大学・伸びる大学』（木村

誠著）で、就職率が商・経営系で第一位と紹介された。入り易くて就職に強い大学と評価される。先述の地域・企業連携教育を含むキャリアプランニングを正課の人間探究科目群の柱として開講、就職を勝ち抜く実践力を養う。就職成功は学力や能力だけではなく、どれだけ事前準備したかで決まる。今日の環境では当然転職、再就職もある。率を上げるだけではなく、卒業後の就業生活まで含めたキャリア形成を目指している点が優れている。

本州最北端、青森は志願者を安定的に確保していくには厳しい環境である。看護学部は順調だが経営法学部は定員を完全には満たせていない。短大は食物栄養、幼児保育とも順調だ。一方、財務状況は過去五年、消費支出比率80％台、人件費比率40％台、帰属収支差額比率10％台をキープ。看護設置で資産の取り崩しはあったものの経営判定A1の超健全財政を保つ。これはどのように実現しているのか。

まずは支出の中心である人件費のコントロール。教員人事の決定権限を新設された人事委員会に移管、教授会は業績審査のみ行う方式に転換した。給与カットはせず、予算編成と執行を、財務指標を基に厳しくチェック、事業計画を見据えた人事計画・施設整備計画をすすめる。法人本部企画部を立ち上げ、中長期計画策定に向けての調査・分析も行う。

その推進の中核は大学経営会議及び部局長会議で、理事長、学長、事務局長ほか役職者で構成、大学運営の基本事項、教授会付議事項、自己点検評価など法人・大学全体の改革推進をリードする。事務局は課長・リーダー会議を毎月開催、部門間の連携、問題意識の共有を図り、他大学の改革事例も調査、職員全員による事務局研修会も行う。職員が経営・教学のあらゆる場面で中心的役割を担っており、改革推進のエンジンとなっている。教職員の資質向上を最重要課題と位置付けてFD・SDに取り組む姿勢はこの学園の力の根源を表している。

「改善は下から、改革は上から」の言葉通り、法人・大学、教・職一体の着実な改革と特色化の努力の成果がこの法人の成長を作り出している。

(6) 弘前学院大学：理事長が経営・教学の会議に出席、陣頭指揮で前進
――徹底した少人数、オーダーメイド教育、手厚い学生支援体制を構築

「学院創立 125 周年、息づく歴史、オーダーメイドの学び」。駅や学内に貼られているポスターは、この大学の歴史と教育を端的に表す。1886 年、青森県初の女子普通教育学校としてスタート、徹底した少人数による手作りの教育を進めてきた。大学は 1971 年、文学部単科でスタートしたが、2000 年前後から資格対応型学部構成に大きく舵を切り、社会福祉学部 (1999 年)、看護学部 (2005 年) を相次いで増設、男女共学化を行った。しかし、18 歳人口の急減や大都市集中で、2008 年頃には収容定員の 7 割台まで落ち込んだ。丁度、大学基準協会の認証評価と重なり、定員確保や財政問題で保留、同時期に文科省の調査も受け経営改善を指導される。

危機意識を背景に、全学を挙げた努力の中で、その後急速に回復、看護学部は定員確保、文学部、社会福祉学部も定員に近づきつつある。2013 年には認証評価もクリア、学生確保と財政改善の努力が認められた。厳しい環境の中での、こうした前進にはどのような取組みがあったのか。

まず第一に挙げられるのが、学生満足度の向上と学生育成に的を絞った教育の充実である。1 年〜 4 年までのゼミは教員一人に対し学生は数人、多くても 10 名まではいかない徹底した少人数教育である。担任制度、チューター制度で良い意味での「手とり足とり」の指導を行い、学力、意欲に差がある学生を徹底的にサポートする。学生が 2 週連続で休むと要注意情報を共有、3 週続くと本人面談、必要に応じ保護者と協議、カウンセリング・支援体制を組む。マンツーマン指導とあわせ、必修を少なくし学生に合ったカリキュラムを組むことで、目標とするオーダーメイド教育を推進する。

学ぶ意欲や目的意識、帰属意識の醸成を重視、毎週木曜日午前、全学生、全教職員で礼拝を行い、その後、「ヒロガク教養講話」を開講する。理事長、学長、学部長のほか地元企業の社長、医師、芸術家、歴史家、福祉・医療分野で活躍する人など多彩な講師陣が、最先端の課題を解説し学生の心に火をつける。

就職率は 90％後半と高い数字で推移、社会福祉学部や看護学部は 100％を続けており、青森県内の大学ではトップクラスである。社会人基礎力支援科目や企業等実習 (インターンシップ) を単位化、実践力を高める。学生募集活動も抜本的に強化、新戦略会議を立ち上げ、中核幹部が集まり外部コンサル

タントも入れて、これまでの募集活動を徹底的に見直した。大学案内、募集要項を刷新、HPやオープンキャンパスを抜本的に充実、学生スタッフを募り、学生を前面に出す広報に転換した。これらの推進には理事長、学長が中心的役割を果たす。理事長は大学協議会、学長運営会議、さらには3つの学部教授会、2つの大学院研究科委員会にも出席する。大学協議会の構成は、理事長、学長、宗教主任、各研究科長、各学部長及び各学部から教授3名、それに事務長があたる。学長運営会議の構成は学院長、学長、宗教主任、各研究科長、各学部長、事務長である。理事には学長のほか学部長、職員も加わる。それら全てに理事長が関与することで、法人・大学の迅速な意思決定が可能となる。学長は理事会で選任、学部長は学長が決定するシステムもこうしたリーダーシップの発揮を支える。学部教授会には事務長、各課長が、大学の各委員会には職員が参画することで教職一体の取り組みを行う。

　厳しい環境の中で、財政改善も計画的に遂行する。法人財政の健全化に向け弘前学院財政改善第一次3か年計画(2007年〜2009年)、その追加計画、第二次3か年計画(2009年〜2012年)を立案推進、給与、賞与、諸手当を当法人の支払い能力に応じて独自に削減、遊休資産を売却するなど身を切る改革を断行する。新学部や改革推進に投資は不可欠で、それに伴う借入金や累積超過支出縮小の課題もある。人件費圧縮と経費節減、そして何よりも学生確保の取り組みを生命線として重視する。この法人の事業報告書には全教職員の氏名が載っている。この、人を大切にする風土をベースに、理事長が全体改革の陣頭指揮を執り、教学から財政まで現場実態に即した改革を積み上げることで、着実な前進を推し進めている。

(7) びわこ学院大学：徹底した少人数教育で満足度向上
　　——学習の記録、カルテ・自己分析で成長を可視化、職員参画の小回りの利く経営

　大学は2009年の開学だが、学校法人滋賀学園の歴史は80年余。裁縫研究所からスタートし、これが短大の生活文化に引き継がれ、全国初の人間福祉、そして大学の教育福祉学部へと発展してきた。子ども学科は二期生を輩出、就職率100％を達成した。しかも就職希望率96.2％、教育、保育、福祉等の学科の目指す専門職に就いた卒業生の割合76.5％と優れた実績である。

2014年、併設する高校にスポーツコースがあることからスポーツ教育学科を増設した。

　大学・短大合わせても教員30名、職員18名、学科増設前までは収容定員340人という小規模で、大学案内でも「一人ひとりの夢に寄り添って―ここにしかない少人数教育」をアピール、一クラス平均10名、クラス・ゼミ担任制で行き届いた教育を行う。

　その特徴を整理すると、第一は、少人数から来るアットホームな環境、分からないことはすぐ聞ける、親身に話を聞いてくれる、教員との距離が近いなどから学生満足度が高く、退学率の低さは県内ナンバーワンで、『読売新聞』2013年7月9日「大学の実力」でも紹介される。また、「カレッジマネジメント188号（リクルート発行）」において、感性的価値"のんびり"の部門で全国14位に上げられている。地域の環境から、学生たちが感じている良い意味での雰囲気のある大学でもある。

　第二は、就職実績を生み出すきめ細かな進路指導。ここでも基本は少人数の強みを生かした個別指導で、じっくり時間をかけて相談にのる。エントリーシートや履歴書を丁寧に添削し、教職員相手の模擬面接を何度も繰り返す。ゼミ担任とも緊密に連携し、学生が来るのを待つのでなく大学の方から常に学生と連絡を取り、試験や就職活動のスケジュール管理までサポートする。全学生の名前を憶えているので、顔を出さない学生は廊下で捕まえる。大規模大学ではまねのできない親身な指導が抜群の就職実績を生み出す。一方、地元事業所の社長や幹部職員にも協力を得て、実践さながらの面接の予行演習なども積極的に取り入れ、功を奏している。

　第三は、学修の記録。カルテでは、目標は何か、そのために何をしたか、取得予定の資格、それに必要な単位と成績等をリスト化する。自己分析では、大学独自のオリジナルな質問に答えることで、長所や短所、改善点を見つけ数値化、定期面談で担任に相談する。自己分析を折れ線グラフやレーダーチャートで可視化することで、自分の強みや課題、努力が必要なところ、進化が一目瞭然で、担任も現状を踏まえたアドバイスが可能となる。自分を客観視でき、成長度合いや、次は何をすべきかがわかると学生から高く評価されている。

第四に、体験型学習で実践力を付ける教育を重視、附属こども園、自然体験指導力養成研修、教育ボランティアなどで学生を積極的に教室の外に出す。それをテーマに少人数・対話・討論型授業を徹底する。

　第五は、教員相互の授業参観を中軸とした活発なFD活動。全教員が参観に供する授業を提出し、時間割を組み、相互に授業を参観、これを素材に授業方法改善についての演習形式の研究会を行う。

　こうした努力の成果もあり、2010年以降志願者は徐々に増え、2012年定員充足を果たした。しかし2013年は、スポーツ教育学科の新設認可の遅れから募集期間が不十分で、定員を完全には確保できなかったが、2014年は出足が順調で定員確保はほぼ確実な見通しだ。これに従って財政改善も着実に前進、数値目標を掲げた取り組みで、安定財政へと進んでいる。

　これらを推進するのが、森美和子理事長を先頭とした教職員の取組である。この大学の改革推進の基本方針の出発点は、理事長、事務局長（学園長兼務）、学長のトップ3者で構成される三役連絡会議である。ここであらゆる経営・教学の基本方針が練られ、それを教学の役職者や事務局の課長クラスまで含んだ企画運営委員会に諮り、ここでよく検討・審議・調整し、現実案に仕上げたうえで教授会や理事会に諮って意思決定する仕組みだ。理事長と学長が直接統括し、リーダーシップを発揮するとともに、職員幹部も素案段階から検討に参画することで教職協同を進め、かつ方針に実効性を持たせている。機関決定の前に実質的な政策の共有を図ることで、全学を挙げた迅速な取り組みを可能としている。

　地方に立地する小規模大学は、今後も厳しい環境に立ち向かわなければならないが、特色を鮮明に、就職実績をはじめ学生の成長の実際の成果を作り出す教育こそが未来の展望を切り開くことは間違いない。

(8) 8大学の事例から学ぶもの

　日本の端から端、長崎県、岐阜県、青森県、滋賀県に立地する7つの大学はそれぞれ厳しい環境に置かれ、大学によっては3〜4割の定員割れを経験し、それを回復させてきた。具体的中身は対比表でご確認いただきたいが、その共通する特徴は、対症療法ではなく、教育の本格的、本質的な改革で勝

負してきたということだ。

　教育の中身を変え、その成果を就職結果で明示し、本物の特色を作り、その上で広報に工夫を凝らしているという点である。そして、その遂行のために、明確な方針を策定、それを浸透させ、責任体制を整えている。このマネジメントや教育成果は、大都市の進んだ大学でも真似が出来ないレベルのものが多い。

　その具体的な共通点は、対比表の1〜9の項目に示されている。特色を鮮明にした教育作り、そして学生を徹底的に面倒見る（と言っても甘やかすのではなく鍛える）丁寧な教育・学生支援、小規模ならではのきめ細かい、圧倒的な少人数教育、低い中退率。そうした教育を遂行し、担う教員の厳しい自己改革、教育の質向上の取り組み、その結果としての全国トップレベルの就職率。しかも、就職志望率も、学んだ学部の専門職に就く比率も高く、本物だ。就職は学力のみでは無く準備が勝負という、徹底した個人支援の積み上げが生きている。こうした成果、真の学生満足度が大学評価となり、広報の工夫、ニーズにあった学部・学科の新設・改組と相まって定員割れを徐々に改善に向かわせる力となってきた。

　厳しい環境を乗り切るには、厳しいマネジメントが求められる。多くの大学が、中長期計画や経営改善計画を作り、目標とその実現計画を鮮明にし、それを多くの教職員に浸透させる努力をし、改革行動に巻き込んでいる。そして、この立てた方針をあいまいにせず、妥協せず、一貫して推進している。しかしそれは、単なるトップダウンではない。迅速な意思決定システムの構築やトップ、幹部集団の責任体制強化のための組織改革を断行しているが、他方、構成員参加のプロジェクトや企画部門からの提案、ボトムアップや職員参画も重視している。そしてこうした政策に基づく改革全体の組織的推進が、財政改善につながっているということだ。

　こうした努力の結晶は、定員割れに直面している多くの地方大学の改革の方向を指し示す貴重な内容を含んでいる。今や、改革は地方から始まっている。優れた改革は地方にこそあると言っても過言ではない。この対比表から、多くの改革のヒントをつかんでいただければ幸いである。

	長崎国際大学	長崎外国語大学
1 概況 　特色	長崎県と佐世保の公私協力で誕生。人間社会、健康管理、薬学の3学部。	外国語学部単科。欧米留学比は全国トップクラス。年間で学生の3割、4年トータルで7割が留学。
2 中長期計画 　経営改善計画 　遂行システム	認証評価で再評価。文科省指導もあり、経営改善計画を策定。全学教職員会で理事長が説明、これが全学の活動の中心軸となり全教職員に徹底。	2007年認証評価で保留。翌年の運営調査で経営改善計画を策定。2013年からは長崎外大ビジョン21に発展。理事長主導で方針徹底。全学一体の推進体制。
3 学部・学科 　改組、新増設	2002年創立で、02年健康管理、06年薬と連続で学部設置。	単科大学だが、航空、観光、通訳・翻訳、英語専門職など仕事に連結する9つのプログラムを持つ。
4 教育の特色 　丁寧な教育 　教育改善 　学生支援	ポートフォリオやリフレクションカードを活用し、理解度や学習状況を確認しつつ丁寧な教育を行う。SA52人。ピアサポートも活発。	学習効果を上げるカリキュラムマップやナンバリングなど最新手法を導入。英語力に応じて5段階のクラス分けで段階的に力を付ける。学生寮や小グループで留学生と生活する中で語学力を強化。
5 教育改善 　質向上 　FD	3つの教育目標を全教員が自己点検評価し公表、不十分な所は学部長が個別指導。授業相互公開。FDは年13回。 理事長、学長が直接講和。	授業報告会、ポートフォリオなどで学習成果を可視化、1教員10人程度の学生を担当し、濃密な指導を行う。
6 就職実績 　支援システム	就職率94％。キャリヤセンター利用者延べ3000人。ハウステンボスへの長期インターンシップなど体験型学習を重視し実践力を強化。	内定率94％。インターンシップを正課科目化。空港研修や社長の鞄持ち3日間体験などで実地に学び力を付ける。
7 学募の現状 　広報活動改善	創立より定員確保が困難。ボトムは2010年で65％。その後安定で9割にまで回復。募集状況を毎月トップ会議に報告迅速な対策。合格者全員に自筆の手紙。	2005年から定員割れ、08年には68.9％まで落ち込んだが、12年には94.6％に大幅改善。全学一体の取り組みが効果。
8 経営体制 　大学管理運営 　マネジメント	経営改善計画を本気で全学に浸透、目標遵守の経営規律を徹底。あらゆる取り組みをこの計画の達成を基準に展開・評価する。経営企画室が的確な方針提示と進行管理を実施。	計画を何回もトップから直接説明し、改善計画を共有、法人・大学の運営協議会を中核に経営会議と学長室が迅速に活動。 ビジョン21の全テーマにプロジェクトを置き、数値目標を掲げる。
9 財政の現状 　財務改革	創立以来の赤字、定員割れと高校移転による債務増を徐々に改善。定員充足に合わせて黒字化を達成。	2007年認証評価で財政悪化を指摘されたが、2012年には90万の黒字を達成。私学事業団からも評価された。

	岐阜経済大学	中部学院大学
1 概況 　特色	大垣市を中心とする公設民営大学。経済、経営2学部。 地域に根差した教育。	関、各務原の2キャンパスに4学部。福祉を核とした小規模総合大学。
2 中長期計画 　経営改善計画 　遂行システム	第1期計画の総括を冊子にして配布。第2期中期計画を策定、学長が年度達成状況を検証、遅延部局にヒヤリング。	中期計画は無いが、現実感ある経営で、チャンスを逃さず機敏に決断、経営の拡充と基盤強化を実現。
3 学部・学科 　改組、新増設	2006年スポーツ経営学科新設。福祉関係学科を2012年公共経済学科に改組し、いずれも成功。	2007年子ども学部、リハ学部、2008年経済学部設置。2014年看護リハ学部に改組。
4 教育の特色 　丁寧な教育 　教育改善 　学生支援	優秀賞争奪の学内ゼミナール大会には多くのゼミが参加し、盛り上がる。地域・企業コラボのサービスラーニング。 企業人育成課程を設置。	福祉系はダブルライセンス。簿記インカレで優勝。7〜10人の少人数クラス・ゼミ。 ゼミ・クラス担任、学年担任のダブル担任制で一人残さず支援。
5 教育改善 　質向上 　FD	学習行動調査で学生の学習時間も把握。 就職満足度調査、採用企業アンケートの結果を改善に生かす。	FDは4学部一体で、全学ワークショップ形式で行う。テーマによっては職員も参加、学部横断で取り組む。
6 就職実績 　支援システム	就職率96％、対卒業生比でも84.5％。 就職特訓講座・年20回以上。 ジョブカード活用のキャリアコンサルティングで個別支援。	2012年、全学部、就職100％達成。 学生一人に年15回の個人面談。 学生支援ファイルシステムを徹底活用し個別支援。
7 学募の現状 　広報活動改善	定員割れを96.5％まで改善。学募担当副学長を設置、スポーツ推薦やスカウティング。沖縄での学募にも力。汗をかく広報戦略。	子ども、経営、看護リハは定員充足。福祉系はやや定員割れ。 1高校6回訪問を目標に、地元重視。
8 経営体制 　大学管理運営 　マネジメント	学長選挙を意向投票に変更、選考委員会で選任。最高意思決定は大学協議会とし学長統括を強化。副学長2人配置。 企画広報課、理事長室が支える。代表権持つ常勤副理事長が統括。	教授会は4学部合同で学長直轄。 学長・副学長会議を軸にリーダーシップ。 大学評議会が意思決定機関。 企画戦略会議が計画の中心で、企画調整室が改革実務を担う。
9 財政の現状 　財務改革	入学者増に伴い、財政状況は徐々に改善。5か年で収支均衡を目指す。	連続的な学部増、キャンパス増へ投資、そして安定財政へ。

	青森中央学院大学	弘前学院大学
1 概況 　特色	特色は地域連携、国際化、少人数教育。全国唯一の経営法学部。	文学部単科の女子大として開学。1999年男女共学に。現在3学部。オーダーメイド教育を掲げる。
2 中長期計画 　経営改善計画 　遂行システム	事業計画を軸に、人事計画、施設計画を進める。財務指標を基に予算編成と執行を厳しくチェック。法人本部企画部が中期計画の調査・立案。	財政改善第1次3か年計画(2007年～)第2次計画(09年～)を立案・推進、人件費圧縮と経費削減、学生確保推進。
3 学部・学科 　改組、新増設	2014年に看護学部増設。	1971年開学。99年社会福祉学部、2005年看護学部設置。
4 教育の特色 　丁寧な教育 　教育改善 　学生支援	地域と連携した実践力育成教育。留学生の特技を生かし地域に派遣。国際化が地域貢献と一体となり強い特色を発揮。1ゼミ10名の少人数教育。	1年～4年までのゼミは教員一人に学生数人の徹底した少人数。担任制度、チューター制度で授業を休むとすぐ支援。 必修が少なくオーダーメイド。全学生・教職員が礼拝、その後教養講座を学ぶ。
5 教育改善 　質向上 　FD	授業アンケートの学生コメントへの教員の回答を公開。学期ごとに授業方法検討会を実施、授業改善を進める。	FDとして月1度全教員が集まり、多様な学生に合った多様な学び方、丁寧な教育システムを作り出す。
6 就職実績 　支援システム	就職率95.9％、商経系第1位と著書で紹介。就職は学力ではなく、どれだけ準備したかで決まるという確信。就職実践力の育成。	就職率は90％台後半、福祉や看護は100％。県内トップクラス。社会人基礎力育成や企業実習を単位化、実践力を高める。
7 学募の現状 　広報活動改善	看護は順調、経営法学はやや定員割れ。看護新設で全体としては安定してきた。	2008年に定員の7割に落ち込むが急速に回復。中核幹部による新戦略会議を新設、コンサル入れ募集活動を徹底的に見直す。学生スタッフを前面に広報。
8 経営体制 　大学管理運営 　マネジメント	トップ集団で構成する大学経営会議や部局長会議を中核に運営、教員人事の決定権を教授会から法人所管の人事委員会に移管、教授会は業績審査のみとした。	理事長、学長一体、理事長は学部教授会まで参加。法人・大学幹部による大学協議会と学長統括の学長運営会議を軸に迅速な意思決定。教授会はじめ大学のあらゆる組織に職員が参画、重要な役割を担う。
9 財政の現状 　財務改革	過去5年、消費支出比80％台、人件費比40％台、帰属収支差額比10％台をキープ。経営判定A1の超健全財政。	財政改善計画に基づき、支払能力に応じた処遇システムや遊休資産の売却など身を切る改革を進める。

	びわこ学院大学
1 概況 　特色	専門学校、高校、短大に続き、2009年 教育福祉学部単科の大学を設置。
2 中長期計画 　経営改善計画 　遂行システム	大学の改革推進の基本方針はトップ3役連絡会議で迅速に検討・策定される。
3 学部・学科 　改組、新増設	短大の人間福祉学科は日本初。 教育福祉学部に2014年スポーツ学科を新設し成功。
4 教育の特色 　丁寧な教育 　教育改善 　学生支援	1クラス平均10名。クラス・ゼミ担任制、少人数のアットホームな教育。退学率の低さは県内№1。カルテに学生のあらゆるデータを記載し、定期的に面談。体験型学習で実践力。
5 教育改善 　質向上 　FD	教員相互の授業参観を中軸としたFDを素材に、演習形式で授業方法改善の研究会を実施。
6 就職実績 　支援システム	就職率100%、就職希望率96.2%、目指す専門職に76.5%が就いた。 履歴書添削、徹底した模擬面接、学生個人のスケジュール管理までサポート。
7 学募の現状 　広報活動改善	2010年以降志願者は増え12年には定員充足を達成。教育充実や新学科設置で安定な学募へ。
8 経営体制 　大学管理運営 　マネジメント	理事長、事務局長(学園長)、学長トップ3者で構成する3役会議で基本方針を練り、事務局の課長クラスが加わる企画運営委員会に諮ってから教授会や理事会で決定する。理事長、学長の直接の統括と職員幹部の素案段階からの参画。
9 財政の現状 　財務改革	定員確保に伴い、財政改善も着実に前進。 数値目標も掲げ、安定財政へ進んでいる。

注

『教育学術新聞』連載、掲載一覧
・「経営改善計画に基づき着実に成果・長崎国際大学―戦略的な広報で受験生集める、外部評価を重視し達成指標で厳しく自己評価」（2014 年 8 月 20 日）
・「徹底した外国語教育を推進・長崎外国語大学―カリキュラムマップなどで緻密に教育設計、危機をバネに計画を浸透、志願者の大幅改善を実現」（2014 年 9 月 3 日）
・「中期計画軸に改革・岐阜経済大学―学長機構の強化等体制整備、企業人育成課程を置き、実力ある人材育成」（2014 年 6 月 18 日）
・「徹底面談等で就職 100％・中部学院大学―急速な学部増で飛躍的発展、国試対策、現場主義教育を推進」（2014 年 7 月 2 日）
・「グローカルに学生を育成・青森中央学院大学―留学生と共に地域活性化、定員を満たせない学部があっても、超安定財政を実現」（2014 年 9 月 17 日）
・「徹底した少人数、オーダーメイド教育・弘前学院大学―手厚い学生支援体制を構築、理事長が経営・教学の会議に出席、陣頭指揮で前進」（2014 年 9 月 24 日）
・「徹底した少人数教育で満足度向上・びわこ学院大学―職員参画の小回りの利く経営、学習の記録、カルテ・自己分析で成長を可視化」（2014 年 10 月 22 日）

＊各大学の記載内容は、全て取材・調査時点のものです。

初出：「事例に学ぶ、大学マネジメントの優れた取り組み―改革の現場―ミドルのリーダーシップ」『私学経営』連載 9、2015 年 5 月

8．2020 年、立命館の目指すもの、R2020 ビジョン

中国に IT 系新学部設置を計画

　2012 年 5 月 14 日の夕刻、中国から帰ったばかりの立命館川口清史総長を、朱雀キャンパスに訪ねた。立命館大学は、中国の大連理工大学と共同で IT（情報技術）系新学部を設立する。大連市では国内外の IT・ソフトウエア関連企業の集積が進み、それを担う人材育成が求められている。立命館大学は、情報理工学部での教育の経験を生かし、教員の派遣、転入生の受け入れも行う。

日中の大学による共同学部の設立は初めてという。

　新学部は、大連理工大学の学部として設立され、立命館大学の分校ではないが学部名称は「大連理工大学－立命館大学国際情報ソフトウエア学部」。4年制で、1学年の定員は100人、うち40人が3年次から情報理工学部に転入し、両大学の学位が取得できる。立命館大学からは24名の教員が教鞭を取ることが決まっている。

　2011年度からスタートしている「立命館学園の基本計画」には、この新学部についての具体的言及はないが、計画の主要な柱のひとつであるグローバル化への対応として、チャンスを生かして即行動に移し、新規事業として形にする、立命館らしい動きである。

　川口総長は、立命館の新たなビジョン・計画を策定するに当たって、2020年を展望して、知識基盤社会への移行、グローバル化の進展、18歳人口の減少傾向の加速を、時代の動向のキーワードとして重視した。中国進出にあたっても、このグローバル化への対応と共に、日本の18歳人口だけに依拠する訳にはいかないという、強い課題意識があった。

質向上の重視への転換

　立命館は、2011年7月15日、2020年を最終年度とする「未来をつくるR2020」(学園ビジョン、3つの指標、基本目標)、それを実現するための前半期(2011年度から2015年度)の計画要綱「立命館学園の基本計画」を策定・公表した。

　もちろん、これは立命館の30年以上にわたる長期計画の到達の上にあり、継承している課題も多いことは確かだ。しかし、これまでの計画とはっきり異なる点がある。そのひとつは「量から質の重視への転換」。これまでの学生数規模の拡大を伴う改革から、教育・研究の中味の充実に舵を切ったという点だ。前述の中国進出も学生数を増やすことが目的ではない。

　川口総長は「量は求めない。基本的に今の規模、現在の学生総数を基礎に、時代のニーズに応え、必要な改組を行って教学充実を進め、学生の真の成長にシフトする」という。これまでの長期計画の、全学の力を一点に集中し、巨大事業をやり遂げてきた方式を、今回は大きく転換したということだ。

　もとより立命館は、日本における長期計画に基づく大学運営の元祖である。

今や国立大学法人をはじめ中長期計画に基づく運営はスタンダードになりつつあるが、当時、こうした運営は全国的には皆無であった。1980年代から始まる長期計画に基づく大学運営は、「立命館方式」と呼ばれ、独特の運営システムをとる大学と見られていた。

大学マネジメントそのものが馴染みのなかった時代から、目標と計画を鮮明にし、その到達状況や評価を、学生、教職員を含む全大学人で構成される全学協議会で厳しく総括、徹底した議論で検証し、妥協のない課題設定を行うことで改革を前進させてきた。

特に第3次長期計画以降は、国際関係学部や政策科学部設置など学部新設を急速に推し進め、第4次長期計画でBKC（びわこ・くさつキャンパス）への移転・拡充、第5次長期計画でAPU（立命館アジア太平洋大学）新設と思い切った展開を進めた。その後も情報理工学部、映像学部、生命科学部、薬学部、スポーツ健康科学部と学部増設は続いた。これにより学生規模は20年間で2倍以上に達し、大学の社会的位置を急速に高め、志願者10万人規模の全国有数の大学を作り上げた。

もちろん、これまでも質を軽視してきた訳ではない。しかし、強力なリーダーシップの下、合意された政策の推進にあたって、ある意味トップダウン型で進められてきた大規模事業は、結果として内部の充実への力の集中を弱め、急成長に伴うひずみ、教職員の一部には計画疲れの雰囲気を作り出したことも否定できない。

こうした反省から、今回は計画策定にあたって、学園構成員の「参加・参画」のキーワードを極めて重視した。HPでは次のように述べる。「学園に関わる一人ひとりのアイディアを集め、ともに議論し、私たちの進む方向を見出していく。これまでの学園づくりを振り返ったとき、このことが最も重要だと考えるからです。」

主体的学び、学習者中心の教育へ

R2020ビジョンの中核は、3本柱で成り立っている。

「1、多様なコミュニティにおける主体的学びの展開、2、立命館らしい研究大学への挑戦、3、学ぶことの喜びを実現できる学園づくり」だ。つまり、

ビジョンのトップに、学生の主体的学び、学習者中心の教育の本格的充実を掲げる。

2020年に向け立命館が目指すもの、あるべき姿、未来をつくる中核に、今後の日本、いや世界が求める人材像、その育成のための教育・学習の構築を掲げる。これは2012年3月に発表された中央教育審議会・大学教育部会の提言「予測困難な時代において、生涯学び続け主体的に考える力を養成する大学へ」(審議のまとめ)が目指す、今後10年を展望する日本の大学教育のあり方、改革方向と軌を一にする。

しかし、これは生半可な課題ではない。

この「主体的学び」の構築に向け、基本計画では、「学びのコミュニティと学習者中心の教育」を掲げ、その施策として、「4年間一貫した小集団教育の充実、卒業時の学びの質保証、正課・課外にわたる学びと成長のコミュニティづくり、学生の自主的活動の活性化、自律的な学びと成長への支援、推進のための総合学生支援機構の構築」などを提起した。

そのために、まずは教員の増員、特に教えることに専念するティーチングスタッフの抜本的な充実を目指す。1年次の基礎演習の少人数化やゼミの小規模化など、少人数教育の抜本的充実を通して、S/T比(教員一人当たり学生数)の大幅な改善を目指す。このためには相当な財政負荷の覚悟がいる。

2011年、衣笠キャンパスの図書館に「ぴあら」という新たな施設を立ち上げた。大型ディスプレー付きのパソコンや可動式の机をたくさんそろえ、図書資料を使って自由に学生がグループ学習を行える場だ。また上回生が新入生に学生生活のいろんなことで相談・支援に乗る「キャンパスライフデザインカフェ」、レポートや論文の書き方を支援する「ライティングサポートデスク」を設置するなど、主体的な学びの充実に着々と手を打つ。

学びのコミュニティ、ピアサポート

特に重視するのが、学びのコミュニティづくりだ。もともと立命館には、上回生が下回生を指導、支援するピアサポートの長い歴史があり、大学もそれを重要な教育活動と位置付けてきた。教室での教育だけでなく、同じ学生同士で教え合い学び合うことで、教える側も教えられる側も大きく成長し、

講義の中だけでは得られない自主的・主体的に学ぶとは何かを体得できる。そして、この学び合いを通して自ら考え探求できる力を身につけ、自己主張できる人材を養成してきた。

その代表的なものに、オリター・エンター制度がある。オリエンテーション・コンダクターなどに由来する立命館独自の呼称だが、学習支援や生活面でのサポート、自治活動など新入生が大学生活にスムーズに馴染むための上回生による支援システムである。もともと学生の自治活動の中で培われてきた文化で、1991年にクラス支援担当者制度として発足した長い歴史を持ち、立命館学生の自律的な学びの確立に大きな役割を果たしてきた。主な活動は、履修相談、新入生向け情報誌の発刊、プレオリエンテーション、フレッシュマンリーダーズキャンプ（クラスリーダー養成のための合宿形式の研修会）、クラス懇談会の企画・運営、クラス合宿、基礎演習やサブゼミの援助など。一緒に昼食をとったり、休み時間、放課後を一緒に過ごすなどきめ細かい、親身なアドバイスを行う。昨年度は、オリター772人が活動、一人平均7.6人の新入生を担当した。

その他にも、授業の補助や自学自習のサポートなど教員と学生をつなぐエデュケーショナル・サポーター（ES）634名、就職内定者が就職活動の体験に基づいて後輩への助言・援助を行うジュニア・アドバイザー（JA）229名キャリアアドバイザー3000名、留学アドバイザー280名、ティーチング・アシスタント1039名、オープンキャンパススタッフ137名、ライブラリースタッフ152名、パソコン利用支援のためのレインボースタッフ179名など上げたらきりがない。これら層の厚い学生同士の支援制度が、強いピアサポートの立命館文化を作っている

これらは一朝一夕にできるものではない。教育体制の整備、教育環境の充実と併せ、立命館が先駆的に取り組んできたこの学生同士の教え合い・学び合い、学習コミュニティづくりの長い積み重ねとその一層の強化なしには、「主体的学び、学習者中心の教育」は絵に描いた餅となる。これは、中央教育審議会の提起する「主体的に考える力を養成する大学」作りに不可欠の要素でもある。

目標・方針の明示と総括の伝統

　立命館は、長期計画に基づく全学的な運営に長い伝統を持つだけではない。学部や事務局を含め、方針と総括の運営システムが現場に浸透し、PDCAサイクルが実際の運営に根付いている。

　例えば、学部ごとに、毎年「開講方針」が決められ、教育実践を経て年度末には「教学総括」が委員会や学部教授会で審議され、全学の教学委員会で確認される。

　また、学部ごとに「教育改革総合指標」を設定し、それに基づいて到達度を評価するしくみをつくっている。事務局でも、部方針、課方針が明確に出され、それに基づいて個人目標を立て、その到達状況が検証される。

　さらに、大学基準協会の評価項目別に、毎年度の活動を総括・評価し、翌年度事業計画に生かす運営も確立している。学外者により構成される「大学評価委員会」の評価も継続し、「恒常的な内部質保証システムが機能している」と認証評価機関からも評価された。

　こうした、あらゆる分野での方針と評価による運営改善の積み上げが、立命館の改革推進を支えてきた。

　学園全体を貫くビジョン、基本計画の具体的実践にあたっては、事業計画や予算編成方針、さらに各部局ごとの方針への具体化、そして、その到達度評価なしには、目標達成は現実性を持たない。「参加・参画」による政策の共有と浸透が、立命館のこうした部局ごとの方針の明示と総括の伝統と一体となることで、より強い力を発揮すると思われる。

「参加・参画」による計画原案の策定

　R2020は、「参加・参画による民主的な学園づくり」を掲げている通り、その立案・推進過程もこれまでとは大きく異なる。これまでの長期計画は、どちらかというと原案はトップ機関で固め、それを基に議論するスタイルだった。今回は、原案そのものを「参加・参画」方式で、1から作る方式に転換した。いわば「改革の仕方の改革」である。そのため、案がまとまるのに当初予定を大幅に超え、立命館としては異例の2年半をかけた。テーマ、領域別に5つの委員会、「第1・計画のフレーム、第2・学習者中心の教育創造、第

3・学生支援政策、第4・グローバル化時代の研究大学、第5・社会と共にある学園創造」を置き、また、キャンパス問題や財政計画は特別委員会を作り、各委員会からの答申を「総合調整会議」で統合して全体計画を練り上げた。現場からの発信を重視、全学の構成員を議論に巻き込み、各機関討議も重視した。議事録も初めて全面公開、教職員からの意見や提案は、批判的内容も含め今でもHPでだれでも見られる。

　計画作りの中核を担う総合企画室も、それまでのトップダウン的色彩のあった総長・理事長室から改組して作られた。政策原案の策定にあたって現場のヒヤリングを重視、政策テーマ別の部局横断の議論を組織し、その意見を取り入れるなど策定のプロセスも変えた。

　「参加・参画で、互いに力を発揮する学園へ」「学園運営への構成員の多元的参加」「双方向型、参加型、対話型コミュニケーションの重視」(基本計画)が前進しつつある。

未来をつくる未来志向の運営システム

　こうした運営への転換の背景には、2008年におこった「特別転籍問題」(入学者が多かった学部の学生を他学部に転籍誘導した)がある。文部科学省から管理運営に適切さを欠くとの指摘を受け、社会的にも、教職員の間にも波紋が広がった。これを契機に、「学園運営の改革に関する検討委員会」を設置、2011年の自己評価報告書の冒頭に記載するガバナンスの基本原理、6つの柱を定めた。また委員会では、こうした問題が発生した原因を厳しく総括、「集権的かつ縦割りで情報共有を軽視、多キャンパス、複数大学の下での管理運営改革の不足」(同評価報告書)と指摘、組織・運営の基本原理の抜本的な見直しと改革に着手している。

　この点は、基本計画でも「社会から支持される学園へ」と題し、「社会への説明責任を果たすことのできる意思決定」「積極的情報公開」「学園運営の透明性を高める」などを提起、その実現のため「部門の自律的運営、分権化」「組織の見直しと簡素化」「業務の縦割りの克服」「現場に近いレベルでの意思決定」などを掲げる。常任理事会権限のあり方、法人と大学の責任と権限の明確化などこれまでの運営原則を見直す検討にも着手、具体策を取りまとめる予定だ。

R2020 はビジョンの 3 つ目に「学ぶことの喜びを実現できる学園づくり」を置き、そのために、学生とともに「教職員も自己実現できる学園づくり」という目標を掲げる。未来に生きる学生を作るビジョンを実現するためには、それを担い推進する人、教職員も計画遂行に主体的に参画し、課題を共有し、生き生き活動する、未来をつくる未来志向の運営が不可欠だ。

　長期計画作りに日本で最も長い歴史を持つ立命館が到達した、質向上を重視する政策、参加型の政策立案・推進システムは、厳しい環境の中、大学の明日を目指す全国の大学の将来構想づくりに共通する原理である。

　　初出：「2020 年、立命館のめざすもの・R2020 ビジョン」『カレッジマネジメント』
　　　　2012 年 7 月―8 月号
　　※記載内容は掲載日当時のものである。

9．二松学舎大学の戦略的経営の実践

　　書評『今、なぜ「大学改革」か？　私立大学の戦略的経営の必要性』水戸英則著
　　　（丸善プラネット株式会社）より

　二松学舎大学の戦略的経営の実践を記した水戸英則著『今、なぜ「大学改革」か？　私立大学の戦略的経営の必要性』を紹介したい。

本書の優れた特性
　私は、この本を桜美林大学大学院・大学アドミニストレーション研究科の「大学職員論」「高等教育組織論」のテキストの 1 冊として使わせて頂いている。それはこの本が類書にはない優れた特性を持っているからに他ならない。
　そもそも企業経営に関する本、企業の経営戦略に関する著作は多数書店に並んでいるが、大学経営に関する本は少なく、ましてや戦略経営の必要性を提起しているものはほんの少ししかない。その中でも、この本は戦略経営の理論を紹介するだけでなく、自大学でそれを実践し具体的な手法や成果をつぶさに記述した貴重なものだからだ。理屈は語れても、自らの実行は難しい。

しかも単なる成功物語ではなく、計画の初期段階では取組みの不十分さや課題も多く、それを一つ一つ克服して改革推進につながる中長期計画に成長させていった経緯やその内容が具体的に記されている。これが類書に無い最大の特徴である。

　これから中長期計画を作ろうとしている大学、作ったがなかなか成果に結びつかない大学、計画の策定と推進をさらに充実したものにしたいと思っている大学にとって、いかなる理論書よりも改善のヒントが詰まっていると言える。それは苦労して問題に向き合い、努力して一つ一つ解決してきた、その実践に裏打ちされた知恵が詰まっているからに他ならない。

　さらに、本書の特性を上げれば、編著者が企業人として長年、企業マネジメントに向き合って仕事をし、その後、大学経営に携わって10年、企業と大学のマネジメントの相違と共に共通点を実践的に明らかにでき、大学経営に足りないところを双方の経験から提起できる強み、経歴を持っていることがあげられる。この点で企業経営論と大学経営論の橋渡しの役割も果たす。こうした経歴なしには書き得ないということが本書の強みである。

　本書はまた、大学をめぐる情勢、とりわけ私立大学の歴史や現況、高等教育政策の変動やそこから何が求められているかを明らかにしている。経営改革の必要性はもちろん、教育改革についても、何が問題で、どこを改革しなければならないか、経営と教学全体の課題、大学政策のグランドデザイン、トータルな改革の構造を俯瞰している。大学改革の全体像を掴む上でも格好の書物と言える。

　さらに言えば、中長期計画の本体、基本骨格を示すだけでなく、その中身をなす財政計画等分野別の政策も提示されており、基本政策はこうした部門別計画とセットで効果をもたらすことを示している。そして、こうした部門別政策は、編著者が務める大学においてその分野を担当する理事や職員が執筆している。これも重要な点で、こうした中長期計画に基づく改革推進はまさに総合作戦であり、トップだけでできるものでは無い。多くの構成員を巻き込み、知恵や力を結集すること、とりわけ中核幹部の力が決定的に重要で、このことを本書はその執筆構成で端的に示している。

　現実に立脚した内容から、多くの実践的な改革方策を学ぶことが出来る。

本書の構成と内容

　この本の著者、水戸英則氏は、学校法人二松学舎の理事長である。同大は明治10年、1877年に設立され140年近くの歴史がある。文学部と国際政治経済学部を持ち、2800人の学生が在学する中規模大学である。中高など設置校全部合わせると4800人、教職員総数260人弱の規模である。

　著者は、1969年日本銀行に入行、35年間、金融業界の最前線で仕事をしてきた。その後、二松学舎に赴任し、2011年から理事長を務めている。企業マネジメントの経験を踏まえ、かつ大学現場にそれを創造的に適用させて、二松学舎のミッションとビジョンを時代に即したものに改善し鮮明に掲げるとともに、その実現計画を具体化し推進してきた。10年前の「21世紀の二松学舎像を策定するマスタープラン」、これをさらに進化させた「長期ビジョン (N'2020 plan)」を策定し、それを遂行するアクションプランに具体化、推進体制を整備し、PDCAサイクルを動かし、改革を実践し成果に結び付けてきた。本書はその戦略的経営を作り上げてきた過程をつぶさに記述した記録である。また、これら中長期計画、アクションプランはいわば経営の根幹だが、その全てを公開し、二松学舎のHPで見ることが出来る。これもまた優れた姿勢である。

　本書は全12章と参考文献からなる。「序章：我が国の私立大学の歴史と現況」、「第1章：私立大学を巡る環境の激変と先行きの課題」は、私立大学をめぐる情勢と課題がまとめられている。18歳人口の推移に始まり、志願者動向、定員充足率など直面する喫緊の課題から始まる。続いて私立大学と学校法人の関連法規の重要部分が抜き出して整理されており、初心者にもたいへん分かり易く、全容が把握できるようになっている。さらに補助金政策の動向、定員割れの進行に伴う財政悪化、倒産大学の出現、私大間格差の拡大、それに対応する私学事業団の支援体制や認証評価制度のシステムについて論じている。

　第2章は「中小規模私立大学の経営改革の必要性」。ここでは企業経営から見た4つの経営原則を提示、企業経営と大学経営を比較したうえで、大学経営改革の必要性と課題を提示する。さらに、教育改革の推進ということで、2012年の「質転換答申」が提示した教育課程の体系化、シラバスの整備、カ

リキュラムマップ、キャップ制、FD の推進、教育方法の充実の諸方策を提示する。中長期計画は、まさに大学の本丸である教育の改革を中核としなければ実効性が無く、単なる経営改革から一歩進めて教学の視点も重視し、教学改革を中軸とするものとなっている。

「第 3 章：私立大学の戦略的経営と中期計画」、「第 4 章：私立大学の戦略的経営モデル」、「第 5 章：N'2020 plan の策定」、「第 6 章：アクションプランと進捗管理体制」の 4 章は、この本の中核をなす二松学舎の中長期計画の策定過程とその内容である。中長期計画とは何かに始まり、その策定方法、主要課題には何を設定するか等の基本をまず述べる。続けて、当初の二松学舎の中長期計画（マスタープラン）の柱は何か、そして、そこにおける課題は何かを明らかにしていく。その上で「第 4 章：私立大学の戦略的経営モデル」で、その策定と運用の重要ポイント、改善方策を解説する。さらに「第 5 章：N'2020 plan の策定」で長期ビジョンを如何に策定し、実行してきたか、ビジョンの検討委員会から始まり、5 つの柱、(1) 二松学舎憲章、(2) 教育改革の方向性、(3) 学生支援体制の構築、(4) キャンパス整備、(5) 財政、人材教育、評価、組織、広報の在り方について明らかにする。続く「第 6 章：アクションプランと進捗管理体制」ではその実行の仕掛けとしてのアクションプランの策定、個人課題との結び付け方、進捗評価の進め方、改革推進で留意すべき点、特に政策の浸透や教職員の育成について触れている。

最後に部門別の政策を論述しており、「第 7 章：私立大学の財政について」、「第 8 章：私学における収益事業会社の設立の意義」、「第 9 章：私学の信用格付取得の意義と留意点」、「第 10 章：情報公開と私学 IR」、「第 11 章：教育再生実行会議の提言からみた大学全般の諸課題とその中における私学の諸課題」、「第 12 章：私立大学の今後の方向」となっている。

ご覧のように、私大全体を取り巻く情勢、法制度、マネジメント改革から教育改革、そして基本政策から分野別政策まで、実体験に基づく具体的な提起とその資料が豊富に提示されており、改革の推進に関わる実践的なノウハウが満載されている。

中長期計画の推進には何が求められるか

では、本書の中心テーマである中長期計画の前進を如何にして実現したか。これを考える参考に、まず私自身が100校を超える大学の経営実態調査を通じて明らかにした中長期計画の遂行、戦略経営を構築する上で重要なポイント20を著書『大学戦略経営論』(2010年、東信堂) より引用して示す。本書で展開されている中長期計画の推進、改革の基本方針と如何に共通しているかを意識しながらお読みいただければありがたい。

戦略経営の 20 の基本指標　（『大学戦略経営論』26p）
1. **戦略の策定**　ミッション、戦略、基本政策が策定され、全学へ周知されているか。
2. **戦略の具体化**　戦略、政策が年次計画や分野別計画として具体化され、実行計画になっているか。
3. **評価分析に基づく政策**　現状を評価し、環境分析を行い、第三者評価や自己評価が生かされ、先見性のある政策策定が行われているか。
4. **企画部門の確立**　上記の政策を調査、提案する企画部門が専門的に確立し、また政策案を策定・審議する組織、政策を具体化し推進する責任体制が確立され機能しているか。
5. **リーダーシップ、スタッフ機能の強化**　理事長・学長などトップのリーダーシップが戦略目標実現の方向で発揮され、またそれを支えるスタッフ組織、支援組織が整備され機能しているか。
6. **理事会機能の実質化**　理事会が経営の統治機関として実質的役割を果たし、政策イニシアティブをとり、また、監督・執行機能が発揮されているか。
7. **責任と権限の明確化と達成度評価**　理事や幹部教職員の責任分担と権限が明確にされ、方針ごとの遂行責任者や実施期限・到達目標が明示され、実施後の評価・総括、改善の取組みがされているか。(PDCAサイクル)
8. **政策の財務への貫徹**　政策重点が予算や財務運営に貫かれ、重点投下が行われているか。財政が長期的な指標に基づき運営され、評価されているか。財務分析や将来予測 (シミュレーション) が行われ、改善

方策が提示されているか。

9. **選択と集中、リストラクチャリング**　コアコンピタンス経営の視点から、重点にシフトした運営が行われ、適切なリストラクチャリング、事業の見直し再編、資源の再配分、経費節減が行われているか。

10. **戦略と部門目標との連結**　戦略目標や重点事業が、経営、教学、事務局の組織目標に連結し、それを踏まえて各組織の目標・計画が立案され、実行管理され、到達度の評価が行われているか。

11. **戦略と個人目標との連結**　戦略目標や重点事業が、教職員個々人の教育目標、業務目標に連結し、年間の教育目標や業務目標、課題が設定され、評価され、考課され、到達度や問題点が明らかにされているか。

12. **ボトムアップ重視**　末端の組織や個人からの意見提案や情報提供を積極的に求め、生かす仕組み、風土になっているか。そのような議論や会議運営、組織運営が行われているか。

13. **コミュニケーションと情報公開**　事業、業務の遂行上の問題点や具体化にあたってのアイディア、経験を積極的に交流し、コミュニケーションを行っているか。また、学内情報は、公開・共有されているか。

14. **主体的・自立的行動**　各組織や個人が政策に基づき主体的、自立的に動き、またそれを奨励しているか。

15. **学長機構の強化**　学長のスタッフ機能が整備され、法人・大学全体の戦略に基づいて、改革の方針が大学・学部、部局に提起され、決定し、推進する仕組みになっているか。

16. **全学的な意思決定機構の整備**　学部からの提案を生かすとともに、1学部の反対で全学政策の遂行が滞ることの無いよう、大学としての全学的な意思決定、調整機構が整備され機能しているか。

17. **経営と教学の統一**　経営と教学が目標を共有し、一致・連携して政策実現に当たっているか。また、政策を統一し、執行を調整し、また情報を共有する組織が設置され、機能しているか。

18. **職員の運営参加と教職協働**　経営、教学の各機関に、職員がふさわしい役割と責任・権限を持って参画し、その提言が生かされ、また教職協働による業務遂行が行われているか。

19. **政策の浸透と議論の活性化**　全学的政策が構成員に説明され情報提供が行われるとともに、多様な意見表明の機会や議論の場が設けられているか。トップダウンとともに、適切なボトムアップがなされているか。
20. **教職員の能力向上**　FD、SD など、教職員の能力向上、育成のシステムが整備され機能しているか。

中期計画を如何に前進させていったか

では、本書では、こうした点がどう論じられているか。

2005 年から 2009 年までの第 1 次計画、2010 年から 2014 年までの第 2 次計画を策定し遂行したが、進捗状況を全体としてみると必ずしも整合性がとれていないプランだったと総括している。その弱点・問題点を、①計画は法人がトップダウンで策定したものであり、教職員には課題が身近に感じられず改革マインドが醸成されなかったこと、②教職員に何故経営改革や教育改革を進めていかねばならないか、危機的な情勢や課題が浸透しておらず、意識改革が出来ていなかった、③教職員が、改革を進めることが自らの諸待遇といかに結びついているか理解できなかったことなどが挙げられる。これらは前節で述べた 20 の戦略経営の柱と対比しても極めて重要な指摘であり、これらを明確に総括し次期のマスタープラン策定の中に改善策を織り込んでいくことになる。

その改善方策は、第 4 章で展開される二松学舎が中長期計画の策定に当たって決定した私学経営改革の 6 つの切り口に集約される。第 1 は教職員の意識改革・危機感、改革の必要性の共有であり、トップがあらゆる機会に計画内容を話し浸透させる。第 2 は大学経営のガバナンスの確立、理事長、学長の強いリーダーシップの強化、教授会決定追認型からの脱却。第 3 は教育・研究の不断の改革。3P に基づく付加価値を付ける教育の実現、アクティブラーニング、PBL、ポートフォリオなどを活用し双方向型授業で主体的な力を付けること。第 4 は情報公開と社会的責任。第 5 は財政改革・中期財務計画の策定、収支構造の見直し。第 6 は外部評価の活用・評価を生かす自立的改革の推進である。これらも多くの点で引用した戦略経営の 20 のポイント

と重なる。

　この基本視点に基づき、如何に中長期計画＝N'2020 plan を策定していったか、これが第5章で述べられる。中長期計画の基本理念の5つの柱は冒頭にも述べたが、①二松学舎憲章の制定、②教育内容の質的向上の徹底、③全構成員の参加と意識改革、④ガバナンスとコンプライアンスの徹底、⑤情報公開と社会的責任である。計画策定には全員参加型を重視、特に若手教職員の提案を生かした。また、学生ニーズに基づく教育改善等学生本位の教育の確立を最重点とし、入学から卒業までの一貫した支援体制の構築、就職率も100％を目指した。教職協働を重視し、職員の力を高めるSDや人事評価、育成制度も充実させた。

　N'2020 plan は10年計画であるため、それを5年ごとのアクションプランに具体化し、行動計画を策定した。これが第6章にまとめられている。このプランの策定には現場の課長を参画させ、計画に現実性を持たせるとともに、計画の浸透効果を狙った。課別のアクションプランにまで落とし数値目標を重視、年次計画を定め現場で実際に業務を担う職員一人一人の行動計画につなげるようにした。これを評価制度に連結し、目標設定と評価が行えるようにした。そうして取り組んだ改革の成果を毎月の部課長会議で進捗報告、またAP推進管理委員会も毎月開催し理事会にまで報告するとともに、進捗が一目で分かるよう計画通り＝黒字、半分程度進行＝緑、進んでいない＝赤字など表記にも工夫を凝らした。

　アクションプランは、特にボトムアップを重視、説明会の徹底などで浸透に努力した。予算計画や部門計画との連結や整合性を重視、それを担う人材の育成を図りながら継続してPDCAサイクルを動かすことで改革が風土として定着することを狙った。これらの取組み一つ一つも戦略経営の基本原理と重なるものがほとんどだ。

企業と大学のマネジメントの比較から学ぶ

　最後に、著者が長年体験した企業経営との比較が第2章で展開されている。バブル崩壊後再生した企業の経営原則を、①強いガバナンス、②マーケットインの考え方、③透明性と情報公開、④地域性と公共性とし、これは危機に

立つ現在の大学にも通用する原理だと提起した。

　①はまさしく企業統治、取締役会や社長の決定をいかに迅速に浸透させていくかで、大学にとっても強化すべき喫緊の課題である。②のマーケットインは顧客の要求、希望を第一議に考えること、マーケットリサーチし顧客満足度を高めるということである。顧客は大学にあっては学生であり保護者であり、採用企業であり高校の進路担当教員である。しかし、大学はこの視点がもともと弱く、学生の立場で教育を改善・充実させることを第一議とした取り組みに早急に転換していかねばならない。③の透明性と情報公開は、厳しい環境ではますます求められ、かつ、それが社会的信用や評価に結びつく。そして、営利企業であっても、社会で存立し発展するためには④の公共性や地域性が問われており、ましてや大学にとっては、社会や地域への貢献は存在価値そのものであり、社会的評価、学生募集の根幹でもある。

　こうした基本点を提起したうえで、企業経営と大学経営の項目別比較表を作って対比し、現在の大学経営の弱点や課題を一つ一つ具体的に分析・提示し、その解決方向を細部にわたって示している。多くの大学にとって、貴重な提言となっている。

おわりに

　大学のガバナンスとマネジメントを如何に改善するか。この問いは、あらゆる大学が直面する最重要課題である。本書はその生きた手本であり、実践の手引きである。しかし、マネジメントに理想のモデルがあるわけではない。100者100様、目標も歴史も風土も違うそれぞれの大学の改革方策は、自らで作り出す以外にない。しかし、その努力の方向に共通する原理がないわけではない。これが本書に書かれた二松学舎の優れた取り組みであり、私が提示した戦略経営の基本である。この本は、その具体的な道筋が実践的に示され、丹念に描写されている点が優れた特徴である。

　本書の中でも触れられている学校教育法は、本書が発刊後改訂され、学長権限や教授会の役割は法律によって変更され、学内規定も整備された。しかし、それで自動的にあらゆる問題が解決できるわけではない。結局、そうした法で定められた権限をいかに有効に使うかは大学自身にかかっており、意思決

定と執行を如何に強め、早めるかというこれまでの大学自身の努力や取り組みがあるかどうかが決定的に重要になる。そうした取り組みがされておれば千歳一遇のチャンスとして有効に活用されるであろうし、そうでなければいくら価値があるものでも生かされることは無い。二松学舎の取組みから見えてくるのは、現実の改革的運営の中から直面する問題点として浮上してきた問題の解決に、この改訂を主体的に活かし、活用し、大きな効果に結び付けたという点である。そして、その実現すべき目標の中軸、全学一致の要に中長期計画がある。これは大学のミッションの実現計画であり、教員が良い教育作りに取り組み、職員が業務を通じて改革を推進するための指針であり旗印である。これは、大学をより良くするための総合作戦であり、経営から教育、入口から出口、施設や財政・人事など、あらゆる改善の基軸である。こうした取組みの総和の中からしか、大学の社会的評価の向上は生まれてこない。

　数年後から再び18歳人口は大幅な減少期に突入する。今までの教育の延長線上での改良だけでは存立できない。未知の時代に挑む姿勢、前例にとらわれない改革精神、失敗を恐れない挑戦を奨励し支援するマネジメント、またそれを担う人材が求められている。

　おりしも中教審で、大学職員の位置づけに関わる大学設置基準の改訂の議論が始まった。事務を処理する職員から大学目標達成に貢献する職員へ、大きな飛躍が求められている。理事長や学長のリーダーシップが実効性を持つためには、そして中長期計画の前進にとっても、力のある職員が登場し戦略スタッフとして機能することなしには改革は進まない。

　今こそ、本書のテーマであるマネジメントの本格的な改革とそれを担う人材育成を大きく前進させねば、大学の未来はない。

参考（引用）文献

『大学戦略経営論』篠田道夫、2010年、東信堂

　　初出:「書評『今、なぜ「大学改革」か？私立大学の戦略的経営の必要性』水戸英則著（丸善プラネット株式会社）」『大学職員論叢』大学基準協会 2016年3月9日

第3章　教学マネジメントを構築する

1. 教学経営の確立を目指して

「学士力」答申の意義

　2008年に出された中央教育審議会答申「学士課程教育の構築に向けて」は、困難に直面する多くの大学の教育改革にとって重要な課題が提起されている。

　「学士力」自体が、単なる専門知識の習得ではなく、今日求められる学生育成の要につながるものである。3つのポリシーの提起も、バラバラの個別改革ではなく、入口から出口に至る一貫した流れで育成を図ろうとしている。学習成果や成長度合で教育評価を行おうとする試みも、学生を中心に置いて教育改革を進めるという視点でとらえれば、意義がある。また、システムだけでなくその担い手、教員や職員の力量向上、FDやSDを提起している点も重要だ。大学教育の質向上を図るという点で、教育改革の全体構造、改革の基本方向の重要な柱が示されていると言える。

　しかし、その実行システムや推進組織の在り方、マネジメントやガバナンスという点では一層の具体化が必要だと思われる。教育改革全体に及ぶ提起だけに、従来型の教学運営システムをそのままにしては、これらの実現は難しい。答申の実質化に向けては、実行力ある大学・教学運営の確立、それを統合する法人全体のマネジメントの強化が求められる。

「教学経営」への着目

この点で、答申が提起する「教学経営」という言葉に着目したい。答申では「もっとも重要なのは、各大学が、教学経営において……三つの方針を明確にして示すこと」「三つの方針に貫かれた教学経営」「教学経営のPDCAサイクルの中にFDの活動を位置づけ」などの形で使われている。「教学経営」は、「教育目標を達成するために教育課程を編成し、その実現のための教育指導の実践・結果・評価の有機的な展開に向け、内部組織を整備、運営すること」のような定義で使われてきたが、答申の提起はそれより広い大学運営全体にわたる教学の「経営」をイメージしていると思われる。

教学運営の再構築

そもそも「学士力」という提起自体が、学部レベルに分断された取り組みでは実現できない。学部横断、全学一体の取り組みや共通教育の改革が必要で、そのためには全学教育改革推進システム、学部を跨る権限と実行責任を持った機関や責任体制の構築、各教学機関の決定権限の明確化等が不可欠だと思われる。学長機構や全学の教学運営責任者、教育開発組織やそれを担う専門スタッフ、学部やその教育担当者、個々の教員の教授過程や学習運営、この相互関係の再構築、効果的な運営システムの整備が課題となる。

3つのポリシーも、これを個別に立案するだけでなく、これらが有機的に連携し、一人の学生を人材養成目標に沿って成長するよう機能させなければ意味がない。3つそれぞれに委員会等を設置しても、縦割りで連携がなければ、それぞれのポリシーは優れていても、育成には結実しない。入口から出口まで、教学の一貫したPDCAサイクルを担う責任体制、学生を卒業まで系統的に支援する事務機構の整備が求められる。

学生の成長の度合い、学習成果、ポートフォリオから教育の到達を評価し改善を図ろうとする試みは、当然に学生の各種の実態調査、データ、現実の姿から出発し、そこから教育システムの機能や適切性を検証しなければならない。その点で最近はIR機能が注目されている。しかしこれも評価・分析には重要な役割を果たしても、問題は政策に生かされるかどうかで、大学執行部がどのようにこの機能を教学運営に位置づけるかが肝心な点だ。これな

しには学生実態調査が改善に結び付く保証はない。学生の学習、満足度、就職実態から来る課題を、実際の教育改革や教職員の教育力・教育支援機能の向上に結び付けるためのシステムや手法の強化が問われている。

内部質保証システム

　答申の第4章では、質保証の仕組みの強化が提起され、設置認可、第三者評価、自己点検評価、情報公開等の重要性が指摘されている。それぞれの仕組みはもちろん大切だが、最後、実際に改善を実行するのはそれぞれの大学である。自らの大学の教学マネジメントの中に、評価に向き合い、真剣に改善につなげる仕組みが根付き、実際に機能することが最も重要である。最近、私ども私学高等教育研究所の経営実態調査で伺った大学では、バランススコアカードを応用し、定員充足率、離籍率、進路決定率、授業改善・授業公開率等々の目標を学科レベルで掲げ、教職一体で持続的に評価と改善に取り組み、成果を上げていた。こうした実効性ある自己改革システムをそれぞれの大学運営の中に如何に作り出すかが問われている。評価は評価、政策・方針を出すのは別というように、評価と意思決定が分離しては改善が進まない。認証評価制度1クールの到達と総括を踏まえ、次のサイクルでは、とりわけ大学現場での内部質保証システムと呼ばれる機能の実質化が求められている。大学自身が評価を改善に繋げること、認証評価機関の改革支援システムやアフターケアのあり方、さらには大学団体の改革事例の情報交流など、総合的な仕組みが求められる。

職員参加の前進

　答申は、FDやSDを重視している。FD自体もイベント型から教育力向上につながる実効性あるものへ、個々の授業開発から恒常的な授業改革のための組織・制度開発へ、深化が求められている。また教育の現場を支える職員が果たす役割、SDに着目しているのは画期的なことだ。しかし、職員が教育づくりに関与する度合は、我々私高研の調査でも大学によってずいぶん差があり、教職一体で教育づくりを行う大学が増えている半面、教員が決定権を強く保持し、教育への関与がタブー、あるいは限定されている大学もある。

例えば答申ではインストラクショナル・デザイナーの人材養成等が例示されているが、こうした力量を生かすためには、教学組織に適切な形で職員を正規メンバーとして参画させ、教職の実効性ある協働を前進させる組織改革が求められる。

新たなマネジメント

　こうした大学の管理運営の改革にかかわっては、大学審議会答申、1995年の「大学運営の円滑化について」、1998年「21世紀大学像」答申（第2章「責任ある意思決定と実行」）があり、基本的考え方は出ている。しかしその内容は、学長と学部自治との関係、学長選任システムの在り方や教員人事、理事会との関係等運営の基本原理にかかわるものが柱となっている。

　改めて、今日の到達と課題を踏まえ、「教学経営」の具体的なあり様、本格的な教学組織運営の改革方針と改革推進組織の編成やその権限のあり方の検討が求められている。「教学経営」が、大学が掲げる人材養成目標・教育方針とセットで機能することで、教学改革の実質化、学びの充実が進むと思われる。

　さらに「教学経営」は、学校法人全体の経営と一体化し、その中核のひとつとなることで力が倍加する。法人の意思決定システムや理事長、理事会権限と連結し、財政や人事、施設・設備を含む資源の投下計画、再編計画と結合することで基盤と実行力を持つ。学校法人全体の戦略目標の柱に教学が位置づくことが、新たな教育づくり、大学の評価向上、そして強い経営を担保する。「教学経営」という新たな視点に基づく、統合的な大学、法人マネジメントの再構築が求められている。

　　　初出：「教学経営の確立を目指して―改革前進に向けた組織・運営課題」『教育学術新聞』2011年10月5日

2. 教育改革にはマネジメント改革を

学習時間の増加は始点

2012年3月、私も委員として審議に参加している中央教育審議会・大学教育部会の審議のまとめ「新たな未来を築くための大学教育の質的転換に向けて」が発表された。近く答申となる予定である。このまとめ「予測困難な時代において、生涯学び続け、主体的に考える力を育成する大学へ」は、大学生の「学習時間の増加」を強く訴える内容となっている。この点が、教育の質、大学の社会的評価や信頼の向上の重要なバロメーターになると位置付けているからである。「学士力」答申以降、授業改善は進んだと言われるが、肝心の学習時間はあまり変化していない。しかし審議のまとめでも強調している通り、学習時間はあくまでも改革の始点（ないしは終点）であるという点が重要だ。

　教育の質向上を実現するためには、(1)教育課程（カリキュラム）の体系化（ナンバリングなど）、(2)教員間の連携による組織的な教育の実施、(3)教育方法の改善や授業計画（シラバス）の充実、(4)初年次教育の充実や成績評価の厳格化、(5)学習成果の把握と改善（ルーブリックなど）、(6)教員の教育力の向上（FD）、そして最後に、これら全体がうまく循環し機能するための(7)全学的な教学マネジメントの確立が不可欠だ。

　もちろん個々の授業の充実は改革の要で、具体策は各大学の工夫によるが、目的意識が希薄な学生にどのような刺激を与え、意欲を持たせるかが重要。アクティブラーニング、PBLなどの双方向型授業、体験・調査学習などのフィールドワーク、サービスラーニングなどの参加型授業が求められる。

　これらを実行しようとする時、2つの条件がある。ひとつは少人数の授業、キメ細かい教育を支えるスタッフ増などの人的物的条件整備、学生が学習に集中できる奨学金制度の充実、就職環境の改善などである。もうひとつは運営面の改革で、方針を決定し実行できる組織や責任者の役割・権限の整備が不可欠だ。文部科学省が審議と並行して実施した学長アンケートの自由記述欄に記載された意見の半数以上は、特に前者の支援を訴える内容となっており現場の切実な状況を反映している。新たな教学改革を現行の条件や運営システムのままでやろうとしても困難がある。

学士力改革には教学経営が不可欠

　「学士力」答申が、共通する基礎的能力の獲得の重要性を新しい「学士力」という言葉で提起したことは画期的であった。しかしこれは同時に、従来の教育方法の刷新や全学共通教育、その運営システムの構築を求める。3つのポリシー（入学者受け入れ、教育課程編成、学位授与）も、一貫した流れで学生の育成・成長に機能するためには、この全体に関する管理体制の確立や入試―教務―就職各部局の育成視点での連携がいる。学習成果の重視も、教育の結果、学生が本当に成長したか、学習状況や到達度を評価・分析するIR組織の権限や役割が確立し、学習成果に基づき教育が改善されるというサイクルが回ることに意味がある。認証評価もこの質向上のサイクルの機能化を重視している。SDは初めて答申に登場した。正課と正課外を含む教育や学生の満足度向上に職員の役割は欠かせないが、そのためには教学運営組織への職員の権限を持った参画が不可避である。

　このように見てくると「学士力」答申の重要な提起も教学マネジメントの改革とセットでなければ進まないことが分かる。答申に登場した「教学経営」の中味が求められる。

　私学高等教育研究所の我々「私大マネジメント改革チーム」の「中長期経営システムに関する実態調査（速報）」（2012年3月）においても、「理事会と教授会で方針や意見の違いがある」27.3％、「理事会と教学組織の関係不全が課題」37.1％、「方針の学部への徹底は不十分」29.7％、「1学部でも反対するところが進まない」(17.4％)「学部自治の強さが課題」32.2％などとなっている。依然として改革方針を全学に浸透・遂行していくための課題は多いと言える。

教学マネジメントの重要性

　中教審の議論過程では、教育改革を進めていく上での教学マネジメントの重要性について多くの事例報告があった。例えば新潟大学では、学習の到達目標達成型教育プログラムを構築、そのために授業科目の「全学科目化」、教養・専門区分の撤廃、全科目に分野と水準を示すコードを付し科目の体系化を進めている。この改革に当たっては、教育組織と教員人事組織を分離し

教育研究院を設置、学長直属の改革推進組織や共通基盤教育組織、人事の一元的管理など運営改革を合わせて行うことで前進している。北九州市立大学でも、戦略マップ「北の翼」＝第2期中期計画に盛られた教育改革実現のため、トップの「改革を実行する」姿勢を鮮明に打ち出し、改革方針の提示、期限の明示、時限的な改革推進組織の設置、実施状況のチェック、カリキュラム・コーディネーターの配置、戦略的事務組織としての経営企画課を設置するなどで実効性を確保している。

　日本福祉大学の教学IRも、教育・学習上の問題点を傾向分析から要因分析に進化させ、改善の処方箋を政策立案組織である総合企画室と直結して方針化、重要テーマは理事長・学長会議に迅速に提起することで、現場からの分析・提案を改革に繋げている。愛媛大学も専門の教育改善組織である教育企画室、教育企画課を立ち上げ教育学生支援会議などと連携、教育コーディネーターによる個別授業のチェック・授業改善で強力な推進を図る。上智大学の上山隆大教授は「全体戦略と教授会自治の緊張感ある再構築」と述べたが、まさにこの点での組織の新たなあり様が求められている。

教育改善にはマネジメントの改革を

　これらの事例から共通に言えるのは、教学改革方針の明確な拘束力のある意思決定(P)、その執行のための全学改革推進組織の役割や権限の確立、学部との関係の再構築(D)、学習到達度・実態を分析評価し(C)、改善につなげる現場との接合や実行的な改善組織の機能化(A)この教学PDCAサイクルの確立、再構築である。

　今回の審議のまとめは、この点で一歩進んだ提起を行った。一連の教育改革の環は、教育を「教員の属人的な取組から大学が組織的に提供する体系だったものに進化させ」ることで、そのためには改革の「全学的な合意形成」「学長のリーダーシップ」「実効性ある全学的なガバナンスの確立」が必要で、「学長や教学担当副学長の全学的な教学マネジメントに当たる者には学士課程を大学が組織として提供する体系だったものにする責任がある。」とした。

　本格的な教育改革・質向上は、従来型の学部・部局に分断された中では実現できない。学長機構や教育担当副学長、教育開発センターや教学IR組織、

それを担う専門スタッフの役割や権限を明確にし、学部やその教育担当者、個々の教員の教授過程や学習運営との相互関係の再構築が求められる。政策の明示とリーダーシップ、教職員への浸透・共有、学生実態に基づく実効性のある改善システム、構成員の主体的取組みの激励、現場との連結が必要だ。

　大学運営のやり方は千差万別、特定のモデルはない。しかし今、教育を本気で改革しようと思えばマネジメント改革は避けて通れないというメッセージは極めて重要だ。新たな答申が、従来型の教育運営体制の中で全学的改革を進めようと苦闘している多くの教学現場を励ますものになることを期待したい。

　　　初出：「教育改革にはマネジメント改革を―教学経営で質向上の好循環を作り出す」
　　　　『教育学術新聞』2012年7月25日

3. 3ポリシーに基づく内部質保証と教学マネジメントの確立

　これまでの中教審答申、2008年の「学士課程教育の構築に向けて」、2012年の「新たな未来を築くための大学教育の質的転換に向けて」では、教育の質的向上、内部質保証システムの確立、その推進を担う教学マネジメント、教学経営の確立が提起されてきた。2015年からスタートした第8期中央教育審議会の大学分科会、大学教育部会では、さらにこの点が具体的に議論され、3つのポリシーの策定が法律で義務付けられるとともに、添付の『3つのポリシーの策定及び運用に関するガイドライン』としてまとめられ発表された。私自身も大学教育部会委員として審議に加わった立場からその概要を紹介したい。

　3つのポリシーは各大学での教育改革の実現、教育の質向上を図る上で極めて重要な役割を担うもので、これが教育の不断の改革・改善のサイクルを回す起点となるものであるとした。3つのポリシーに基づき、自らの教育理念の実現のために、どのような学生を受け入れ、求める能力をどう育成するか、入口から出口に至る教育を一貫したものとして再構築し、学生に対する教育を密度の濃い、充実したものにすることを目指している。そのた

めには3つのポリシーを全学、学部・学科、教育課程など適切な単位で策定し、それに基づく体系的な教育を実施し、学生の学修成果を向上させ、学位に相応しい人材を育成し、社会に送り出すことが求められているとする。

そしてその実現のためには、3つのポリシーを起点とするPDCAサイクルを確立し、大学教育に対する内部質保証を強化、全学的な教学マネジメントサイクルを構築することが重要だと指摘する。その中身は3層の構造からなる。まずは取組全体をリードする学長をトップとした全学的な規模での教学マネジメントの構築。次が3つのポリシーの策定単位ごとに入学者選抜・教育実施・学位授与の各段階における目標（P）を明確にし、体系的・組織的教育を行い（D）、達成状況を自己評価（C）し、必要な改善・改革（A）を行う。そしてさらに、個々の教員が行う教育活動についても、各授業の実施方法や学修成果の評価、授業改善についてPDCAサイクルを機能させることを提起している。この3層構造を如何に連携させ、一体的に機能させるか、ここまで徹底しなければ教育の質向上は実効性を持たないということだ。

そして、この教育の質保証の重視は、次期の認証評価制度の改善の重点項目につながり、「教育研究活動の質的改善を中心とした認証評価に転換」「各大学の自律的な改革サイクルとしての内部質保証機能を重視した評価制度への転換」（『認証評価制度の充実に向けて（審議のまとめ）』2016年4月）という提起となり、向こう7年間の大学改革の方向性を示すものとなっている。

もとより、ガイドラインは「当然ながら、本ガイドラインに例示されている事項の全てを各大学に求める趣旨のものではない」と明示されている通り、個々のやり方を強制するものではない。各大学が自ら掲げた目標を如何に自律的に実現していくかの方向性を提示したものであるが、今後の大学改革に大きな影響力を持つことは間違いない。

中央教育審議会大学分科会大学教育部会

「卒業認定・学位授与の方針」(ディプロマ・ポリシー),「教育課程編成・実施の方針」(カリキュラム・ポリシー)及び「入学者受入れの方針」(アドミッション・ポリシー)の策定及び運用に関するガイドライン

2016年3月31日

はじめに～本ガイドラインの位置付け～

○先行きの予測が困難な複雑で変化の激しい現在の社会において,個人の充実した人生と社会の持続的発展を実現するためには,一人一人がこれまで以上に自らの能力を磨き,高めていくことが不可欠である。そのための鍵として特に重要なのは大学教育である。大学には,学術研究を通じて新たな知を創造するとともに,自らの教育理念に基づく充実した教育活動を展開することにより,生涯学び続け,主体的に考える力を持ち,未来を切り拓いていく人材を育成することが求められる。

○このような大学教育への質的転換を図るため,各大学において「卒業認定・学位授与の方針[1]」(以下「ディプロマ・ポリシー」という。),「教育課程編成・実施の方針」(以下「カリキュラム・ポリシー」という。)及び「入学者受入れの方針」(以下「アドミッション・ポリシー」という。)の三つのポリシーを策定することの重要性については,これまでも中央教育審議会における累次の答申等において指摘されてきた。

○このことを踏まえ,各大学においても積極的な取組がなされ,近年多くの大学で三つのポリシーが策定されるようになっている[2]が,その内容については,抽象的で形式的な記述にとどまるもの,相互の関連性が意識されていないもの

---

1 学校教育法(昭和22年法律第26号)第104条では,「大学(…)は,(…)大学を卒業した者に対し学士の学位を(…)授与するものとする。」とされており,卒業認定と学士の学位授与とは実質的に一体のものとなっている。
2 文部科学省の調査によれば,平成25年度時点で,ディプロマ・ポリシーについては684大学(93%),カリキュラム・ポリシーについては684大学(93%),アドミッション・ポリシーについては709大学(96%)において策定済みとなっている(いずれも,全ての学部において定めている大学数。()内は,回答数を母数とした割合。)。

も多いことなどが指摘されている。
○他方，高等学校においては平成25年度入学者から現行学習指導要領が順次適用され，平成28年度には，その下で教育を受けた学生が大学へ入学することになる。現行学習指導要領では，知識・技能の習得に加えて，思考力・判断力・表現力等の能力や，主体的に学習に取り組む態度の育成が目指されている。さらに，次期学習指導要領の策定に向けて，高等学校を含む初等中等教育について「アクティブ・ラーニング」の視点からの学習・指導方法の改善に関する議論が行われている。
○こうした高等学校教育の変容を受けて，大学教育にもその一層の改革が求められており，特に，各大学の教育理念にふさわしい入学者を受け入れるための大学入学者選抜の在り方をより適切なものに改善すること，単なる授業改善にとどまらず，大学として体系的で組織的な教育活動を展開することや学生の能動的・主体的な学修を促す取組を充実すること，学修成果の可視化やPDCAサイクルによるカリキュラム・マネジメントの確立等に取り組むことが急務となっている。これらは，高等学校教育・大学教育・大学入学者選抜の一体的な改革の観点からも不可欠の課題である。
○三つのポリシーは，各大学におけるこのような改革を実現する上での指針として極めて重要な役割を担うものであり，今般，学校教育法施行規則（昭和22年文部省令第11号）が改正され，全ての大学は，三つのポリシーを一貫性あるものとして策定し，公表するものとされた。
○本ガイドラインは，今後の各大学における三つのポリシーの策定と運用の指針となるよう，これまでの中央教育審議会答申等の提言も踏まえつつ，各大学に留意いただきたい事項を整理したものである。当然ながら，本ガイドラインに例示されている事項の全てを各大学に求める趣旨のものではない。各大学において，教学を担う学長のリーダーシップの下で，本ガイドラインを積極的に活用しながら，個々の建学の精神や強み・特色等を踏まえ，三つのポリシーが適切に策定され，それらに沿った充実した大学教育が自主的・自律的に展開されることを期待する。

1　三つのポリシーの一体的な策定の意義

○三つのポリシーの策定の重要性について，例えば，「学士課程教育の構築に向けて」（平成20年12月24日中央教育審議会答申。以下「学士課程答申」という。）では以下のように指摘している。

> 改革の実行に当たり，もっとも重要なのは，各大学が，教学経営において，「学位授与の方針」，「教育課程編成・実施の方針」，そして「入学者受入れの方針」の三つの方針を明確にして示すことである。これらは，将来像答申で言及した「ディプロマ・ポリシー」，「カリキュラム・ポリシー」，「アドミッション・ポリシー」にそれぞれ対応する。大学の個性・特色とは，そうした方針において具体的に反映されるのである。

○また，「新たな未来を築くための大学教育の質的転換に向けて」（平成24年8月28日中央教育審議会答申）においては，我が国の学士課程教育をめぐる問題の背景・原因として考えられる第一の点は，学士課程答申が期待した学位を与える課程（プログラム）としての「学士課程教育」という概念が未定着であることと指摘した上で，以下のように提言している。

> 成熟社会において学生に求められる能力をどのようなプログラムで育成するか（学位授与の方針）を明示し，その方針に従ったプログラム全体の中で個々の授業科目は能力育成のどの部分を担うかを担当教員が認識し，他の授業科目と連携し関連し合いながら組織的に教育を展開すること，その成果をプログラム共通の考え方や尺度（「アセスメント・ポリシー」）に則って評価し，その結果をプログラムの改善・進化につなげるという改革サイクルが回る構造を定着させることが必要である。

○このように，三つのポリシーは，各大学が自らの理念を常に確認しながら，各大学における教育の不断の改革・改善に向けたサイクルを回す起点となるものである。
○過去の答申におけるこのような考え方を踏まえると，三つのポリシーを構成する各ポリシーについての基本的な考え方は，一般的に以下のように整理することができる。

ディプロマ・ポリシー	各大学，学部・学科等の教育理念に基づき，どのような力を身に付けた者に卒業を認定し，学位を授与するのかを定める基本的な方針であり，学生の学修成果の目標ともなるもの。
カリキュラム・ポリシー	ディプロマ・ポリシーの達成のために，どのような教育課程を編成し，どのような教育内容・方法を実施し，学修成果をどのように評価するのかを定める基本的な方針。
アドミッション・ポリシー	各大学，学部・学科等の教育理念，ディプロマ・ポリシー，カリキュラム・ポリシーに基づく教育内容等を踏まえ，どのように入学者を受け入れるかを定める基本的な方針であり，受け入れる学生に求める学習成果（「学力の3要素」※についてどのような成果を求めるか）を示すもの。※（1）知識・技能，（2）思考力・判断力・表現力等の能力，（3）主体性を持って多様な人々と協働して学ぶ態度

○大学教育の質的転換に向け，各大学には，それぞれの教育理念を踏まえて三つのポリシーを策定し，それらに基づき，「自らの教育理念の実現に向け，どのような学生を受け入れ，求める能力をどのようなプログラムを通じて育成するか」という観点から，大学教育の「入り口」（入学者選抜）から「出口」（卒業認定・学位授与）までの教育の諸活動を一貫したものとして再構築し，その効果的な実施に努めることにより，学生に対する教育をより密度の濃い，充実したものにすることが期待される。

○同時に，各大学には，三つのポリシーに基づく体系的で組織的な大学教育を，点検・評価を通じた不断の改善に取り組みつつ実施することにより，学生の学修成果を向上させ，学位授与にふさわしい人材を育成し，社会へと送り出すことが求められる。

○三つのポリシーを一体的に策定し，公表することは，例えば以下に示すように，大学自身はもとより，入学希望者，学生，保護者，高等学校関係者，さらには社会にとっても大きな意義があると考えられる。

◇大学にとっての意義
・大学が，自らの定める目標に照らし，自大学における諸活動について点検・評価を行い，その結果に基づいて改革・改善を行い，その質を自ら保証する営み（内部質保証）を教育活動において確立するための指針となる。
・体系的で組織的な大学教育の実現に向け，これに関わる全ての教職員が，どのような教育を行い，どのような人材を輩出するのかを共通理解し，連携して取り組むことを可能とする。
・大学の持つ資源の戦略的・重点的な配分の企画立案，実施に効果的に活用できる。

- 高等学校卒業生だけでなく，留学生や社会人を含め，これまで以上に多様な学生を受け入れるに当たり，大学がどのような個性・特色，魅力を持ち，どのような有為な人材を育成できるかということを対外的に示すことができる。

◇入学希望者・学生及びその保護者，高等学校関係者にとっての意義
- 大学への入学希望者や学生，保護者，高等学校関係者等にとって，三つのポリシーは相互のコミュニケーションを改善し，接続を円滑化する上での大学からの重要なメッセージとなる。
- 具体的には，例えば，入学希望者にとっては，当該大学でどのような教育研究が行われているのかをあらかじめ認識し，入学後の学修方法・学修過程や卒業までに求められる学修成果についてあらかじめ見通しを持ち，学びたい内容に照らして大学を選ぶことが可能となるとともに，大学が初等中等教育段階におけるどのような学習成果を求めているのか，入学までに何を身に付けなければならないのかが明確になる。
- 学生にとっては，自らの学ぶ教育課程の目標や構造などを十分に理解した上で，個々の学修活動に自覚的に取り組むことで，学問に主体的に向き合い，より密度の濃い学修成果を得ることが可能となる。
- また，高等学校等において，個々の大学の強みや特色等を踏まえ，生徒一人一人の将来目標を実現するという観点からの進路指導が促進される。

◇社会にとっての意義
- 大学がどのような教育を行っているかが可視化されることにより，社会（地域社会，国際社会，産業界等）と大学との間で育成すべき人材像の共有や相互に連携した取組が可能になり，大学と社会との接続や相互の協働が改善される。

○このような三つのポリシーの意義が十全に発揮されるよう，各大学においては，以下に示すような事項に留意しながらその効果的な策定・運用（各ポリシーに基づく教育活動の評価・改善を含む。）に取り組むことが求められる。

2　三つのポリシーの策定に当たり留意すべき事項

(1) 三つのポリシーの策定単位

○三つのポリシーの策定単位については，具体的には各大学で適切に判断すべきものであるが，「我が国の高等教育の将来像」（平成17年1月28日中央教育審

議会答申)等において，今後の大学教育については，学位の取得を目指す学生の視点に立って，学位取得のために求められる知識・能力をあらかじめ明示し，学生が当該知識・能力を身に付けるための教育課程を体系的に整備することが提言されていることなどを踏まえれば，三つのポリシーは，そのような教育課程(授与される学位の専攻分野ごとの入学から卒業までの課程(以下「学位プログラム」という。)ごとに策定することを基本とすることが望ましいと考えられる。

○一方，各大学の実情に応じて，例えば，学位プログラムごとのポリシーとは別に，全学や学部・学科等を策定単位として各ポリシーを策定することも考えられる。この場合，全学としてのポリシーから教育課程ごとのポリシーまでが一貫性のあるものとして策定されるよう留意することが重要である。

○なお，いずれの場合においても，三つのポリシーの策定に当たっては，学長を中心に全学的なポリシーの基本方針や策定単位等について検討した上で検討を進めることが必要と考えられる。教育，研究，財務等に関する大学の活動についてのデータを収集・分析し，大学の意思決定を支援するための調査研究[3]の充実など，より実効性のあるポリシーの策定に向けた体制の整備も有意義である。

○また，当然のことながら，必ずしも三つのポリシー全てを同一の単位で策定する必要はなく，例えば，入学者が幅広い分野の知見に触れながら自らの適性や関心等に基づき専攻分野を決めることができるようアドミッション・ポリシーにおいて入学者の募集単位を学位プログラムを超えて大くくり化している場合などにおいては，複数のディプロマ・ポリシーに対して一つのアドミッション・ポリシーが対応するなど，ポリシー間で策定単位が異なることとなることも考えられるところである。ただし，このような場合においても，三つのポリシーが全体として一貫性のあるものとして策定されるように設計を行うことが求められる。

(2) 三つのポリシー相互の関係

○三つのポリシーの中でも，ディプロマ・ポリシー及びカリキュラム・ポリシーの二つは，卒業までに学生が身に付けるべき資質・能力と，それを達成するための具体的な教育課程の編成・実施，学修成果の評価の在り方等を示すものであり，その一体性・整合性が強く求められる。

○アドミッション・ポリシーについても，入学希望者に対し，卒業認定の要件や入学後の学修に要する資質・能力等に照らして，入学に際して求められる基礎的な知識の水準や専攻分野への関心，意欲，態度などを示すという意味では，ディプロマ・ポリシー及びカリキュラム・ポリシーと一貫性あるものであることが求められる。

---

[3] インスティトゥーショナル・リサーチ(IR)と呼ばれる。

○他方，大学教育においては，多様な学生が，主体的に，また他者と協働して学修に取り組む中で，様々な立場やものの見方についての相互理解を深めたり，切磋琢磨したりすることが重要である。このため，アドミッション・ポリシーについては，ディプロマ・ポリシー及びカリキュラム・ポリシーとの整合性を図りつつも，三者の間の一体性を過度に強調することで，その内容が狭い範囲に限定された硬直的なものとなり，受け入れる学生の，多様性を損なったり，大学教育の意義を減じたりすることのないよう，各大学において十分に配慮することが求められる。

(3) 三つのポリシーの策定に当たっての個別留意事項

○三つのポリシーの策定に当たっては，例えば以下のような点に留意することが重要と考えられる。

(総論)
・各大学における教育研究の特性を踏まえ，ディプロマ・ポリシー，カリキュラム・ポリシー及びアドミッション・ポリシーを一貫性・整合性あるものとして策定するとともに，三者の関係を分かりやすく示し，大学内外に積極的に発信すること。
・当該大学に関心を持つ様々な関係者(多様な入学希望者，学生，保護者，高等学校関係者，地域社会，国際社会，産業界等)が十分に理解できるような内容と表現とすること。

(ディプロマ・ポリシーについて)
・各大学の教育に関する内部質保証のためのPDCAサイクルの起点として機能するよう，学生が身に付けるべき資質・能力の目標を明確化すること。
・「何ができるようになるか」に力点を置き，どのような学修成果を上げれば卒業を認定し，学位を授与するのかという方針をできる限り具体的に示すこと。その際，学士課程答申で示された「各専攻分野を通じて培う学士力～学士課程共通の学習成果に関する参考指針～」を踏まえるとともに，日本学術会議の「大学教育の分野別質保証のための教育課程編成上の参照基準」等も参考とすることが考えられること。
・学生の進路先等社会における顕在・潜在ニーズも十分に踏まえた上で策定すること。

(カリキュラム・ポリシーについて)

・ディプロマ・ポリシーを踏まえた教育課程編成，当該教育課程における学修方法・学修過程，学修成果の評価の在り方等を具体的に示すこと。その際，能動的学修の充実等，大学教育の質的転換に向けた取組の充実を重視すること。
・卒業認定・学位授与に求められる体系的な教育課程の構築に向けて，初年次教育，教養教育，専門教育，キャリア教育等の様々な観点から検討を行うこと。特に，初年次教育については，多様な入学者が自ら学修計画を立て，主体的な学びを実践できるようにする観点から充実を図ること。

（アドミッション・ポリシーについて）
・ディプロマ・ポリシー及びカリキュラム・ポリシーを踏まえるとともに，「学力の3要素」を念頭に置き，入学前にどのような多様な能力をどのようにして身に付けてきた学生を求めているか，入学後にどのような能力をどのようにして身に付けられる学生を求めているかなど，多様な学生を評価できるような入学者選抜の在り方について，できる限り具体的に示すこと。また，必要に応じ，入学前に学習しておくことが期待される内容についても示すこと。
・入学者選抜において，アドミッション・ポリシーを具現化するためにどのような評価方法を多角的に活用するのか，それぞれの評価方法をどの程度の比重で扱うのか等を具体的に示すこと。

3 三つのポリシーの運用に当たり留意すべき事項

(1) 三つのポリシーに基づく大学教育のPDCAサイクル
〇大学教育を充実させるためには，三つのポリシーを起点とするPDCAサイクルをポリシーの策定単位ごとに確立し，教育に関する内部質保証を確立することが必要である。例えば，三つのポリシーの策定単位が学位プログラムであったならば，当該学位プログラムの教学マネジメントを担う者において，三つのポリシーの策定を通じて具体化された入学者選抜，教育の実施及び卒業認定・学位授与の各段階における目標（「P」）が，各ポリシーに基づいて実施される入学者選抜及び体系的で組織的な教育（「D」）を通じて達成されたかどうかを自己点検・評価（「C」）し，学位プログラムについて必要な改善・改革（「A」）を行っていくサイクルを回していくことが求められる。
〇また，大学教育の充実のためには，こうしたポリシーの策定単位レベルだけでなく，例えば，各授業科目のレベルにおいても，各教員がディプロマ・ポリシーやカリキュラム・ポリシーを踏まえながら，授業改善に向けたPDCAサイクルを機能させることが重要である。

○さらに，各大学において，三つのポリシーの策定単位ごとの取組全体を俯瞰した全学的な規模での教学マネジメントを構築することも求められる。

(2) 三つのポリシーに基づく，入学者選抜及び体系的で組織的な教育の実施

○各大学においては，三つのポリシーに基づき，適切な方法で入学者選抜を行うとともに体系的で組織的な教育を展開し，学生の能動的な学修の充実を図ることが求められる。そのために，例えば以下のような点に留意して取り組むことが考えられる。

- アドミッション・ポリシーを具現化し，学力の3要素を多面的・総合的に評価するための適切な評価方法の活用
- 多様な背景を持つ学生の受入れに向けた多角的な選抜方法の工夫
- 地域社会，国際社会，産業界等の社会との接続，大学院教育との接続等を見通したカリキュラム編成
- カリキュラムを構成する授業科目の目標，内容，教育方法，評価方法等を記載したシラバスの作成と組織的なチェックによる，各科目間の関係や内容の整合性，評価基準や評価方法等の確認，及び教員間や教員と学生間での共有化
- カリキュラム・ポリシーを具体化し，可視化して共有するためのカリキュラム・マップや履修系統図の活用
- ナンバリングの活用等によるカリキュラムの体系性や国際通用性の担保
- 開設授業科目数の精選，履修科目の登録上限（CAP制）の設定など，教員の授業内容の充実や学生の学修時間の増加による単位制度の実質化のための取組の充実
- 学生の能動的な学修の充実に向けた少人数のグループワーク，集団討論，反転授業等の学修方法の充実，事前事後の学修課題の充実
- 学生の主体的な学修を促すための教材の開発，学修支援の充実
- GPA[4]の進級判定・卒業認定及び学修支援への活用
- ラーニング・コモンズや図書館など，学生の能動的学修を可能とする環境の整備
- 留学，インターンシップ，フィールドワーク等のプログラムの充実

---

4 Grade Point Average の略。授業科目ごとの成績について，例えば5段階（A, B, C, D, E）のレター・グレードで評価した上で，それぞれに対して4・3・2・1・0のようにグレード・ポイント（GP）を付与し，その平均を算出して評価を行う制度。

○各大学においては，大学教育を通じて「学生が何を身に付けたか」という観点を重視して個々の学生の学修成果の把握・評価を行い，どのような評価の基準や方法に基づき大学として卒業を認定し，学位を授与したかについての説明責任を果たせるようにすることが求められる。そのために，例えば以下のような点に留意して取り組むことが考えられる。

- 学修成果の具体的な把握・評価方法（ルーブリック，アセスメント・テストのような直接的な方法，学修行動調査のような間接的な方法等），より効果的な公示方法等の開発・実践
- 学修ポートフォリオの活用など個々の学生による学修履歴の記録，振り返り，学修デザインの支援

○学生の教育に関わる全ての教職員が三つのポリシーを共通理解し，連携して質の高い教育に取り組むことができるようにすることが重要であり，そのために，例えば以下のような点に留意して取り組むことが考えられる。

- ファカルティ・ディベロップメント（FD），スタッフ・ディベロップメント（SD）の充実
- 教員の教育活動に関する評価の充実とその結果の処遇等への反映
- 教学マネジメントに関わる専門的職員の職務の確立・育成・配置
- ティーチング・アシスタント（TA）等の教育支援スタッフの充実

(3) 三つのポリシーに基づく大学の取組の自己点検・評価と改善，情報の積極的な発信

○各大学においては，三つのポリシーを踏まえ，自らの取組についての点検・評価に取り組む必要がある。

○自己点検・評価については，まず，三つのポリシーの策定単位ごとに，大学入学者選抜，カリキュラムの内容・学修方法・学修支援，学修成果，教員組織，施設・設備，社会との接続などに関して，ポリシーに照らした取組の適切性について行うことが考えられる。その際，例えば，地域社会や産業界など学外の参画を得て客観的な視点を取り入れるなどの工夫を講じることも有効と考えられる。

　また，全学的な方針や複数の学位プログラムを横断するような取組事項がある場合は，それらの成果の把握や大学レベルでの点検・評価にも取り組むことが求められる。

　さらに，学生の卒業後の追跡調査等を行うことなども考えられる。

○自己点検・評価に当たっては，教育活動に関しては定量的な評価のみならず定性的な評価も重視することが重要であることに留意しつつ，可能なものについては可視化に努めることが求められる。
○以上のような自己点検・評価の結果や，定期的な第三者評価（認証評価等）における指摘を踏まえ，改革・改善に取り組むことが求められる。
　その際，必要があれば三つのポリシー自体についての見直しを行うことも含め，PDCA サイクルを実効性を持って機能させるための不断の取組が必要である。
○さらに，大学に対する関係者の適切な理解を得るとともに，社会との協働を一層推進して大学教育の充実を図るためには，三つのポリシーに基づく教育の実績に関しての積極的な情報の公開が不可欠である。各大学においては，様々な手段を活用しながら，自らの教育理念やそれを踏まえた教育活動，教育環境等の実情，学生の学修状況等について，より分かりやすく積極的な情報発信に努めることが求められる。

出典：中央教育審議会・大学教育部会第 43 回配布資料、2016 年 3 月 9 日

第3章 教学マネジメントを構築する 213

参考資料2 （審議の過程で参考としたもの）

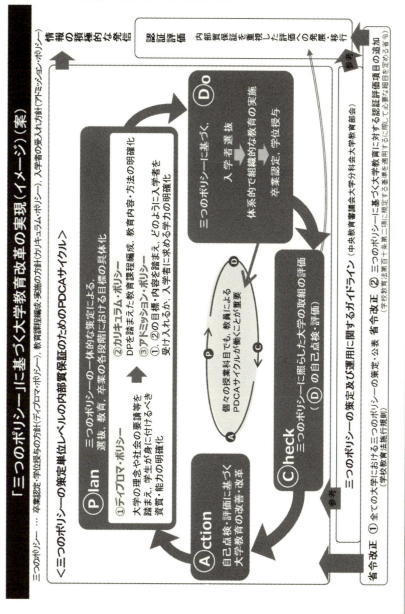

4. 学修成果（アウトカム）評価を如何に改善に生かすか
——金沢工業大学の事例を基に

(1) 学生を成長させる教育の仕掛け

　金沢工業大学（1965年開学）は、工学、環境・建築、情報、バイオ・化学の4学部、大学院2研究科を持つ。在籍学生・院生数は7000名を超え、専任教員約300名、専任職員約160名が在職する。1957年、北陸電波学校として開校、入学定員に対し、地方立地にもかかわらず常に定員を超える志願者を確保している。朝日新聞『大学ランキング』をはじめ教育分野の評価で連続して1位を確保するなど、教育実績では極めて高い評価が定着した大学である。外部評価にも熱心に取り組み、大学基準協会や高等教育評価機構、JABEEから評価を受けるにとどまらず、2003年日本経営品質賞、2006年には全国企業品質賞を受信するなど高い評価を得てきた。その取り組み自体はすでにいろんな形で広く紹介されてきたが、今回は、そうした評価を獲得する基礎となる教育の質向上、とりわけ金沢工業大学のミッションである教育付加価値日本一を証明する根幹である学習成果の評価という点に着目して調査した。

　金沢工業大学は、「教育付加価値日本一の大学」作りを徹底して重視する。①教育の卓越性：教育付加価値日本一、②研究の卓越性：技術革新と産学協働の実現、③サービスの卓越性：自己点検評価システムの成熟を図り顧客満足度の向上を目指す、の3本柱を掲げる。それに基づき①学生の実践目標：知識から知恵に、②教員の実践目標：教える教育から学ぶ教育へ、③職員の実践目標：顧客満足度向上のスローガンを掲げる。

　金沢工業大学が開発した学生本位の教育システムは多彩である。充実したシラバス（学習支援計画書）、「工学設計（プロジェクトデザイン）教育」、数理工統合教育、人間形成基礎教育、目的指向型カリキュラム、成績のGPA評価制度や修学アドバイザー制度、ポートフォリオ、それら全体の授業評価アンケートと学生総合力評価、教育FD活動などによって成り立っている。そして、これらの教育の環は、知識から知恵へ、「教える」から「学ぶ」教育への転換であり、職員は業務最終目標を顧客(学生)満足度の向上とする。

　そのための環境づくりを重視、学生の学習支援のための教育支援機構、ラ

イブラリーセンター、プロジェクト教育センター：夢工房、ライティングセンター、基礎英語センター、自己開発センター、数理工学教育研究センターなどを設置する。入学時の力を飛躍させるには、いかに持続して学習に取り組ませるかが勝負だ。年間170日ある授業に、休日を除く130日の課外学習を加えた「1年300日学習」の実現で教育付加価値日本一の教育を目指す。春、秋、冬の3回、それぞれ千人単位の多数の表彰を行う学長褒奨制度も学生の成長を励ます優れた取り組みだ。

(2) 徹底した評価・調査に基づく改革システム

こうした優れた方針や制度も改善のシステムなしには機能が鈍るのは避けがたい。そこで徹底的な評価によって自己の取り組みを改革する仕組みを導入した。**図表 2-3-1** にある徹底的な外部評価とアンケートやデータに基づく

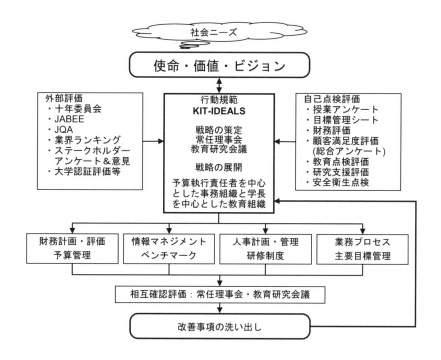

図表 2-3-1　使命・価値・ビジョンに基づく戦略の策定、展開および改善（自己評価報告書）

内部評価に基づく改善システムを構築していく。

この図でご覧いただけるように、経営の健全性については日本経済生産性本部の日本経営品質賞(JQA)や全国企業品質賞の受賞の取り組みを通して、大学機関の健全性については大学基準協会や高等教育評価機構の認証評価で、教育研究の健全性についてはJABEEを活用して改善する方式を作り上げた。評価を本気で内部改革に活用する。この外部評価全体を統合するのが外部有識者で構成される10年委員会である。また、図の左にある自己点検評価では、あらゆるアンケートや調査、評価データを改善に生かす。日常教育機能の中に点検評価、データの集積と分析システムを組み込み、改善を日常化（PDCAサイクル）している点が注目される。この中に、今回調査した授業アンケートや教育点検、学習成果評価システムが組み込まれている。

この推進組織として、**図表 2-3-2** の学長主催による「KIT（金沢工業大学）評価向上委員会」がある。ここが図の通り、志願者・入学者から教育実践を経

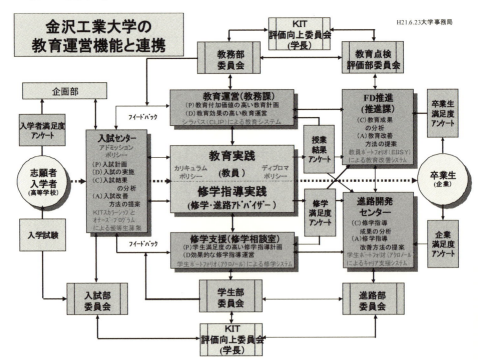

図表 2-3-2　金沢工業大学における教育運営機能と連携（自己評価報告書）

て卒業生に至る流れ、入り口―中身―出口、3つのポリシーの実践を全体として管理、推進する。入試改善については入学者満足度アンケートから、教育改善の取り組みは、授業結果アンケートや卒業生満足度アンケート、修学ポートフォリオから、キャリア支援の改善については修学満足度アンケート、企業満足度アンケートなどから、事実に基づき徹底して自らの活動を評価、検証、改善する仕組みだ。その推進組織、入試部委員会、学生部委員会、教務部委員会、就学支援室、進路部委員会が連携して動き、その達成を教育点検評価部委員会が評価する。

　KIT評価向上委員会を学長の下にある部長会と同一組織とすることで、大学政策の立案機能を併せ持ち、教育研究協議会等に議案として提案する役割を持たせることで、評価が改革にダイレクトに生かされるシステムが構築されている。

(3) 学習成果の点検・評価システムとその体制

　カリキュラム・ポリシー、ディプロマ・ポリシー、アセスメント・ポリシーは、大学全体で定められ、教務部委員会や教育点検評価部委員会での実践、実態、意見を踏まえ、評価向上委員会(部長会)で基本骨格をまとめ、教育研究会議で決定し、あらゆる場面で公表している。カリキュラム・ポリシーはディプロマ・ポリシーと一貫した流れで設定されており、アセスメント・ポリシーは「学習の成果と卒業判定」の項に述べられている通り、学位授与方針とその評価方法として明確に関連付けられ一体のものとして制定されている。

　しかも、学習成果の評価、アセスメント・ポリシーは極めて総合的で、学生の獲得した力をあらゆる面から評価し達成度評価しようとしている点で、アウトカム評価の一つの先進事例をなすものである。学習成果の評価は、多くの大学が、単位取得、GPA、学位授与、国試合格率、就職率などで行っており、掲げた教育目的の達成度を具体的・総合的に評価する仕組みを構築している例は少ない。その評価表を次ページに掲載する。

　図表2-3-3に示すこの学生総合力評価の仕組みを金沢工業大学は以下のように説明している。

　「本学では、教育力を学力とともに重視し、学力×人間力＝総合力と

評価方法\指標と評価割合	試験	クイズ小テスト	レポート	成果発表	作品	ポートフォリオ	その他	合計
総合力評価割合	20	15	35	15	0	5	10	100
総合力指標 知識を取り込む力	8	7	10	0	0	0	0	25
総合力指標 思考・推論・創造する力	8	8	10	5	0	0	0	31
総合力指標 コラボレーションとリーダーシップ	0	0	0	5	0	0	0	5
総合力指標 発表・表現・伝達する力	4	0	5	5	0	0	0	14
総合力指標 学習に取組み姿勢・意欲	0	0	10	0	0	5	10	25

(参考:科学技術者倫理)

図表2-3-3 CLIPによる成績評価(金沢工業大学教育情報公表資料)

する評価方法を展開しています。2008年度から本格的に導入したCLIP(Comprehensive Learning Initiative Process)による成績評価に関する総合評価を実施しており、その内容(手段と能力)は、従来手段によってのみ成績評価を行ってきたものに、新たに能力に相当する項目を導入し総合力として評価します。全ての授業科目において、この評価割合を示しており、その結果、学力(知識を取り込む力、思考・推論・創造力)と人間力(コラボレーション・リーダーシップ、発表・表現・伝達力、学習姿勢・意欲)との両面から評価することが可能となっています」

この評価欄は科目ごとに作られる学習支援計画書の中に置かれている。

この計画書は、まず科目ごとの学習教育目標が設定され、授業の概要と学習の助言が書かれ、そのあとに学生が達成すべき行動目標が具体的に示されている。計画書の2枚目に具体的な達成レベルの目安が示され、試験、小テスト、レポート、成果発表、ポートフォリオ、その他個人面談等の評価・行動目標ごとに、その実施方法や内容が細かく記載できるようになっている。そして続く3ページに16回の授業の明細表が付けられるという構成だ。ちなみに16回目は、自己点検授業として成果を振り返る授業が義務づけられている。

しかも優れているのは、この学習成果評価システムだけではない。この評価を確実に改善まで結びつけるシステムが構築されている点だ。これが授業点検シートだ。

まず、点検項目として横軸に授業支援計画書に記載のいくつかの目標や授業内容・授業運営で点検すべき項目が書かれている。これに対し縦軸に、評価結果、授業アンケート、学生面談、授業参観、他教員からの情報など評価の根拠となる情報が設定され、その具体的データに基づく評価から、①良好②改善の余地あり③要改善の3段階でチェックが行われる。改善が必要な場合はアクション欄に改善案と期待される効果を記載するというものだ。2枚目にはこの科目の授業で特に工夫した点と自己評価を行い、授業や教育プログラム、その他全学的な問題について意見を記載できる書式になっている。3枚目は、授業アンケートや学生コメントについて、分析と次年度対応方法について記載するものとなっている。まさに教育のPDCAサイクルが、改善方策の立案に至るまで具体の科目ごとに行われるシステムを作り上げており、教育改善の一つのモデルになりうるシステムといえる。その全体構造を示すのが**図表2-3-4**である。

　この図は「教育プログラムの点検評価と改善のためのPDCA」というタイトルが示すように、まず、教育カリキュラムの策定(P)－カリキュラムの運用(D)－運用結果の点検(C)－評価と改善(A)の大きなサイクルが回る。そして、Dの中ではさらに、各授業科目ごとに、前述の学習支援計画書と点検シートによって科目ごとのPDCAが回るという徹底した構造になっている。まさに、前掲の3つのポリシーの3層構造のPDCAの図(p.213)の先取りである。

　更に、学生の成長を促すKITポートフォリオシステムがある。1週間ごとに、今週の優先順位と達成度、出欠・遅刻、学習、課外活動、健康管理、1週間で満足したこと、努力したこと、反省点、日常生活で困ったことなどを記載する。これが自己実現の目標設定(P)、目標達成のための活動プロセスや成果(D)、達成度自己評価(C)、次の改善計画の立案(A)の改善サイクルを作る。成長の軌跡が可視化され、クラス担任や修学アドバイザーに毎週提出し、コメントをつけて返却されることで成長度合いを客観化する。

　金沢工業大学では、こうした学生の成長プロセスについての社会への発信も重視している。「プロジェクトデザイン」で2〜3年次に行われる成果報告会、企業発表を目的に有志が参加するKITステークホルダー交流会、夢考房プロジェクトにおける発表会、すべてを学外者に公開する。

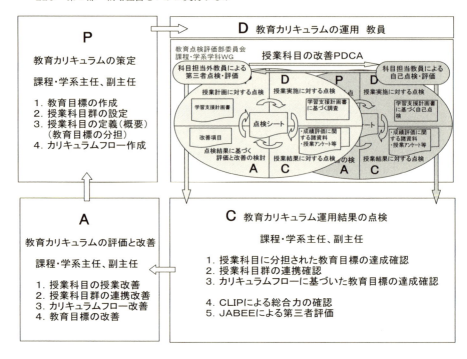

図表 2-3-4 「教育プログラムの点検評価と改善のための PDCA」（自己評価報告書）

　こうして、ミッションである教育付加価値日本一を実質化する教育改善サイクルとしての PDCA、授業改善サイクルとしての PDCA、ポートフォリオでの学生生活全般の PDCA、この複合的な学生育成のマネジメントサイクルを機能させ、徹底した教育の質向上を追求している。

　　初出：「学習成果（アウトカム）評価を如何に改善に生かすか―金沢工業大学の授業
　　　　改善 PDCA の事例を基に」『教育学術新聞』アルカディア学報 2014 年 3 月 5
　　　　日

第4章　中国の大学のマネジメントとリーダー

はじめに

　日本の大学はこの10年、厳しい競争にさらされている。これは、18歳人口の減少に対し、大学・学部設置の自由化という対照的な政策への転換に起因する。一方、中国の大学は、この10年で3～4倍に規模拡大し、急成長の中での経営、質の向上、学生獲得を巡って激しい競争を展開している。相違点はあるが、むしろ注目すべきは中国における大学マネジメントの急速な進化と大学運営方針やリーダーシップ等についての日本の大学との共通性である。強いリーダーのあり方や大学運営の基本、原点についての鮮明な主張や取り組みは、厳しい競争下にある日本の大学が、基本に立ち返って経営、教学運営とリーダーの役割を再構築する上で大きな示唆を与えるものである。
　2012年6月、桜美林大学と中国教育国際交流協会の主催による第9回日中高等教育交流討論会「グローバル時代の大学における管理運営と幹部職員の役割」が開かれた。ここで中国、北京師範大学校務委員会主席劉川生氏、中国人民大学副学長馮恵玲氏、広州都市職業学院院長李訓貴氏から最新の中国の戦略マネジメントやリーダーの在り方についての報告を聞く機会を得た。
　この報告・討論から明らかになったのは、日本も中国も大学の直面する課題に違いはあるものの、マネジメントやリーダーシップのあり方には多くの共通点があるということだ。それは戦略計画に基づく大学管理、イノベーショ

ンと教育・研究の質向上などである。また、大学のリーダーは革新的意識を持った教育者であると共に、限られた資源の中で経営を行う管理者でもある。そして、その根本にはミッション（大学精神）がなければならず、その実現のためには先見性と現実性を併せ持つ戦略プランニング能力、創造的執行力や資源活用力、意思決定組織の整備やスタッフの力量形成が不可欠である。ミクロとマクロを結び付ける構想力と具体的実践力の統合による戦略的マネジメントが厳しい環境の中での大学の発展を創りだすというものである。この交流討論会の報告・討論の主要点を素材に、日本の大学マネジメントとの共通点と相違点を明らかにしながら、日本の大学経営改革を推進する視点で参考にすべき点、学ぶべき点を明らかにしたい。

1. 戦略経営の意義とリーダー

求められる戦略経営

　日本の大学は、外的には規制緩和と市場化による競争激化、内部ではその結果としての教育や経営の困難さに直面している。競争の激化は、明確な大学の特色化に基礎を置く、目標を鮮明にした経営戦略の策定を求め、この実現のためのマネジメント、全学的な力の集中の必要性を鮮明にする。経営困難は財政悪化に止まらない。定員割れの急速な拡大、全入状況の進行は選抜機能の喪失であり、これが学生の質的変化をもたらし、私立大学の教育全体にわたる困難を拡大させている。経営危機と教育の危機はコインの裏表である。

　今日の危機を乗り越えるには、経営と教学が共通の現状認識や目標の下、一致した基本政策の推進やその実現のためのマネジメントが求められている。「大学の市場化」と切り結ぶためには、経営、教学、研究、社会貢献の各テーマが全体のミッションやビジョンの下に一本に束ねられ、ひとつの方向を鮮明に指し示すことが必要だ。ここに中長期計画に基づく戦略経営が求められる由縁がある。そして、この目標を実現するためにこそ、優れたリーダーと幹部集団の力が必要だ。

　私学高等教育研究所調査[1]によると2006年段階では25％程度だった中期計画による大学運営は、現在、75％に拡大している。厳しいと言われる地方

私大にあっても、約半分の私学は財政悪化が著しいが、逆に2割強の大学は急速な財政改善を行っており、この比率は都市部の大学の2倍にのぼる。地方私大の方が改善著しい所が多いということは、二極化の要因が、単に地方にあるからとか小規模だからではなく、根本のところに、この厳しい環境を乗り越えるマネジメントの確立があることを示している。二極化の真の分岐点は、この戦略的な経営の有無である。

戦略経営の意義とその推進

　中長期計画に基づく戦略的マネジメントの第1の意義は、大学の目指す基本方向を明確に提起し、全学一致を作り出すことである。これなしには、改革への力の集中は困難だ。第2に、教育や研究で成果を上げるためには、単発の取組みでは難しく、総合的な施策で、かつ数年にわたる取り組みが不可欠で、年次計画が欠かせないとういう点だ。さらに第3には、取組みの重点を明らかにすることだ。やらねばならないことはたくさんあるが、その中から焦点を絞り、力を集中して改革に取り組むことで、特色を作り出し評価向上に結びつく。

　戦略的なマネジメントのスタートは、ミッションに基づく戦略、中期計画の策定である。これまで建学の精神はあるが、これを実現するための政策や計画は不明確なところが多かった。戦略はミッション、目的、基本計画、戦術で成り立つ。その策定のためには、現状を正確に把握するSWOT分析やコアコンピタンス、選択と集中、ベンチマークなどの手法が有効だ。戦略の中心的狙いは、改革、イノベーションの持続にある。生き残る道は唯一変化することであるとの言葉通り、イノベーションによって実現するのは、大学の持続的な質向上であり、これが大学評価向上の原点となる。そして、その変化の大本には変わらぬミッション、長期にわたる一貫した目標がなければならない。

トップのリーダーシップとミドルの役割

　大学の統治形態は様々である。オーナーとして創業者が直接理事長また学長を兼務し全権をもって法人・大学運営をしている所から、理事会は予算管

理、人事管理を中心に法人本部機能に限定し、大学運営は学長に任せている所、理事会も強く、学長をトップとする教授会も実質権限を持っていて、この調整で運営している所、トップダウン型やボトムアップ型、合議型、卒業生が強い影響力を持つ評議員会議決型、理事会のリーダーシップによる政策統括型などがある[2]。

　しかし、いかなる形態であろうとも、私大の運営は、最終的には理事長、学長がリーダーシップを発揮し、理事会が責任と権限を持って決定・執行する以外にない。今日のリーダーに求められるのは、先見性のある戦略を明示すること、構成員に戦略を浸透させ納得を得ること、そして構成員の行動を目的達成に向けて組織することである。

　トップには戦略への確信、責任感、信頼性、そして先頭に立って改革を推進する強い姿勢が求められる。しかし戦略は当然ながら一人では実現できない。戦略を組織や個人に分配し行動指針に具体化し、組織的に実現しなければならない。戦略の目標と部門目標との関係性や整合性を明確にし、戦略を分配する組織や責任者の特定、期限の明示、権限の付与等が必要である。

　この点で戦略の実現には、戦略目標を理解しつつ現場も熟知しているミドル層（中堅管理者群）の役割が実質的には大きいといえる。現場のニーズや問題点、競争環境を把握している中堅幹部が戦略策定にも参画し、かつ策定後は課員を業務遂行に組織しその実践の先頭に立つ。それをトップが統制することを通じて戦略の実現を図るのが現実的である。改革推進の中核を担う教員・職員幹部のレベル、層の厚さが問われている。

中国の現状と日本の課題

　一方、中国における高等教育在籍学生総数は、1998年の786万人から2011年には3105万にと、僅か14年で4倍に増えた。大学進学率も10％以下から26.5％に急増している。現在の在籍学生数は2700万人と世界1を誇る。高等教育を受けた人口は7000万人を超えた。10年後には在籍学生総数は3550万人に達すると予想され、進学率は40％を超え全労働者に占める大卒比率は20％に達する[3]。中国の高等教育はすでに大衆化の入口にあり、国家の直接的統制から徐々に離れつつある点も含め、日本の大学課題や求めら

れるマネジメント、リーダーシップのあり方に共通点を持つ条件にある。

　最近、中国の学長への批判報道が増えている。例えば2012年7月30日『中日新聞』「大学の学長に批判続出」では「中国の大学学長への批判が相次いでいる。背景には大学が学業より利益を優先していることに対する反発があり、大学はきびしい世論への対応を迫られそうだ」と報じている。急成長の下での経営主義的な大学運営や成功から来るトップの慢心などが一部の大学で起こっており、一方ではそれに対応する国家統制強化の動きもある。この両面を視野に、本来のマネジメントの原点を大切にしようとする今回の報告からは学ぶべきものが多い。

　日本の大学は今年（2012年）再び定員割れが46％と急増、2020年前後からは再び急減期に入る。残された数年で激変期に耐えられる経営・教学体制を準備し、幹部層のレベルを高められるかが勝負となる。日本の大学マネジメント改革やリーダーのあり方への活用という視点から中国と日本のマネジメントの優れた共通項を導き出し、総合的な改善策として提起した。

2.　イノベーションと質向上重視の戦略管理

戦略管理計画の策定の意義

　まずは北京師範大学、劉川生教授の報告をもとに考察してみたい。国際化時代の中「ますます複雑化する国際環境に対応するためには、大学は戦略目標を定め、戦略に基づいた管理という方式をとる必要がある」とする。こうした戦略管理計画は、ユネスコの国際大学協会（IAU）の調査によると66カ国176大学の調査で63％の大学で実施しているとのことで、いまや大学マネジメントの主流をなす。その際、重視すべき点として(1)国際協力を堅持する。グローバルアライアンスの構築を重要戦略とすること。(2)特色ある発展を堅持する。すなわち自国の文化、伝統、教育制度、大学の状況に基づいて戦略管理計画を立てること。(3)社会貢献を堅持する。世界が如何に変化しようとも、大学の目標が人類社会の貢献することに変わりはなく、学生のスキル訓練だけでなく社会に関心を払っていかねばならないことの3点を強調した。

グローバル化を含め大学環境の激変に対応するには、短期的視野だけでなく中長期に実現すべき戦略目標やその実現計画を定め、全学または当該分野の構成員が共通する方向に向かって努力することが必要だ。その際重要なのは、自らのミッションに基づき、如何に独自性のある個性的な計画をつくるかという点であり、究極の所それが大学の存在意義、価値であり特色である。独自性が自己満足ではなく社会の評価を得、その結果として志願者を集め、また卒業生を社会に送り出すとこを通して、地域や企業との様々な連携、社会貢献を行うことが大学の存立に不可欠な要件となる。この点は中国も日本も同じである。

戦略管理に重要なイノベーションと質

21世紀に入り「イノベーションの推進と質の向上が高等教育改革の重要なトレンドになった」とし、米国、EU、ドイツ、日本等の国策によるイノベーションの強化策や教育投資の例を示し、世界の47カ国が教育品質保証機関を創設したことを紹介する。中国政府も「国家中長期教育改革発展計画要綱(2010-2020)」を発表し、高等教育の改革と発展、中国的特色のある高等教育体系の構築を目指している。

日本の大学でも、戦略計画が実効性を持つかどうかは、イノベーション、変革が推進されるかどうかが試金石となる。大学における改善・充実の根本は教育の質向上である。あらゆる改革は、最終的にはこの点に収斂されなければならない。

中国は「質の向上を高等教育改革の中心任務と捉え、協働によるイノベーション能力の強化を大学運営水準の向上に必要な根本的なニーズ」としている。その推進のために「大学の管理体制を刷新し、伝統的な大学管理構造を打破し、教学・研究・管理における自主権を拡大する」また、「学部教育を大学の最も基礎的かつ根本的な仕事とし、教学の内容、方法の改革を、高等教育における教学と人材育成の最も基礎的な取組み」として推進している。最近「大学教育における総合的な質の向上に関する答申」が公表された。

この点も日本の大学が直面している課題、「学士力」答申(中教審)とそこに盛られた学士課程教育改革の取り組みと重なる。それに続く答申「大学教育

の質的転換に向けて」[4]で強調する教育改革の推進のためにはガバナンスの改革、教学マネジメントの確立が不可欠で、旧来型の大学運営のままで本格的な教学改革推進は難しく、責任体制の構築、全学合意、推進システムの整備が必要だとしている点とも共通する。

イノベーション意識を持った教育家

「学長はチームリーダーである同時に、大学の管理者である。さらにいえば精神の守り手、価値の守護者でもある」とし、学長が果たすべき3つの役割を位置付けた。ミッションを堅持しながらその実現に向けリーダーシップを発揮すると共に限られた資源の中で経営を行う管理者としての側面も持つと言うことである。

そして学長は「プロ意識を持った教育家」「イノベーション意識を持った教育家」であるとする。それは大学が知識の伝播と共に創造の場、新たな知の発見の場であるという本質に根ざしており、創造とか革新には先例がなく、人に先んじて変革を進めなくてはならないとする。これは重要な指摘で、大学のマネジメントやリーダーに改革の精神、イノベーション意識がなぜ重要かの根拠でもある。そのためにこそリーダーは単なる管理者ではなく教育家でなければならないということであろう。中国では、学長の平均年齢は52歳、半数が博士号を持っており、3分の1が海外留学経験があるなど基礎的条件は整ってきたと評価する。

「学長は大学という集団を率いる立場にある。従って戦略家としての目が必要である。自校の発展戦略を国家高等教育発展戦略と合致させ」さらには多方面の動向や変化に対応していかねばならないとする。トップの視野の広さ、環境変化への機敏な対応が自校の発展を左右する。そして、その核には自校の戦略がある。自校のミッションや目標を高く掲げ、環境の変化を巧みに味方につけ、戦略の教職員への浸透を図り、全学を動かしてその実現を図る所にトップリーダーの役割がある。戦略を重視し教育の質向上を実現する、改革型リーダーが求められている。

3. 大学精神（ミッション）を守る運営

　次に中国人民大学の嗎恵玲副学長は「大学指導者の役割……その核心」「最も根本的な職責及び最も重要な役割とは大学精神を守ることである」とする。大学の精神は全ての大学管理活動の魂であり、かつ方向性を示すものであり、それがなければ大学の管理は目標があいまいとなり内容が空洞化し趣旨が不明瞭、事務主義の泥沼に陥ることとなるとする。

　大学精神（ミッション）は、時代の進歩、発展と共にその意味する所が変わる。内容を豊かにしながら伝承し、政策の方向性や管理措置に反映させていかねばならない。「理想主義、独立精神、学術的純潔は大学精神の神髄」であり、これが学風となり大学の内実を充実させることとなる。そのためには以下の3点が重要だとするが、この大学の精神の保持と現実主義とのバランスについて考察する。

大学運営の本質は理想主義

　「理想主義は、大学文化における最も価値ある要素である」。これは教職員の品格、精神の欠くべからざる土壌であるが、今の大学は業績、経費、各種の物質的利益、目に見える評価を追求するあまりこれが消えかかっているとする。教員、学生は益々現実的となり、常に損益を気にかけ収益を追い求め、結果として大きな目標、理想への努力が失われている。我々が担っている管理業務は、現実的、具体的、世俗的でいつも理想主義で対処できる訳ではないが、大学指導者の奥底には理想主義を守る心がなくてはならない。世俗的指導者はあれこれの目先の取り組みで、一見学校の事業を推進したかに見えるが、根本的には大学の品格や尊厳を損なうものとなることが多い。理想主義は、学校運営の方向性、戦略、教育理念となって表れ、教員・学生の大きな目標と高い情操となり、優れた伝統として伝承される。

　これは、急成長した中国の大学の一部にある成果主義、極端な合理主義や功利主義を批判したという側面があり、それだけこうした風潮の拡大やその影響の大きさを表しているとも言える。確かに、大学の本質的立脚点はここにあり、大学の存立の基盤も、大学が評価される根源もここにあることは確

かで、忘れてはならない原点である。しかし、「管理業務は現実的、具体的……」と述べている通り、ミッションや理想主義は不変でも、その目的を実現する上での具体的事業や業務、教育制度や教育方法は、現実に沿って変化させ、具体的な成果を得、また他大学との競合に勝ちぬかねばならない側面があることも押さえておかねばならない。

不易流行という言葉通り、大学を巡る環境変化や学生実態に合わせて迅速な改革行うことが我々には強く求められているが、そうであるが故に、変えてはならないもの、大学の本質、時代を超えて自らの大学に求められているものを自覚しつつ進めなくてはならない。この点では重要な指摘と言える。

学問の独立と社会貢献

大学において「学問の独立は非常に重要な要素であり」「社会、政府、政党およびそのほかの外界からの圧力を超越して真理という基準のみに従う」。「古来より……大学のみが独立した思想の中心であり、批判を行う中心」であり、独立性と批判性は現代の大学にとって最も重要な価値だと主張する。しかし現在の大学では、模倣、複製、解釈中心、詰め込み教育が横行し、学生に受け身を植え付ける教育になっている。研究論文も独創性に欠け、説明、解釈中心で新たな発想やユニークなものが少なくなっている。これに対応するには時には象牙の塔であること、現実社会とは一定の距離を保たねばならないと主張する。「もちろん社会サービスも重要な機能のひとつである。今大学の学問は社会との関係がより密接になり、社会と有機的に結びつく」ようにすべきで「この2者の弁証法的統一を図り、大学の学問がこのふたつの価値において均衡し、融合し補完しあう」ことが大切だとする。

この点も現実の中国政府や社会と大学との関係を意識した発言と思われ、かつ、この関係が一定の緊張感を持ちつつ推移していることをうかがわせる。ただ、この点は日本でも同様で、文教政策や補助金政策の立案と推進の過程で、政府と大学は常に批判と協力の微妙なバランスの中にある。

しかし、象牙の塔の復権によって、世俗に染まらず独立した自由な発想で客観的な研究・教育を推進できるかというとそれはそうとは言えない。独立と孤立ではその意味するところは全く異なり、社会との隔絶で真の大学の独立

が保たれるかというと、それは独善への傾斜を深めることにもなりかねない。

　真の学の独立も批判性も、現実社会の実態とのかい離の中では存在しえない。社会サービスを大学の重要な機能としているように、このふたつの価値は全く相反する方向を向いているのではなく、大学の本質的な機能の両側面を言い表しているものである。この両面は、大学の大きな目標の中で統合され、自律的な学問研究の遂行とそれを担う意思決定システム、その成果の社会への還元、社会貢献事業として組織構築されなければならない。

功利主義、経済的利益と社会的評価

　学術的純潔を守るという主張も同様である。「学術の純潔を損なう元凶は功利主義である。その表れは学術評価において、成果の評価や研究費を業績、ランキング、昇進と密接にリンクさせるという指標化傾向であり」「もうひとつは、経済的利益の誘惑である。成果を基準とする報酬、テーマごとの研究費及び各種の収入が、学者を学問の市場競争に巻き込む」。

　こうして、一部の大学、教員が功名心と高収入の虜になってしまう。業績序列と経済的利益に2重に引きずられる中、現実の資源獲得と長期的声望の維持をいかに両立させるかが課題で、様々な序列や指標、商業的な利益に左右されず、自校の教育理念、運営方針をしっかり守ることが大学幹部に求められる。大学精神をゆるぎなく守っていくことが大学指導者の根本的な責務であるとする。

　これも急成長した中国大学教育の問題点としての指摘で、日本でも共通する課題はある。ただ極端な功名心や経済的利益優先はともかく、研究成果に対する評価や補助金等の獲得は、研究発展の基盤であると共に研究における動機づけとしても作用し、ランキング等も現実的には大学の社会的評価に大きな影響を持つ。

　市場競争の中にあって大学の存立と発展を実現する上では、こうした社会的な評価や資金競争に加わり、また、一定のポジションを確保するための取り組みを強化することが求められる。それが、ある種の政策誘導であったとしても、政策・制度をただちには変えられない以上、その中での目的実現に向け競争し、評価や資金を得ていくしかない。その際、この討論会でも強調

するように、あくまでもミッションや戦略に従って、明確な実現目標に向かって志高く行動することが大切だということだ。

4. 学長の指導能力をいかに高めるか

　広州都市職業学院院長李訓貴氏は、急速な国際競争の進展の中で、学長自身がグローバルな視野、戦略的な発想を持ち、学校の発展目標を定め、創造的に発展戦略を策定し、いろいろな教育市場に進出を図り、教育資源を活用、優秀な人材を導入し、激しい競争の中でも学校運営の特色を打ち出さなければならないとする。そしてそこに求められる学長の指導能力とは何かを広州都市職業学院の経験をベースに、きわめて実践的に明らかにした。

トップの戦略的プランニング能力

　「教育は未来のための事業である」。従って未来を予見する「先見的視野、戦略的意識、高い見地からの戦略的プランニング能力が必要」「長期的、科学的に大学の発展目標と戦略ステップを計画していかねばならない」。学長は「戦略家としての眼力、気魄、能力によって、勝つための布陣を行い、時勢を見極め、全体を計画」しなければならないとする。ここには教育の本質的特徴を踏まえ、かつ、厳しい大学間の競争環境の中で大学トップに求められる「勝つための布陣」を作り上げる戦略リーダーとしての重要な役割が提起されている。

　ここで言う戦略的プランニングとは、組織の長期目標を策定することであり、大学の将来計画の目標、規模、速度および実現のためのステップ、実行計画を総合的に立案することである。戦略的プランニングは大学が発展する鍵であり、この力こそが学長の指導能力の中核をなす。大学の長期的発展方向を見据え、国内外の高等教育情勢を把握し、自らの強み、特色と優位性を最大限に発揮し、自校のコアコンピタンスを強化することで、はじめて戦略的優位性が確保できる。

　こうした能力を発揮するためには、第1に目先の課題ではなく、常に長期的な戦略意識を持ち、第2に自校の教育の発展方向と高等教育政策やその動

向を掴み、第3に自校の優位性、強みと不十分な点、課題をしっかり認識し、第4に戦略プランニング策定の手順と内容の熟知、すなわち戦略目標の明確化、ここに自校の特色、強みを盛り込み、この目標達成ための発展戦略、戦略方針、戦略的な措置を計画化しなければならない。

　広州都市職業学院では、国内外で強い影響力を持つハイレベルな職業学院を作り上げるという戦略目標を掲げ「品質立校、人材強校、文化塑校、特色興校（質を高め、人材を強化し、文化を作り、特色を打ち出す）」という教育理念を定め、品質戦略、人材戦略、文化戦略、コミュニティ戦略、イノベーション戦略、国際化戦略の6大戦略として具体化し推進する。これら一連のマネジメントには、戦略経営の基本原理、基本手法が押さえられ、研究され、自大学のものとして取り入れられており、中国の大学マネジメントの進化をうかがわせる。

トップの創造的執行能力

　執行力とは戦略意図を貫き、資源を有効活用し、初期の目標に到達させる実務能力である。学長の執行力とは、大学の戦略目標を実現し、教育資源を合理的に組織し調整し、大学の発展計画を実行し、大学の持続的改革・改善力を強化していくことである。国の教育政策を踏まえながら自大学の教育理念、発展プラン、業務計画、人事・財政方策などを実務に落とし込む能力でもある。

　「創造的執行力とは、イノベーションの意識と精神を念頭に、学校の実情に基づいて国の教育方針・政策、教育法規及び学校の発展プラン、業務計画を創造的に執行する能力である。現代管理学では、成功する組織に必要なものは、正しい戦略が30％、正しい執行が70％と言われる。自校の良い発展戦略やプランがあっても、力強い執行力がなければ、その価値を示すことはできない。執行力は、学校の戦略、発展プランを実際の効果や成果に転化する鍵であり、競争力のコアとなって、持続可能な発展を遂げられるかどうかのキーポイントとなる。創造的執行能力は学長の指導力の重要な構成要素であり、目標が実現できるか否かはこれにかかっている」とする。

　著者も以前から中長期計画において実質化を強調するのは、まさにこの点である。戦略プランや政策は作られるだけでは意味がない。如何に立派な冊

子に印刷された中期計画があっても、それだけで改革が進む訳ではない。肝心なのはそれが実際の事業計画、予算編成、教育計画、業務計画に具体化され、教職員に生きた方針として浸透し、実際の業務や教育として実行されることである。この、実践に結び付ける力こそが執行力であり、その推進のためには意思決定システムの整備や責任体制の構築が求められ、それらの推進をトータルに指揮するトップや幹部の力が求められる。

この創造的執行力を発揮するために重要なことは、まず、事実に基づいて判断し、行動するということである。具体の政策、プラン、実際の措置を、変化する現実、実状を踏まえ創造的に実行しなくてはならない。実態にそぐわない方針、現実に起こっている問題解決につながらない実行計画では執行力を発揮できないことは明瞭だ。

次に重要なのは、重点、キーポイントを明確にして執行するという点である。総花的計画では、結局どれも進まず、とりわけ限られた資源の中では重点や優先順位をはっきりさせた執行こそが有効性を持つ。これが選択と集中であり、コアコンピタンス経営につながる。

トップの資源活用能力

「学校運営資源の不足は、世界の高等教育に普遍的に存在する問題」というが、18歳人口の長期低落傾向にある日本ではとりわけ深刻な問題になっており、定員割れの進行の中で赤字法人が4割を超えるに至っている。中国でも、特に職業教育分野の資源は大学発展に見合ったものとはなっておらず、投資が少なく資金不足、人材不足で、保有する資金の利用率も低く開発も不十分などの問題があるという。

「中国では、多くの学長が教学出身であり、教学業務には習熟しているが市場意識や経営的発想、資源の整理統合能力と経験、資源の開発と運用の戦略に欠けるものが少なくない。」また、「多くの学長がヒト・モノ・カネの有形資源を重視しており、その整理統合と利用には長けている。ところが、教育理念、大学の精神、学風、管理体制、運営メカニズム、規程・制度、学校の文化的伝承、学校の評判等の無形資源を十分に重視しておらず、無形資源の整理統合の能力にも欠けるきらいがある」

この指摘は重要である。日本も学長は教学出身が圧倒的で、経営能力に課題があるのは共通する。国立大学は学長が経営者であるため特に問題が大きいが、私学の場合は経営者として理事長が別人格で就任しているケースが8割を超すため、一定の職務分担が成り立っているとも言える。それでも資産運用に関しては数年前のリーマンショックに端を発した金融破たんの影響を受けた巨額の資産運用損に見られるように財政の安定運用には課題がある。ましてや資金の適切な教学投資や効果評価、人材の開発や活用、さらには無形資源の管理・活用についてはこれからの課題だと言える。

　資源整理統合能力の向上のためには、発想を刷新し科学的資源感を持つ。資源は人を基本に考え、知識を尊重し、有形資源と無形資源を調和させ、開発し利用し整理統合する。有形資源と無形資源の管理体制を構築し、特に無形資源の評価を重視することが重要な点だとする。

　広州都市職業学院は4校が合併してできた学校で、これらの学校の教育資源を有効に整理統合し、運営体制、内部機構、人員編成、資産財務、発展プランの5項目の無形資源の統一を強力に推し進め、実質的融合を図った。組織構造を再編成し、教学部門も合併時20以上あったものを10に再編した。大学運営資金の調達に努力し、資産価値の増加に努め、早期に1.3倍にすることが出来た。資源の有効活用という視点からのマネジメント、特に大学にとって重要な学内外の無形資源の発掘、整理・統合、その活用を戦略的に行うことで、内部改善の推進、資金獲得、そして社会的評価の向上を図る戦略的取組みは大いに参考にすべきである。

特色化を進める文化醸成能力

　「大学の特色とは、その学校が長期にわたる運営の中で蓄積形成し継承してきた自校独自の、他校に勝る校風や公務運営上の特徴を指す。大学にとっては特色こそが活力であり、特色がなければ熾烈な競争に勝ち残ることはできない。」「大学の競争はつまるところ学校文化の特色の競争である。文化を作り出すキーマンは学長である」。「学校文化は、学校が長期にわたる教育実践の中で蓄積・創造し、そのメンバーが等しく認め遵守する価値体系、行動規範、校風が結実したものである。それには物質文化、精神文化、制度文化

が含まれる」。

これは別の言葉でいえば、ブランドの創出である。ブランドの確立、社会に定着した評価を作り出すには、長期のたゆまぬ改革の努力がいる。直接的には教育内容や研究成果であり、資格、就職の成果であり入試難易度であるが、それだけではない。建学の精神、学部学科構成、卒業生の活躍、教職員や学生の気風、歴史や伝統の重みが作りだす大学独特の文化や風土は一朝一夕には出来ない。そしてこれらは大学全体のミッションを実現する総合作戦（戦略計画）の中からしか生まれてこないし、それを指揮し、またその象徴でもあるトップの発言やパフォーマンスが大きな影響を持つことは間違いない。

トップのコミュニケーション能力

「コミュニケーション能力は、指導力の範疇に属する。学長は、学術交流及び社会との交流の際の代表として、当然、交流及びコミュニケーションの高い能力が求められる。」国内外の大学関係者との交流のほか、政府関係者や研究機関、企業幹部との交流もある。また、教職員との交流、学生、卒業生、親との交流もある。これ以外にも学長は事業資金の調達の際やマスコミのインタビュー等、様々な面で交流と接触が発生する。学長の交流、コミュニケーション能力は、その役割の中で重要な部分となっている。

各界との交流、人脈形成は、大学の支持基盤の形成、大学の進むべき路線選択の幅にも大きな影響を持つ。しかもこれは大学を代表するトップにしかできない役割で、他の幹部が代行することはできない。しかし、この分野はパーソナリティにもより、計画すればできるものではなく、一般に大学運営方針の中に位置づけられにくい。特に何周年記念事業等では、意図的にこれらの目標を明確にし、前進を図ることが重要だと思われる。

5．まとめ

戦略的マネジメントによる大学の発展

日本の大学は市場化の急速な進行、競争と淘汰の政策の一層の進展の中で、目標と計画を明確にした戦略的マネジメントなしには、教育と研究の特色あ

る発展、質向上、ひいては大学の社会的評価の向上は望めなくなった。中国の大学も、10年で学生数が倍以上になる急激な拡大の中でマネジメントも急成長し、大学運営やリーダシップのあり方など多くの点で共通点や重要な示唆を提示している。

　交流討論会での報告を総合すると以下のようになる。今日の大学マネジメント確立の中心点は戦略計画の策定であり、戦略に基づく大学管理の重視である。戦略の立案と推進に当たって、イノベーションと教育・研究の質向上を重視しなければならない。

　新たな知の創造の場である大学のリーダーである以上、革新的意識を持った教育者でなければならないが、限られた資源の中で経営を行う管理者としての側面も持つ。しかし、その根本は、大学の存在価値の原点であるミッション（大学精神）に基づいたものでなければならず、この変わらないものと革新するもののバランス、また統合が重要である。

　そのためには大学の未来をつくる先見性とそれを現実化し計画に落とし込む戦略プランニング能力が求められる。その実践に当たっては、戦略意図を貫き、資源を活用し、目標に到達させる実務能力としての創造的執行力や資源活用力が欠かせない。

　そして、その力を有効に発揮するためには、意思決定組織の整備やスタッフの力量形成、チーム力が不可欠である。こうしたトップや幹部のミクロとマクロを結び付ける構想力と具体的実践力の統合による戦略的マネジメントが、厳しい環境の中で大学発展を約束する。

戦略計画によるイノベーションの持続

　マネジメントの改革には戦略が必要だという点は中国も日本も共通する。中期計画策定が財政の強化に及ぼす効果は、私学高等教育研究所の調査（前掲）でも実証済みで、計画策定済みの大学は帰属収支差額のプラス（黒字）が大きい。中期計画の中味も、施設、財務、人事、経営計画から始まり学部・学科構成、教育改革、就職対策、研究戦略など教学を含む総合改革になっており、全体として目指すのは大学の質向上である。こうした総合作戦によって初めて、大学という教育機関、人材養成機関の質向上は実現する。学生育

成には時間がかかり、入学から卒業まで最低4年、優れた教育を行い、就職の実績を上げ、しかも社会的に優れているという評価が定着するには一定の年月がいる。ここが企業との違いでもある。

そのためにも改革の持続がいる。戦略的な計画づくりとその執行体制の整備の原点にあるのは、一過性の改革ではなくイノベーションの持続である。そして、大学の質向上の大きな目標実現に向け、各分野の改革を束ね、それを担う教職員を鼓舞し、細部の改革を曖昧にせず、持続的改革を積み上げることのできるリーダーが求められている。

変えるべきものと変えてはいけないもの

全学のあらゆる活動を見直し抜本的な改革を行うこと。これは、戦後一貫して成長を続け、志願者が増え続けた時代に形成された、ある種改革を嫌う、保守的な体質を残す今日の大学にあっては、共通する課題である。しかし何でも変えれば良い訳ではないし、全ての場面で現実対応、目先の短期的目標の達成が有効な訳でもない。

例えば、志願者が一時2000人台に落ち込み1万人へV字回復した甲南女子大学の例[5]を見ても、資格志向学部への大幅な改組転換と全学の教育改革の本格的な推進と併せて、大学の変わらない存在価値を確認することで変化の方向に確信を持ち、評価を勝ち取ってきた。時代を超えて存在する大学の普遍的価値に確信を持ち、今取り組んでいる改革が未来に生きる確信を構成員に浸透させることこそが重要である。

その点でトップの、ミッションと現実改革を結び合わせる力が求められる。これが戦略プランニング能力で、未来を見据えながら現実から出発し、現実的な計画をつくる力である。目線の高さ、視野の広さと足元を見据える現実感覚の統合が求められる所以である。

その上で、創造的な執行力が必要だ。いくら立派なプランがあっても実行に移されなければ絵にかいた餅になってしまう。この執行力の中に文化醸成力、コミュニケーション力、資源活用力などが含まれる。

リーダー、ミドルの役割と組織改革

　しかし、こうした力は組織を通じてしか実現せず、戦略プランも、意思決定する組織、その権限なしには形にならない。また、その執行力も組織を通して教職員の行動に結び付くことで実現性を持つ。結局トップの力は、ボトム・現場と結び付くことで初めて機能し、また現場からのボトムアップを反映することで正しい戦略の質を確保し、現実の課題解決に結び付く。トップのリーダーシップは、組織の介在なしには実現せず、目標を実現するための組織のあり方やその改革は極めて重要である。

　その点で、現場と戦略、ボトムとトップの結び目にいる幹部・ミドルの果たす役割は重要である。戦略を理解し現場の言葉で浸透させる、また、現場の実態から現実に根ざした改善案やデータを提示できるのはミドルしかいない。このレベルの高さがトップの指導水準を決める。トップは直接的に現場状況を体感することは不可能で、現場からの的確な情報はトップを動かす強さを持つ。

　そして、やはりトップの大きな視野、構想力と市場を起点としたイノベーションの精神、市場と大学の接続が出来るか否かが、今日の大学の生き残りを左右する。戦略の形成とその遂行システムの整備、トップリーダーが果たすべき役割とその資質、それを支える管理運営組織の整備やスタッフの力量強化、討論会の報告・提起をトータルに見ると、今日の大学マネジメントに求められる重要な要素が網羅されており、日本の大学改革の方向性に大きな示唆を与え、かつ指針となりうるものである。

注

1. 『財務、職員調査からみた私大経営改革（私学高等教育研究叢書）』「第4章、中長期計画に基づくマネジメント改革」2010年10月、私大協会附置私学高等教育研究所
2. 　大日方允『私立大学のクライシスマネジメント』（2003年）第2章の三「経営組織の二重構造と一体運営」では、私立大学連盟の3類型を踏まえ、学長負託型、理事長・学長兼任型、経営・教学分離型の3つに分類している。篠田は「学校法人制度の特質と私学法―中長期計画でマネジメント強化を」（『教育学術新聞』2011年7月6日号）でこの3類型を基本に、特に中小私学の特性を踏まえこの6

類型を提示している。
3　中国国務院「国家中長期教育改革発展計画要綱（2010 − 2020）」の教育事業の発展の主要目標などによる。
4　中央教育審議会答申「新たな未来を築くための大学教育の質的転換に向けて―生涯学び続け、主体的に考える力を育成する大学へ―」（2012 年 8 月 28 日）
5　「総合政策で志願者 V 字回復―甲南女子大学」『教育学術新聞』2012 年 5 月 23 日

引用（参考）文献

劉川生（北京師範大学校務委員会主席）、2012 年、「グローバル化の視点で見る大学管理」（第 9 回日中高等教育交流討論会報告集）以下同じ。

嗎恵玲(中国人民大学副学長)、2012 年、「大学の精神を守る―大学指導者の主な責任」（同）

李訓貴（広州都市職業学院院長）、2012 年、「教育の国際化を背景として、大学学長の指導能力をいかに高めるか」（同）

大日方允、2003 年、『私立大学のクライシスマネジメント―経営・組織管理の視点から』論創社

篠田道夫、2010 年、『大学戦略経営論―中長期計画の実質化によるマネジメント改革』東信堂

篠田道夫、2009 年 5 月・6 月号、「中長期計画の実質化に向けて」『カレッジマネジメント』

篠田道夫、2012 年 7 月 25 日「教育改革にはマネジメント改革を」『教育学術新聞』

篠田道夫、2011 年～ 2016 年「改革の現場―ミドルのリーダーシップ」（連載）『教育学術新聞』

初出：「大学の戦略的マネジメントとリーダーの役割―第 9 回日中高等教育交流討論会での報告をもとに」桜美林大学・大学アドミニストレーション研究科『研究紀要』2013 年 3 月

第3部　職員の位置と役割、力量の飛躍

第1章　求められる新たな職員の役割と力量向上

第2章　職員の育成システムの高度化

第3章　職員の大学運営参画の重要性

第4章　経験的大学職員論

第1章　求められる新たな職員の役割と力量向上

1. 新たな職員像と戦略経営人材の育成

戦略スタッフとしての職員の登場

　職員に「戦略スタッフ」としての役割が求められるようになったのは、ここ10年くらい、中長期計画が普及してからのことだ。中長期計画は大学の目指す旗印であり全分野にわたる改革の総合作戦。これなしに教育の質向上、特色化、評価向上は無い。

　所属する日本私立大学協会附置私学高等教育研究所(以下私高研)の調査[1]では、2006年24.8％だった計画策定率は、2009年には55％、2011年には75％まで増加、今やマネジメントの主流となった。全分野に及ぶ改革は教員だけで実現できるものでは無く、現場にいる職員が事務処理型を脱却し、改革を担う「戦略スタッフ」として登場しない限り目標達成は覚束ない。とりわけ中核職員の感度、問題意識、企画提案力が求められ、これが大学全体の改革力のレベルを決める。

　実際、中期計画の原案は職員中心に作られている。2006年の私高研調査では、中期計画の原案策定部局は、担当事務部署40.6％、法人局長34.4％（複数回答）と多く、2009年調査でも「原案策定は教員より職員が中心」と答えたところは64.9％に上る。現実に職員が、大学の未来がかった政策の企画・提案とその実践を担っている。

同じく私高研の 2009 年「各分野の政策決定における事務局の影響度」調査によると、教育計画は 20％と低いが、学生支援 72％、就職支援 84％、学生募集 84％と正課以外の教育分野はほとんど職員が担っている。中長期計画でも 58％、事業計画では 67％に達する。企画事務部署の設置も拡大している。政策や新規事業の企画部局を置いている所は 52.2％、教育改革推進事務部局が 34.5％、マーケティング部局 26.8％、IR 部局 16.9％で、2011 年調査では、情報を収集・分析する組織の常設は 41.8％に拡大している。実際に職員が担っている役割は、事務処理のレベルを越え、大学の未来がかかった政策立案など高い専門的な分析と現実的な改革案の企画、その実践力が求められている。従来型の事務では果たせない戦略スタッフ、高度な専門性が求められ、それを担うに相応しい、力のある人材が求められている。

『教育学術新聞』連載の取材・調査を通して

　足かけ 6 年に及ぶ「改革の現場―ミドルのリーダーシップ」の取材・調査で足を運んだ訪問校は 90 大学を越えた。2014 年 11 月 19 日掲載の鈴鹿医療科学大学（連載 72 回）では「医療人底力教育」と銘打ったチーム医療を支える全学共通教育を構築したが、副学長のリーダーシップと合わせて IR 推進室が学生の学修、教育成果分析などに重要な役割を果たしている。連載をさかのぼってみると、まさに、タイトルの「ミドルのリーダーシップ」の通り、改革推進に中核職員が、企画部、IR 推進室、学長室などの組織を通して大きな役割を果たしている。

　例えば、学士力育成、教養教育の改革では、「四国大学スタンダード」を進める四国大学が総合企画課、「教養学環」の東京工科大学では学長室、エンロールメントマネジメントで京都光華女子大学は EM・IR 部、東京家政大学では入試・就職を統合した進路支援センターの職員幹部が中軸となる。金沢星陵大学でピアサポートを組織し志願者を倍増した取組みも、椙山女学園大学、北海道医療大学、明星大学の PJ・WG による改革でも職員が活躍する。至学館大学では企画広報部、中長期計画マネジメントの福岡工業大学では改革推進室、神田外語大学も執行役員会が改革を推進する。常翔学園では法人本部の経営企画室と大学の学長室企画課が連携して改革推進、神奈川工科大

学では職員理事を中核に改革、志願者をV字回復させた甲南女子大学では企業出身の職員幹部が活躍する。

　現実にデータと情報を分析、改革プランを作り出し、意思決定に持ち込み実行するマネジメント、この企画・提案・推進を、教員幹部と共に職員の専門家集団、大学アドミニストレーターと呼びうる人々が担っている。そして、そうした取組みを作り出している所が、持続的な改革・前進を作り出している。

求められる力とは何か

　では、なぜ職員が戦略経営人材になり得るのか。それは、職員が大学行政のあらゆる現場に居て改革の最前線で仕事をしていることによる。直面する最重要課題の学生確保でも、希望する就職先の実現にしても、学生の満足度を高める学生支援・教育支援、特色ある地域貢献活動でも、掲げた目標の推進に向け、現場のデータや実態、最新の情報、他大学調査、政策動向を踏まえた提案が現実方針のベースとなる。外部のステークホルダーのニーズや要望・批判は現場でしか掌握できない。職員固有の役割とは、この実態と政策とをつなぐこと、政策の発信源であり最終実行者であるところにある。まさに、現場職員の発信力、提案力、創造的実践力が求められている。

　職員の仕事は急激に専門化、細分化している。しかし特定の分野で専門的力量があれば良いかというと、それだけで改革が進む訳ではない。自大学の戦略や資源、高等教育政策の動向、他大学との競争関係などから、自らの業務の位置、提起する改革の必要性を客観的に明らかにできる力が不可欠である。専門的力量とゼネラルな知識の結合、部分最適から全体最適への視野の広がりが決定的に重要だ。

　しかし、「学士力答申」や「ガバナンス改革・審議のまとめ」では、インストラクショナル・デザイナー、研究コーディネイター、リサーチアドミニストレーター（URA）など横文字の専門力が提起されている。これらはもちろん重要だが、しかし、求められるのはこうした特定分野の専門能力だけではない。中長期計画は、今や大学丸ごとの改革計画となり、学部学科の改組・新設、カリキュラム改善から学習支援、学生募集からキャリア教育・就職支援、研究戦略や社会連携、それらを支える財政計画、施設計画、組織・人事

計画まで大学のあらゆる分野を網羅する。この中核事業の改革方針を自ら立案し、意思決定に持ち込み、実行マネジメント（PDCA）できる戦略経営人材が求められている。

分析力、問題発見力と言っても、自大学の現状とあるべき姿、実現する目標とのギャップを明らかにし、その真の原因、解決につながる情報をつかみ、問題の本質に迫れるかが肝心だ。論理的思考力とか開発力、計画力も、問題意識を持ち、結論に至る流れを論理的・実践的に組み立て、ゴールに到達する道筋・方法や手順を策定し、説得力ある提案書にまとめ、プレゼンし、決定・実行にまで持ち込めなければ意味がない。しかし、こうした力は、知識だけで身につくものではない。

職員育成制度の現状

職員の学内での研修・育成システムは前進している反面、課題もある。2009年調査によると新人研修は67.5％が実施、全員参加型研修は64.5％、階層別研修は42.0％、テーマ別研修は39.9％と活発にはなってきた。外部研修への参加は90.9％と多い。階層別研修の定期的実施や上級管理者研修で経営戦略の基礎知識の習得に努めている所も出てきているが、年1〜2回程度の知識習得型研修だけではなかなか力は付かない。

人事考課制度も2009年の調査では48.1％が導入しており、かなり普及してきたが、育成に効果があるものとそうでないものに2極化している。面接を行わず、評価結果を本人に伝えなかったり、研修と結びつけていないなど査定型が4割近くもある。逆に、職能資格制度で、統率・開発業務を担う上級資格者の職務レベルや昇格基準を明確にし、目標管理と結合して業務の高度化に取り組み育成に効果を上げている所もある。関西学院大学や京都産業大学の人事考課制度改革に見られるように、上級資格者の役割や求められる職能を明確にし、目標管理制度と結合して幹部育成を図っている。

育成の一環として大学院に進学する人は、増加傾向にあるが、それでもまだ7.4％（2009年調査）。戦略経営を担える人材育成にはまだ課題がある。

戦略経営人材育成への挑戦

　しかし、挑戦はいろんな形で始まっている。

　福岡工業大学[2]では、中堅管理者を3年間で3回、アメリカの姉妹大学に送り出す渡米研修を始めた。アメリカの大学改革を模倣するのが目的ではなく、先方の管理者に密着、どのようなデータから方針を立て調整・決定・実行・評価するか、仕事のプロセスをトータルにシャドウイングする。それを体得するために100の質問の事前準備と終了後自大学の改革への具体的な提言を求める。改革のPDCAを実地に学び、改善策を考えることで現実的で身に付いた開発力を育成している。

　森ノ宮医療大学[3]では、組織的な幹部育成システムとして森ノ宮塾と名付けられた組織を立ち上げた。自薦・他薦による選抜で中堅幹部が学園の理念や戦略、SWOT分析、高等教育の現状を学び、徹底したグループ討議を月1回程度行う。さらに上級のトップ層育成には環境変化に如何に経営が対応するか、理念・ビジョンの検証、中期経営計画や行動指針案の検討を行い、実践につなげる。

　日本福祉大学[4]の事業企画書の取り組みも、中長期計画、その具体化としての事業計画のテーマに直接シフトして、その実現計画を中堅幹部が作成、チームを編成し達成目標と到達基準、調査・分析・学習計画を立案、実行後に評価する。年間100本以上に及ぶこの計画で、戦略目標の確実な実行を図るとともに、業務の高度化と企画提案力、リーダー層のマネジメント能力の向上を目指している。3大学に共通するのは、実践的な業務課題、改革テーマ開発行動に学習・研修を結合させている点だ。

　戦略経営が実効性を持つためには、計画の部課室業務への具体化、個人目標へのブレイクダウンが不可欠だ。この、目標を連鎖させる取り組みは、いま、改革が進展している大学で急速に広がっている。政策の浸透・共有こそが目標達成への唯一の道だからだ。そして、戦略の達成に連動する高い目標への挑戦、開発行動の中でしか、高度な分析・企画力、実践力は育成できない。最近のOJD（オンザジョブディベロップメント）と言われる取組みだ。それを後押しするシステムとして目標管理制度や人事考課制度の高度化を位置付けなければならない。

そして、この取り組みと合わせて大学院や学外の教育機関を活用する。体系的・本格的知識の習得に大学院は最も有力な教育機関だ。問題意識を持ち、改革に実績を上げた人材が大学院や履修証明プログラム、資格取得セミナー等で体系的に学ぶことで視野も拡大し、力も飛躍する。私が勤務する桜美林大学大学院大学アドミニストレーション研究科では、現在、全国各地から100名を超える中堅の現職職員が学んでいる。こうした学びへの法人の支援が強化されなければならない。

　大学の力は詰まるところ「ひと」。採用から異動、各種研修・育成制度の整備・高度化、人事評価制度の充実・改善、管理者昇格・育成システムの改革、政策立案業務の体験を通じたトータルな育成システム（OJD）のそれぞれの大学に合った形での構築が不可欠だ。そこに大学院など外部専門教育機関を位置づけ、そのゴールに戦略経営人材の育成を置かねばならない。

戦略経営人材の位置と可能性

　最後に強調したいのは、戦略経営人材の育成には、合わせて、それが力を発揮できる組織運営、役割や権限問題の解決が必要だという点だ。力が発揮できる当てもなく、能力だけが育つはずがない。

　最近の中教審等の答申は職員への期待が高い。とりわけ「ガバナンス改革・審議のまとめ」では、学長のリーダーシップを支える切り札の一つに職員の高度化を位置づけ「教員と対等の立場で……大学運営に参画する」必要性を提起し、新たに「高度専門職」を設置することやSDの義務化などの法改正を提起した。

　しかし、現状は職員が教学運営（提案や意思決定）に参画が出来ていない大学が半数に上る。理由は、職員の位置付けが低い23.4％、教授会の自治意識が強い22.1％、教員が統治している13.9％、職員の専門能力が不足している11.7％（2009年調査）である。職員は、大学運営や教学方針に口を出すべき職務ではない、教育のことは教員が決めるという根強い意識がある。

　大学設置基準の第41条、職員は「事務を処理する」では、現実に果たしている役割とも、中教審等が提起している内容とも大きくかい離し、これが教授会自治、教員統治の伝統と相まって職員の運営参画を押し止め、また、力

量の本格的強化を遅らせてきた。

　職員が、役割にふさわしい位置づけを確保することと戦略経営人材の育成はコインの裏表、どちらが欠けても実現できない。大学設置基準改訂の趣旨を生かし、戦略経営人材の育成とその権限拡大、運営参画の飛躍的前進を作り出さなければならない。

　2020年、大学は再び18歳人口の急減期に突入する。厳しい時代には、理事長、学長等のリーダーシップや教員の力と共に、改革を担う中核部隊として、職員の専門家集団の登場が強く求められる。いま、戦略経営人材の育成は最優先の課題である。

注

1　2006年、2009年、2011年の3回の調査結果は、私学高等教育研究叢書『私大経営システムの分析』(2007年11月)、『財務、職員調査から見た私大経営改革』(2010年10月)、『中長期経営システムの確立・強化に向けて』(2013年2月) にまとめられている。文中のデータは全てここからの引用。
2　『教育学術新聞』(平成24年3月7日)「渡米研修で改革力アップー福岡工業大学」
3　『教育学術新聞』(平成26年2月26日)「鍼灸師育成からリハビリテーション・看護へー森ノ宮医療大学」
4　「日本福祉大学の事業企画書による能力開発」『大学戦略経営論』(2010年) 篠田道夫（東信堂）p.267-283

　　　初出:「戦略経営人材の育成」『IDE―現代の高等教育』2015年4月号、特集「大学職員像を問う」

2. 中教審が提起する職員の新たな役割と運営参画の必要性

中教審で職員の役割拡大が議論に

　2015年からスタートした第8期中央教育審議会（大学教育部会等）で、職員の位置と役割、その育成が主要議題の一つとして議論されている。そのテーマと内容は**図表3-1-1**に示す3つ。「専門的職員」の配置、大学職員の資質向上、「事務組織」の見直しだ。改革の方向性は画期的で、最終的な結論はに大学

設置基準に盛り込まれる予定だ。

　この背景には、2014年の学校教育法の改訂による大学ガバナンス改革がある。法改正と学内規則整備により学長の権限が大きく拡大し、教授会の位置づけも根本的に変わったが、この改訂だけで学長統括体制の強化は出来ない。「大学ガバナンス改革の推進について（審議のまとめ）」(2014年2月12日)では、学長がリーダーシップを発揮し、教育・研究機能を高度化する、この2つの目的を達成するために職員の役割は決定的に重要で、教員と対等な立場で大学運営に参画すること、力量向上のための組織的な研修、専門的職員の配置を法改正で行うべきだと提起した。経営改革の推進も教育の質向上も、職員の戦略スタッフ、アドミニストレーターとしての役割が、無くてはならないものになってきた現実がある。危機の時代、まさに職員の登場が求められ、ガバナンス改革の最後の切り札を職員が握っているということだ。

---

1. **専門的職員の配置**
   ◆学長が適切なリーダーシップを発揮できるような大学運営体制を構築する上で、また、大学の教育研究機能の一層の高度化を図る上で、専門的職員は極めて重要な役割を果たす。
   ◆大学に、専門的な知見を有する職員を置くことについて、法令等で示す。
2. **大学職員の資質向上**
   ◆大学改革の推進を図るためには、大学の管理運営、教学支援、学生支援に関する大学職員の資質向上が不可欠。
   ◆大学がその運営の一層の改善・充実のため、現行のFDだけでなく、大学職員の資質向上のための研修を行うことについて、法令等において示す。
3. **「事務組織」見直し**
   ◆事務組織は、大学における様々な政策決定に関与し、また、これまで以上の参画が望まれている。
   ◆一方、現行の事務組織は大学設置基準上、単に事務を処理することを目的としており、事務組織に対する期待の高まりやその役割の重要性等の実情を考慮し、より積極的な位置づけにすべきではないか。
   ◆このため、事務組織が、大学運営の一翼を担う組織としての機能をより一層発揮できるようにする。また、大学の事務組織は、当該大学の目標の達成に向けて、これまで以上に積極的な役割を担う組織であることが明確となるよう法令等において示す。

図表 3-1-1　中央教育審議会第36回大学教育部会（7月14日）資料より（抜粋・要約）

大学職員の資質向上、SDの義務化

　まず最初に、大学職員の資質向上、SD義務化について述べたい。職員の育成がなかなか進まない点は『日経新聞』7月2日付記事「大学職員研修進まず―全員参加6.6％どまり」の文科省調査結果でも明白で、3割を越える大学で半数以上が研修に参加せず、内容も業務上の基礎知識の習得が約60％と多く、中長期計画の立案や推進など「戦略的企画能力」の育成は約23％と少ない。

　年1～2回程度の知識習得型研修ではなかなか力は付かず、人事考課制度も48.1％の大学に導入され、資格基準や職務レベルを明確に設定し育成のための具体的な措置を取って上級管理者育成を系統的に行っている所も出てきているが、査定型で育成に効果が無いものもある。求められているのは企画、開発能力や学生育成支援力であり、定形型研修では育たない。

　育成制度の整備・高度化、人事評価制度の充実・改善、大学院など外部専門教育機関の活用、政策立案業務の体験を通じた育成システム（OJD）の構築とその評価の仕組みが要る。実務型研修から企画・開発力の育成への転換、資源投下が必要である。専門能力育成の一環として大学院に進学する職員は増えてはいるがまだ7.4％。この背景には研究費と比べて圧倒的に少ない予算措置、ぜい弱な研修体制があり、時間と経費がかかる戦略的な企画能力を持った職員育成への投資が不十分な現状がある。SDの義務化によって職員育成のための制度・運営・予算の抜本的充実を期待したい。

事務組織を見直し、位置付けを高める

　最近の答申等は職員への期待が高い。学士力答申「専門性を備えた大学職員、管理運営に関わる上級職員の養成、教育・経営への積極的参画」。質転換答申「職員の専門スタッフへの育成と教育課程の形成・編成への組織的参画」。ガバナンス改革・審議のまとめ「事務職員が教員と対等の立場で大学運営に参画」などかつてない表現で職員を位置づけている。

　しかし、大学設置基準での職員の規程は、第41条「大学は、その事務を処理するため、専任の職員を置く適当な事務組織を設ける」のみである。この「事務を処理する」は、職員が現実に果たしている役割とも中教審等の期

待とも大きくかい離している。これが教授会自治、教員統治の伝統と相まって職員の大学運営参画を押し止めてきた。各大学の「事務分掌規程」において、分掌を狭い「事務」の範囲に止める力としても機能している。

現状では教学運営参画について、職員が提案、発言する風土や運営が出来ていないとする大学は、私高研調査で約半数(47%)に上る。職員は、大学運営や教学方針に口を出すべき職務ではない、教育のことは教員が決めるという根強い意識がある。しかし、現実には経営面においてはもちろん、教学面でも職員が実際に果たす役割は大きく拡大しており、職員抜きには大学は1日たりとも動かないことはだれの目にも明らかである。従来型の事務では果たせない企画・調査・政策提案型の業務が急速に拡大している。

41条を改め「大学の事務組織は、当該大学の目標達成に向けて、これまで以上に積極的な役割を担う組織であることが明確となるよう法令等で示す」という今回の提起は非常に重要かつ意義がある。教授会自治の伝統が強い大学運営にあっては、教員中心の運営を内部から変えるには相当の年月と努力が必要だ。大学のあるべき姿を示す法令、大学設置基準等の改定によって、職員の位置づけが大きく前進することを期待している。各大学では、この趣旨を生かし、経営参加、大学運営参画の飛躍的前進を作り出さなければならない。大学行政のあらゆる現場にいる職員が、事務処理型を脱却し改革を担う戦略スタッフ、教育支援専門職員として登場しない限り、中長期計画に掲げられた大学改革の目標達成は覚束ない。

「専門的職員」の配置

3つ目は「大学に、専門的な知見を有する職員を置くことについて、法令等において示す」という提起である。

専門的職員については、とりわけ教育・研究分野での職員の専門性は具体的な提起がされている。「学士力答申」では、教育方法の改革実践を支えるインストラクショナル・デザイナー、学生支援ソーシャルワーカー、研究コーディネーター、データを収集・分析し経営を支援する職員の必要性が提示されている。「ガバナンス改革・審議のまとめ」では、リサーチアドミニストレーター（URA）、インスティテューショナル・リサーチャー（IRer）、カリキュラム・

コーディネーター、アドミッションオフィサー、産学官連携コーディネーターなどの専門職が謳われている。職員の仕事は急速に専門化しており、これらはいづれも重要な仕事だ。とりわけ、正課、正課外を問わず、学生の成長と育成に関わる職員の力量向上は、進学率の上昇や学生層の多様化の中、教員の教育力向上と合わせ、大学にとって最も喫緊の課題だと言える。

所属する私学高等教育研究所の 2009 年「各分野の政策決定における事務局の影響度」調査（図表 3-1-2）によると、職員の政策決定に及ぼす影響度合いは、教育計画は 20％と低いが、学生支援 72％、就職支援 84％、学生募集 84％と正課以外の教育分野はほとんど職員がその中枢を担っていると言っても過言ではない。政策分野の中長期計画でも 58％、事業計画では 67％に達する。そしてこれらは教職協働が進んでいる分野（図表 3-1-3）とも重なり、協働の範囲は大学評価を含む広い意味での教育分野全般に及んでいる。

企画事務部署の設置も拡大している。同じく私高研調査で、政策や新規事業の企画部局を置いている所は 52.2％、教育改革推進事務部局が 34.5％、マーケティング部局 26.8％、IR 部局 16.9％で、2011 年調査では、情報を収集・分析する組織（IR 室等）の常設は 41.8％に急拡大している。従来型の事務では果たせない教育への関与、企画・調査・政策立案の業務が拡大、それを担う、力のある人材が求められている。

大学教育は職員参画によって成り立つ

大学教育の主な領域は 4 つある。第 1 は、当然ながら正課教育である。講義とゼミを中核とするカリキュラムが教育目標の達成に相応しく系統的に配置され、実際の育成に機能しているかが問われる。それを支えるシラバス、教育方法の工夫、授業評価、改善システム等がきちんと機能しているかが大切である。アウトカム評価の目的とは、どんなカリキュラムを提供したかではなく、その結果学生が育っているかどうかを明らかにすることである。この結果が求められているからである。この点からも、データに基づき教育改善を進め得る職員力が求められている。

第 2 は、正課外教育だ。特に最近はアクティブラーニングやサービスラーニングなど地域と一体となった体験型学習が拡大、地域貢献活動やボラン

第1章 求められる新たな職員の役割と力量向上

	かなりある	少しある	ほとんどない	無回答		かなりある	少しある	ほとんどない	無回答
中長期計画（将来構想）	58.0%	34.6%	5.6%	1.7%	就職支援	84.4%	11.7%	3.5%	0.4%
事業計画	66.7%	30.3%	2.2%	0.9%	情報化計画	59.7%	37.2%	2.2%	0.9%
財政計画（運用）	71.0%	21.2%	6.1%	1.7%	研究計画の推進	10.0%	42.9%	45.9%	1.3%
施設計画	71.4%	25.1%	2.2%	1.3%	学生募集	84.0%	14.3%	1.3%	0.4%
教育計画	19.9%	58.4%	20.8%	0.9%	社会貢献	39.0%	47.2%	13.4%	0.4%
学生支援	71.9%	24.7%	2.6%	0.9%	地域連携活動	49.8%	38.5%	11.3%	0.4%

図表 3-1-2　政策決定に対する事務局の影響度合い

2010年10月、私学高等教育研究叢書『財務、職員調査から見た私大経営改革』より

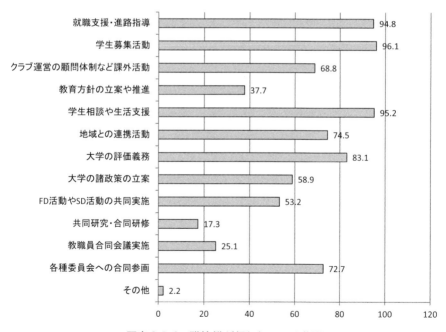

図表 3-1-3　職協働が行われている分野

2010年10月、私学高等教育研究叢書『財務、職員調査から見た私大経営改革』より

ティア、海外研修も含め学習の舞台は大きく広がっている。また、ラーニングコモンズなど学習支援体制も多岐にわたり、入学前学習から上級生の資格取得セミナーまで、今や学生を教室の中だけで成長させることは困難で、職員の直接的な教育支援力はますます重要になっている。

第3は、進路教育の領域である。キャリア教育、就職相談・支援システム、インターンシップや実習など社会人育成教育は極めて重要な分野である。大学評価の指標であると共に大学4年間の教育の結論であり、学生本人や父母の強い願いでもある。これを担っているのは職員で、学生をその気にさせる巧みなキャリアカウンセリング力と合わせ、就職率を向上させる全学的な仕掛けを動かすマネジメント力も求められる。

第4に、幅広い学生支援システムの構築がある。長引く不況の中での奨学金などの生活支援、健康維持や増加傾向にあるメンタル相談、課外活動の指導やアルバイト支援、学生の要望やニーズを大学改善に反映するシステムの強化も求められている。ここでも様々な専門知識を背景とした学生とのコミュニケーション・育成能力が必要だ。

教学マネジメントとは、単に正課教育に止まらず、これらの4分野を統合的に設計し、学生の育成・成長に機能させ、かつ統括することにある。特に第2から第4は職員が中核的な役割を担っており、その専門的な力量が強く求められている。

このことは図表3-1-3の教職協働が行われている分野にも端的に表れている。入口(学募)－出口(就職)、学生相談や生活支援、課外活動、地域連携や大学評価などの分野では9割を越えるところが多いなど、これらの分野は、前掲の職員が強い影響を持っている分野と重なり、教員と共に職員が教学遂行の主役を担っている。

高大接続改革が叫ばれ、3つのポリシーの重要性に改めて注目が集まっている。ただポリシーを入試、教務、学位授与の各部門それぞれが、いくら精緻に作ってもそれだけで育成に機能する訳ではない。入口から出口まで育って行くのは一人の学生であり、全体を管理・統制する責任体制、育成業務の連携が不可欠である。入試・学募部局と教務部局、学位授与機関や就職部局を日常的な業務で繋ぎ、一貫した育成を業務として担えるのは紛れも無く事

務局であり、職員しかいない。

そこで強調したいのは、こうした専門人材の育成には、それが力を発揮できる組織運営、役割や権限が必要だという点だ。いくら教育・学生支援の力量を高めても、教育そのものに教員と一緒になって職員が取り組める環境、教学運営参加の組織改革が無ければ、宝の持ち腐れ、何の効果も出ない。

職員が、役割にふさわしい位置づけを確保することと、教育を担う専門人材の育成はコインの裏表、どちらが欠けても実現できない。大学設置基準第41条改訂の方向性を提起した中教審の趣旨を生かし、職員も教育を担うということを組織・制度上明確に位置付けることが必要だ。

求められる専門的職員は2つの分野がある

文科省は、今回の中教審での職員議論に当たり、専門的職員の現状と今後の方向についてアンケート調査を行った。この内容は後ほど紹介するが、現状では図書館や保健室など専門職として従来から配置されていた分野が多く、一方、今後の配置の希望分野としては、トップの支援・補佐やIR分野など特定の専門分野というより大学アドミニストレーターとして政策立案を支え、全体をマネジメントしていく総合的な専門的能力を期待している所が多いことが読み取れる。

その背景には、大学改革が総合作戦になり、それを進める中長期計画にしても、学部学科の改組・新設、カリキュラム充実から学習支援、学生募集からキャリア教育・就職支援、研究戦略や社会連携、それらを支える財政計画、施設計画、組織・人事計画まで大学のあらゆる分野を網羅していることが上げられる。こうした中核事業の改革方針を自ら立案し、意思決定に持ち込み、実行マネジメント（PDCA）できる戦略経営人材が求められているということである。

大学職員論の草創期を担ったひとり孫福弘氏もゼネラリストとスペシャリストのハイブリッド型プロフェッショナルを職員の最終目標とし、大学行政管理職員と学術専門職員を位置付けている（ビットウイン2004年6月号、山本眞一『SDが変える大学の未来』）。

大学行政管理学会の調査・研究を通じて明らかになったのも、大学職員の専門性とは特定分野の専門家だけでなく、高等教育全体に深い知見を持ち、

当該大学の基本政策や固有の事情に精通し改革推進をリードできる人材はゼネラリストの専門性を備えた職員と見なすべきということだ。ゼネラリストとしての専門性、スペシャリストとしての専門性の双方が大学の前進を支え、その総和が職員のプロフェッショナルであるとする（山本淳司「大学職員の『専門性』に関する一考察」『国立大学マネジメント』2006年12月号）。

　こうした視点で今回の改革を考えると、**図表3-1-4**のような2つの型に大きく分けられる。第1の学長が適切なリーダーシップを発揮するための支援・補佐機能にはゼネラリストの要素を持つアドミニストレーター、大学行政管理職員が重要で、こちらはむしろ安定性・継続性が重視され内部登用（昇格）が主流となる。役割や位置づけは大学ごとに異なるため、その定義・業務・役割・権限・任用基準・処遇・評価方法などは各大学が定め公表するのが適切だ。

　そして、第2の大学の教育・研究の高度化を推進・支援する機能はアカデミック・アドミニストレーター、学術専門職員のスペシャリストとしての役割が求められ、こちらは内部昇格と共に外部採用もあり流動性も考えられる。そのため職務・役割・必要資格等ある程度の目安を示すことが必要かもしれない。

　ただ教育・研究分野にいる現場職員の力は、前述の職員の影響度調査に見るように急速に高まっており、ここからの育成と任用を柱とする方が実際に力

目的 学長が適切なリーダーシップを 発揮するための支援・補佐機能	目的 大学の教育・研究の高度化を 推進・支援する機能
アドミニストレーター 大学行政管理職員 ゼネラリスト （スペシャリティを持った） 全体最適 安定性・継続性 内部登用（昇格）が主流	アカデミック・アドミニストレーター 学術専門職員 スペシャリスト （ゼネラルな基礎知識を持った） 部分最適（どちらかというと） 流動性 外部採用・内部昇格双方
大学の戦略、総務、財務、人事、組織運営、教学についての深い知識と実践経験、改革を主導した実績	教育・研究に関する高度な専門知識や資格、学位、経験を基礎にした教育・研究高度化、学生育成・支援の実績・成果

図表3-1-4　大学における専門的職員（専門性）の2つの在り方

になりかつ現実的だと思われる。そうでなければ教育・研究分野にいる職員にとって、SDの義務化や役割の高度化の意味、成長の目標が無くなってしまう。

　全体としての専門的職員の育成と配置は、ふさわしい人材を外部から採用する発想だけでは力にならない。大学で現実に改革を担っている職員が、研鑽を深め、困難な改革を遂行し成果を上げる中で成長し任用されていく仕組みこそが、専門的職員を実効性あるものにする。職員の育成には特定のルートがあるわけではなく、どの分野に、どのレベルの専門職が求められるか、また、それをいかに育成し、どのような仕事を遂行させるかは大学によって異なる。共通した大枠の基準（目安）のもと、大学が明確に考え方を定め、自主的な基準として公表することが大切だと思われる。

　今回の改訂が、学長のリーダーシップ、教育・研究の高度化を現実に支える国公私大約10万人の現職職員（事務系）の役割の拡大と成長を後押しすることになることを強く期待している。各大学の具体化と活用如何によっては、職員の何十年かに及ぶ苦闘の歴史を大きく変える画期的なものとなりうると考えている。

　全国の大学職員は是非この中教審の提起する改革方向に着目し、またその積極面を生かした改革を推進していただきたい。2018年以降、再び訪れる厳しい時代を見据えると、職員の力量の飛躍的向上が大学の生存と進化にとって必須の課題となっている。

　　　初出：「中教審で審議が進む職員の新たな役割と専門性の向上」『Between』2015年12月-16年1月号

3. これからの大学改革の核、ＳＤ・職員力の飛躍

中教審で職員が議論になった意義

　そもそも職員の位置づけや育成が中教審の重要なテーマとして浮上してきたのは「大学ガバナンス改革の推進について（審議のまとめ）」（2014年）である。「『高度専門職』の設置や恒常的な大学事務職員のスキル向上のためのSDの義務化等、今後、必要な制度の整備について法令改正を含めて検討すべき」。

この提起が無ければ大学設置基準改訂にまでは至らなかった。

　学長への権限付与、教授会の役割の教育・研究への限定などの学校教育法改訂を方向づけたこの「審議のまとめ」は、一方で、それを実質化し真の学長のリーダーシップを確立するためには、職員の力を育成し職員の位置付けを高めることが不可欠の要素だと、当初から考えられていたということだ。

　職員の役割の重要性は古くから指摘されてきた。「学長の責任と権限を明確にし、トップのリーダーシップとそれを支える事務局・職員の強化による改革推進」。これは1998年の有名な答申「21世紀の大学像と今後の改革方策について」の中での提起だが、20年近く前の方針がようやく具体的な実行措置を伴って現実化されたとも言える。

　直近の答申等でも、2008年の「学士力答申」や2013年の「質転換答申」で繰り返し同様の提言がされた。しかし、方向性は提示されても目に見える改善措置はとられてこなかった。今回それが初めて法改訂となり、また今後の改革の方向を明示し、現実改革を一歩進めたことを私は高く評価したい。

議論の焦点は何処にあったか

　中教審の議論の最終取りまとめ、大学設置基準改定の基礎となった「大学運営の一層の改善・充実に向けた取り組みの必要性について（案）（取組みの方向性）」の結論を図（**図表3-1-5**）に簡潔にまとめた。

　　職員の資質・能力の向上

　職員育成の強化、SDの義務化には大きな異論はなく一致した。職員の育成がなかなか進まない点は『日本経済新聞』7月2日付記事「大学職員研修進まず―全員参加6・6％どまり」の文科省調査結果でも明白で、3割を越える大学で半数以上が研修に参加せず、内容も業務上の基礎知識の習得が約60％と多く、特に今求められている中長期計画の立案や推進など「戦略的企画能力」の育成は約23％と少ない。これを飛躍的に強化しなければならないことは委員の共通認識であった。

　　専門的職員の配置

第1章　求められる新たな職員の役割と力量向上　259

「大学運営の一層の改善・充実に向けた取り組みの必要性について（案）（取組みの方向性）」

職員の資質・能力の向上
「法令において、大学が、大学運営に必要な職員の資質・能力の向上を図るため、当該職員の研修について計画し、その機会を確保することについて規定する」
専門的職員の配置
「大学運営の高度化を図って行くためには」「教員、事務職員等の業務の垣根を超えた専門的な取組が新たに必要」だが「専門的職員に求める資格、処遇等について未だに確立されたものにはなっていない状況」にあり「現時点においては」「情報収集や環境整備に取り組み」「法令上の規程についてはさらに検討」する
職員の位置と役割
「学長のリーダーシップに基づく戦略的な大学運営の実現に向け」「事務組織及び事務職員の役割の重要性は一層高まっている。一方、現行の事務組織は大学設置基準上単に事務を処理することが目的とされているなど、事務組織及び事務職員に対する期待の高まりやその役割の重要性等に必ずしも対応するものとなっていない。」「事務組織及び事務職員が」「これまで以上に積極的な役割を担い、大学運営の一翼を担う機能をより一層発揮できるよう」「さらに検討を深め、その結果を法令等に反映させる」

図表 3-1-5　中教審の議論の結論
出典：中央教育審議会・大学教育部会（第42回）配布資料より

　最も議論になったのは専門的職員である。後に示す文科省の全国調査でも、まだ多くの大学が端緒的な取り組みで、専門的職員の定義や育成方法、役割については確立途上にあり、引き続き環境整備に努める結論となった。

　この間の答申等では、リサーチアドミニストレーター（URA）、IRer など多くの専門職が例示されてきた。当初の提起が「高度専門職」だったこともあって、ここから、大学職員の専門職化とは、教育研究に関する特定分野の専門家を指し、それはドクターを出た高度な知識を持った者で、それをどういう資格や処遇で外部から採用し、また大学間で異動させるかという議論が主流になっていた。

　しかし、現実には外部人材だけで教育研究の質向上は出来ず、今いる職員を如何に専門職に育てるか、また専門的職員は教育研究の特定分野だけではない。この在り方については、まだ委員の中で一致を見たとは言えない。

職員の位置付けと役割

　私が最も重要だと思ったのは「事務を処理するために専任職員を置く」という大学設置基準第41条の改訂である。これについては繰り返し中教審で発言した。反対する意見はなかったが、その必要性についての認識や切迫感

には温度差があるように感じた。自らの41年間の職員生活の中で、職員提案が相手にされなかった苦闘の日々はおそらく体験した者でないと分からない。職員をどう位置付け、大学組織のどこに参画させ、運営にいかなる権限を持たせるか、ここが決定的な問題である。いくらSDが義務化され力を付けても、それを発揮する場所が無ければ宝の持ち腐れ、何の役にも立たない。力量の形成とそれを発揮するポジションの確立、この2つはセットである。

これについての私の意見や提案は最後の取りまとめも含めかなり取り入れていただいた。直ちに設置基準41条の改訂には至らなかったが、職員の位置を明確に示し、改訂の方向性が提示された点で画期的なものだと思っている。

大学職員の専門職化とは何か

専門職員に関する文科省の全国調査

文科省は、2015年、専門的職員の配置状況に関わる初めての本格的な全国調査を行った。図(図表3-1-7、3-1-8(p.271)参照)で示した結果から読み取れるように、現在、専門職として配置されているのは、以前からあった図書館での司書資格、学生の健康管理分野での保健師や看護師、施設管理分野での建築・施設関連資格、情報管理分野でのIT資格、新しい所では就職支援でのキャリアカウンセラー資格が上げられるくらいである。

ただし、これから必要な分野となるとIR分野、つまりデータを分析し課題を見つけ政策提案のベースを作り得る人材や「執行部判断に対する総合的補佐」、トップを支える人材など、特定分野の専門家というよりは必要な政策立案や改革の推進を担える力を持った総合力のある人材が求められていることが分かる。

こうしたことから、求められるのは、特定分野の教育・研究支援を担う専門職人材と共に、トップを補佐しつつ大学全体の政策を企画し目的達成に向けて組織し調整できる高度なゼネラリスト、大学の現状や問題点を熟知し、解決策を提案・実行できる人材が求められていることがわかる。

専門的職員には2つの特性

調査結果から読み取れるこの専門職の2つの特性は、それ以前の職員のあ

るべき姿をめぐる調査研究でも明らかになっている。大学職員論の草創期を担ったひとり孫福弘氏もゼネラリストとスペシャリストのハイブリッド型プロフェッショナルを職員の最終目標とし、大学行政管理職員と学術専門職員を位置付けている（山本眞一『SDが変える大学の未来』2004年）。

　大学行政管理学会の調査・研究でも、大学職員の専門性とは特定分野の専門家だけでなく、高等教育全体に深い知見を持ち、当該大学の基本政策や固有の事情に精通し改革推進をリードできる人材はゼネラリストの専門性を備えた職員と見なすべきということだ。（山本淳司「大学職員の『専門性』に関する一考察」『国立大学マネジメント』2006年12月号）

　これらを総合すると専門的職員は、図（図表3-1-4 (p.256) 参照）のような2つの特性に分けられる。中教審の提起する2つの機能に即して整理すると、第1の機能がゼネラリストの要素を持つアドミニストレーター、第2の機能がアカデミック・アドミニストレーターとなる。この2つの専門職が、連携し協働することなしに、大学教学の質向上とその推進マネジメントは実効性を持つことは出来ない。

力量を高め職員力を発揮するために

大学設置基準の改訂をどう読むか

　今回改訂された大学設置基準の第42条3項（研修の機会等）で、最も注目すべきは「職員に必要な知識及び技能を習得させ」るのは、「当該大学の教育研究活動等の適切かつ効果的な運営を図るため」であり、事務処理の迅速化や効率化（もちろんこれも必要であるが）ではないという点だ。SDならもう十分やっていると年数回の定型的な業務研修を上げる大学もあるかもしれない。しかし改訂設置基準が求めているのは、教育研究そのものの質向上や高度化支援、教育・学生支援力の育成にある。入口（学生募集、入試）から、教育・学修支援、学生生活の充実、そして出口（資格取得やキャリア形成支援）に至る学生育成への職員の関与を深め、また教員を動かして教育の質向上を作り出す職員力、教学マネジメント力が求められている。

　「大学」設置基準なので、経営や総務、財務職務については直接触れていないが、教育研究の効果的な運営や資源投下を図るこれらの分野の力量向上

も当然に対象に入る。

　設置基準改訂の省令通知の留意事項では、SDには事務職員だけでなく教員など大学執行部も含まれるとするが、教育研究をマネジメントする大学行政管理能力の育成は、教職の幹部集団一体で行われるべきである。またSDは、各大学の実態や目的を踏まえて行われるが、その際「計画的、組織的」な取り組み、そして「職員の研修の実施方針・計画が全学的に策定」され実効性あるものになっているかどうかが求められている。

ＳＤ、職員の育成制度の構築

　職員を育てる、力を付けるSDとは、研修制度の充実のみではない。本物の力を付けるのは図（**図表3-1-6**）に示した力量向上のトータルシステムが必要だ。

　もちろん学内研修制度の充実は必要だ。しかし、年1～2回程度の知識習得型研修ではなかなか力は付かない。演習・討議などアクティブラーニングの手法や、年代別・テーマ別などの体系化、実際の業務を素材にする実戦形式などの工夫がいる。個人の研修計画の立案と資金面や勤務上の配慮なども重要だ。

　人事考課制度も48.1％の大学に導入され（私学高等教育研究所調査、2010年10月『財務、職員調査から見た私大経営改革』以下私高研調査）、資格基準や職務レベル、育成システムを明確に設定し上級管理者育成を系統的に行っている所も出てきている。例えば『私学経営』誌に紹介された龍谷大学、関西学院（2015年5月号）や京都産業大学（同4月号）などの事例である。しかし一方、同私高研調査では、評価制度はあるが面接がない所や評価と育成が結びついていない所も半分近くある。査定型評価では育成に効果が少ない。求められているのは企画・開発力や学生育成支援力であり、目標を明確に主体的行動を促すものに進化させねばならない。

　その点では、目標管理制度、年間業務に目標やテーマを設定してチャレンジしそれを評価し励ます取組みは効果が大きい。中期計画等で実際に求められている課題をブレークダウンすることで改革方針も浸透し、また多くの職員が現実の改革課題を担いチャレンジすることで経営・教学改善も進み、かつ成長にもつながる。

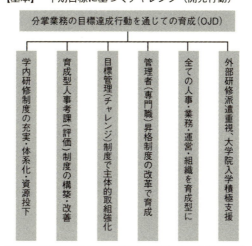

図表 3-1-6　ＳＤ・職員の力量向上のトータルシステム

　管理者昇格制度または専門職への昇任を如何に行うかも重要な育成の機会である。年功序列を改め、あるべき管理者像を示し考課制度でチェック、論文や業務提案、面接など相応しい昇格試験を行うなど意図的に昇格を教育システムとして活用することが求められる。

　そして、全ての人事・業務・運営・組織を育成型にする、この視点で業務運営と組織を見直すことも重要である。求める人材像を明確にした採用から、成長を意識した配置・異動・任命等様々な育成のチャンスがあり、プロジェクトやワーキンググループなども横断的な育成機会となる。組織も硬い縦割りから改変し、会議の持ち方や業務改善、提案制度やプレゼン体験、表彰制度等、様々な工夫で思わぬ効果が得られる。この点では、『大学職員は変わる』（上杉道世著）にある、東京大学での事務局改革のトータルプランの取組みが参考になる。

　そして積極的に外部研修に派遣し、大学院入学等の専門機関での学習を支

援し評価する。私大は基本他大学異動が無く、外部で学ぶことは大きな刺激であり、また他流試合、人脈形成、情報交換など成長のチャンスでもある。大学院に進学する職員は増えてはいるがまだ7・4%。専門的・体系的に学ぶまたとない機会である。

そしてその全ての基本にOJD(オンザジョブ・ディベロップメント)、開発行動を通じた育成、すなわち自らの業務の中で改革を企画提案し実践し、成果を上げること。自分の頭で解決策を考え実行管理し結果を出す、これを育成システムに組み込むこと、最後はこれしかない。これが現実を変える本物の力となる。そしてそれらの基礎には、図表3-1-6に示した3つの領域の基礎・専門知識がある。

役割を高め、運営に参画する

最後に強調したいのは、職員の運営参画である。私高研調査によると職員が提案、発言する風土や運営がないとする大学は約半数(47%)に上る。職員は、大学運営や教学方針に口を出すべき職務ではない、教育のことは教員が決めるという根強い意識がある。前掲の設置基準第41条の事務処理規程、これが教授会自治、教員統治の伝統と相まって職員の大学運営参画を押し止めてきた。

今回の中教審の審議の結論「現行の事務組織は大学設置基準上単に事務を処理することが目的とされているなど、事務組織及び事務職員に対する期待の高まりやその役割の重要性等に必ずしも対応するものとなっていない。事務組織及び事務職員がこれまで以上に積極的な役割を担い、大学運営の一翼を担う機能をより一層発揮できるようさらに検討を深め、その結果を法令等に反映させる」は非常に重要かつ意義がある。今回の提起が、国公私大約10万人の現職職員(事務系)の役割の拡大と成長を後押しし、経営参加、大学運営参画の飛躍的前進につながることを期待したい。

全国の大学職員は是非この方針に着目し、またその積極面を生かして積年の改革課題にチャレンジしていただきたい。大学に再び訪れる厳しい時代を見据えると、職員の力量とその役割の飛躍的向上こそが大学の生存と進化にとって必須の条件だと言える。

初出:「これからの大学改革の核、SD・職員力の飛躍」『カレッジマネジメント』20156年7-8月号

4. 中教審の今後の取組みの方向性

2015年からスタートした第8期中央教育審議会・大学教育部会では、重要議題の一つとして職員の問題が取り上げられ議論されてきた。そのテーマは3つ。(1)大学職員の資質向上、SDの義務化、(2)「専門的職員」の配置、(3)「事務組織」の見直し、職員の位置付けの高度化、である。これらの議論の結論は、最終的に、添付の「取組みの方向性」にまとめられた。その概要は以下の通りである。大学がその使命を十全に果たしていくためには、教員のみの努力に依存した取り組みでは限界がある。教員と事務職員が協働し、学長のリーダーシップの下、チームとして大学運営に取り組む体制の構築が必要である。

(1)については、大学運営の高度化のためには事務職員の資質・能力の向上が不可欠で、その推進のために、法令において、資質・能力の向上のための職員研修を計画し、その機会を確保することを規定する。

(2)大学運営の高度化に伴い新たに必要となる専門的業務を担う体制の整備については、専門的職員の配置の在り方が議論されてきたが、全国調査を通じても専門的職員に求める資格、処遇などはまだ未確立で、直ちに法で配置を決めるのではなく、引き続き環境整備を進めることとなった。

(3)「事務組織」の見直し、職員の位置付けの高度化については、事務組織、事務職員の役割の重要性は一層高まっているとした。しかし一方、大学設置基準では、職員は単に事務を処理すると規定されるなど職員への期待や役割の重要性に必ずしも十分に対応するものになっていない。このため、事務組織や職員が、当該大学の目標達成に積極的な役割を担い、大学運営の一翼を担う機能を一層発揮できるよう、さらに検討し法令等に反映させることとした。

SDの義務化で職員が力量を向上させることと、その力を発揮するため職員の位置付けを高め大学運営に参加することは、車の両輪、どちらも欠かすことは出来ない。この二つの大きな課題で、大きな前進の方向性がはっきりしてきたと言える。長年の職員の苦闘の歴史から見ると画期的はことである。中教審が示したこの方向を各大学で具体化し、職員が如何に大学改革に貢献できる体制が構築できるかが問われている。

大学運営の一層の改善・充実のための方策について（取組の方向性）（案）

1．大学運営の一層の改善・充実に向けた取組の必要性について

◆ 社会のあらゆる分野で急速な変化が進行する中で，大学にも様々な側面での改革が求められている。

　例えば，変化の中で自立し，他者と協働しつつ新たな価値を創造できる人材の育成に向け，高等学校教育や社会との接続を円滑化しながら，三つのポリシーに基づく体系的で組織的な大学教育を実現することが急務となっている。また，学問分野の在り方をめぐっては，分野融合や新領域の開拓による新たな価値創造などが求められるようになっている。さらに，産業界や地域等との連携など大学の枠を超えた取組や，教育研究の国際的展開などを戦略的に推進していく必要がある。

◆ このような中で，大学がその使命を十全に果たすためには，大学運営の在り方について一層の高度化が求められる。

　その際，個々の教員等の努力に依存した取組では，上記のような諸課題への対応に限界があると考えられるところであり，大学を構成する職員である教員と事務職員等の資質・能力の向上を組織的に推進するとともに，その組織等の在り方について必要な改善を行うことなどにより，教員と事務職員等が協働し，学長のリーダーシップの下，チームとして大学運営に取り組む体制を構築する必要がある。

2．大学職員の資質・能力の向上について

(1) 大学職員の大学運営に必要な能力の習得・向上のための取組の推進

◆ 大学運営の高度化のためには，各大学において大学職員である教員と事務職員等の資質・能力の向上に取り組むことが不可欠であり，大学職員が大学の運営に必要な能力を身に付け，向上させるための取組（スタッフ・ディベロップメント（SD））を推進する必要がある。

◆ 各大学の特性や実態が多様であることに鑑みれば，SDとして具体的にどのような者に対しどのような事項どのような形態で取り組むかについては，各大

学において，各職員のキャリアパスも見据えつつ，計画的・組織的に判断される必要がある。

　その際，大学自らが研修を実施するだけでなく，外部の団体や機関等とも連携し，質の高い研修の機会を確保することが重要と考えられる。

◆　上記を踏まえ，今後，国において，各大学の実情を踏まえた大学職員の資質・能力の向上に関する調査研究の実施など，各大学における効果的な SD を促進するための支援を行うとともに，法令において，大学が，大学運営に必要な職員の資質・能力の向上を図るため，当該職員の研修について計画し，その機会を確保することについて規定することとしてはどうか。

　なお，ここでいう SD については，概念としては授業の内容及び方法の改善を図るための組織的な研修及び研究であるファカルティ・ディベロップメント（FD）と重なる部分があるものとして捉えた上で，法令に規定する際には両者の関係が明確になるよう留意することが適当ではないか。

(2) 大学運営の高度化に伴い新たに必要となる専門的業務を担う体制の整備

◆　社会の変化の中で大学運営の高度化を図っていくためには，例えば，大学経営，研究管理，国際，インスティテューショナル・リサーチなど様々な側面において，教員，事務職員等の業務の垣根を越えた専門的な取組が新たに必要となっており，これらに関わる専門性の高い業務を担う体制をどのように整備するかについて検討することが求められている。

◆　そのための在り方としては，例えば，①大学職員として「教員」や「事務職員」等と並ぶ「専門的職員」としてそのための職を置くという考え方や，②大学職員である教員と事務職員等の職務の見直しや２．（１）に示す研修の充実を図ること等により，大学において上記のような専門的業務が組織的に遂行されるようにするという考え方がある。

　なお，①の「専門的職員」については，例えば図書館に置かれる司書のように一定の資格の保有が前提となるものと，例えば URA やインスティテューショナル・リサーチャーのように通常資格の保有は前提とならないが，業務の性質上高い専門性が求められるものが考えられる。

◆このことに関し，文部科学省が昨年実施した「大学における専門的職員（※）の活用の実態把握に関する調査」の結果をみると，専門的職員のうち各大学

が大学運営において特に重要と考えるもの等について一定の傾向は窺えるものの，現状においては，各大学における専門的職員の配置はきわめて多様な状況であり，また，専門的職員に求める資格，処遇等についても未だに確立されたものとはなっていない状況にある。また，大学の規模等によっては，専門的職員としてその業務を固定化することの難点を指摘する意見もある。

（※）本調査における「専門的職員」とは，調査票に掲げる 24 の職務について，当該職務に関する個人の高い専門性に着目して配置され，当該職務を主に担当している（複数の職務を担当している場合はエフォート率が概ね 5 割以上）大学職員を指す。

◆ このような状況を踏まえれば，現時点においては，まずは，現状での各大学における専門的職員の活用状況に関するより詳細な分析や，各大学がその実情に応じて必要とする新たな専門的業務の的確な遂行に資するための情報収集や環境整備に取り組むこととし，法令上の新たな職として専門的職員に関する規定を置くことについては，それらの取組を踏まえて更に検討する必要があると考えられる。

◆ 特に，国は，今後の大学運営において特に必要性が高いと考えられる専門的業務の遂行の在り方について，大学や関係団体によるスキル標準の作成や職務能力向上のための取組の検討・研究，専門的職員の育成や活用，SD に関する事例収集，積極的な情報発信等を支援していくことが重要である。

3．事務組織等の見直しについて

◆ 上述のように，学長のリーダーシップに基づく戦略的な大学運営の実現に向けた教職協働の体制を構築する上で，事務組織及び事務職員の役割の重要性は一層高まっている。

◆ 一方で，現行の事務組織については，大学設置基準上，単に事務を処理することが目的とされているなど，事務組織及び事務職員に対する期待の高まりやその役割の重要性等に必ずしも十分に対応するものとなっていないとの指摘がある。

◆ このため，大学の事務組織及び事務職員が，当該大学の目標の達成に向け，これまで以上に積極的な役割を担い，大学運営の一翼を担う機能をより一層発揮できるよう，上記 2.（2）に関する検討の方向性も踏まえながら，今後の在

るべき姿について更に検討を深め，その結果を法令等に反映させることが適当ではないか。

　その際，当然のことながら，事務組織及び事務職員について，その具体的な組織や職務等の在り方については，各大学が，それぞれの実情を十分に踏まえ，自主的・自律的に判断し，その在り方を決定すべきものであることに十分留意する必要がある。

※なお，初等中等教育段階の学校については，「チームとしての学校の在り方と今後の改善方策について（中央教育審議会答申）」がとりまとめられ，事務職員の職務規定等をより積極的なものに見直すことについて提言されているところである。（具体的には，事務職員の専門性を生かした形で，学校運営に関わる職員であることについて明確にするよう，学校教育法における事務職員の職務規定等の見直しについて指摘。）

出典：中央教育審議会・大学教育部会第 41 回配布資料（2016 年 1 月 18 日）

5. 専門的職員に関する文科省調査を読む

中教審大学教育部会・篠田委員が読み解く「専門的職員に関する調査」結果

　中央教育審議会は、大学職員の位置付け、役割、育成について審議を続けている。高度な専門性を持つ「専門的職員」の制度化についても議論される中、「大学における専門的職員の活用の実態把握に関する調査」の結果概要が 2016 年 1 月 18 日の中教審大学教育部会で示された。同部会の委員で、『Between』2015‐2016 年 12‐1 月号に「職員の新たな役割と専門性の向上」について寄稿した桜美林大学の篠田道夫教授に、調査結果から読み取れることと、審議内容をふまえて今後大学が取るべき方向性について聞いた。

●配置したい専門的職員は IR や執行部補佐

　この調査は文部科学省が実施し、2015 年 9 月 14 日から 10 月 2 日までに全国の大学・短大 559 校から回答を得た。**図表 3-1-7** から、学生の健康管理（66.6％）、図書（66.4％）、就職・キャリア形成支援（54.2％）、情報通信・IT（48.0％）等で専門的職員を配置している大学が多いことがわかる。いずれも司書やキャリアカウンセラーをはじめ、有資格者の配置が多いと考えられる。

　篠田教授が特に着目しているのは、「今後配置したい職務で特に重要と考えている専門的職員」（**図表 3-1-8**）だ。10％以上となったのは、インスティテューショナル・リサーチ（IR、22.9％）、執行部判断に対する総合的な補佐（13.9％）、地域連携（10.3％）だった。

　「トップ 2 となった IR と執行部判断に対する総合的な補佐は、学長や執行部の適切なリーダーシップと意思決定をサポートする役割であり、これらに専門的な職員を配置したいと考える大学が多いということに注目すべきだ。大学の現状を示すデータの意味を理解し、政策提言を行うには、高等教育全体に対する知見と、所属する大学の基本政策や固有の事情に精通した"専門性を備えたゼネラリスト"が必要になる」と述べる。

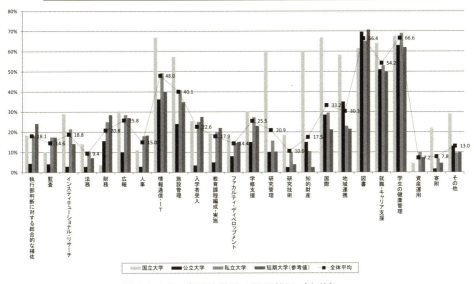

図表 3-1-7　専門的職員の配置状況（全体）

出典：文部科学省「大学における専門的職員の活用実態把握に関する調査」

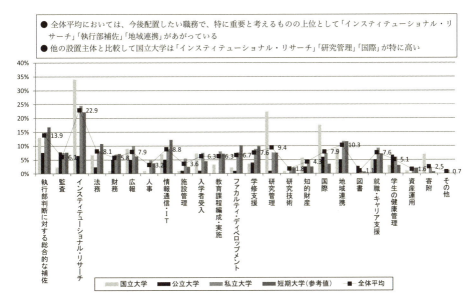

図表 3-1-8　今後配置したいと考える職務で特に重要と考える専門的職員

出典：文部科学省「大学における専門的職員の活用実態把握に関する調査」

● 中教審案では専門的職員の配置は見送り、SD の義務化を提言

　第 8 期中教審での「大学職員」に関する審議では主に、①専門的職員の配置、②職員の資質向上・SD の義務化、③「事務組織」の見直しについて話し合われてきた。審議内容がまとめられた「大学運営の一層の改善・充実のための方策について（案）」(2016 年 1 月 18 日大学教育部会配付)では、以下のようになっている。

①専門的職員の配置について

　今回の調査結果では、各大学における専門的職員の配置が多様であり、求める資格、処遇等が未確立であることなどから、配置を制度化せず、個別の大学が実情に応じて専門的職員についての情報収集や環境整備に取り組むよう提言している。

②職員の資質向上・SD の義務化について

　「法令において、大学が、大学運営に必要な職員の資質・能力の向上を図るため、当該職員の研修について計画し、その機会を確保することについて規定することとしてはどうか」という記述によって、SD 義務化を提言している。

③「事務組織」の見直しについて

　職員の役割が高度化し、より高い専門性の発揮が求められる中、「大学は、その事務を処理するため、専任の職員を置く適当な事務組織を設ける」とする大学設置基準第 41 条改正の必要性が議論されてきたが、具体的な改正案は示されていない。

● メッセージを読み解き、職員が能力を発揮できる体制構築を

　篠田教授は、「2014 年の学校教育法の改正によって、学長の権限の拡大、教授会の位置付けの見直しが行われた。学長の統括力をさらに高めるには、SD の義務化と大学設置基準第 41 条の改正が必要」との認識を示す。「ただし、第 41 条の改正がどのようになろうとも、自学における職員組織の位置付けや職員の役割を見直すことはできるはず」と言う。

　　「大学運営の一層の改善・充実のための方策について（案）」には、「大学の事務組織及び事務職員が、当該大学の目標の達成に向け、これまで

以上に積極的な役割を担い、大学運営の一翼を担う機能をより一層発揮できるよう、(中略) 今後の在るべき姿について更に検討を深め、その結果を法令等に反映させることが適当ではないか」との提言があり、篠田教授はこれを「中教審からのメッセージ」と表現する。

「各大学はこのメッセージを読み解き、職員の能力向上とその評価のしくみ、教員と職員の実質的な協働によって大学改革を進めることができる体制を構築してほしい」と話している。

(「大学における専門的職員の活用の実態把握に関する調査結果」文部科学省、2016年1月参照)

初出：『Between 情報サイト』2016 年 2 月

6. 大学職員の専門職化とは何か

専門職についての最近の議論

大学職員[1]の専門職化は、以前より様々な角度から議論されてきた。プロフェッショナルな(専門性を持った)職員の育成、大学アドミニストレーター(大学行政管理職)へ進化すべきだなどの議論が多くの論者によって提起されている。とりわけ、18歳人口の急減に伴う大学間競争の激化、社会的評価を獲得する上での大学改革の急速な進展の中で、大学職員の重要性や期待が急速に高まり、その専門性の強化・育成についても着目されるようになってきた。

それは例えば、『IDE─現代の高等教育』の、ここ10年余りの特集を見てもわかる。2002年「大学のSD」(5-6月号、No. 439)、2005年「SD／大学職員の能力開発」(4月号、No. 469)、2008年「これからの大学職員」(4月号、No. 499)、2010年「プロとしての大学職員」(8-9月号、No. 523)、2011年「成長する大学職員」(11月号、No. 535)、2015年「大学職員像を問う」(4月号、No. 569)などで、高等教育の重要なテーマになっているといえる。

2015年からスタートした第8期中央教育審議会の大学分科会や大学教育部会でも、これが重要議題[2]の一つとして取り上げられ議論されてきた。そ

のテーマは前項でも紹介した通りだが、とりわけ「専門的職員」の配置、専門的職員の在り方や定義付け、役割や資格などが議論された。結論的には、専門的職員の配置について直ちに法律で定めるのではなく、その育成や配置に向けた環境整備に努めることとなった。

専門職の位置づけとその育成

　専門職の必要性やその職種についても、この間の中教審の答申の中で繰り返し提起されてきた。2008年の学士力答申[3]では「専門性を備えた大学職員や、管理運営に携わる上級職員を養成する」「業務の高度化・複雑化に伴い、大学院等で専門的教育を受けた職員が相当程度いる」、また、平成25年の質転換答申[4]では「教員だけでなく、職員等の専門スタッフの育成と教育課程への組織的参画が必要」、さらに、大学ガバナンス改革審議のまとめ[5]では、「高度な専門性を有する人材（高度専門職）を各大学が、その実情に応じて活用し、全学的な支援体制を構築していくことが重要」「高度の専門性を有する職種や、事務職員等の経営参画能力を向上させる」など、かなり踏み込んだ提起となっている。

　専門的職員養成の大学院や養成機関も10年ほど前から急速に誕生し、桜美林大学大学院大学アドミニストレーション研究科、東京大学大学院教育学研究科（大学経営・政策コース）をはじめ、名古屋大学、筑波大学、立命館大学、最近では千葉大学が教務系の専門職員養成に取り組み始めている。

　1997年に創立された大学行政管理学会も、大学行政管理機能を担うプロフェッショナルな人材育成を目指し、主要な対象を職員とするはじめての学会として多数の会員を擁し、旺盛な研究、発表、討論、交流を通して職員の専門的育成に貢献している。

大学専門職とは何か

　しかし、専門職としての大学職員の在り方については、まだ日本では定まった定義も資格基準、養成方法もないのが現状である。

　専門職とは一般には「高度な専門知識や技能が求められる特定の職種」（『大辞林第三版』）、「長期の教育訓練を通じて修得される高度の専門知識・経験を

必要とする職位、ないしはそのような職位を担当する人」(『ブリタニカ国際大百科事典』)などと定義される。しかし、社会での使われ方としては、国家資格等を必要とする職業と狭く解釈する場合や、職能団体がある、学会がある、倫理綱領がある、等の要件を上げる見解もある。労働基準法第14条では国が定める高度な専門知識を有する者とは何かが規定されているが、範囲は限定的である。

アメリカでは、意思決定を行う上級管理職やその執行を担う高度専門職が確立しており、職種ごとに組織された大学職能団体があり、その専門性が保持されていると言われる。また、そうした専門職の求人、求職と採用の市場も確立しており、日本よりはるかに大学間の流動性が高い。ただ、アメリカでも、各専門職種に対応した大学院があるわけではなく、修士、博士号を取得した後、研修や実践的経験を積んで力を付けている場合が多いとのことである[6]。

大学職員の法律上の定義は、大学設置基準の41条で「大学は、その事務を処理するため、専任の職員を置く」と事務を処理する役割のみが規定されており、42条で「学生の厚生補導を行うため専任の職員を置く」となっている。唯一、「図書館には、その機能を十分に発揮させるために必要な専門的職員その他専任職員を置く」(38条3項)と専門的職員を位置付けている。

現実には職員は事務処理だけではなく、専門的な立場から調査・企画・提案を行い、高度な専門的職務にも従事している。職員が現実に大学の改革推進に果たしている役割と法律上の規程に齟齬が生まれており、このことが中教審等で議論される背景となっている。

専門職の現状

文科省は、2015年、専門的職員の配置状況に関わる初めての本格的な全国調査を行った[7]。現在、専門職として配置されているのは、以前からあった専門職、図書館での司書資格、学生の健康管理分野での保健師や看護師、施設管理分野での建築・施設関連資格、情報管理分野でのIT資格、新しい所では就職支援でのキャリアカウンセラー資格が挙げられるくらいである。国立大学については専門資格者を教育・研究分野に政策的に配置していることが見て取れる。

ただし、これから必要な分野となるとIR分野、つまりデータを分析し課題を見つけ政策提案のベースを作り得る人材や「執行部判断に対する総合的補佐」、特定分野の専門家というよりはトップを支える総合力のある人材が求められていることがわかる。ただし、こちらも国立大学は研究や国際分野の専門職を求めている。

こうしたことから、求められる専門職人材は、特定分野の教育・研究支援を担う専門職人材と共に、広い意味でトップを補佐しつつ大学全体を目的達成に向けて組織し、調整できる高度なゼネラリスト、大学の現状を熟知し、情勢を分析、どこに問題があり、どうすればその改革が出来るか、政策提案でき改革を推進できる人材が求められていることがわかる。

専門職の今後の在り方

この点はすでに、これまでの大学職員論の研究、その草創期を担ったひとり孫福弘氏の提起[8]や大学行政管理学会の調査・研究を取りまとめた山本淳司氏の提起[9]をすでに見て来た。

大学にゼネラリストとしての専門性が求められる背景には、大学が他の事業体や企業に比較して性格の異なる多様な目的を持つ組織体だという点がある。すなわち人材を育成する教育、世界を相手にする研究、地域丸ごとを対象にする社会貢献という極めて広い分野を包含していることが挙げられる。また、理事長・理事会、学長・教授会、事務局・職員という異なる特質や任務を持つ3者をまとめ上げて一つの目標に向かわせる極めて複雑な組織体でもある。これら全体を動かす必要がある大学には、相応しい専門的能力が求められている。

このように見てくると、直面する大学改革の推進には、この二つの領域での大学職員の専門職化が求められており、両者の協力、結合なしには大学全体を動かし、機能していくことは出来ない。

では、日本でアメリカのような専門職が確立し機能するか。労働市場の流動性、終身雇用の伝統の転換、そして専門職能団体の成立・成熟、社会的認知など多くの課題があり、日本経済の在り方そのものに関わる課題である。

しかし、アメリカと同じように専門職が日本で機能するかどうかには、も

うひとつ、日本の大学のガバナンス形態とアメリカとの大きな違いがある。アメリカの大学は、学外者中心の理事会による学長任命、強力な権限を持った学長による大学統治の中での、学長任用による専門職の配置、明確な権限の付与と活動領域の保証が出来るシステムになっている。

　日本の場合は、学長も理事となり、設置者と一体となって協調的な運営が行われ、選挙での選任や信任も大きな影響力を持っており、トップ権限は強化されつつあるとはいえ限定されており、教授会や部局の影響力は強い。この中で専門職が本当に全学に通用する権限を持って相応しい役割を果たしうるか、ここにアメリカとの違いがあることは確かだ。ただ、近年、私学法改訂や学校教育法の改訂で理事長や学長のリーダーシップの強化・確立の方向でのガバナンス改革が急速に進んでおり、この点で、状況は今後大きく変化していくと思われる。

　大学の競争環境の激化の中、職員の力量向上、専門的職員の育成はますます求められており、その役割や権限は大学運営の中に明確に位置付けられなければならない[10]。日本の大学のマネジメントの強化、教育の質向上の中で、日本の大学職員の専門職化は今後も強く求められ、また進んでいくと思われる。

注

1　大学職員は教員も含む概念であるが、ここで述べる大学職員の専門職化は、主には事務職員を想定して論じているが、大学行政に従事する教員も対象としている。
2　第8期中央教育審議会、第36回大学教育部会　2015年7月14日　配布資料
3　中央教育審議会答申「学士課程教育の構築に向けて」2008年12月24日
4　中央教育審議会答申「新たな未来を築くための大学教育の質的転換に向けて―生涯学び続け、主体的に考える力を養成する大学へ」　2012年8月28日
5　「大学ガバナンス改革の推進について」（審議のまとめ）2013年12月
6　『アメリカ大学管理運営職の養成』高野篤子（東信堂）2012年
7　文部科学省、専門的職員に関する実態調査の結果　2016年1月
8　「21世紀の大学を担うプロフェッショナル職員」孫福弘、『SDが変える大学の未来』文葉社、2004年2月
9　「大学職員の『専門性』に関する一考察」山本淳司『国立大学マネジメント』2006年12月号
10　「中教審で審議が進む職員の新たな役割と専門性の向上」篠田道夫『Between』2015年12月―16年1月号

第2章　職員の育成システムの高度化

1. 大学改革力強化へ──職員に求められる４つの課題

マネジメントの前進

　私学高等教育研究所「私大マネジメント改革」チームによる私大協会加盟大学への調査（2009年）によると、中期計画に基づくマネジメントを進めている大学は2006年の調査から一気に20％以上も増加し55％となった（2011年調査ではさらに75％に増加）。厳しい環境の中、急速に経営、教学運営システムの改善が進んでいる。

　昨年（2011年）からは、地方・中小規模大学の定員割れが改善した。この原因として、経済的困難から自宅通学を選択したり、入学者が確保できない学部の定員削減などが指摘されている。しかし、その根幹には地方大学の急速なマネジメント改革の前進があると思われる。それは、この調査で地方中小規模大学の中期計画策定率が平均よりやや上回っていることからも見て取れる。

改革の総合作戦推進の力

　同調査は、中長期計画が、今や狭い経営計画に止まらず、教育改革や学部・学科再編、学習支援やキャリア支援、学生募集や地域連携などあらゆる場面に及んでいることを示しており、その総合力なしには、大学評価の向上に結

び付けることはできない。

　こうしたあらゆる分野の総合力による勝負、総合作戦を成功させるには、これら全ての分野で実務を担っている職員、実態と切り結んで奮闘している職員の、チームとしての力が不可欠だ。それは、大学が存立し、評価され、活動を続けていく上で最も肝心なステークホルダー、学生や高校生、高校の進路指導教員や企業の人事採用担当者、地域・自治体の方々との接点で仕事をしていることによる。そして、ここからの情報を如何に発信し、また、問題意識を持って分析し、大学の改革に生かしていけるかが問われている。

　与えられた仕事を正確かつ専門的に執行するレベルから、そこを足場に政策的業務に飛躍することが求められる。データの分析、現場実態からの課題設定、情報の収集、他大学調査等から改善策を企画・提案し、決定に持ち込み事業実施をマネジメントできる新たな職員の役割と力量が求められている。これなしには、大学改革力の強化は望めない。そのためには以下の4つの取組みが重要だと思われる。

1　職員の開発力強化

　従来からの育成制度、学内研修制度、外部セミナーや外部研究組織への参加、大学院入学等は効果がある。しかし、ただ聞くだけの知識型研修をいくら積み上げても身に着いたものにはならない。自らの実践をこの過程に組み込むことが肝心だ。また人事制度全体を育成型にすること、求める力を見る採用方式の改善、育成型の異動、実力主義の管理者昇格、人事考課・育成制度の活用など、総合的な取り組みが効果を発揮する。人事に関する全ての事柄を人材育成にシフトするトータルシステムの構築が求められる。

　2009年の私高研調査では、次頁の図（**図表3-2-1**）の通り人事考課制度も48.1％の大学が導入しており、入学定員1500人以上の大手では7割以上、600人以上でも6割近くが導入している。これも業務の改善と育成に有効である。しかし、調査では「評価結果を本人に知らせ」「考課を育成・研修に結び付け」「面接を重視し」「目標管理」と連動させる点で不十分なところもある。しかし、こうした取組みなしには育成の効果は上がらず、単なる査定になってしまう恐れもある。人事考課制度自体も、今日求められる開発・創造型の

力量育成にシフトして改善されなければならない。

　また、管理者改革、年功序列の打破、中堅管理者層の強化は改革推進に決定的に重要だ。戦略を現場の言葉で語り、課員を改革に組織できるのは管理者しかいない。管理者の選抜・昇格制度の改革、管理者行動指針の設定などはトップ層の決断で道筋をつけられる。職場には、必ず力のある職員はいる。

　今日求められるのは、こうした新たな開発力育成の総合的な取組みである。

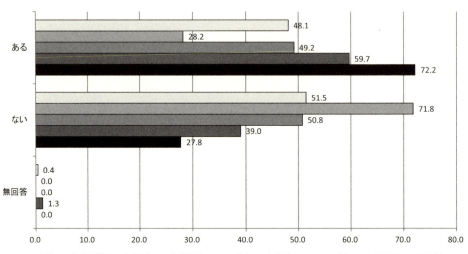

図表 3-2-1　人事考課制度の有無（規模別）

	○	×
1. 人事考課を処遇につなげている	78.4%	21.6%
2. 人事考課で管理者評価がある	81.1%	18.9%
3. 人事考課で同僚・部下評価がある	15.3%	82.9%
4. 人事考課の結果は本人に知らされている	63.1%	36.9%
5. 人事考課システムや評価基準は学内で公開している	78.4%	21.6%
6. 目標管理制度がある	61.3%	38.7%
7. 人事考課を育成・研修に結び付けている	56.8%	42.3%
8. 面接やコミュニケーションを重視している	75.7%	24.3%
9. 結果を昇進や人事異動に活用している	83.8%	15.3%
10. 考課者研修を行っている	58.6%	40.5%

図表 3-2-2　人事考課制度の内容、特徴

2 考える組織への脱皮

さらに目標の実現に迫るには、個人の育成と共に、それが生きる組織作りが大切だ。

今日の大学の中心的課題は、個人だけでも、課室内だけでも解決が出来ない。同じく09年の私高研調査でも、部課室単位の会議の開催8割に対し、課室横断のプロジェクトが62.3％となっており、課室縦割りと併せ横断的組織運営が機能していることが読み取れる。また企画部局設置も5割を超え、職員の関与が難しかった教育改革でも改革推進事務部局が34.3％もある。IR組織はまだ2割弱と端緒的だが、全体として政策推進を担う企画事務部門の重視、専門的な調査分析提案組織・IR機能の拡充、横の連携重視の方向に向かっていると言える。職員が提案・発言する風土・運営も48.1％あり、職員が大学改革の推進に向けて発信できる環境は拡大していると読める。

考える組織への脱皮、目標に基づき主体的、自律的に行動できる組織への前進が、斬新な政策とその実現を支える。

3 職員参画と教職協働

調査結果では、職員の影響力が強い分野は教職協働が進んでいる分野と重なる。特に、中長期計画、事業計画、財政計画などの政策分野や就職支援、学生支援、学生募集などの分野で職員の影響力が7割～8割と顕著だ。そして、この力の背景には、これを実質的に推進する組織への職員の参加、権限移譲があると見ることが出来る。認証評価やGP獲得の取組を契機に教職協働が大きく前進を始めている。

また、職員の教学組織への正式参加は、参加組織にバラつきがあるものの8割を超え、前進していると評価できる。専門委員会や各種プロジェクトへの正規メンバー参加から、副学長など教学幹部への登用まで、教育に果たす事務局の役割に相応しい参画が求められている。それは職員の地位向上のためなどではなく、実態を踏まえた教学改革、学生本位の教育・支援にとって不可欠だということだ。職員の参画こそが実効性ある大学改革の力となる。

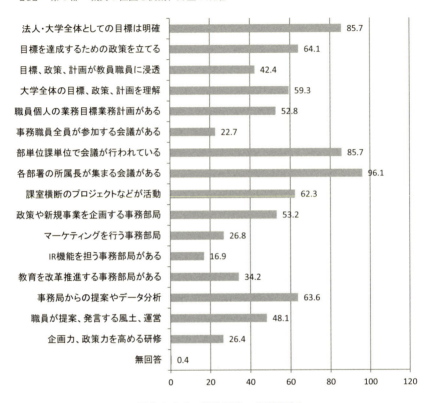

図表3-2-3　業務運営の現状評価

4　高い目標へチャレンジ

これらを実現するためにまず何をすべきか。職員の力、特に、企画提案力を付けていく上では、何よりも業務の高度化、高い目標へのチャレンジが重要だ。処理型を脱し業務目標のレベルを上げること。大学の目標と業務目標の結合、目標の連鎖が必要だ。高い目標への繰り返しの挑戦、OJD（オンザジョブディベロップメント）＝業務を通しての開発と統治の実体験によってしか本当の力は身に着かない。

分掌業務の中で1年間にチャレンジすべき改革目標は何か、それを抽象的ではなく具体的に書く。大学業務は評価になじまないという声も聞くが、目標の到達状況がイメージでき、成果物が特定され、期限や方法が明示できれ

ば十分に評価できる。自分の知恵や行動で事業や業務改善を形にすること、この積み上げこそOJDの実践であり、この繰り返しの中で企画提案力は身に着いていく。「目標と評価」なしに人が自然成長することはない。

　これをチームで取組めばさらにパワーが増す。例えば退学率の改善や大学評価向上策など、チームで解決策を模索すべき課題は山積している。課室縦割り、課長の縄張り意識を超えて、チームで取り組む仕事こそが、問題の本質に迫り、より成果を上げ、職員の視野の拡大や成長につながる。チームの提案は学内組織にも議題として取り上げられやすく、この蓄積の延長に職員参加、真の教職協働の前進がある。

　目標にチャレンジする個人の主体的な行動、チームによる問題解決への挑戦、その積み上げによる職員の力量向上と職員の運営参加が、大学改革力を強化する。

注

　図表は、私学高等教育研究叢書『財務、職員調査からみた私大経営改革』（2010年10月）

　　初出：「大学改革力の強化へ―職員に求められる4つの課題」『教育学術新聞』2011年6月1日

2．職員育成を基礎から考える —— 企画提案型職員の育成を目指して

(1) 育成に果たす管理者の役割

　企画提案型職員の育成を進めるための方策について、そうした人材を育成する責任を持つ管理者の役割、職務の基本を再確認しながら、大学運営の中核となる戦略形成の基本的あり方と、それを担う職員の力量形成の方法について整理してみた。具体的な職員の育成指導の参考になるよう、文中に役に立つと思われる文献も入れて整理した。課員育成の参考として、とりわけ今日求められる企画提案型職員の育成を行おうとしている方々の基礎的なガイ

ドブックとしてお読みいただければ幸いである。

管理者とは何か

目標を実現するために組織があり、組織を動かすために管理（マネジメント）が必要となる。これは企業でも大学でも変わらない。実現すべき目標は違い、そのためのマネジメントの方法にも多少の違いはあるが、管理者に求められる基本は変わらない。それは管理者が、チームメンバー、部下を組織して成果を上げる、集団を動かして目標達成に迫る、という点である。

管理の対象は、ヒト、モノ、カネ、情報などたくさんあるが、管理者（職）と呼ばれるのは人を管理する者のみで、ヒト以外を管理する場合は通常、○○の管理者と呼ぶ。なぜ人を管理する場合のみ管理者を置くのか。それは人の管理が複雑かつ無限の力を持ち、組織目標を実現する要は、この人の働き方、能力の発揮の仕方に左右されることによる。この力を育て、チームとしてまとめ、効果的に発揮するためにこそ専属のリーダーとしての管理者（職）が不可欠である。

チームがあるということは、もともと個人の力では目標が達成できないから、集団で取り組むということである。そう考えると管理者の職務は、目標を達成するための自らの業務遂行だけでは足りない。人をやる気にさせ動かし育てること、このふたつが合わさって初めて、組織は集団としての力を発揮する。管理者の役割とは、この人をやる気にさせ動かし育てる仕事が本務として不可欠だということである。

管理行動の2つの側面

この管理行動について体系化したもののひとつに、三隅二不二氏（大阪大学教授・当時）が開発したPM（PerformanceとMaintenance）理論がある。目標達成には組織が必要であり、それを方向づけるリーダーが生まれる。いきおい組織は、目標を達成する行動を強めるほど個人を統制することとなり、その反発から常に崩壊の危機を内包し、それを抑える行動が求められ、この双方の力のバランスの上に成り立っている。

三隅氏は、集団におけるリーダーシップを「集団の目標達成や課題解決を

促進し、集団に胚胎する崩壊への傾向を抑制して、集団の維持を強化する機能」(『リーダーシップの科学―指導力の科学的診断法』三隅二不二著、講談社、1968年7月)と定義した。

　そして、集団における目標達成や課題解決に関するリーダーシップをP(パフォーマンス)、集団の維持に関するリーダーシップをM(メンテナンス)と呼び、これをPM論と名づけた。簡潔に目標達成行動と集団維持行動とも言う。管理行動は、この二つの次元の異なる行動によって成り立っており、リーダーシップを映す鏡は、企業であれば自分の部下、教師であれば教え子である。その測定は、部下に対する上司の行動調査によって行い、PMの強弱や特性の分析によって管理行動の強みと弱みが明らかにできる。

　　調査は例えば、P行動については、計画や目標、期限等に関する指示や報告の強弱、仕事をする上での環境設定や状況把握、計画化や指導の強さ、適切さについて聞き、またM行動については、部下の意見を良く聞くか、その実現に努力し、信頼し、公平に扱い、気を配り、好意的かというような点でその度合いを聞く。これにより管理行動の客観的特性が浮かび上がることとなる。このバランスの取れたリーダーが、高い業務遂行能力を持つことは調査から立証済みだ。目標達成や業務改善の側面と職場の活性化、部下育成が統一して取り組まれなければ、リーダーとしての役割は果たせないということだ。

　今日の管理者に求められるもの
　大学を巡る今日の厳しい環境、大学改革推進の必要性を考えると、大学管理者、とりわけ中堅の職員管理者の役割は、決定的に重要だ。何よりも管理者は政策(戦略)と業務(現場)の結び目、結接点にいる。大学が掲げる多くの目標は、管理者を通して現場と結び付かない限り実行に移すことは出来ない。また、現場の実情や課題は管理者に集約され、そこから大学の政策・方針とつながることで現実性あるものとなる。大学の戦略形成や業務革新ができるか否かは、管理者の自覚や資質が大きな影響を持つ。
　さらに、職員の力は基本的にチーム力として発揮される。大きな改革テーマになるほど集団的、組織的取組みが求められ、それを束ね、目標実現に向

けリードする管理者の役割は重要性を増す。そしてそれらの学内機関への提案やプレゼンテーションの多くは、管理者によって担われることとなる。

　ところが大学管理者は年功型で昇進する所も多く、手続きや慣例に基づく調整型、改革ビジョンや方針不在の実務チェック型・予算管理型の業務スタイルもまだ少なくない。そう考えると、当面の改革推進の焦点は、職員全体の底上げより、まず管理者改革が先行すべきだとも言える。年功型の打破、管理職人事の刷新と若手幹部の抜擢、管理職業務の改革は、困難も伴うが、決断さえすれば実行可能だ。力ある職員は必ず職場にいる。管理者改革は、活力ある組織を作り上げる上で決定的に重要な課題である。

管理業務の2つの力

　管理業務のレベルアップのためには、まず、管理者自身の力、所管の分野での現実の問題を正確に分析・把握し、それを改革・改善するために必要な施策・計画を作る、いわば問題発見・解決力量、「政策提言能力」が求められる。このためには、自らの専門性を背景とした自分の現場を持つこと、その上で、セクショナリズム（部分最適）でなく全体最適のスタンス、ゼネラリストとしての視野、外部環境への改革的挑戦を含む戦略思考を持つことが必要だ。これによって、役員層に向かって現場から革新的な企画提案をしていく、上向きの経営・教学人材、アドミニストレーターとなる。トヨタはこれを赤エンピツ（他人の仕事のチェック）から黒エンピツ（自分で書く仕事）への転換と呼び、孫福氏は「プレーイングマネージャー」と位置づけた。

　意思決定・執行における「ミドルアップダウン」の実質化、中堅管理職層が積極的に現場から主張、提案を行い、経営・教学幹部に働きかけて意思決定に持ち込む。決定と同時に現場に方針を下ろし、組織と人を動かし、財政投下と効果評価を含む一連のマネジメントが出来る人材が求められている。

　そしてこうした業務を遂行し、目標を実現するためにも、もうひとつの重要な管理者の役割、チーム構成員全体のレベルの引き上げ、課員育成の課題がある。良く考えると、課員育成と業務遂行は別々のものではなく、いわばコインの裏表の関係にある。業務目標の達成と開発型職員育成は両立できる。正確に言えば、開発型業務による目標追求に課員を巻き込むことなしに

は、課員の企画開発力量を身に付いたものとして体得させられないし、また目標の達成にも迫れない。処理的業務から脱却し、業務の水準を上げる。この高い目標にチャレンジする開発型業務の追求の過程こそが育成そのものであり、これが OJD（オンザ・ジョブ・ディベロップメント）と言われるものである。開発型職員を作るためには、自らが高いチーム目標を掲げ、課員をその達成に向け組織することが求められる。

　管理者の原点を、ドラッカーは①ポストを地位でなく仕事とみなし、唯一使命と目標に沿って判断、行動すること、②特権ではなく責任と捉えていること、③信頼されること、その前提に賢さよりも一貫性があることと定義した。管理者のあり方として考えさせられる点だ。

【大学の基礎知識や職員の役割についての参考文献】
『大学戦略経営論―中長期計画の実質化によるマネジメント改革』篠田道夫、東信堂、2010 年 11 月
『大学アドミニストレーター論―戦略遂行を担う職員』（学法新書）篠田道夫、学法文化センター、2007 年 3 月
『実務者のための私学経営入門』（改訂版）石渡朝男著、私学経営研究会編、法友社、2010 年 3 月
『実践的学校経営戦略―少子化時代を生き抜く学校経営』岩田雅明、ぎょうせい、2009 年 8 月
『大学職員は変わる―東大 SD トータルプランの実践―』上杉道世、学校経理研究会、2009 年 1 月

【管理者の役割に関する参考文献】
『管理者の役割（管理基礎テキスト）』片山寛和、経営書院、1993 年
『マネージャーの基本＆実践力がイチから身に着く本』小倉広、すばる舎、2008 年 12 月
『課長の教科書』酒井穣、ディスカバー・トゥエンティワン、2008 年
『実力管理者になるためのマネージャーの基本テキスト―スキルを磨いて組織をまとめる』松田憲二、日本能率協会マネジメントセンター、2011 年 9 月
『図解ミドルマネジメントの仕事 100』福山穣、実務教育出版、1999 年 9 月
『リーダーシップの基本とコツ』高城幸司、Gakken（学習研究社）、2009 年 3 月
『リーダーシップが面白いほど身につく本』守屋雄司、中経出版 2010 年 10 月
『リーダーシップの旅―見えないものを見る』野田智義、金井壽宏、光文社新書、2007 年 2 月

(2) 今日求められる職員の役割と力

目指すは現場からの政策提案

「大学の市場化」「競争と淘汰」の進展の中での最も重要な課題は、これと切り結び存立の基盤を固めること、目標を鮮明にした経営やガバナンスの確立である。今日求められる大学職員像とは、まさにこの課題を担い、推進することにある。厳しい時代環境の中では、マネジメントやガバナンスの質が大学改革の進度に直結する。職員はそれを担う中核部隊である。

ではなぜ職員がこうした推進に中心的な役割を担いうるのか。大学の政策が現実課題の解決に有効性を持つためには、実態から出発し、実際のデータや現実の問題点に立脚したものでなければならない。職員は経営や教学の現場におり、学生と接し、大学の評価に繋がる高校や企業や地域との接点に立っている。これらステークホルダーからのニーズ、要望あるいは批判がまず最初に来るのは、この現場にいる職員のところであり、学長や理事長ではない。そうすると、ここがどのような感度、問題意識を持って業務を遂行し、またそこからどんなレベルの提案が出て来るのか、これによって大学の改革水準が規定される。現場で学生と向き合い、教育・研究を支え、財政・経営を担い、学募や就職を推進する職員の、まさに開発力量が問われている。

職員は、大学の全ての分掌業務での客観データを持っており、大学のあらゆる政策や計画は、こうしたデータや情報、経験の蓄積をベースに成り立っている。教員は教育行政に一部は従事しているが、大学職員は全員が大学運営の何らかの分野を、業務を通して末端まで担っている。事業や計画の素案の立案、決定後の具体化や執行、その両方を職員が担当している。ここにこそ職員の役割、現場からの提案が求められる根拠がある。職員による正確な現状分析や課題設定、適切な解決策の立案の総和で、大学全体が動いている。

戦略とか中期計画とかひと括りで言っても、それは、分解すれば、教育支援、就職、学募、地域連携、財務など、ひとつひとつの分掌になってくる。この一つ一つが、他大学より一歩でも半歩でも進んだものになり、努力して改善されない限り、政策全体の優位性は確保できない。つまり、個々の分掌の業務遂行レベルの総和が全体政策の水準、大学改革力を決める。

専門性だけでは足りない

では改めて職員の専門性とは何か。職員のこれまでの処理型業務への反省から専門職化が強調される。しかし、狭い専門家でも職員のプロとは言えないし、ゼネラリストでも教学や経営を動かし得れば、職員としては専門家だといえる。要はプロフェッショナルな職員とは何かということだ。

今日の職員業務は多くの分野に細分化し、専門化している。学術情報管理、教育事業やカリキュラム開発・情報教育推進、研究コーディネイトや知的財産管理、国際交流事業企画、就職支援やキャリアアドバイザー、学募広報政策、資産運用や財務管理、ビル管理や施設建設、学部申請許認可業務等挙げればきりがない。こうした専門知識を身につけることは極めて重要で、これなしに職務は果たせないが、プロの力は、この専門職への特化や資格取得だけで実現できるかというとそうでもない。

今日求められる戦略推進を担う職員像を成り立たせるためには、まず共通する基礎的な能力が必要だ。それはコミュニケーション力や文章力、プレゼンテーション力であり、調整力や交渉力、対人支援力、調査・分析力、論理思考力、そして政策提言力や事業統治力であるといえる。

この上に、高等教育の歴史や制度、法体系の知識等大学固有の基礎知識が必要だ。さらに、当該大学のミッションや戦略、教育・研究の概要、財政や人事の知識等大学個別の知識が求められる。最近急速に進む戦略思考を支えるツール、SWOT分析、マーケティング、ベンチマーク、戦略プランニング、さらには教育分野ではカウンセリングやアドバイザー等の学習・体得も必要かもしれない。

自分の足場である業務の専門力量にプラスして、こうした大学全体の知識をベースとした判断力が加わり、大学全体のあるいは各部課室の目標実現を担えなければ専門家とは言えない。つまり専門知識とゼネラリスト的視野が結合し、教育や経営の企画、改革推進が出来たとき初めてプロフェッショナルへ一歩前進できたといえる。

改善策を考え、方針を作る

つまり、大学アドミニストレーターとは、たとえ高度なものであっても、作

られた政策や方針に基づく業務遂行だけでは成り立たないということだ。現場の状況を分析し、他大学を調査・研究し、その中から先駆的に取り組むべき課題を明らかにする。その解決策や実施のための事業計画を立案し、機関決定に持ち込み、予算をつけ実践し評価する。この一連のサイクルをマネジメントし、新たに開発することが求められる。どんなに高度で専門的な仕事でも、定められた方針、指示された枠組みでやる業務では限界がある。例え限られた分野であっても、新たに政策を作り、また方針を豊かに具体化し、現場から大学を作り上げる一翼を担うところにアドミニストレーターの本質がある。

大学には膨大な処理的業務、ルーチン業務が存在する。これなしには大学は存立し得ないが、専任・常勤職員の業務は、こうした現場の業務やデータをベースに、問題発見や解決策立案に重点を置き、大学の掲げる目標を前進させなければ、本来求められる職務を果たしているとはいえない。しかし、この開発するという仕事は、前例がなく、すぐにアイディアが出てくるものでもなく、勉強もいるし、調査も必要となる。正解の保証はなく、常にリスクが伴い、また、改革には抵抗勢力が付き物で、これを説得して決定に持ち込まねばならない。しかし、ここにこそ専任、常勤の職員にしか果たせない本当の役割がある。事務処理から業務目的そのものの達成（創造）へのシフト、教育事務から教育作りへの参画が求められている。筑波大学の吉武博通氏はこれを、ルーティン（Routine）―ソリューション（Solution）―マネジメント（Management）への能力の進化と表した。日本福祉大学ではこれを「教育研究目的達成のための事務」＝「業務の政策化」として長年取り組んできた。この事務の目標から教育研究目標への転換は、単なる事務業務の変化とか改善とかではなく、飛躍である。受動的業務遂行の意識から根本的に脱却し、大学作りへ主体的に責任を持って参画する意思が求められる。孫福弘氏が「『戦略的に仕事をする』というアプローチによって、初めてミッションの達成も、業務の卓越性も獲得できる」と言ったのはまさにこのことである。

最も重要なのは目標設定

職員の力、特に、こうした企画提案力を付けていくうえでは、何よりも高い目標へのチャレンジが重要だ。力量の向上には、現場の課題に即したチャ

レンジ目標を設定し、実践する「目標管理」が不可欠だ。如何なる「形」の制度を持つかはともかく、「目標と評価」のサイクルが機能せずに人や組織が自然成長することはない。そして、このサイクルが機能する条件は、いかに適切な目標設定が出来るかという点にある。分掌業務の中から1年間でチャレンジすべき目標は何か、改革課題を明確にすること、目標やその到達した姿が抽象的で曖昧であれば、達成できたか否かの評価も不明確になる。分掌業務の中から1年間でチャレンジすべき目標は何か、改革課題を明確にすること。そして自分の知恵や行動で事業や業務改善を形にすること、この積み上げ、この繰り返しの中で企画提案力は身に着いていく。

　大学では数値目標の設定が難しく、業務評価は困難だという声も聞くが、改革の到達点（姿）を具体的に設定・記述できれば大学事務労働においても評価は十分可能だ。ただ、業務が定型業務中心から「問題発見・解決」型に移行していなければ、こうした開発目標を設定するのには無理がある。実務的査定や人件費削減を主眼に人事制度だけ精緻化しても確かに人は育たないし、評価も本質には迫れない。効果がある育成型人事制度とは、いかに大学全体の戦略目標を管理者や個人の目標に結合させるかという点に鍵があり、それができれば大学目標の達成も担保され、その挑戦を通して力量育成を図ることができる。戦略目標への組織を挙げた挑戦が、また、能力の育成・成長に繋がるというサイクルを作ること、ここにこの制度の根幹がある。

参考文献

「職員の開発力量を如何に養成するか―戦略目標の遂行を通した育成システム構築の試み（1）〜（3）」（篠田道夫、木戸脇正）『学校法人』、2008年7月号〜9月号

『新版　目標管理の本質―個人の充足感と組織の成果を高める』五十嵐英憲、ダイヤモンド社、2003年4月、2000円

『最新　目標による管理―その考え方進め方―』幸田一男、産業能率大学出版部、1989年6月

『成果を出す管理者のための目標管理の進め方』JMAM目標管理プロジェクト、日本能率協会マネジメントセンター、2003年9月、

『1次評価者のための目標管理入門』河合克彦、石橋薫、日本経済新聞出版社、2010年3月

個人目標の設定の仕方

　大学などの非営利組織においては、組織体の使命の遂行と個人目標の達成、自己実現は調和できると言われる。自覚的な目標設定を基本に、セルフコントロールを大切にすることが、構成員をやる気にさせ、目標達成に向かわせる上で重要だ。この「目標による管理」という考え方は、担当者の目標への自覚、主体的な計画の策定に基づき、自らの仕事を自己統制することを基本に置いたシステムとして設計される。そして、この制度が機能するには、法人や大学の目標や部課室の業務方針が明示され、共有されていることが前提となる。現状の問題点や改革の基本方向についての共通理解や情報の公開なしに、担当者だけに目標を立てることを求めることはできない。

　そして、この制度運用の最大のポイントは、チャレンジするにふさわしい個人目標が正しく設定できるか否かにかかっている。評価が正確に行われるためには、出発点となる目標設定が具体的な到達目標、評価基準を伴って適切に設定されるかどうかが決定的だ。適切な個人目標づくりに当たって留意すべき点、作成の参考として、下記の日本福祉大学「チャレンジシートの手引き」(旧評価制度で使用していたもの)をご覧いただきたい。

目標設定にあたっての留意点

● 第三の条件「焦点化」

　良いチャレンジシートは、分掌全体を反映しているだけではなく、同時に、仕事のなにが焦点なのか、そのポイントを明らかにしています。注意していただくポイントとして、次の三つの言葉を使って業務課題を表現していないかどうかご確認ください。
「○○の管理」「○○の確立」「○○に関する業務」
　こうした言葉はいろいろな業務課題をまとめてしまうことができるのでとても便利です。しかし、「業務課題」の記述で抽象的な表現を使ってしまうと、それに引きずられて、設定目標も、遂行手段・方法も曖昧になってしまいます。
　掲げた業務課題を「なぜ？／どのような？／どのように？／いつまでに？」→「どのような方法で？」「どこに提案するのか？」と掘り下げていき、なるべく具体的に記述するのです。
　「〜の管理・〜の確立・〜に関する業務」といった曖昧な表現は、「○○の管理で何を改善するか」「○○を確立する上で何が一番重要か」「○○に関する業務をどのように展開するか」という問いかけを出発点にして掘り下げ、焦点を絞り込んでいきます。以上が、目標設定に係わる留意事項です。

● 第四の条件「ゴールと実現の方法の明示」

> 目標とは、結果としてアウトプットすべき最終ゴールを意味し、同時にそれは仕事の達成度合いを測る「ものさし」となるものです。目標には、定量的目標と定性的目標の二つがあります。「とにかく数量化すればよい」というものではありませんが、まずは、量的に（＝定量的に・計数的に・時系列的に）目標を設定できないか検討します。
> どれくらい（○％、○人を対象に、○日分の工程で）／いくらで（前年比○％の収入を、○円以内の費用で）／いつまでに（○月○日までに、前期中に、年度内に）／その上で、量的に表現できないものについて、どんな改善や改良をはかりたいか、どんな内容に仕上げたいか、どんな水準に高めたいか、どこに、いつまでに提案を行うか、といった観点から捉えなおし、質的目標として記述するとよいでしょう。
> 目標（ゴール）が明確になって初めて、方法・手段（そこに至る道すじ）を具体的にイメージすることができます。
>
> 出典：日本福祉大学「チャレンジシートの手引き」より抜粋

(3) 戦略立案と企画提案力の育成

それでは次に、企画提案力育成に不可欠な戦略立案の基本的な流れを概観しながら、そこに求められる新たな力量とその育成について考えていきたい。

戦略の流れを理解する

いかなる組織も、目標、目的なしには機能しない。そしてその達成のためには、実現への具体的方策、戦略や計画が不可欠だ。

一般に「戦略」と総称される中には、次の4つのカテゴリーが含まれている。第1は、ミッション（Mission）と呼ばれるもので、経営体が事業を行う上での基本的な理念、使命、規範を定めたものである。私立大学では、その存在意義を示す建学の精神や教育理念などがそれにあたる。第2は、ビジョンとか目的（Objectives）で、ミッションを具体化し目指すべきゴール、組織の到達すべき目標（方向性とその内容）を明示する。第3が、戦略（Strategy）あるいは中長期計画で、ミッションとビジョン・目的を具体化し、目標達成のための基本政策を大綱的に取りまとめたものとなる。そして第4に、戦術（Tactics）あるいは短期計画として具体的な行動計画（アクションプラン）に落とし込んで、全員の業務や活動の指針として機能させることが必要だ。これは大学においては、年次の事業計画、予算編成方針や教育改善計画、業務計画のような形で策定される場合が多い。こうした経営体としての存在意義や事業領域、

コアとなる資源や重点、到達目標や競争戦略を明確化することは組織の存立と発展に不可欠である。このうち我々職員が主に策定の対象とするのは第3、第4である。建学の精神はあっても、その実現計画が不明確なケースが多い。基本戦略の形成とその実行計画への具体化は、競争環境の中での大学改革に欠かすことは出来ず、その策定を担う職員の企画提案力の重要性はますます大きくなっている。

　ＳＷＯＴ分析を使ってみる

　こうした戦略を策定し推進する上で、代表的な環境分析、政策立案手法にSWOT分析がある。自大学とそれを巡る環境を「強み・弱み・機会・脅威」に4分類して分析し、それらを一目で分るような方法で記述することによって課題全体を明らかにし、最適な政策を選択・実行する方法である。まず強み(Strengths)で、自大学の優位性ある事業、歴史的に形成してきた伝統的強みや新規に開発した斬新な企画・事業などを鮮明にし、そのいっそうの強化策を考える。合わせて、弱み(Weaknesses)を明らかにして、その対応策、補強策、代替策を練る。自らの強みと弱みを客観的に分析し、把握するところから全てが出発する。その上で、機会(Opportunities)は何か、事業発展のチャンスや可能性はどこにあるのかを探り、その展開のための方策を策定する。逆に脅威(Threats)は何か、発展を阻害するもの、壁となっている障害、強い競合相手はどこかを明確にし、その対応策、脅威を最小に抑える方策を検討しなければならない。自大学にとって有利な環境と不利に働く要因を、将来予測をも行いながら明確に捉える。これらは当然絶対的尺度はないので、あくまで競合校との競争関係に基づき、あるいは市場の中のポジションを踏まえて検討する。一般論でなく具体的な事実に基づいて、優先度の高い順にポイントを絞って列挙する必要がある。機会と脅威を横軸に、強みと弱みを縦軸にしたSWOTマトリクスを作成し、強みを機会に生かす積極策の検討、弱みを機会に対応させた段階的改善策、弱みに脅威が結びつく分野では撤退策を模索するなど、複合的に検討を進めることより総合的な施策になる。機会と脅威は外部環境に当たり、強みと弱みは内部環境にあたる。この外部環境・内部環境のポイントを押さえた分析こそが、戦略形成の重要な基礎的作業となる。こ

れによって大学全体の課題を明らかにすることも可能だし、特に我々にとっては学生募集、就職、財務、社会連携活動等の分野別の分析にも有効な手法となる。またこれらは定期的に行われる自己評価に生かすことが出来るし、逆にこうした分析に第3者評価時のデータを積極的に活用することも出来る。

　正確な実態が分析・把握できるかどうかが、あらゆる改革方針の最も重要な前提である。管理者はもとより、企画提案を担う中堅職員が身につけるべき基本手法のひとつである。

強みを見つけ、伸ばす施策

　戦略の策定と遂行の中で重視すべきなのがコアコンピタンスの考え方である。分析作業は、勢い短所や問題点、課題を明らかにすることが重視されがちだが、戦略として大学のこれからの発展の基軸は何かを考えるとき、長所、強み、それも中心となる強みは何かを鮮明にすることが特に重要だ。大学が社会的に存立している以上、他にない強みは当然持っている。この他大学が真似できない、あるいは真似しようとしても難しい、内部に蓄積された固有の教学・経営上、あるいは社会連携事業の特色やスキルといった中核能力＝コアコンピタンスに着目し、これを育て強める施策が求められる。これこそが差別化戦略の根幹であり、これを発見することが、問題点を克服、改善する施策以上に、大学の将来を切り拓く原動力になる。

　投資できる資源には限りがある。大学の中核事業の発展を考えると、コアコンピタンスの形成と強化に連動する事業を選定し、そこに特化することが必要となる。これが経営に「選択と集中」が求められる所以だ。選択と集中とは、事業全体を見直し、目的に対し、必要・不必要を明確にしていく手法で、重点事業への資源の集中の一方で、不要不急の業務の縮小や廃止は不可避である。生き残りのためには、他大学の優位に立つための教学・経営資源は何か、逆に不必要なものは何かを明確に判断し、リストラクチャリング（事業再構築）を遂行することが強く求められる。大学独自の個性を強める資源投入を強化するためにも、選択と集中の考え方は重要な経営原理のひとつである。そしてこの手法は事業の再構築のみならず個々の業務改善にも生かすべき重要な手法である。

先進の改革を調査し、生かす

　戦略の形成過程に、斬新な手法を導入し、劇的な改善を実現する手法として注目されるのがベンチマーキングである。同業や他業種のベストプラクティス、一流の成果を上げている所を探し、その成功要因や手法を学び、データを比較・分析・活用することを通して、自大学の改革、改善を図る取り組みである。どんな問題でも即座に解決策を考え出し、実行できる人材はいない。知恵を絞っても解決策が見つからない場合、他人の知恵や経験、データ比較から学ぶベンチマーク手法は有効だ。現行のやり方とは全く異なる新しいやり方や視点を学び、気づき、取り入れることも出来る。しかもベンチマークには失敗というリスクが少ない。なぜなら基本的にベストの良いところと比較し、取り入れる取り組みであり、すでに実践で検証済みだからである。ただし、結果だけを真似る単なる「物まね」、形だけを取り入れるやり方では良い成果は得られない。自大学の現状とベストの間には当然ギャップがある。このギャップの原因分析、なぜ差が出ているのか、その実践方法やシステム、組織体制の違いなどPDCAの全ての過程にわたって分析し、トータルに改革しなければ、結果だけの模倣におわり、根本的な改革にはなりえない。改革案の立案に着手する前に、まずこの調査から出発するのを基本にしなければならない。ベンチマークの対象は大学運営や教学内容から、研究事業や社会連携活動の取り組み、経営、財務運営、事務システムなど多様であり、それによって選定すべき対象も異なる。当然同系先進大学がまず対象となるが、異なる系統の大学、違う業種や団体、企業も含め広くその分野におけるベストが対象となる。

戦略マップを作ってみる

　中期目標・中期計画を策定する際、実践的にも使われる戦略プランニング手法も有効な方法だ。建学の精神や組織の規範、ミッションや教育・研究の方向性、あるいは部局や部課室の目標をまず明らかにする。内部環境、外部環境を分析し、戦略ドメイン（ミッションを実現するための研究・教育・管理など主要領域の確定）と中期的遂行課題を設定、その実現のためのアクションプ

ランを具体化し、その下に、3-5年後の具体的成果目標、成果指標を記載するというもので、基本の流れは冒頭の戦略立案に共通のものだ。優れているのは、これらを長文の文章で表現するのではなく、成果体系図（戦略マップ）として、1枚のマップで示し、可視化させている点にある。成果体系図の記載方法としては、まず、一番上にミッション・ビジョンを簡潔に箇条書きし、その下にその目標を実現するための柱となる主要領域を戦略ドメインとして、例えば研究、教育、国際化、社会貢献、管理運営・組織、学術情報、環境基盤、経営資源……など5〜10項目前後に分け、横並びに記載し、その下にドメインごとの基本目標を簡潔に明記する。そして、さらにこの基本目標を実現するための行動目標を記載し、その下にそれを実現するための行動計画、アクションプランを箇条書きで書いていく。行動目標が2つ、3つになる場合は番号をふって記載し、下にいくほど具体的、実践的な内容となる構造となっている。この成果体系図（戦略マップ）は、ミッションあるいは部局目標とそれを実現する政策全体、計画の全容を一覧でき、構造的に把握できる点でたいへん優れている。目標の実現に向かって全体が一貫した施策になっているか、その具体的施策のレベルが妥当なものかの検証にとっても意義がある。目標から実行にいたる流れ全体を俯瞰でき、系統的に理解できる仕組みだ。自分が担当する分掌やテーマの実行計画づくりにも十分応用できる。具体的イメージとして、福岡工業大学の第5次の戦略マップを掲載させていただくので、ご参考にして頂きたい。

　身近なところから、提案を作る
　では実際に計画や提案はどのように作るのか。大学全体の政策づくり、部課室方針は、担当者ではすぐには書かせてもらえない。まずは身近なところを変えていく所から始めていかねばならない。批判や不満を言っていたところから、ではそれはどうしたら変えられるか、すぐには無理だと思っても、あきらめずに改善案の提案に挑戦したい。
　問題点の指摘から一歩進んで、改善策を考えること、これを意識して習慣づけるところから始めねばならない。これが、課題に主体的に責任を負う前向きな職員になれるかどうかの分かれ目である。まずは無駄な経費の削

減、書類の整理や書式の統一、パソコン、インターネットを使った事務の効率化から始め、徐々に改善方針の立案、制度や組織、運営の改革など、全体的、総合的な改善案の提案へ進んでいきたい。面倒な仕事を如何に簡単にするか、去年と同じ仕事を工夫・改善、少しでも良くしてみるところから始める。疑問に思ったら口にして見る。皆の反応を見て、どうしたら良いか意見や評価を聞く。それを自分の考えでまとめ、文章にして見る。改善の理由を考え、根拠やデータを補強し、改善策の不十分なところを直していく。回りまわって大学のため、学生のためになることなら、例え小さなことでも、こだわりを持って取り組むことが必要で、上司はそうしたことに意識的に取り組むよう仕向けて行くことが特に若手職員には重要な点である。

　その際、前述した調査・実態分析、マーケティング、SWOT分析、戦略プランニング手法、戦略マップ、ベンチマーキング、いろんな手法をとりあえず使って、分析―問題点の整理―改善計画立案の流れでやってみることが大切だ。この作業自体が提案の論拠となる。出来るだけ問題の中心点を掴み、解決策を考え、改革案をまとめ、提案書を作ってみる。業務方針、事業計画、改善方策、新規事業提案にわずかずつでも反映させていけたら前進だ。

　その際、現状を正しく把握するための情報収集、文献調査、データベースの利用、新聞、インターネットなどを多いに活用し、説得に有効なデータを集積し、結論に至る根拠を補強する。主観、思い込みによる提案はすぐに反論されるが、事実・実態は否定しがたい力を持つ。アンケート調査やベンチマーキングも有力な手法である。

　その際、踏まえねばならない点に、「仕事とは他人の需要にこたえること」だという基本である。単に自分のやりたいことをやるのではないということだ。常に、顧客、学生や就職先、高校生の願いや要望から出発する癖をつけることが大切である。今日の大学では、あらゆる場面で満足度の向上を図ることが存立・発展の最も大切な基本点となる。これは、別の言葉ではマーケティングマインドとも言われる。学募・就職はもちろん、教務・学生などあらゆる分野で、ステークホルダーのニーズや現実の実態をつかみ、どうしたら希望に応えられるか、考え、知恵を出すことが大切である。

　新しい発想、新しい提案をしていく上では、受け身にならないことが重要

第2章 職員の育成システムの高度化　299

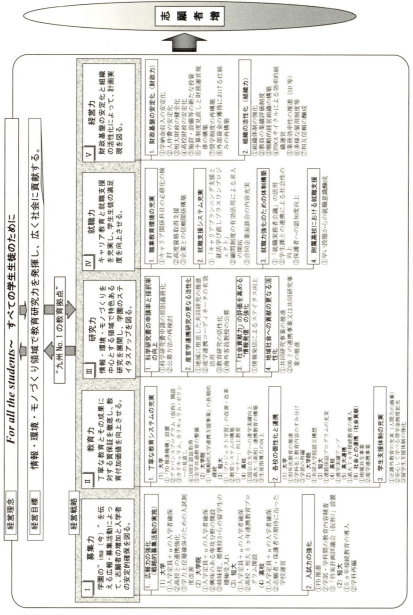

図表 3-2-4　第5次マスタープラン（学園）概要図

だ。マニュアル通りにやる、上司の指示通りやる段階から、その意味を考え、納得できない場合もその理由や内容を確認し、自分で考えて行動する自立的姿勢を作ることを重視しなければならない。しかし一方、基本点は報告し、重要事項は上司の判断を聞くようにすることも大切だ。そうした相談をする時もまず自分の意見をまとめてから聞きに行く、自分なりの考えをまとめる癖をつけることが、計画や提案づくりの力を付ける上で最も大切な点である。

　解らないことは何でも聞く。少なくともいつも質問を考える癖をつける。実際に質問するかどうかはともかく、疑問点をメモしておくことが、内容を深く掴む糸口となる。資料等を読んだら自分はどう思うか考える。

　現場の情報を大切にし、そこから問題を発見、解決策を自分の頭で考えさせることで、総合判断力、経営・教学全体を見渡す力（予算、人員、施設等）が培われ、その繰り返しの中から、全体最適の視野、一段上の目線を身につけることが出来る。これを、上司の指導のもと継続的にトライ、徐々に大きなテーマにチャレンジすることで、企画・提案力が身に付いてくる。苦労して作った改善策をやり遂げ、目に見える成果を上げることで、初めて、仕事の達成感、満足感、充実感が得られる。

　コーチングを活用する

　こうした課員育成に活用すべきツールに、コーチングがある。管理職の仕事は指示を出すことだという考え方は依然根強いが、指示・命令型管理は部下を操作する支配・従属の関係となり、指示されたこと以外はしなくなり、責任も持たず、仕事が達成されても自信にはならない。激変する環境の中で、現場にいる職員が自分で考え自発的に行動し、現場の中にある答えを積極的に引き出すことなしに時代の課題に対応した素早い改革や経営は困難になってきた。

　コーチングとは「会話によって相手の優れた能力を引き出しながら、前進をサポートし、自発的行動を促すコミュニケーションスキル」と定義される。人は自分で答にたどり着いた時にのみ成長し、かつ自発的に行動する、答はその人の中にある、という考え方だ。命令は、たとえそれが正しい場合でも部下の考える力や熱意を弱め、結局、現場の実態に基づく正しい提起を阻害

する。コーチングでは、まず達成目標をはっきりイメージできる形で明確にする。そして何をどう変えるか、どういう状態にしたら良いかを自分の頭で考えることで、目標達成のための方法論、チャンスを意識的に考え、その実現の機会に敏感になる。コーチングの主要な手段は質問型の会話を軸としたサポートだ。自分の結論に誘導するのではなく、直面している現実の問題に、最初は表面的な解決策しか出せなくても、質問を重ね、考えさせることで問題の本質が徐々に明らかになり、より良い解決策と自覚的行動を作り出す。また、管理者は、この質問を通してより深く現場の実態やニーズをつかむことができる。

　こうした現場の知恵を結集する管理行動なしには、現場が大学を動かしていくという原理の実現は絵に描いた餅となる。コーチングは、①目標の設定（確認）、②現状の把握、③原因や背景の分析、そして④行動を起こすための選択肢の検討、⑤提案とそのフォロー、という流れで推進される。これまで述べてきた、現場からの企画提案づくりを後押しする管理手法として、管理行動の具体的局面で活用して頂きたいスキルである。

　【参考文献】『目からウロコのコーチング―なぜ、あの人には部下がついてくるのか？』播磨早苗、PHP研究所、2004年7月
　『上司の一言コーティング』鈴木善幸、福島弘、日本能率協会マネジメントセンター、2007年4月

(4) 政策立案に必要な力とその獲得

　続いて政策立案やその実践に必要と思われる基礎的な力を詳しく見て行きたい。そうした力量を獲得するための指導に参考になると思われる文献等もご紹介したい。また育成のためのシステムや制度の活用についても解説する。

政策立案に求められる基礎能力

　あらゆる政策、改善方策を立案するためには、まずは実態、現状を分析し、そこから課題を発見し、解決策を考えるための力が求められる。

　分析力：正確な情報や知識を収集、把握して、そこから現状を正確に把握

し、本来あるべき姿、実現すべき目標とのギャップを明らかにし、問題点や課題を明らかにする能力である。どこに問題がありそうか、仮説を立てる力。これがないと、情報収集の焦点や方法が定まらない。

問題発見力：集めた情報をもとに因果関係、影響関係、相互作用などを見つけ出し、問題解決につながる情報を抽出できる力が必要である。問題が発生した原因を特定すること、問題解決のために何が障害になっているかを考えることによって、はじめて問題解決策を立案することが出来る。こうした問題意識がなければいくら情報があっても役に立たない。問題仮説を自ら設定できれば、より幅広い情報を使って、より高い目標を設定し、新しい課題に挑戦できる。

【参考文献】『自分で調べる技術』宮内泰介、岩波書店、2004年
『問題発見プロフェッショナル』斎藤嘉則、ダイヤモンド社、2001年

論理的思考力：物事を筋道立てて考え、論証する能力や習慣。代表的な手法として演繹法と帰納法がある。この基礎を学び、実際に応用して繰り返し試してみる。メモの形で結論に至る流れを何度か書いて整理してみることで、ロジカルシンキングの習慣が付き、政策立案、問題解決方策の企画・立案の基本ができるようになってくる。

【参考文献】『ロジカル・シンキング』照屋華子、岡田恵子、東洋経済新報社、2001年
『問題解決プロフェッショナル』斎藤嘉則、ダイヤモンド社、1997年

開発力：問題を解決するための新しいアイディアやモノを生み出す力。解決のための斬新で、かつ効果の大きい方法を作り出す。チームでアイディアを生み出す手法としてはブレインストーミングが有名。カードを使い、それを組み合わせながら新しい発想を作るKJ法、中央の丸にテーマを書きそこから放射状に線を引いて連想するキーワードを次々に記入しながら発想を広げていくマインドマップ、最初に理想像、目指す目標を書き、それを現状と比較して解決の複数案を書き出し、その中から実行可能案を選択していくワークデザイン法など、いろんな手法がある。手法の具体的説明は省くが、

発想を豊かにするこれらのやり方を軽視せず、実際に使ってみることで有効性を確認することが大切だ。ひとりでただ、考え込んでいるだけでは良いアイディアは湧いてこない。

ただ、発想の習慣化は、自分で身につける以外になく、常に知恵を出し、自分なりの解決方法、自分の考えを持つことの習慣化、それを促す管理者の指導が当然ながら基本となる。

【参考文献】『問題解決ファシリテーター』堀公俊、東洋経済新報社、2003年
『問題解決プロフェッショナル』斎藤嘉則、ダイヤモンド社、1997年
『創造性とは何か』川喜多二郎、祥伝社、2010年

計画力：ビジョンや目標を定め、そのゴールにもっとも効率的に到達するための方法や手順の策定が計画である。実行計画の立案のためには、当然その文書化、計画書を書ける力がなければならない。また、プランに意味がある訳ではなく実行することが大切なので、PDCAサイクル全体を動かす計画づくりが求められる。現実的で説得力のある計画書を作り、意思決定にまで持ち込めることが肝心だ。さらに、フィージビリティ・スタディ＝実現可能性調査までできれば完璧だ。立案の過程で、実現の可能性がどのくらいあるか、目標を実現するために投下しなければならない資源、財政や人事、施設・設備の条件をトータルに想定し、計画達成時の効果と比較する。またそこから来る障壁や課題、問題が起こった時の選択肢、リスク管理を検討出来ればなお良い。

【参考文献】『ビジネスプラン策定マニュアル』手塚貞治、すばる舎、2002年

そのために学習すること

分掌ごとの専門知識の学習については、膨大なため詳しくは述べられないが、当然の前提である。総務系、人事系、財務系、教務系、学生系、研究系、それぞれに求められる業務マニュアル、法律、制度、政策、技術、手法、資格など、幅広く深い専門知識が必要であることは言うまでもない。その上で重要なことは、自分の分掌の知識から出発しながら、自大学全体の事、大学

業界全体、法制度、文科省の政策の動向などに視野を広げられるかどうかという点にある。さらに、自分の得意分野、関心のある分野は徹底的に深く学習できれば、それが強みになる。当たり前のことだが、メモをとる習慣を付けること、人の話や資料・情報のポイントを要約すること、それについてのコメントや疑問点を書いておくこと、この積み上げこそが学習の基本である。

　次に強調したいのが、自校学習の大切さだ。自分の大学を知る、自分の大学の役割を考え、そこに確信を持つこと。これは、何のために働くかの大本、働く原点であり、仕事の意義や意味であり、やる気やモチベーションの源泉である。大学の出版物を一番読まないのは教職員だとも言われている。まず大学案内を、全ての職員が暗記するほど熟読することをお勧めしたい。自大学の事は、多少とも知っているから、意識して、努力して読まないと身に付かない。

　さらに、自分の大学の目指すもの、ミッション、建学の理念、経営計画や大学政策、事業計画、自己点検・自己評価報告書、部課室方針を良く読み、深く理解することは、自分の業務の出発点、自分が何をすべきかの基本指針として不可欠である。今は、これらの情報はほとんどが公開されており、意識して読めるかどうかの問題だ。

　財務知識は、浅い深いはあるにしても、いかなる分野にいても職員の必修の学習科目である。事業報告書や財務公開資料に盛られた基礎的内容は、全員が理解に努めなくてはならない。あらゆる業務計画、事業計画は財務の裏付けを持つ。財務構造を理解し、それとの整合性が取れるようにすることが、職員の職務として求められる基本要件である。財務の視点から課題が提起できる、財務への影響を判断できる等が、表に現れる教員との最も大きな違いであり、どの分掌担当であっても、職員の専門性として不可欠で、このことなしに事業の計画や統括はできない。

　その上で、広い視野を持つことが大切だ。本・資料、ネット、新聞・雑誌を読む。他部署、他大学、他業界の人と交流する。そのための勉強会を組織することも有効な方法だ。

　お勧めしたいのが、過去の資料を読むこと、以前の担当者やその分野の専門家の話を聞くことである。意外と同じ問題にぶつかっており、同じ失敗を

経験している。過去の到達や、過去の問題克服の経緯を知ることで、説得力や解決方策はかなりレベルアップする。

　そして最後に、実態、実状、現状から学ぶことである。手元にはおそらく経営や教育、学習等に関する各種のデータや資料、調査結果などがあると思われる。今起きていること、優れた点とともに問題点も、できるだけ正確に掴むことから出発すれば、現実の問題が見えてくる。例えば、大学の認証評価資料、学生アンケート、就職実態調査から何が我々にとって重要な点として指摘されているか、特に、批判や嫌な情報に耳を傾けること、真の問題点に向き合う中で事の本質が見え、根本的かつ斬新な解決策や思いがけないアイディアが浮かんでくる。大学の現状、到達点、失敗、問題点、他からの批判に学ぶことを改めて強調したい。

【参考文献】『SDが変える大学の未来―大学事務職員から経営人材へ』(2004年2月)山本眞一編、文葉社
『SDが育てる大学経営人材』(2004年10月)山本眞一編、文葉社
『SDが支える強い大学づくり』(2006年9月)山本眞一編、文葉社、
『新時代の大学経営人材―アドミニストレーター養成を考える』山本眞一編、ジアース教育新社、2005年
『政策立案の「技法」―職員による大学行政政策論集―』伊藤昇編著、東信堂(2007年9月)
『大学行政論(Ⅰ)』(2006年1月)『大学行政論(Ⅱ)』(2006年4月)川本八郎他編、東信堂

　決定し実践しマネジメントする

　そして次は提案を実行に移すことになる。これは、マネジメントの実体験をする以外にない。大学組織ではまず、提案を決定にまで持ち込めるかが勝負である。これが出来なければ何事も始まらない。大学という組織は、経営と教学が複雑に絡み合い、理事・教員・職員の3層構造になっており、これら全体をマネジメントすることは熟練を要する。まずは決定までの過程を、当事者の立場に立たせ、調整や折衝を任せることから出発する。打合せ、委員会、諸会議の議題設定、資料作成、何を議論し、どのような結論に導くか、この会議体の運営を仕切ること、一定の結論、まとめが出来るまで責任を持

たせることが重要である。そのための根回しも重要なトレーニングだ。また、会議では必ず発言させ、登場する舞台を作る。教員との、時には厳しいやり取りもあるが経験することなしには、ノウハウは身につかない。

　そして、事業計画の素案づくりから実施まで、その全てではなくても責任を持たせマネジメントする。PDCA全体を体感させる。実践にあたっては、思わぬ問題にも直面する。期待した効果が出ないこともある。関係者の抵抗、チームがうまくまとまらない、予算が予想外にかかるなどのトラブルにも遭遇する。これも体験なしには身につかない。そして最後に求められるのは、事業成果を、大学の評価向上に結び付けること。成果を上げた満足から、さらにそれを学内外に認知させ、マスコミ等へアピール、そこまで行かなくても成果の発信と共有は不可欠だ。成果の浸透、定着なしには、仕事の意味が半減する時代となってきた。

　【参考文献】『大学キャリアガイド』『新人職員応援ブック』東京大学業務改善プロジェクト本部、学校経理研究会、2008年4月

業務実践に必要な力

　こうした業務遂行、事業実践にあたっては、以下のような力の強化が求められる。

　コミュニケーション力：他者と知識・情報、異なる考え等を交換し、共通認識と相互理解を深め、問題を解決し目的達成を促進する、あらゆる業務遂行に不可欠な力である。相手の話を聞き、自分の考えをきちんと伝えることが出来る。違いを確認したうえで一致点や妥協点を探ることが出来る。空気を読めることも大切だが、すぐ賛成多数になりそうもないことでも、きちんと主張できる勇気も大切な点だ。

　【参考文献】『「できる人」の聞き方＆質問テクニック』箱田忠昭、フォレスト出版、2006年、

　プレゼンテーション力：自分の考えや計画を効果的な手段を駆使して分かりやすく説明し説得する能力。目的に沿った説明・提案、聞き手の特徴やニー

ズを把握し、それに合わせて、共感が得られる説明が出来ること。論理的な構成、根拠を明確にした説得力がある説明、分かりやすい資料や効果的なツールを用意することが重要な点である。事前準備こそが最も大切だとも言える。

【参考文献】『パーフェクトプレゼンテーション』八幡紕芦史、生産性出版、2007年
『ロジカルプレゼンテーション』高田貴久、英治出版、2004年

実行力、業務遂行能力：迅速な意思決定を促進し、問題を解決して、目標をやり遂げる強い行動力。そのためには、行動の具体的プロセスや手順を定めたアクションプランを策定する力、仕事全体の流れを計画通りに進め管理するマネジメント力、人を動かす統率力、目的達成のためのコミュニケーション力や交渉力等総合的な力が求められる。そして何よりも、学生のため、大学発展のために目標を達成するという強い意思が必要だ。

【参考文献】『組織行動の考え方』金井壽宏、高橋潔、東洋経済新報社、2004年
『プロジェクトマネジメント』上窪政久、2003年
『プロジェクトマネジメント成功の入門テキスト』西村克己、中経出版、2003年
『すごい実行力』石田淳、三笠書房、2007年

チームワーク：組織の一員として、協働、協力して問題を解決する力。目的に沿って自己の役割と責任を認識し、自主的、自発的に目標達成行動が出来ること。そのためには組織への貢献意欲、他のメンバーとの協調・協力の上での主体的行動が出来るかどうかがポイントとなる。

【参考文献】『ワークショップ』中野民夫、岩波新書、2001年
『チームワークの心理学』国分康孝、講談社現代新書、1985年
『現代のチーム制―理論と役割―』大橋昭一、竹林浩志、2005年

リーダーシップ：集団や組織、プロジェクトやチームを統率して組織の問題を解決し、チーム目標を達成する力。そのためには、目標を提示し、構成員とのコミュニケーションを密にし、各人の役割や行動を明確に設定し、モチベーションを高め、全員の力を発揮し、協働意欲を高めて目標達成に進む

ことが求められる。前述のPM、課題達成行動（方針提起、仕事の割り振りやプランニング、仕事を仕切る行動）と人間関連行動（意思疎通や相互信頼）のバランスが大切だ。より高い挑戦的なビジョンを提示し集団・組織を変革に導くことが出来れば優れたリーダーと評価できる。

【参考文献】『リーダーシップの科学』三隅二不二、講談社、1986年
『リーダーシップ入門』金井壽宏、日本経済新聞社、2005年

研修制度を生かす

こうした力を育てていく上で、従来からある育成制度、学内研修制度、外部セミナーや外部研修組織への参加、大学院入学等は効果がある。しかし、ただ聞くだけの知識型研修をいくら積み上げても身に着いたものにはならない。これを改善するためは、職員の業務現場からの報告や経験交流、進んだ、努力した改善の取り組みを報告、事例研究することや実践的なトレーニングなどの工夫が有効だ。つまり、研修で学んだ知識も最終的には現場の業務に実際的に適用し、その改善に使うところまで実践的にすること無しには生きたものにならない。いくつかの大学では、研修報告の形で学んだことを文章にまとめ、学内で発表の機会を作って普及を図ったり、チームで改善プランをまとめるなど身に付くための取り組みを行っている。学んだことを基本に、その視点、提案から見れば自らの大学はどこに問題があり、解決を迫られている課題は何で、そのためには何をすればよいかという所まで考え、分析・提案できれば実践的な研修となる。その過程で自らの頭で考え、問題発見、問題解決できる力も付いてくる。つまり現場で直面する課題に接合させる仕組みが介在しなければ、せっかくの研修も役に立たないということだ。外部講師の話を聞くこと自体は意義がある。それをテーマにグループで議論し、自大学を分析、何らかの提案をまとめ、改善策を発表すること、また改善行動での成功、失敗事例の交換、苦労話の共有などが有効だ。研修を契機に継続的な事例研究に取り組み、例えば、共通するテーマについて学習・検討するプロジェクトが生まれたりすれば、成長にとっての重要なツールとなる。

人事育成・評価制度を生かす

人事考課制度も48.1％の大学が導入しており、これも業務の改善と育成に有効である。

職能資格制度は、個人の職務遂行能力に着目し、何段階かの職能資格を設定し、それぞれに必要な職能要件を定め、人事評価による到達度によって昇格を決める育成型の制度である。従って、通常この制度には、人事考課制度、研修制度、目標管理制度、給与制度などが連結して設計され、トータルな人事制度として機能することで職員の能力開発に役割を果たしてきた。年功型を脱却し、これまでの働き方を改革し、評価を通して能力を高めようとする取り組みであり、それまでの頑張ってもサボっても処遇や評価同じという仕組みからの大きな転換といえる。

その意義は(1)業務目標や業務計画を立案し目に見える形で示すこと。(2)掲げた業務目標や持っている能力が評価され、どこに問題点や改善すべき点があるかが掴めるようになること。評価なくして人の成長はありえず、仕事の結果が評価されるということ、評価文化定着の意義は何よりも大きい。(3)業務目標を立てるためには、課室方針の理解が前提で、全体政策と自らの業務課題の連結を促進する。(4)上司と課員のコミュニケーションの強化、活性化という点でも大きな効用がある。同じ課室で仕事をしていても、業務を巡って部下と真剣に議論することは意外と少ない。職能資格制度は、システムの中にこうした面談を制度化し、全ての管理者に部下と真剣に向き合うことを求める。また、部下育成の課題を管理者の重要な仕事として制度上も位置づけることとなる。(5)この制度自体が、育成的要素、常に上の資格基準を目指して努力するシステムとなっているが、さらに研修制度と結びつくことで、評価で明らかとなった改善点を研修テーマと結びつけ系統的に育成することができる。

こうした制度を有効に活用し、評価を生かして部下ときちんと向き合い、目標を提示し、業務上の提案や知恵を出させ、自己評価の上で、到達点や課題・問題点をつかみ、出来なかった要因を分析、改善策を考え指導する。この目標と評価は、成長の基本である。

しかし、調査によると「評価結果を本人に知らせ」たり「考課を育成・研修

に結び付け」ておらず、「面接を重視し」「目標管理」と連動されていないところも多い。これではいくら制度があっても育成の効果は上がらず、単なる査定になってしまう恐れもある。職能資格制度自体も、今日求められる企画提案型の力量育成にシフトされなければならない。目標達成にチャレンジする者を高く評価すること、目標達成行動を通して成長を支援する目標管理制度が必要だ。大学職員育成・評価制度のテキストとなるものは少なく、以下の各大学の人事制度の事例そのものが参考になると思われ、雑誌に掲載されたものを中心にご紹介する。

【参考文献】「私立大学の職員像」篠田道夫、『IDE 現代の高等教育』2008 年 4 月号
「人事育成制度の変遷と職員の開発力量の形成―各大学の人事考課制度改善の取組みを踏まえて―」篠田道夫『私学経営』2009 年 4 月
「大学と教員―FD・SD への取組、教員および職員の資質向上」『大学と学生』特集 2003 年 7 月
「大学の SD」特集『IDE・現代の高等教育』2002 年 5-6 月号
「大学職員のキャリアアップ」特集『Between』2002 年 5 月号
「変化する職員の役割と人材育成」特集『大学時報』2003 年 1 月号
「SD-大学職員の能力開発」特集『IDE・現代の高等教育』2005 年 4 月号
「これからの大学職員」特集『IDE・現代の高等教育』2008 年 4 月号
「大学職員の『専門性』に関する一考察」山本淳司『国立大学マネジメント』2006 年 12 月
「プロフェッショナル人材にどうやって育成するか」吉武博通『カレッジマネジメント』2005 年 7-8 月号
「大学職員再考」特集『大学時報』2008 年 5 月号
「日本福祉大学における人事・賃金制度改革」岡崎真芳『私学経営』2007 年 3 月号
「西南学院における職員人事制度の導入」秦敬治『カレッジマネジメント』2003 年 11・12 月
「大学改革と職員の能力開発」井原徹『私学経営』2004 年 11 月号
「私学における賃金制度改革の理論と実務」石渡朝男『私学経営』2006 年 3 月号
「京都産業大学における職員人事制度改革」岡本浩志『学校法人』2009 年 1 月号
「職員人事制度改革と能力主義人事考課について」宮崎一彦『私学経営』1999 年 11 月号
「職員人事考課制度の運用と今日的課題」室谷道義『私学経営』2001 年 8 月
「小さな大学でもできる人事考課―兵庫大学の事例 HMBO とは」副島義憲『私学経営』2008 年 9 月
「広島修道大学における人事考課制度」室田邦子『私学経営』2008 年 4 月号

「事務職員の人事考課制度について」高田幸子『私学経営』2005 年 4 月号
「大谷大学における事務組織再編と人事制度改革」古角智子『私学経営』2007 年 3 月号

　個人のチャレンジからチーム提案へ
　個人の目標、チャレンジへの奨励、それを通しての成長、これを課室全体、ワーキンググループ、プロジェクトチームなどを作って取組めればさらに効果が上がる。例えば学生満足度の向上、特色づくりや競争的資金の獲得、退学率の改善など、今チームで解決策を模索すべき課題は山積している。課室縦割り、課長の縄張り意識を超えて、チームで取り組む仕事こそが、職員本来の力を発揮でき、問題の本質に迫り、より成果を上げ、教員の信頼も得られる。チームとしての職員力に習熟すべきだ。私高研調査でもプロジェクトで問題解決の取り組んでいる大学は 62.3％と増えてきている。また、課室自体を廃止し、大括りなグループ、チーム制に移行するところも増えてきている。チームでの仕事は、データが幅広く集められ、情報を共有、いろんな問題意識が交流でき、新たな発想や刺激があり、斬新なアイディアが出やすい。一人では考えつかない企画・提案がまとめられる可能性が高く、また、それを通して、参加メンバー相互の学習機能、育成の役割も強く持つ。横断的業務は事務局の強みを最大限に生かし、一人一人バラバラでは成し得ない成果を生み出し、かつ、教育機能を持った取り組みだと言える。チームでの仕事は、学内で市民権を得やすく、個人に比べ、いろんな組織への提案もスムーズにできる。それが決定に結び付き、実践されれば、構成員の自信となり、大学を動かせるという実感も味わえる。受け身の仕事から、改革推進に参加しているという舞台づくりとしては、きわめて有効な手法で、大いに活用すべきだ。
　そして、こうした取組みの延長に職員参加、真の教職協働の前進がある。目標にチャレンジする個人の主体的な行動、チームによる問題解決への挑戦、その積み上げこそが職員の力量向上、さらには職員の大学運営参画、このふたつを同時に成し遂げる道である。

初出:「管理者の役割と職員育成を基礎から考える (1) ～ (3) ―企画提案型職員の育成を目指して―」『学校法人』(連載) 2012年5月号～7月号

3. 職員はなぜ高等教育の基礎を学ばねばならないか

書評「[新版] 大学事務職員のための高等教育システム論
―より良い大学経営専門職となるために」山本眞一著（東信堂）より

ここでは、山本眞一著『大学職員のための高等教育システム論』を紹介する。

職員の育成への一貫した姿勢

「ますます複雑・高度化した今日の大学は、従来の教員主導の『管理運営』をはるかに超えた『大学経営』が不可欠であり、それを担いうる『経営専門職』排出の主要基盤は大学事務職員に他ならない。」本書の冒頭にあるこの言葉は、本書を貫く基本精神であるとともに、著者の変わらぬ一貫した主張でもある。

私が著者に出会った、というか初めて読んだのは『日経新聞』(2001年6月9日付) に書かれた「大学職員、経営を担う力を」という記事である。当時職員は、まだ縁の下の力持ちではあっても全く注目される存在ではなかった。一般紙に大学職員という言葉が載ることもなく、ましてや経営を担う力を持ちなさいという当時の職員の置かれた状況からすればとんでもない提起に、新鮮な驚きをもって読んだ記憶は今も鮮明に残っている。当時、私は、事務局長、理事として現場で苦闘していた。

著者はその後も、筑波大学の大学研究センターで大学職員の置かれた現状の打破、位置づけの確立を目指した能力開発講座「大学経営人材養成のための短期集中公開研究会」をはじめた。その後、桜美林の大学アドミニストレーション専攻などの大学院の設置をはじめ本格的な職員養成の取り組みが始まることになる。筑波大学の取り組みはこのパイオニアといえる。受講料無料、夜間開催という事もあり、著者が筑波大学を離れるまでに延べ12回、開催

日数 60 日、受講者数も 5000 人を超えた。現在ではこれが履修証明制度を使った大学人材養成プログラムに発展し、継続されている。

その後広島大学高等教育研究開発センターに移り、2012 年から桜美林大学の大学院アドミニストレーション研究科教授として、職員育成に一貫して力を尽くしている。私も同期で桜美林の教員となったが、今でも座右に置いている著者のいくつかの本の中でも、筑波大学時代の研究会記録である『SD が変える大学の未来』『SD が育てる大学経営人材』等々は、多くの先駆者たちの大学職員論が詰まったものとして今でも教えられることが多い。

職員はなぜ高等教育の基礎を学ばねばならないか

本書は、タイトルが示すように大学職員のための高等教育システム論である。

大学経営専門職、大学アドミニストレーターを目指す職員が知っておいてほしい高等教育の基礎知識と事務職員の心構えを書いたと「はじめに」で述べている。この本は当初、文葉社から出版されたが同社の廃業に伴い、東信堂から改訂版が出された。2006 年に初版が出てから職員研修会テキスト、大学の教材として大変好評で、このことが出版社を変えての再版につながっている。

なぜ高等教育のシステム、大学の機能や管理運営の基本、外国との比較、大学の成り立ちや歴史、経営を取り巻く環境の変化や職員の現状とあるべき姿について概説されている本が読まれるのか。そこには、職員がプロフェッショナルに成長する上での基本原理があると私はみている。

以前、寺﨑昌男先生が「大学人、特に職員の基礎知識を考える」と題して「大学リテラシー試論」を、『教育学術新聞』に 3 回にわたって連載された (2008 年 3 月 5 日、12 日、26 日)。大学全体を視野に将来方向を考えられる職員になるためには、以下の 3 つの柱が不可欠だと提起した。その内容は「(1) 大学という組織・制度への知識と認識 (2) 自校への認識とアイデンティティの確認と共有 (3) 大学・高等教育政策への認識と洞察」だ。いずれも職員が大学改革について何らかの提案をしようとする時、狭い分掌の現実からだけでなく広い視野から問題を捉える上で基本となる素養だ。また解決方策を決定に持

ち込む上でも、部分最適ではなく大学全体を見据えた全体最適の視点が大切で、こうした提起ができる力をつくるためにも必要である。特にこの内の(1)(3)は、日々変化する内容を含んでおり、一度学んだらそれで良いというものではなく、仕事の高度化に伴って学ぶべき内容もまた高度化する。その際の学習のテキストという点で本書は最適の文献、おそらく類書は見当たらないのではないか。処理型の職員業務から脱却し、使命感を持って大学の運営に関与し、開発・創造型業務に転換しようとする時、こうした学習は極めて切実な必要性を持ってくる。

職員の「専門性」「プロフェッショナル」とは何か

では、職員の「専門性」「プロフェッショナル」とは何か。処理的業務を脱却して、職員は専門職化しなければならないという主張がある。高い専門性が必要な分野があることは、もちろん、その通りである。そして、その分野は急速に拡大してもいる。教育、研究の最先端にあって、専門的な技術を駆使して、教員と共同しながら、その分野で高い成果を生み出す職員が求められていることは確かだ。しかし、大学という職場では、こうした狭い分野の専門家、すなわち、スペシャリストのみが求められているわけではない。また、先端分野に高度な専門職がいれば、直ちに目指す大学の教育・研究の高度化が実現する訳でもない。それらの力を有効に活用し目的達成に組織するためには、大学の経営や教学運営全体を動かす、政策や計画の総合的なプランニングを練り、実現の方向に教職員を動かし、改革全体を調整・管理していくゼネラリストとしての高い専門性を持った人材、大学アドミニストレーターと言われる人材も求められている。この両者の協力・協働が不可欠だ。こうした人材の厚い層に支えられない限り、トップ集団は有効に機能しない。

こうした人材にとっては、高等教育の歴史や制度、法体系、大学の成り立ちや運営の知識等大学固有の基礎知識は不可欠だ。さらに、当該大学のミッションや戦略、中長期計画、教育・研究の概要、財政や人事の知識等大学固有の深い知識が求められる。

専門職化を進める場合においても、自分の足場である業務の専門力量にこうした基本的力が加わって、大学全体のあるいは各部課室の目標実現を担え

なければ真の専門家とは言えない。つまり専門分野の知識や経験がゼネラリスト的視野と結合し、ミッションの前進に結びつく事業や教育の企画、改革、推進が出来たとき初めて大学職員としての専門性が身につき、プロフェッショナルへ一歩前進できたといえる。つまり、本書にあるようなゼネラルな基礎知識が合わさることで本当の意味で専門性が確立し、総合的視野から体系的判断ができるという事だ。

職員が注目される背景
第１章「職場としての大学」

第１章では、なぜ職員が注目されるようになってきたか、この背景、問題意識が述べられている。これまで大学は教員主導で意思決定が行われ、職員はこれを支えるサポート役であった。ところが大学をめぐる諸環境は激変、複雑かつ高度化してきた。従来の管理運営から大学経営という言葉がふさわしくなった。いかに優秀な学生を集め、良い教育を行い、競争的研究資金を獲得し、地域社会の期待に応えるか、こうした中で職員に期待される役割も大きく変化した。従属的立場でのサポートから、自ら考え提案し行動するスタイルへの転換である。筆者は文部科学省で職員を経験したのち大学教員となった。この経験から教員と職員には相容れない２つの世界があるということを身をもって体験し、これを変えていかねばならないと強く実感するようになった。

大学はエリート教育であった時代の高度な学問や教養・専門を身に着ける所から、大衆化に伴って実用職業教育に関心が向き、学士力のような基礎的な能力養成に軸足を移してきた。高等教育のマス化に伴い学生の学習要求も多様化してきた。狭い教室の中の教育だけでは学生は育たず、また実学教育の広がりの中で職員が直接教育に携わる場面も拡大した。大学も研究型から教育中心、地域連携まで機能別分化が進み、以前のような経営があって無きがごときでは対応できず、大学運営に高度な知識や迅速な判断が求められ、ここでも能力を備えた職員が必要とされるようになってきた。

教育・研究の専門家である教員が、経営や管理運営に片手間で携わるのではとても対応できず、外部人材のスカウトにも限界がある。そこで教員のパー

トナーとなって大学を経営しうる人材、大学アドミニストレーターが強く求められるようになった。「教員組織と連携しつつ大学運営の企画立案に積極的に参画し、学長以下の役員を直接支える大学運営の専門職集団」(「新しい国立大学法人像について」)としての職員の登場である。

高等教育システムの概要とその特性

第2章「高等教育システムとは何か」

　ここではまず基礎データ、大学数778、学生数288万人、教員数17万人、職員数20万(2010年度)、そのうち私大は学校数の77%、学生数の73%などを紹介している。その上で、諸外国と比較した進学率、高等教育費用をだれが負担しているか、どんな人材育成を行っているかなどの特徴を分析している。先進諸国では進学率は軒並み50%を超えユニバーサル段階に突入しており、日本の進学率は必ずしも国際的に見て高くない。日本、韓国、中国では家計が高等教育経費を負担している。欧米では奨学金システムが発達していること。GDPに占める公財政支出は日本は著しく低いこと。日本は学部に占める理工系の比率が高く、大学院学生の比率が低いことなどが紹介されている。

　そのうえで、大学の機能は教育、研究、社会サービスだが、発祥は過去から蓄積された知的資産の将来への伝承、教育が最も中心的機能で、研究機能が加わったのは19世紀以降、社会貢献機能はさらに新しく20世紀後半になってからであるという。

　機能が多面的で、かつ多様な階層・組織からなる大学は企業組織とは異なる側面を多く持つ。その最大の特徴は専門家である教授たちを動かすという点で、単に従業員を雇用し、経営者が指図して組織運営を行う企業モデルとは異なる。

　その特性として4点を挙げる。

　(1) 設置者管理・負担原則——大学はだれでも自由には作れない。法律により、国、地方公共団体、学校法人に限定され、ここが学校を管理し、経費を負担する。

　(2) 学長・学部長のリーダーシップ——その設置された大学を具体的に管

理・運営するのは学長であり、設置学部を運営するのは学部長である。近年このリーダーシップの発揮が重要な課題となっている。それは教授会等の実質権限が強くなりすぎて学長の裁量が狭められていること、国の細かい基準や規程の制約、専門家集団の特性として教員は平等意識が強く、組織としての大学、管理者としての学長や学部長を軽く見る傾向などがある。この改善が求められている。

　(3) 重要事項の審議機関としての教授会──学校教育法第93条で重要事項を審議するため教授会を置くと定めている。しかし実際には大学の管理運営の最高意思決定機関となっている所が多く、些末なことまで教授会に諮られている。かつての教育公務員特例法で教員人事権を保障されていたことが教授会万能論に拍車をかけてきた。これは国立大学法人化を契機に本来の法律の趣旨に沿って改善されつつあるといえるが課題も多い。

　(4) 専門家集団の管理運営システム──大学運営モデルとして、同僚モデル、官僚モデル、企業モデルがある。専門家の自治を重視する同僚モデルから、制度・規程を整備し管理体系を整えて大学全体を動かす官僚モデルを経て、今日では環境激変を踏まえ顧客である学生や企業のニーズに対応した自律性のある経営システム、企業モデルに移行しつつある。現実の運営は大学の特性に応じてこれの組み合わせで行われているといえるが、各大学自身が最適モデルを自ら作り出す必要がある。

大学の歴史から学ぶ

　第3章「大学の歴史として知っておくべきこと」

　第3章では、大学の起源は中世ヨーロッパにあり、イタリアのボローニャ大学、フランスのパリ大学から始まる歴史を概説、日本においても古代律令制時代の大学寮から幕府直轄の学問所まで学校の発祥をさかのぼる。神学を中心に哲学部、法学部、医学部からスタートし、理学、工学、農学などの実学系は近年まで大学の学問には入らなかったこと、研究と教育の統一の原理は1810年のベルリン大学創設から始まるフンボルト理念に基づくことなど、今日の大学の基本理念の源流を明らかにする。

　これに対しアメリカでは最初から実学が重視され、また、学部の上に学術

研究や高度職業人育成を行う大学院を発明、やがてこのシステムが世界を席巻していくこととなる。しかしヨーロッパには今でも大学院というシステムは無い。今日でも良く使われるマーチン・トロウの1970年代に提唱した発展段階説なども概説する。

　日本については明治時代の東京大学創設に始まり、戦後の6・3・3・4制の成り立ち、複線型・単線型学校教育システム、新生大学の誕生、さらには1県1国立大学の原則、私大の自主性と監督権限の縮小の経緯、公の支配と私学助成の論争等大学制度確立期の歴史を分かりやすく解説する。そして最後に大衆化以後の大学政策として、今日に至る進学率の急速な伸び、規制緩和と競争激化、高等教育政策の転換を概説する。

変化する大学経営と職員の役割
第4章「変化する時代の中の大学経営」
　ここでは、大学を取り巻く環境変化とその要因を概説したうえで、18歳人口の見通しとその対策を提示する。今、減少は小康状態だが2020年から再び減少期に入り、2050年には70万人にまで落ち込む。30年続く下り坂に耐えられる大学にするのは並大抵ではない。少子化の影響は全ての大学に一律に来るのでなく、厳しい地方小規模大学を直撃する。大学全入が現実のものとなり、これまで動かなかった大学も急速に改革にかじを切っている。入学者減にも耐えられる経営体質と安定した就職、丁寧な教育体制が求められる。国立大学も当初は考えられなかった法人化が一気に進行した。公務員の定員削減をきっかけに始まった改革は、各大学に自主自立と結果責任というアメと鞭の両面を要求しつつ、厳しい競争環境の中に国立大学を巻き込んで進む。一方、競争は国内だけではない。グローバル化が急激に進行する中で、改めて大学の質保証が問われている。

　大学は入試選抜、潜在能力選抜型では生き残れなくなった。出口、卒業時点で学生にどのような能力を身に着けさせたか、この実力養成型に変わった。いかに役立つ教育を提供できるか、大学教育の中身の魅力を巡って厳しい競争が行われている。実力に裏付けられた学力、社会人基礎力、この質が問われている。急速に変化する時代の中、教育も経営も複雑かつ高度化し、職員

の役割と期待はますます大きくなっている。

第5章「職員のプロフィール」
　第5章ではまず事務職員とは何か、学校教育法や大学設置基準から始まり各種答申まで職員に関する定義を整理し、職員の総数やその推移を統計的に明らかにする。続いてこれまでの職員研究の歩み、IDEの特集からFMICSの活動、大学行政管理学会の発足と取り組み、日本高等教育学会での職員研究、そして著者自身が行った職員対象の実態調査から職員の学歴、勤続年数、能力向上への関心等、職員の実相を分析する。

第6章「優れた大学職員となるために」
　第6章は全体の結論として、職員になるための期待とその方向性を提示する。大学経営専門職（アドミニストレーター）にまず期待するのは積極性、できませんではなく、やってみましょうと言える職員になること。いま、あらゆる情勢が職員に出番を求めている。しかし、現実には不当に小さな役割、独自の判断などとんでもないという所も多く、それを打ち破っていかねばならない。
　職員は専門分野にとらわれず、学内政治にも組みせず、公平かつ広い視野を持ちながら、フルタイムで大学経営を担いうる条件を持っている。しかし、全ての職員がそういう力のある人材になっているわけではない。その点では、新たな資質、例えば大学が解決を迫られている本質的課題、構造的要因を捉える力、教員と対等に議論できる分析力や知識、教育の改善、充実、向上方策を提示できる力、そして何より常に新しい分野に興味や意欲を持ち続けること。教育への関与はこれからの職員の重要な任務で、総務や財務の仕事も究極のところより良い教育づくりのためにあるという原点を忘れてはならない。そのためにこそ教職協働をますます発展させねばならない。また能力を向上させるためには従来型の研修では足りない。求められているのは問題解決能力であり、大学院や文献学習とともに実践を通じて磨いていくしかない。
　大学は今アウトソーシングの波、多様な雇用形態が急拡大している。その中で専任にしかできない仕事とは何かと考えた時、特別な部門の高度な専門

職もあるし優れた問題解決力、改革方針を策定・実行できる力などもある。そして、これらの人材は将来にわたって大学に不可欠なことは間違いない。こうした力の原点には、本書が解説する広い大学の基礎知識は欠かすことのできない必須の要素だといえる。

おわりに

　以上ご覧いただいたように、本書は高等教育の基礎知識を平易に解説することで、新人から中堅に至る職員に総合的体系的な大学理解を可能とする。しかも同時に、職員のこれまでの位置、そしてこれからの役割を合わせて提示することで、読者である職員のモチベーションを向上させ得る内容となっている。

　これからの大学にとってなくてはならない人材、プロフェッショナルな職員、大学アドミニストレーターを目指す職員の必携の書として、また時代が職員に求める新たな任務を達成していく上でも、多くの方が読まれ、学習されることをお勧めしたい。

　　　初出：「書評『[新版] 大学事務職員のための高等教育システム論―より良い大学経営専門職となるために』山本眞一著（東信堂）」2014 年 3 月 14 日

第3章　職員の大学運営参画の重要性
―教員統治からの脱却と真の教職協働

はじめに

　教職協働の本質は、職員の経営や大学運営への参画に他ならない。教員のみによる統治をそのままにしておいて、真の教職協働はあり得ない。

　大学マネジメント研究会会長の本間政雄氏は、『大学マネジメント』誌2010年3月号「大学職員に求められる4つの力、大学職員を生かす大学経営」の中で、これからの職員に求められるのは、(1) 課題設定力、(2) 調査・分析力、(3) 政策企画力、(4) 政策実現力だとしたうえで、「ところで、職員の力をどんなに高めても、その力を組織の政策決定、意思決定のプロセスの中で生かせなければ大学は何も変わらず、職員もいずれ努力することをやめてしまう。そうなれば、組織は沈滞し、職員の士気は著しく低下する。教職協働という理念は、多くの組織トップが口にするようになっているものの、現実は理念の実現には程遠い状況である」と述べている。この指摘や現状認識には全く同感で、職員の力を生かすには意思決定プロセスへの職員参加が不可欠。いくら教職協働の理念を語っても、現実に職員に権限を与え、意思決定組織に参画させない限り実質的な意味での教職協働はあり得ない。

　大学という制度の発祥以来、教員のみによる統治、教授会自治が運営の根幹を占めてきた。職員が大学経営や教育支援の主役として登場し、教職協働が新たな大学作りに重要だと位置付けられるようになったのはおそらくここ

10年くらいのことだろう。

1. 職員参加をめぐる経緯とその必要性

大学の役割の変化と職員

　この背景には、およそ以下のような大学の変化がある。日本の大学進学率は、1970年代・15％、1990年代・25％、2000年・40％に近付き、2010年に50％を超えた。これと連動する形で、大学に求められる機能も大きく変化してきた。これを職員の役割、業務領域の拡大という視点で見ると次のようなことがいえる。

　(1) 教育重視への転換――職業人育成、資格教育、体験型・実践教育、社会人基礎力、学士力など教育のフィールドの広がりに伴う職員の教育業務領域の拡大。

　(2) 進学率の上昇と大学全入の拡大に伴い学生の多様化（学力低下）が進行、様々な学生支援システム、相談機能の充実が不可欠になり、職員の教育への直接参加が拡大してきた。

　(3) 大学機能の多様化、とりわけ社会貢献機能が増大し、地域社会、自治体、企業等とのつながりが重視され、外部と大学を結び付ける第一線にいる職員の役割が増してきた。

　(4) 教育・研究活動を社会的評価に結び付ける活動の重要性の飛躍的高まり。志願者の獲得、卒業生の就職、認証評価などの中心的担い手としての職員の登場。

　(5) 法・制度、行政対応の高度化――学部新増設、各種申請業務、競争的資金獲得。経営の複雑化、領域拡大、高度化。それに伴う職員の専門性への期待の高まり。

　これらが否応なく職員業務の高度化と領域拡大を推し進めてきた。厳しい競争は、目標の実現のための総合的な大学の力を求め、教員と共に職員の力、その固有の役割と専門性を生かした教職協働が求められることとなった。

「車の両輪」論の理念から実体化へ

　今日、職員の役割の重要性、職員が専門的能力を向上させ、大学の中でさらに積極的な役割を果たすことについては、表向き異論がなくなった。教員と職員が「車の両輪」のように大学運営にとって重要だという点も総論としては多くの人が賛成する。しかし、それを実体化するために、職員に、役割にふさわしいポスト、必要な権限、会議の正規構成員として提案権や議決権を持たせるとなると各論反対となる。

　職員の運営参加は急速に進んでいるといえる一方、職員の役割の重要性が繰り返し強調されながらも、教員のみによる統治のシステムが根本的に変えられていない。しかし、この転換なしには、真の教職協働による大学運営も、現場実態に基づく改革の推進も困難だ。教職協働の前提には、互いに固有の専門性とその遂行に関る権限や役割の尊重が不可欠だからだ。

　大学職員のあり方の議論の中でこの職員参画が十分取り上げられてこなかった背景には、法制度上の位置付けの不十分さの他、これが経営・教学の権限関係の根本にかかわる問題であること、教授会自治の理念、経営、教学に関わらず大学の運営は教員が決めるという伝統、職員をはじめ教員以外からの教育への関与は教学権への介入だとする考え方などがある。そうした中で職員は実務のみを求められ、専門的力量の向上が不十分だったという問題もある。それらに加え、大学問題にかかわる論文の多くが教員によって書かれてきたという事情もあるかもしれない。

職員参加の意義と必要性

　教職協働の前提は、職員が学園・大学の意思決定過程に参加し、権限と責任を持って業務を遂行するという点だ。これなしには、いかに素晴らしい提案があっても実際の大学運営に生かせないばかりか、事務局の主体性も力量も向上しない。もちろん職員参加は、職員の地位向上や権限拡大、職員の成長のためにある訳ではない。大学の全ての現場にいる職員からの、実態に基づく発信を正しく反映することなしには大学の存立と発展はありえないということだ。

　職員参加には、経営組織参加、教学組織参加、政策審議組織参加の大きく

三分野があるが、最もハードルが高いのが教学参加だ。しかし、大学教育が教員の教授労働と職員の学習支援、条件整備労働の結合によって成り立つ以上、職員組織がきちんと意思表明でき、率直な提案が出来る運営でなければならない。

現在副学長、学長補佐など重要ポストへの職員就任も徐々にではあるが広まり、大学諸機関への職員参加も前進しつつある。教職が仲良くチームを組むだけではなく、双方の専門性を生かし、意思決定過程で協働し正しい方針を立案、その執行過程においても責任を分有し、必要な権限移譲を行って事業を推進する、一過性ではない運営システムの構築が求められている。

2. 職員参加の現状に関する調査

職員の経営・教学参加の現状

まず、職員の役割、運営参加の現状について、私学高等教育研究所のアンケート調査から見てみたい。(2009年9月、233法人回答)

①経営への職員の参画

理事への職員就任は、145法人、62.2％。上記のうち職員が二人以上理事に就任しているのは32法人、13.7％。ただし、事務役職を兼務していない職員出身理事はこの回答に入っていない。

理事就任職員の役職名：事務局長、法人事務局長、大学事務局長、経営本部長、法人本部長、理事長室長、学長室長、総務部長、財務部長など。

②教学への職員参画

職員が何らかの教学の役職についている法人は66法人、28.3％。教学の役職者への職員就任はまだ少ない。

主な役職：副学長、学長補佐、学生部長、教務部長、就職部長、進路支援センター長、キャリア支援部長、学生支援センター長、学務部長、研究支援部長など。

③経営、教学組織への正式参加

経営組織に参加している法人は 84 法人、36.0％。ただし、職員が理事就任している法人数は含まない。

参加経営組織：常任理事会、学内理事会、常勤理事会、経営会議、経営戦略会議、執行役員会、法人運営協議会、学園政策協議会、戦略会議、長期構想委員会、総合企画会議、企画委員会、予算委員会など。

④教学組織への正式参加

教学組織に参加している大学－ 189 大学、81.1％。これは前進していると言える。

参加教学組織：教授会、大学院委員会、大学評議会、全学協議会、学長・副学長会議、学部長会、大学運営会議、大学教学会議、大学政策会議、大学改革推進会議、大学将来構想委員会、学生委員会、教務委員会、就職委員会、入試委員会、図書館委員会、国際交流委員会、キャリア支援委員会、自己点検評価委員会、FD 委員会、授業評価委員会、学募対策委員会、教育改革推進委員会、研究戦略会議、教員人事委員会など。

経営や教学組織に参加できない理由

下の表からは、依然として教授会自治、教員統治の壁が強く（1 と 4 の合計 36％）、教員中心の大学運営が続いていることがうかがえる。その結果、職員の低い位置づけが変わらず（23.4％）、能力も向上しない・11.7％（向上を求められない）という基本構造から抜け出ていない。ただし、無回答の半数近くにはそういった障害がないとも読める。

1. 教授会の自治意識が強い	22.1％
2. 職員の専門能力が不足している	11.7％
3. 職員の位置づけが低い	23.4％
4. 教員が統治している	13.9％
5. 経営者の理解が得られない	3.0％
6. その他	9.5％
無回答	48.9％

政策決定への事務局の影響度合い

　大学の各分野での職員の影響度合いは、前掲の表の通りかなり増大している。大学の基本方針である中期計画で58％、事業計画で66.7％、財政計画71％となっている。教育計画の決定そのものへの影響は19.9％、研究計画の推進10％と低いものの、就職支援84.4％、学生支援71.9％など正課外での学生育成への関わりでは圧倒的な影響力を持っており、こうした力なしには今日の教育が進められない構造となっている。また、大学存立の生命線である学生募集でも84％の影響力を持っており、大学の実質運営に大きな力を保持しつつあることが読み取れる。

教職協働の前進

　また、職員が積極的に関与し力を発揮している分野は、教職協働が進んでいる分野と重なる。当然その分野の運営は職員参加が実現していると思われる。就職支援・進路指導で94.8％、学生相談・生活支援などでは95.2％、クラブ顧問や課外活動68.8％、地域連携活動74.5％など正課外教育分野や社会貢献活動では大きく前進している。学生募集では96.1％、大学評価活動で83.1％、大学の諸政策立案でも58.9％と大きく、これは前項でみた中長期計画への影響度58％とも対応している。政策立案への職員の関与も拡大していると見ることができる。

　あらゆる分野での教職協働の前進は、実質的にはそれらの分野での方針や計画の検討・策定に職員が加わって進められていることが推定されるが、これを組織運営や制度として定着させ、大学の運営システムの中に職員参加を明確に定め実質化することが求められる。

教職協働を進めるために必要なこと

　今後「教職協働を進めるために必要なこと」では、職員の専門性の向上は前提として、教職員の相互理解や目標・方針の一致、権限や責任の明確化がトップ3を占める。これも意思決定参加、協働のテーブルに着くことなしに方針の一致や共有はできず、権限や責任も定められない。その積み上げの中で相互理解が前進する。かなめは組織改革にあると読むことが出来る。

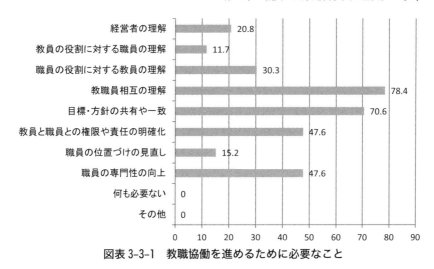

図表 3-3-1　教職協働を進めるために必要なこと

過去5年間で教職協働で前進があった点（自由記述の主なもの）
認証評価・自己点検評価、GPなど競争的補助金申請、中期計画・将来構想の策定、学部・学科改組、就職支援、地域連携（社会貢献）事業、FD・SD活動、学生募集（オープンキャンパス）、教育改善、退学率改善など。

　自由記述で具体的な協働の事例として目立つのは、認証評価の取り組みで、大学全体の現状評価から改善策を導き出す作業は、教職の協働が不可欠であることを示している。GPなどの補助金獲得での共同、厳しい学募状況を打ち破るための学生募集やオープンキャンパスでの共同の取り組みも多く、こうした大学の特色、コアとなる事業を推進して社会的評価につなげていく重要な業務への職員関与が拡大している。

3. 日本福祉大学における職員参加の「戦い」

職員の経営・運営参画

　日本福祉大学も例外ではなく、職員参加が改革型大学運営を作り上げる大きな原動力になってきた。現在、本学では職員は、経営機関に理事として数人、また執行役員にも約半数が役員として参画し、直接、経営・教学責任を担っている。また教学組織でも、規定上は副学長、学長補佐に就任可能となっ

ており、職員の役職者が教学機関の構成員となっており、経営と教学の連結の役割も果たしている。全学教学の決定・執行機関や大学評議会にも職員が決定権を持つ正規構成員となっており、また、各課長は対応する専門委員会の次長や委員として委員会に加わっている。そのほかにも法人の評議員会への職員代表の参加、経営機関や政策審議機関で中心的役割を担うなど、あらゆる場面で職員参加が確保されていることが、大学人としては教員と対等な立場での職員の責任と主体性を確立し、職員の政策立案や提案を大学運営に反映させることを可能としている。

職員参画の理論的根拠

　こうした前進が出来たのはなぜか。日本福祉大学の職員参画の取り組みには、40年以上にわたる継続的な職員の力量を高める努力が基本にある。1960年代後半から始まったこの事務局建設の取組みは、職員参加という点では1980年代後半まで全くと言っていいほど形の上での前進はなかった。その大本には、職員参加は教学権を侵すものという根強い考えがあった。その中で1982年、学内研修誌に職員の管理運営参加の理論的な根拠についての論文が書かれた。『大学職員の任務―「教学権」「経営権」の検討を通して―』（渡辺照男、前日本福祉大学理事長）の主張を要約するとこうだ。

　「大学職員の役割（機能）を考えると、広義の条件整備と教育的援助指導という言い方が妥当だ。職員の中心的役割のひとつである条件整備の条件とは研究・教育・学習を構成する物的ないしは組織的な領域を指す概念。教育は何らかの教材なしでは存在しえないし、研究はそれに必要な情報や研究資金の裏づけなしには成立しない。学習は教育体系ないしは課外学習を保証する諸条件、施設の存在を必須のものとする。これらの条件は研究・教育・学習の外にあるものではなくその有機的構成部分であり、この条件整備とは明らかに教学権の中味を構成する。教学は、この条件整備を担当する職員業務抜きには存立できず、事務局、職員の主要業務は教学権の一部を構成するもので、当然、大学の自治、大学運営の担い手でなければならない。その機能を担保するために職員は教学の執行的組織に適切な形で参画すべきである。」

　この理論的解明は、その後の職員参画の前進に論拠を与え、実践的にも大

管理運営参画の要求（青パンフ）

こうした取り組みの中で1984年にまとめられた「事務局改革の現状と課題」（通称「青パンフ」）は、当時の本学の最重要業務、経済学部新設や大学の全面移転事業を担ってきた事務局が、大学の管理機構や経営の構成員に全く参加できていないという矛盾をいかに改革していくか、という点にあった。まず学園としての一体的な将来構想の策定を求めたうえで、大学諸機関や学長選任への職員参画、学園長期計画などへの職員の総意反映、理事への就任や評議員会への職員代表の参加などを提起した。これらは職員会議で議決後、職員の総意として経営、教学両機関に提起されるとともに、事務局改革の旗印として1990年代の管理運営改革、職員参画要求の実践的指針として読み継がれ、その後数年間の「戦い」の指針となった。

1984年にまとめられた「事務局改革の現状と課題」（通称「青パンフ」抜粋）。
＊教学と経営の意思の統一に基づく学園の将来発展構想の早期策定、全学合意の形成
＊教学と経営の統一意思を体現する執行責任体制の確立、政策一致を保証する体制の強化
＊学園・大学の管理運営組織の構成員への事務局代表の参加
＊学園・大学の役職者に対する選挙権ないしは信任権、大学運営への職員の総意の反映
＊運営委員会（学部長会議などに相当）における事務局出席者の発言、提言などの権限の保障
＊事務局長の理事就任、評議員の職員枠の拡大（以下略）

こうした長期にわたる職員の力量形成の努力、課長会議を軸とした職員幹部集団の政策・マネジメント力量の向上、政策提起とその実現の実績による信頼等を基礎に、徐々に経営・教学機構の中に正規構成員として位置づけられていった。特に1990年代に入り、経営・教学の政策の一体化が進む中で、理事会の下にある事務から法人と大学の統一政策を支える事務への転換が実現、教学介入の議論は急速に下火となり、職員の理事就任をはじめ教学主要ポストにも正式参加が大きく前進していくこととなる。いわば「戦い」取った参加といえる。

4. 職員参加の先駆的提起

　最後に述べておきたいのは、職員参画に明確な方向性を提示した孫福弘氏の業績だ。「『教員ギルドによる統治』の伝統から抜け出ていない大学組織運営の通念をそのままにして、まともな SD の理念は構築し得ない。大学における職員のあり方を、教員統治下での単なる事務処理官僚（＝事務屋）から、政策形成に係わる経営のプロフェッショナルや、教育・学習・研究の現場を支援し実り豊かなものに育て上げる高度専門スタッフなどの新たな定義に向かって、パラダイムシフトできるか否かが鍵となる。それはまた、職員の権利獲得運動などという矮小なレベルの話ではなくて、21 世紀における大学の生存と進化にとって必須条件なのである。」（孫副弘「経験的 SD 論」IDE2002 年）これが大学行政管理学会の設立趣旨「今日の大学という組織の運営を司る『行政・管理』の領域にあっては、『教授会自治』さらに言えば『教員自治』の伝統的大学運営をいかに『近代化』できるかが問われており」に繋がり、この 10 年、職員参加は大きなうねりとなってきた。

　さらに清成忠男氏は、「教員と職員は車の両輪であり、対等の関係にある。」「CEO には、教員よりも職員のほうからの登用が期待できる。それというのも、職員としての大学経営のプロと専門的経営者の間には連続性が認められるからである。」という。（清成忠男「変化の時代には、変化対応の人事が求められる」『カレッジマネジメント』140 号、2006 年）

　筑波大の吉武博通氏も、同様に「筆者は、役員ポストを教員出身者と職員出身者が同数程度シェアし合い、それに若干名の学外者を加えるのが理想的なトップマネジメントの構造ではないかと考えている。」「教員が主役、職員は脇役と言う図式を払拭し、強固な相互補完関係をベースに、協力して教育・研究や経営に当たるという職務構造を作り上げていかなければならない。」（吉武博通『カレッジマネジメント』133、「プロフェッショナル人材にどうやって育成するか」2005 年）とする。

　職員が元気な大学は、大学全体が元気、改革が前進していると言われる。もちろんそれ自身は感覚的なものだが、「職員が元気だ」と言わせるのには、その大学の運営構造、職員の位置付け方が背景にある。現場の実態とかデー

タが大学の経営や教学に迅速に反映することなしには、本当の意味での問題解決、あるいは現実の問題に切り結んだ政策の構築や推進はできない。現場にいる職員が大学運営に積極的に参画して率直に発言し、提案が尊重されるような仕組み、生き生きと活動できる組織をどうしてもつくっていかなければならない。これまでの職員は、どちらかというと上からの方針で仕事をしてきた。これからは現場からの発信、下からの提案も積極的に行い、この両方で大学が進んでいくような運営が求められる。教員のみによる統治から職員参加への転換、真の教職協働。これが厳しい時代に痛みの伴う改革を推進し、大学の真の目標実現に迫る唯一の方向であり、職員が新たな役割を発揮して大学の発展に貢献する道である。

　　初出：「教員統治から職員への運営参画へ―私学高等教育研究所調査と日本福祉大学の事例をもとに」『大学マネジメント』2012年11月号

第4章　経験的大学職員論

1. 大学の職員たちが、大学を変える
インタビュー：桜美林大学副学長、畑山 浩昭

　大学卒業後、大学職員として41年間勤務し、大学の改革に力を注いできた篠田道夫先生。現在では、桜美林大学大学院の教授であるとともに、中央教育審議会の委員としても活躍している。今回は、現在の大学や職員に求められていることについて語っていただいた。

畑山浩昭（以下畑山）これまでこの連載は、学内に限らず学外でさまざまな活躍をされてきた方にお話を聞くことが多かったのですが、篠田先生は日本福祉大学で長年キャリアを積まれ、現在は本学大学院の教授として活躍されています。大学の今と未来のことをお聞きできる方ということで、楽しみにしていました。先生が大学に就職されたのは、どのようなきっかけだったのでしょうか。

篠田道夫（以下篠田）たまたま母校である愛知大学の知り合いの職員の方に、「日本福祉大学が職員を募集しているので応募してみないか」と声を掛けられたのがきっかけです。当初は、一般企業に勤めるのも良いかと思っていたのですが、福祉の大学という明確な目的を持った法人であれば、自分の役割や貢献が目に見える形で仕事ができるのではないかと思い、応募し

ました。当時の採用方法としては珍しく、徹底した面接試験を受けたことを覚えています。

大学改善への関与

畑山　大学職員としての最初の仕事はどういったものでしたか。

篠田　最初は、図書館へ配属になりました。初日の出勤の際に下駄を履いて行き、ひどく叱られた記憶があります（笑）。まだ新米で司書講習を受け始めたところで、学生課へ異動になりました。私が学生だった1960〜70年代は学生運動が盛んで、その経験を買われての異動でした。ここでは、過激な学生運動への対応が主な仕事でしたが、学生との対話を重ねるうちに、彼らの満足度を上げ、教育を改善していくことがこれからの大学では必要になると感じました。この経験が、大学全体の運営に目を向けるきっかけになったのだと思います。

畑山　その後、さまざまなキャリアを積まれながら、部課長職を経て大学事務局長に就任されました。それぞれの役職において大きな違いはありましたか。

篠田　事務局長になる前、大学が移転するタイミングで広報課長に任命されました。私は移転によって志願者が減るだろうと予想し、そのことについて、教授会にも改革の提案をしたのですが、教授会側にその認識が十分でなく否決されたりもしました。移転をしたところ、やはり志願者が半減しまして……。広報課長として理事会に呼ばれて、叱られたこともあります。もちろん、広報として宣伝の工夫も必要でしたが、他の大学と比べて大学としての魅力が少ないという根本的な問題がありました。そこで、他の人気大学と自分の大学の比較表を作り、足りない部分や問題点を事務局長に改善提案しました。その後、「自分が提案した改善案を実現してみろ」と庶務課長に任命され、総務部長を経て事務局長となり、改革推進の道を歩むことになりました。

　各分野の課長と事務局長の大きな違いは、やはり人をまとめて一つの目標に向かわせていくところでしょうか。苦労もしましたが、そこがやりがいのあるところでもありました。大学の組織には、理事会と教授会があり、

そこからさまざまな方針が出るのですが、事務局が具体化し、将来的な展望や目標を実現させるため、職員をその気にさせ、動かし、チームとして成果を上げていくのです。そのためには準備も要りますし、根回しも必要になりますし、方針も浸透させねばなりません。

職員とも本当によく飲みました。パートさんや派遣職員を自宅に招いての大宴会もやりました。本音で一致し、団結して事にあたることを大切にしてきました。

大学運営のあるべき姿

畑山 その後は、理事に就任されて、法人としての役割も担われるようになりましたが、さまざまな経験をされた今、大学職員のあるべき姿についてはどのようにお考えですか。

篠田 約40年の経験から実感したことは、やはり職員が頑張らないと大学は変わらなし、目標達成はできないということです。もちろん教授会や理事会と一致して目指すミッションや目標、中期計画を推進していくことが非常に重要となります。それを実現していくためには、職員の力量向上が不可欠で、研修や人事考課制度、今の大学の現状についての認識の一致などを繰り返し行いながら、職員に力をつけていくことが必要です。それを大学運営に反映するためには、組織の中に職員が責任を持って参画しなければならないのです。

畑山 大学の中には職員の他に、もちろん教員もいますが、これまでの経験の中で教員組織と職員組織について先生が考えられていることはありますか。

篠田 教員と職員はもちろん職務内容が異なります。教育・研究を行う教員とその環境整備や経営を担う職員。私は、職務は異なっていても、大学をより良く運営していくためには、パラレルな形で連携、協力することが必要だと思っています。全国の大学の中でも、これができている大学とそうでない大学がありますが、桜美林の場合は、職員も会議で積極的に発言をするなど、教員とのフラットな関係が実現していると思います。

畑山 先生の経歴や書籍を拝見すると、大学の職員、事務局長、理事、そ

して今は本学の教授として教鞭をとっているなど、いろいろな立場から大学を見てこられています。ガバナンス改革や大学マネジメントの構築などたくさんのテーマを挙げられていますが、それは全て机上の空論ではなく、実践的なところから出発されています。

篠田 私は研究者出身ではないので、実態、現実問題を大切にしています。基本的には「大学の現実を変えなければ意味がない」という思いが強いので、いくら素晴らしい理論であったとしても、改革が本当に実現するのかしないのかが重要なのだと思っています。

　私が担当している『教育学術新聞』の連載では、5年をかけて80以上の大学を回り、理事長などにインタビューをして、経営が抱えている課題を伺っているのですが、大学を変えられる理想の理論というものはなく、それぞれの大学における努力や手法でしか変えられないと実感しています。苦労して作り上げた実践の中からしか、大学経営改革のヒントは生まれてこないのかもしれません。

大学マネジメントの改革

畑山 最近、大学の経営ではガバナンスとマネジメントという言葉がよく聞かれますが、これは一般的にどのように理解すればよろしいのでしょうか。

篠田 私の中では、ガバナンスは組織や制度、権限のこと。それに対して、目標を具体化して運営の仕掛けをすることをマネジメントと捉えています。ガバナンスを変えれば大が変わるというのではなく、その組織や権限をうまく使って大学をどのように運営していくのかというマネジメントが大切な要素となります。大学をうまく運営するためにどういう仕掛けをして、いかにして人の心を結集させ、目標に接近できるのかということがマネジメントの要だと思っています。

畑山 確かに、今の大学の厳しい状況を見ると、そういったことが大切になってきます。現在も18歳人口の減少に対する対策として、大学の生き残りの部分だけに焦点が集まってしまって、大学が本来持つべき使命や役割が二の次になっているように感じるのですが、今後大学というのはどのように変わっていくとお考えですか。

篠田 実際に調査をしていると、地方の大学はとても苦労しています。おっしゃる通り生き残りだとか、学生をどう集めるかにだけ注力しているところはうまくいってないことが多いようです。

やはり、教育の質を向上させ、学生の満足度を高めることが最も大切で、真剣な努力が必要になります。そのためには、学長や副学長だけではなく、教員や職員も一丸となることが大切です。その結果として、就職率が高くなり、さまざまな資格が取れるという効果が出て、評価が上がるのです。大学の根幹となる教育、研究、地域貢献について本当の成果を出していかない限り、大学の発展は難しいのではないかと思っています。

今、2018年問題が言われています。18歳人口は現在120万人ですが、昨年の出生数は100万人、ますます減少していきます。今までの延長線では大学は存立できません。私は、現場にいる職員から出るアイデアに非常に期待をしています。その力がないと、この困難を乗り越えるのが難しいのではないかと思っています。

畑山 確かにそうですね。先生が大学院で行っている授業では、実際に大学の現場で活躍をしている方も参加されていると聞いているのですが、どのような授業が展開されているのでしょうか。

篠田 私のゼミには、他の大学の理事長や理事などもいます。そのため、これからの大学施策についてかなり実践的な内容の意見を求められ、議論することが多いです。一方では、キャリアセンター職員の役割や教育の発展や質向上に職員がどのような役割を果たせるのかというテーマで勉強して、修論を書いているゼミ生もいます。直面している大学の課題について、理論的に深め、かつ実際にデータを分析しながら、2年先、3年先の大学のあるべき姿を模索していくというテーマが多いです。大学の経営や職員の力を引き上げることによって、いかに大学全体の教育研究、募集、就職の成果に結びつけていくのか、それを推進するマネジメントをいかに改革していくのかということを中心テーマにしています。

中教審の議論の柱

畑山 最近では、国の仕事もされています。中央教育審議会をはじめ、国全

体の高等教育に関することに携わっていますが、やはり個別の大学と国全体の高等教育では全く別のものなのでしょうか。

篠田 文部科学省の学校法人運営調査委員会では、大学を個別に調査して経営上の改善点を指摘しますが、中央教育審議会の方は大学全体の政策を立案しています。中央教育審議会の大学教育部会で議論しているテーマは、職員の位置づけや認証評価制度の改善方策、大学における3つのポリシーを義務化して実効性を高めていくというものです。特に職員の位置づけについては、省令である大学設置基準の改正を行う検討をしています。

現在、大学設置基準の41条では、大学職員について、『事務を処理するもの』という位置づけがされています。これでは、今の大学職員が実際にやっている仕事とも異なりますし、期待されている役割にも合っていません。職員が戦略スタッフとして大学改革を推進することは、事務を処理するというレベルではなくなっています。

職員はデータを自ら集め、問題点を分析して、その解決策を提案することが必要で、この大学設置基準を改正して職員を積極的に位置づけることは非常に重要だと思っています。職員の役割を抜本的に高める今回の提起は、全国の職員へ大きな影響をもたらすでしょう。現在も改革について、議論しているところです。

これまでの経験を基礎に

畑山 先生は大学運営の世界で一歩一歩改革を実行し、どんどん次に進んでいますが、これからさらに新しく計画されていることはありますか。

篠田 これまで調査した80以上の大学に加えて、日本私立大学協会附置私学高等教育研究所で調査した大学も50校ほどありますので、それらをまとめて分析ができればと思っています。経営者に直接インタビューして100以上の大学を回った人はあまりいないのではないかと思っています。日本の大学にとって最も大切なことは何か、地方の大学が生き残るためにどんな取り組みをすれば正解に結びつくのか、そういったことについて私が調査した中にヒントが隠されているのではないかとも思っています。最近、地方創生が叫ばれていますが、地方を活性化するためには、その要

になる大学の活性化、大学の生き残りが重要だと思っています。そういった実体験のデータを分析して、共通の原理を提示していきたいです。

畑山　確かに、海外の場合はケーススタディが多くあります。たくさんの事例で実際のモデルを検証するようなディスカッション形式のものが多いのですが、日本の大学では、あまり現実の教材がなく、理論的なことで考えがちです。先生が調査をされて、たくさんの事例を残されているので、これから大学業界について勉強をしていくときに、法とか理論だけでなく、実際のケースを学ぶとても良い教材になるはずです。業界のためにも、是非作っていただきたいと思っています。最後に、今後「授業の中でこういったことをやっていきたい」などの展望はありますか。

職員が大学を変えていく

篠田　大学院の学生たちは、いわば職員の後輩だと思っています。現在、全国の大学事務職員数は約10万人と言われており、桜美林だけでも現在100人ほどが学んでいます。桜美林の大学院の卒業生が徐々に増えて1000人を超えると、全職員数の1％となり、日本の大学をリードしていく大きな力になると思っています。その後輩たちに、職員が大学を変えていく原動力であることを教えたいと思っています。

　大学のあらゆる仕事は、最終的に大学の職員の手を経て具体化されます。その方針は、職員が経験したものがデータや提案となり、最終的に学長の方針になっていくのです。教員とは違った意味で大学を動かしているのが職員であり、職員が意見や提案を言える場を大学の中に作ることが大学の発展につながっていく。それを実践できる力を職員である大学院生につけていくことが私の仕事だと思っています。

畑山　それは頼もしいお言葉です。是非これからもよろしくお願いします。

> 畑山 浩昭（はたやま ひろあき）
> 桜美林大学副学長　1962年 鹿児島県生まれ。
> 1985年 桜美林大学文学部英語英米文学科卒。公立高校の英語教員として7年間奉職後、1992年に渡米。ノースカロライナ大学大学院修士課程修了（M.A.）、同大学大学院博士課程修了（Ph.D.）。マサチューセッツ工科大学大学院修士課程修了（M.B.A.）。
> 1997年4月より桜美林大学に勤務。
> 主な著書に『Japanification of Children'sPopular Culture』（Scarecrow Press、共著）や『自己表現の技法』（実教出版、共著）などがある。

初出：『OBIRINER』№38「教育に対する思いを力に「百家結集」第9回篠田道夫先生」2016年3月、桜美林大学発行

2. 篠田道夫の経歴と仕事

大学職員になったころ

　最初の配属は図書館課であった。司書資格を取らなければということで、準備しつつあった時に、わずか半年で学生課に異動となった。異動の理由は、当時、盛んであった学生運動への対応ということであった。というのは、自分自身の学生時代にも学生運動が盛んで、その経験が買われての異動ということであった。

　学生と話し合い、交渉していく中で、学生の学ぶ環境を整え、学生生活を支援することで学生の満足度を上げていくことが、これからの大学では必要になると感じ出していた。このため、施設の改善や奨学金の充実など、自分のできる範囲で一生懸命に学生の待遇改善に取り組んだ。

　しかし、予算には限りがあり、全ての要求にこたえることは当然ながらできない。そのことを、きちんと学生に説明しなければならない。そのため、現状、大学はどのようなことにどれだけのお金を使っているのか、それをどのようにしていったら学生向けの予算をもっと増やすことができるのかといったことを考えるようになり、それが大学全体の運営に目を向けるきっかけとなった。

職員としてどんな取組みをしてきたか

　庶務課時代に、教授会の運営に携わった。その中で、資料の作成の仕方や議題の整理の仕方に自分なりの新たな提案を加えることで、決定する案件や決定の内容など大学の方向性が微妙に変化するということが分かった。そして、大学の大きな方向は変えられないかもしれないが、工夫次第では方針づくり等に関与することも可能であり、職員が仕事を通じて大学を動かせるということを実感した。

　その後の広報課長時代に、大学が名古屋市内から知多半島に移転することになった。地方に移転することで、学生募集が厳しくなることが予想されたので、推薦入試制度の導入を提案した。ところが、推薦入試を導入するほど本学は落ちぶれていないなどの意見が出て、教授会で否決されてしまった。

　入試結果は予想通りで、志願者は劇的な減少となった。推薦制度はすぐ可決された。しかし、減ったのは広報課長の責任だと、理事会で何度も注意された。広報が悪いから減ったのではない。真の原因は大学の魅力の問題だと腹が立った。他大学の、改善が進み志願者が多い大学と比較して問題点を書き出し、今でいえば「大学改善プラン」のようなものを提案し続けていった。すると当時の事務局長から「それなら自分でやってみろ」と庶務課長を命じられた。それがその後、長く大学改革に取り組むスタートになったように思う。

　大学全体を変えていくには職員の力が不可欠だと多くの仲間と事務局改革をすすめた。40年を超す事務局建設の取組みで、日本福祉大学事務局は3つの発見（創造）をしたと思っている。その第1は職員の成長、力量形成は現実の業務を遂行し作り変える中でしか身に着かないということ。それは今日、日本福祉大学では事業計画の重点課題を遂行する職員提案の事業企画書の取組みとして受け継がれており、一般にはOJD、開発行動を通じた育成として定着しつつある。第2は「研究・教育の目的達成のための事務」。このスローガンは、これまでの事務処理から問題発見、問題解決へ、ルーティン型業務から政策業務への進化を意図的に推進した1980年代の主要テーマ。これは事務業務の単なる変化ではなく飛躍がいると繰り返し強調され本学事務局の根幹となっていった。そして3つ目は、これらをベースとした職員の大学運営参画。特に問題は教学運営参加。教育は教員のみで成り立つことは不可能

で、教育条件を整備する職員労働と一体にならねば成立せず、これら全体を管理する大学運営に職員は相応しい形で参画すべきだということを理論的にも明らかにしながら、各種会議への正式参加を求めていった。これは戦いでもあった。この、力を付けることと大学運営参画、これは今日の大学職員論の基本を構成する重要な原理でもある。

　1989年には、それまでの経営と教学の意見の対立を乗り越えて、事務局が素案作りに中心的役割を果たした「長期計画の基本要項」が理事会、教授会で決定された。政策に基づく学園運営が始まり、その立案と遂行を支える事務局の、政策審議機関や経営組織、大学機関への参画が急速に進んでいった。このことは、従来考えられていたような狭い意味での条件整備労働を脱却し、環境の変化に対応できる本格的な開発力やマネジメント力を職員が体得し使いこなせるようになってきた証といえる。

　教員と対等な形での職員参加のひとつが、私が制度設計に関わった執行役員制度である。

　日本の学校法人制度の特徴の一つとして、決定・監督機能と執行機能が混在しているということがある。理事会が意思決定機能と執行機能の双方を果たすために、常任理事制度などがとられているが、それでもなかなか理事会のみで執行機能を十分に果たすということは難しい。それを解決するということが、執行役員制度導入のねらいであった。すなわち理事会が決めたことをきちんと実行する責任を負いきるための制度である。

　理事会の決定事項は経営と教学の双方にわたっているので、執行役員会も双方のメンバーから構成されている。専務理事の総括のもと、研究、教育、キャリア、地域連携、学生募集、財務など、分野に分かれて担当分野の決定した方針を、きちんと執行する責任を担うこととなっている。この取り組みは対等の立場での真の教職協働を促進し、かつ、経営と大学の諸活動を連携・協働させるという意味で、日本の大学運営組織としても進んだものを持っており、今後の日本型のアドミニストレーターのあり方の一つのモデルとなりうるのでないかとも思っている。

　40年を超す大学職員人生で確信したことは、職員が大学を変えるということである。大学のあらゆる現場にいる職員が、いかなる問題意識を持ち、

実態を踏まえた改善提案が出来るか否かが大学力の根底にある。現在は大学教員として働いているが、桜美林大学大学院でも大正大学でも、大学(学校)職員の養成という仕事を担っている。これは職員を変えれば大学が変わる、後に続く後輩を育てよう、改革の志を伝えていこうという思いが強い。日本の全ての大学において、職員が教員と対等の立場で、協働して大学の運営を担っていくことができるようになることをめざしている。これは職員の地位向上のためではない。現場にいる職員の力を高め、それを生かさない限り、大学の存立、前進は望めないからに他ならない。

　大学を取り巻く環境は厳しいものではあるが、そのような中だからこそ必要とされる職員の役割、重要性を主張し続けていきたいと考えている。そして、その期待に応えることのできる職員の養成にさらに力を入れて行きたい。

働く中で影響を受けた人物

　日本福祉大学時代の先輩である末松氏(事務局長、のち職員として初めての理事)、渡辺氏(末松氏の後任事務局長、のち理事長)からは多くのことを教えてもらった。1980～90年代、経営と教学は大学の進むべき道について意見が隔たり、対立があった。それを乗り越えるために、中期計画による全学一致を実現すること、その推進を支える職員の力量向上、今日の日本福祉大学の改革路線を作り上げ、理事会・教授会をその方向に動かしていった。この二人のリーダーと共に改革に参加し本当に多くのことを学んだ。私は渡辺氏の後を継いで事務局長となるが、拙著『大学戦略経営論』の基になる戦略目標の確立と一致、それに基づく総合的改革路線の推進は、この経験を通して確立していった。また、それを担う職員の能力開発、事務局の役割に関する先述の3つの発見(創造)を2人と共に作り上げる中で、職員の果たすべき役割とその育成の方向について確信を深め、今日の「大学職員論」を形作っている。

　学外の人で印象に残るのは、やはり職員論の先駆者、孫福弘さんである。彼の「戦略的に仕事をするというアプローチによって、はじめてミッションの達成も、業務の卓越性も獲得できる。」という言葉が気に入って良く引用する。「戦略的に仕事をする」は、日本福祉大学の到達した政策的業務への進化そのものである。

参考になった書籍、読んでいる雑誌

『実務者のための私学経営入門』(改訂版)石渡朝男著(私学経営研究会編、法友社、2010年3月)、『私立大学のクライシスマネジメント』小日向允著(論創社、2003年6月)、『実践的学校経営戦略―少子化時代を生き抜く学校経営』岩田雅明(ぎょうせい、2009年8月)などは、著者が同じ職員出身であり、物事を見る目線や評価軸が共通している。研究というよりはいかに現実を変えていくかという視点に共感している。私の桜美林大学大学院の授業でのテキストや参考文献として使わせて頂いている。同じく『私立大学の経営と拡大・再編―1980年代以降の動態』両角亜希子著(東信堂、2010年)も丹念な経営実態調査に裏付けられており、また、『今、なぜ「大学改革」か?―私立大学の戦略的経営の必要性』水戸英則編著(2014年)も現職の理事長の実践を通して書かれたものとして示唆に富む。『SDが変える大学の未来―大学事務職員から経営人材へ』(2004年2月)『SDが育てる大学経営人材』(2004年10月)、『SDが支える強い大学づくり』(2006年9月)山本眞一編(いずれも文葉社)も、多くの職員論の先達がいろんな角度から職員のあるべき姿を論じたものとしてたくさんのことを学んだ。

また、私は改革の実際を掴むため雑誌をよく読む。『私学経営』:いろんな大学の改革の実践事例が各種の雑誌の中では最も豊富で、今大学ではどんな現状・課題があり何を取組んでいるか掴むことが出来る。『学校法人』:財務情報を中心に、やはり実践事例や改革の実務知識が多く参考になる。『ビットウイン』『カレッジマネジメント』『大学マネジメント』:教育やマネジメントの直面する重要テーマが特集されデータと論点が総合的につかめる。『IDE-現代の高等教育』:大学をめぐる直面する重要テーマについて第一線の研究者が論じている。『文部科学教育通信』『大学時報』(私立大学連盟):国立大学や大手大学の動向、取り組みが掴める。『教育学術新聞』(私立大学協会):大学をめぐる動きをいち早くつかめるとともに、私大の多数を占める400の協会加盟校(中小規模大学)の動向、取り組みが掴める。そしてこれらの雑誌のほとんどに私の論稿を掲載いただいており、特に、『教育学術新聞』『私学経営』『学校法人』では連載を担当させてもらっている。

身に付けてきた仕事のやり方

　仕事の仕方として大切にしていることの中に「人事を尽くして天命を待つ」がある。仕事そのものは天命というほど大げさなものでは無いが、それでも理事時代は100億の予算、140人の専任職員の人事を預かり、ひとつひとつの事業に緊張して当たってきた。表面上はともかく、人は命令では動かない。方針をいかに浸透させ、多くの人をその気にさせ、組織し、あらゆる手を打ち尽くし、細心の注意で濠を埋め、包囲網を敷き、夜の宴会も駆使し、この方向しか道は無いと組織全体を持って行くのを醍醐味としていた。段取り、手順、調整、根回し、約束など周到な準備が最後の勝敗を決める。そして、やれるだけやりきって駄目ならあきらめる。

　もう一つがぶれない。方針を考え尽くし、迷っても、決めたら動かない。「愚直」「馬鹿の一つ覚え」を信条としている。理路整然と難しい論理を言うのが大切なのではなく、一貫性こそが信頼を生む。単純な真理を繰り返し言う。当たり前のこと、常識を実行に移すことの方が、むしろ大変かつ重要だからだ。

　よくやったのは、パートさんや派遣職員を自宅（単身赴任）に招いての定期的な大宴会。下からは真実が見える。大学への批判、裏表のある教職員への批判から多くを学んだ。もちろん職員仲間とはよく飲んだ。総務部長時代は週1回〜2回は部下を連れて飲み屋へ。午前様もたびたびで、説教もするが、批判もされ、これが固い団結を作る。最近、稲盛経営学の本の中に『稲盛流コンパ』、「京セラには100畳のコンパ部屋がある」を見つけ、やっぱり真実だと思った。

　庶務課時代には、議事録を、きれいで無くても会議中に完成させろと指示され、人の話を要約し、ポイントをまとめ、文章としていくのが早くなった。今でも、文章を書く、特に調査をまとめるスピードは速いのではないかと思う。

　雑誌の項でも書いたが、自分自身が現場出身であることもあり、現場に足を運ぶ、現実から学ぶことを重視している。如何なる理論も、最後は現実を変えられなければ意味がないと考えており、研究そのものというより実践論を重視している。その点で、大学改革に例えば企業経営論は参考にすべき点が多いが、それだけで大学が変われるわけではなく、むしろ、大学自身の中

にある優れた取り組み、改革行動を発見し、その中から改革に共通する普遍的な原理を見つけ出そうと思っている。もちろん大学によって目的や環境は異なり効果のある戦略・戦術は千差万別だが、それでも状況に応じた改革の基本原理には共通項がある。これは『教育学術新聞』の連載「改革の現場―ミドルのリーダーシップ」で5年間に訪れた90を越える大学の経営幹部との面談や、私学高等教育研究所の10年にわたる調査で訪れた50近い大学の中で発見し、整理する中で徐々に形になり、日本福祉大学での体験と合わせ私の著書『大学戦略経営論』の根幹を構成している。

信州に住んでいるので移動時間が長く、講演等で出かけたりすることも多いので、これを有効活用している。参考書類に目を通したり、原稿の下書きをしたりしているのはほとんど電車の中やホテルかもしれない。現在、大学院の教授として、高等教育とりわけ大学マネジメントの研究者として、また信州の自宅ではトラクターを乗り回し畑を耕作するなど、いろいろなことをやっているので、時間を合理的に使うという意識と、ノウハウは自然と身に付いてきたと思う。

大学職員に対するメッセージは

今大学に最も求められているものは何かと問われたとき、答えはいつも、「改革の持続」である。永続性のあるミッションを保持するためにこそ不断の改革が求められる。「伝統と革新」「不易流行」、いろんな言葉があるが、現実のニーズや要望、批判、評価に正面から向き合うことなしには、大学は発展できない。しかし、この改革の持続こそが最も困難だ。前例踏襲の風土、改革は自分自身への負荷を生み、仕事が増えるし努力がいる。ここから改革には必ず抵抗勢力、批判者が現れる。これを乗り超えるのがマネジメントの根幹だが、その原動力は現場にいる職員である。学生の実態や願い、高校生や地域のひとの希望、卒業生を採用する企業の求める人材、これは職員を通じてしか把握できない。また、これらは日々変化するが、これに応えることなしには大学の存続は無い。現場からの発信、力量向上、大学運営への参画は改革の持続に不可欠である。

教員と違って、職員のは元々意思決定に参画する1票は持たない。その職

員が大学を動かしうるとしたらその力の源泉は何か。それは純粋に学生の成長、満足度の向上、大学の発展や目標達成のために献身できる集団として組織され、力を発揮できるかどうかにかかっている。これが本物であれば、いかなる抵抗勢力も、いずれは打破できる。

　いま、私も委員として加わっている中教審大学教育部会では職員の位置と役割、その育成が主要議題の一つとして議論されている。そのテーマは、大学職員の資質向上、すなわちSDの義務化や「事務組織」の位置づけの飛躍的向上などだ。画期的な改革で、一部は大学設置基準に盛り込まれる。職員が大学改革の最後の切り札を握っているということだ。2018年から大学は再び18歳人口の大幅な減少に直面する。大学環境は激変し、これまでの延長線上での大学の存続は不可能だ。現場で厳しさに直面する職員こそが大学の新たな未来の創造に挑戦することが出来ると確信している。

　　初出：「大学職員への熱いエール」（篠田道夫の経歴と仕事紹介）『戦略的大学職員養成ハンドブック』岩田雅明著、ぎょうせい、2016年2月

あとがき

　2010 年に東信堂より『大学戦略経営論』を出版して以降、雑誌や新聞に発表した論稿は、経営実態調査報告を除いても 30 本を超えた。これらをまとめ、前作の続編『大学戦略経営の核心』として発刊していただいた。今回の刊行も、東信堂社長下田勝司氏の強いご支援の賜物であり、心より感謝を申し上げたい。

　また、この 5 年にわたり論稿を発表する機会をいただいた『IDE‐現代の高等教育』『Between』『カレッジマネジメント』『私学経営』『学校法人』『教育学術新聞』『大学職員論叢』『大学マネジメント』『文部科学教育通信』『OBIRINER』の編集部の方々や(株)ぎょうせいにお礼を申し上げる。それぞれの雑誌、新聞が、激変する高等教育の時々のテーマと切り結び、特集を組み、そこからいただいた原稿依頼のテーマに触発されて多くの論稿を書き続けることが出来た。そのことを通して大学の充実と発展を作り上げるマネジメントのあり方とそれを担う中核である大学職員のあるべき姿を考え、提起することが出来たと思っている。

　また、調査、研究、発表の場を与えてくれた日本私立大学協会、同附置私学高等教育研究所、とりわけ「私大マネジメント改革」プロジェクトチームの研究員の皆さんや、日本高等教育評価機構にもお礼を申し上げたい。ここでの実態調査やアンケートのデータが本書のベースになっている。

　さらに、中央教育審議会・大学教育部会の委員として、教育の質向上を目指す教学マネジメントのあるべき姿や改革、職員の役割や力量向上の議論に加わったことも、これらの論稿を書く上で大きな刺激になった。

　現在の職場、桜美林大学大学院(大学アドミニストレーション研究科)でも多くの教員・職員の皆さんからご支援をいただき、また 20 名を超える篠田ゼミ生(現職の理事や職員)から、教えながらもたくさんの問題意識や元気をもらった。そして私のマネジメントの原点、いま学園参与を務める日本福祉大学にも感謝している。

　また、この 5 年間で調査や取材で 100 近い大学を訪問し、理事や事務局長

ら多くの幹部の皆さんから貴重な体験、改革の実践や努力から作り出された問題解決のヒントを直接伺った。アンケートでは、回答項目の多い煩雑かつ踏み込んだ調査にも拘らず、200 を超える大学から丁寧な回答をいただいた。状況の厳しさや多くの問題点も率直に伺い、それを如何に乗り越えたかの経験談、改革の実相、苦労話が無ければ本書は誕生しなかった。改革の基本原理は現場の実践やデータの中にこそあり、本書の中核をなしている。記して感謝を申し上げたい。

　これら多くの方々の実践に裏付けられた「戦略経営の核心」を、ぜひ改革の前進に活用していただきたいと願っている。

2016 年 10 月
信州伊那にて
篠田　道夫

初出一覧

第1部 戦略経営の要、組織と政策の確立

第1章 学校法人制度の特質

1 学校法人制度の特質と私立学校法

「学校法人制度の特質と私学法―中長期計画でマネジメント強化を」『教育学術新聞』2011年7月6日

2 私立学校法改正が提起するもの

「私学法改正が提起するもの―理事会、マネジメント改革の契機に」『教育学術新聞』、2004年6月16日付

第2章 ガバナンスとマネジメントの一体改革

1 組織制度改革からマネジメント改革へ

「組織・制度改革からマネジメント改革へ―改革推進に相応しい運営システムを如何に作るか」『カレッジマネジメント』2015年5-6月号

2 学長統括力を強化する組織・運営改革

「学長の統括力を強化するガバナンスとマネジメントの一体改革」『Between』2013年8-9月号

第3章 実効性のある中長期計画の策定と実行

「実効性ある中長期経営システムを如何に構築するか―私高研調査に見るマネジメントサイクル確立・強化の課題(連載6回)」『学校法人』2013年5月〜11月

第4章 私大経営システムの構造改革の推進

「私大経営システムの構造改革推進に向けて―財務・職員・経営実態調査を踏まえ」『私学経営』2011年6月

第2部 戦略経営をいかに実行するか

第1章 地方大学のマネジメントはいかにあるべきか

「地域連携マネジメント構築に向けて―地方大学の特色化とその推進のあり方を交えて」私学高等教育研究叢書『地域連携の意義とマネジメントのあり方を考える』 2015年3月

第2章　中長期計画の実際

1　福岡歯科大学─中期構想、任期制、評価で活性化
「福岡歯科大学─中期構想、任期制、評価で活性化」『教育学術新聞』2013年2月13日

2　静岡理工科大学─優れた中期計画で確実な成果
「静岡理工科大学─優れた中期計画で確実な成果」『教育学術新聞』2013年3月6日

3　甲南女子大学─総合政策で志願者V字回復
「甲南女子大学─総合政策で志願者V字回復」『教育学術新聞』2012年5月23日

4　関西福祉科学大学─学園一体運営で誠実に教育創り
「関西福祉科学大学─学園一体運営で誠実に教育創り」『教育学術新聞』2012年10月17日

5　金城学院大学─目標と評価の徹底した継続で前進
「金城学院大学─目標と評価の徹底した継続で前進」『教育学術新聞』2013年10月2日

7　日本を縦断する長崎・滋賀・岐阜・青森の地方7大学に共通する改革原理
「事例に学ぶ、大学マネジメントの優れた取り組み」『私学経営』連載9、2015年5月号

8　2020年、立命館の目指すもの、R2020ビジョン
「2020年、立命館のめざすもの・R2020ビジョン」『カレッジマネジメント』2012年7-8月号

9　二松学舎大学の戦略的経営の実践
「書評『今、なぜ「大学改革」か？私立大学の戦略的経営の必要性』水戸英則著（丸善プラネット株式会社）」『大学職員論叢』大学基準協会　2016年3月

第3章　教学マネジメントを構築する

1　教学経営の確立を目指して
「教学経営の確立を目指して─改革前進に向けた組織・運営課題」『教育学術新聞』2011年10月5日

2　教育改革にはマネジメント改革を
「教育改革にはマネジメント改革を─教学経営で質向上の好循環を作り出す」

『教育学術新聞』2012年7月25日
- 3　3ポリシーに基づく内部質保証と教学マネジメントの確立
中央教育審議会大学教育部会『「学位授与方針」（ディプロマポリシー）、「教育課程編成・実施の方針」（カリキュラム・ポリシー）及び「入学者受け入れ方針」（アドミッション・ポリシー）の策定及び運用に関するガイドライン』2016年4月
- 4　学修成果（アウトカム）評価を如何に改善に生かすか―金沢工業大学の事例を基に
「学習成果（アウトカム）評価を如何に改善に生かすか―金沢工業大学の授業改善PDCAの事例を基に」『教育学術新聞』アルカディア学報 2014年3月5日

第4章　中国の大学のマネジメントとリーダー
「大学の戦略的マネジメントとリーダーの役割―第9回日中高等教育交流討論会での報告をもとに」桜美林大学・大学アドミニストレーション研究科『研究紀要』第3号、2013年3月

第3部　職員の位置と役割、力量の飛躍

第1章　求められる新たな職員の役割と力量向上

- 1　新たな職員像と戦略経営人材の育成
「戦略経営人材の育成」『IDE―現代の高等教育』2015年4月号、特集「大学職員像を問う」
- 2　中教審が提起する職員の新たな役割と運営参画の必要性
「中教審で審議が進む職員の新たな役割と専門性の向上」『Between』2015年12月-16年1月号
- 3　これからの大学改革の核、SD・職員力の飛躍
「これからの大学改革の核、SD・職員力の飛躍」『カレッジ・マネジメント』2016年7-8月号
- 4　中教審の今後の取組みの方向性
中央教育審議会大学分科会『大学運営の一層の改善・充実のための方策について（取組みの方向性）』2016年4月
- 5　専門的職員に関する文科省調査を読む

―中教審大学教育部会・篠田委員が読み解く「専門的職員に関する調査」結果
　【資料】「大学における専門的職員の活用に実態把握に関する調査結果」文部科学省、2016年1月
　『Between情報サイト』2016年2月

第2章　職員の育成システムの高度化
　1　大学改革力強化へ―職員に求められる4つの課題
　「大学改革力の強化へ―職員に求められる4つの課題」『教育学術新聞』2011年6月1日
　2　職員育成を基礎から考える―企画提案型職員の育成を目指して
　「管理者の役割と職員育成を基礎から考える（1）〜（3）―企画提案型職員の育成を目指して―」『学校法人』2012年5月号〜7月号
　3　職員はなぜ高等教育の基礎を学ばねばならないか
　「書評『［新版］大学事務職員のための高等教育システム論―より良い大学経営専門職となるために』山本眞一著（東信堂）」2014年3月

第3章　職員の大学運営参画の重要性―教員統治からの脱却と真の教職協働
　「教員統治から職員への運営参画へ―私学高等教育研究所調査と日本福祉大学の事例をもとに」『大学マネジメント』2012年11月号

第4章　経験的大学職員論
　1　大学の職員たちが、大学を変える
　『OBIRINER』No.38「教育に対する思いを力に「百家結集」第9回先生」2016年3月、桜美林大学発行
　2　大学職員への熱いエール
　「大学職員への熱いエール」（篠田道夫の経歴と仕事紹介）『戦略的大学職員養成ハンドブック』岩田雅明著、ぎょうせい、2016年2月

索 引

欧 字

FD　195, 197
　　——の活性化　93
　　——の実質化　25
IR　114
　　——機能　194
　　——推進室　243
　　——組織　57, 198
JABEE　216
PM（Performance と Maintenance）理論　284
PBL　197
PDCA　15, 130, 144
　　——サイクル　26, 30, 67, 75, 103, 114, 141, 181
OJD（オンザジョブディベロップメント）
　　246, 250, 282, 287
SD　195, 273, 313
　　——の義務化　250, 265, 272
S/T 比（教員一人当たり学生数）　179
SWOT 分析　58, 294
SWOT マトリクス　294

あ 行

アウトカム評価　25, 217
アウトキャンパス・スタディ　128
アカデミック・アドミニストレーター　256
アクションプラン　142, 161, 185, 293, 296
アクティブラーニング　25, 122, 197
アセスメント・ポリシー　217
アドミッションオフィサー　252
アドミッション・ポリシー　202
アドミニストレーター　153, 249
アフターケア　71
アメーバ経営（部門独立）　77
意思決定過程　323
意思決定機能と執行機能の役割分担　153
意思決定システム　128
意思決定組織　321

イノベーション　225
　　——の持続　236
インスティテューショナル・リサーチャー
　　（IRer）　251
インストラクショナル・デザイナー　196, 244, 251
インストラクショナル・デザイン　93
インハウスコミュニケーション　91
運営参画　248
エビデンス　77
エンロールメントマネジメント　145
オーダーメイド教育　166
オーナー型・系　15, 29, 32, 44, 105, 108

か 行

改革推進組織　196
改革推進マネジメント　122
ガイドライン　202
開発型業務　286
開発型職員育成　286
開発行動　246
開発力（量）　82, 279, 288, 302
学長機構　194
学群再編　128
学習者中心の教育　178
学習成果　93, 193, 197
　　——の客観的把握　21, 25
　　——の重視　198
　　——の点検・評価システム　217
学修成果（アウトカム）評価　214
学術専門職員　256
学生支援ソーシャルワーカー　251
学生満足度　169, 171
　　——の向上　23, 74, 167
学長スタッフ機構　23
学長のリーダーシップ　19, 21, 92, 114, 162
　　——の確立　12
学長の指導能力　231

学長機構　42
　　――の確立　92
　　――の強化　161, 188
学長機能　41
学長権限　41
学長指名型　46
学長室　243
学長選挙型　15, 46
学長選任システム（制度／方式）　12, 45, 92, 109
学長直属の改革推進組織　199
学長統括力　21, 28
　　――強化　20
学長補佐体制　13, 92, 162
学長理事会指名型　15
学内研修制度　279, 308
課題の共有、浸透　73
課題発見の方法　57
学校教育法の改訂　12
学校法人運営調査委員　157
「学校法人会計基準」の改訂　11
学校法人会計制度　50
学校法人制度の特質　4, 19
ガバナンス改革　150
ガバナンスとマネジメントの一体改革　18
カリキュラム・コーディネーター　199, 251
カリキュラムの体系化　25
カリキュラム・ポリシー　202, 217
カリキュラムマップ　159
考える組織　281
監事機能の強化　6, 9
幹部育成システム　246
管理運営参画　329
管理運営の改革　196
管理者改革　280, 286
管理者昇格・育成システム　247
企画・開発力の育成　250
企画戦略室　164
企画提案型職員の育成　283
企画提案型の力量育成　310
企画提案力　242, 282, 290
　　――の育成　293
企画能力　82
企画部　166, 243

企画部門の確立　187
企画立案力量　89
危機意識　124
　　――の共有　91, 122, 123
帰属収支差額比率　49, 80
　　――改善計画　137
寄附講座（冠講座）　129
教育改革　86, 193
教育改革基本方針　124
教育改革推進事務部局　252, 281
教育改革推進組織　93
教育改革推進体制　51
教育改革方針　75
教育課程（カリキュラム）の体系化　21, 197
教育サポーター制度　128
教育支援力　254
教育支援専門職員　251
教育第一主義　129
教育の質向上　171, 193, 197
教育のPDCAサイクル　219
教育評価　193
教育付加価値　214
教員・職員の一体運営　115
教員の教育力　52
　　――の向上　197
教員の業績評価　126
教員評価　26, 93, 136
教学改革方針　84, 199
教学経営　25, 92, 193, 198
教学PDCAサイクル　199
教学への職員参画　324
教学マネジメント　13, 21, 25, 43, 195, 198, 254
　　――の確立　200
教授会の位置づけ　116, 118
教授会の役割　13, 116
教職員参加型　124
教職員の考課制度　135
教職員の能力向上　189
教職協働　188, 281, 321, 326
競争と淘汰の時代　8
業務遂行能力　307
業務の高度化　156, 245, 282
業務の政策化　290
グランドデザイン　184

索引　355

経営改善計画　157, 171
経営改善五か年計画　160
経営企画局　127
経営企画室　122, 143, 159
経営・教学の一体運営　115, 120
経営政策支援組織　82
経営と教学の一体政策　24
経営と教学の統一（連結）　188, 327
経営の公開　10
経営の評価　9
経営への職員の参画　324
計画力　303
計画の具体性　84
研究コーディネイト　289
権限移譲　17, 19, 113, 118, 281, 324
現場主義教育　163
県民大学宣言　129
コアコンピタンス　188, 295
　──経営　233
高大接続改革　254
高等教育システム　316
高度専門職　247
顧客満足度向上　214
個人責任（制）　92, 153
コーチング　300
コミュニケーション（能力）　188, 235, 306

さ　行

最高意思決定機関　5
財政悪化　95
財政改善　170
　──計画　168
財政計画　64, 81, 86
財政公開　10
財政指標　67
財務シミュレーション　80
財務の計画化　94
財務評価指標　80
財務分析　80
サービスラーニング　161, 197
差別化戦略　295
3ポリシー　200
私学の自主性と公共性　5
志願者の大幅増　159

事業企画書　153, 246
事業計画　7, 150
事業統治力　289
事業報告書　7, 168
資源の整理統合能力　233
自己点検評価　68, 72, 94, 126, 145, 216
　──委員会　57
自主性と公共性　19
持続的改革　237
私大の二元構造（二重構造）　19, 22
実現可能性調査　303
執行役員　327
　──制度　151
質向上　225
　──の重視　177
実効性あるマネジメント　56, 77, 103, 130
実効性ある中（長）期計画　15, 26, 83
実効性ある中長期経営システム　30, 55
実行力　307
事務局改革　329
事務局建設　328
社会人基礎力　123
社会的評価　230
　──の向上　83, 86
シャドウイング　246
集団維持行動　285
授業改善　123, 143
　──サイクル　220
授業参観　170
主体的・自立的行動　188
循環型管理運営　75
少人数教育　168, 171
上級管理者育成　250
常任理事　33
常任理事会　118
　──権限　182
情報共有　117
情報公開　188
職員育成制度　245
職員固有の役割　244, 318
職員参加（参画）　44, 195, 252, 281, 323, 328, 330
職員出身理事長　36
職員組織の位置付け　272

職員の新たな役割　248
職員の意思決定への参加　52
職員の位置づけや役割　82, 265
職員の運営参加（参画）　118, 188, 247, 311, 321
職員の経営・教学参加　324
職員の資質向上　250
職員の人事評価　126
職員の専門家集団　248
職員の「専門性」　314
職員の専門能力　247
職員の能力開発　156
職員の力量形成　82
職員の力量向上　257
職員理事　35, 105
職能資格制度　245, 309
処遇政策　98
私立学校法改正　6, 8
人件費圧縮（削減）　51, 94, 96, 168
人件費の増大　95
人材育成　119
　──・評価制度　309
人事考課　153
　──制度　82, 245, 279, 309
迅速な意思決定　116, 120, 122, 168, 171
数値目標（制度）　65, 144, 291
優れた中期計画　137
スタッフ機能の強化　187
スペシャリスト　314
成果指標　112
成果体系図（戦略マップ）　297
政策一致　39, 150
政策策定システム　89
政策室　128
政策浸透、課題共有　16, 90, 117, 120, 189
政策調整会議（機関）　23, 40, 47
政策提案　288
　──型の業務　251
政策提言能力　286, 289
政策統治　7, 19, 28
政策の財務への貫徹　187
政策の理解や浸透　47
政策の優位性、実効性　88
政策を軸にした改革推進体制　146

政策立案　122, 243, 301
　──手法　294
責任体制　91
責任と権限の明確化　187
セクショナリズム（部分最適）　286
世代交代　119
ゼネラリスト　286, 289, 314
全学一致　83, 86
全学教育改革推進システム　194
全学教育改革推進組織　22
全学共通教育　126
全学的な意思決定機構の整備　188
全学的なガバナンスの確立　199
選択と集中　88, 188, 233, 295
全体最適　314
専門職　276
　──集団　316
専門人材の育成　255
専門的職員　248, 251, 255, 270
　──の配置　265
専門的力量　244
　──の向上　323
戦略スタッフ　242, 249, 251
戦略ドメイン　296
戦略と個人目標との連結　188
戦略と部門目標との連結　188
戦略の具体化　187
戦略の策定　187
戦略プランニング能力　222
戦略マップ　296
戦略マネジメント　221
戦略管理　225
戦略経営　26, 183, 222
　──人材　242, 255
　──人材育成　246
　──の確立　18
　──の基本原理　190
戦略計画　236
戦略遂行管理　156
戦略的企画会議　123
戦略的企画能力　250
戦略的プランニング能力　231
戦略的マネジメント　16, 223, 235
戦略的優位性　231

索 引 357

戦略立案　293, 297
総合企画室　182
創造的執行能力　232
双方向型授業　197
組織（制度）改革　12, 171

た　行

大学アドミニストレーター　244, 255, 273, 289, 313
大学運営参画　82, 250
大学改革力　19, 75
　——強化　278
大学ガバナンス改革　12
大学経営人材養成　312
大学経営専門職　312, 319
大学行政管理職（員）　153, 256, 273
大学職員の専門職化　273
大学職員の専門性　255
大学職員論　313
大学統括力の強化　13
大学の機能別分化　53
大学の持続的発展　161
大学の市場化　222
大学の歴史　317
大学マネジメント　76, 184, 221
退学率の低さ　169
体験型学習　170
第 3 者評価　69
達成度指標　67, 157
達成度評価　15, 71, 126, 187
ダブルゼミ　127
ダブルライセンス　163
担当理事制　9
地域活性化　165
地域貢献　165
地域密着　124
地域連携推進体制の確立　112
地域連携マネジメント　102, 113
地方大学におけるマネジメント　121
地方・単科・小規模・新設　128
チームワーク　307
チャレンジシート　292
中期計画　135, 144, 147, 161
　——原案策定組織　61

　——説明会　59
　——への意見の反映　59
　——に基づくマネジメント　138
　——の実質化　75
　——の浸透　73
　——立案の意義　86
中期財政計画　123
中期目標・中期計画　76
中長期経営システム　47
中長期計画　55, 142, 186
　——に基づく運営　178
　——の策定方法　63
　——の実質化　81, 84
中長期目標・計画の共有　110
超健全財政　165
直接統括　122
提案型業務　82
提案制度　58, 75, 91
定員確保　124
定員割れ　50, 139
　——の改善　84
定員充足　162, 170
　——状況　74
　——率　28, 49, 52, 60, 95, 160
ディスクロージャー　11
定性的評価　68
ディプロマ・ポリシー　202, 217
当事者意識　141
到達度チェック　75
　——システム　142
到達度評価　67, 72, 113, 153
　——指標　61
到達目標　66
同僚的文化　47
独創的改革　125
都市移転　124
トップ集団の権限　18
トップダウン（型）　17, 41, 130, 178
トップダウン型大学　107

な　行

内部質保証　69, 200
　——システム　26, 147, 181, 195
ナンバリング　197

二極化　130, 223
2018年問題　336
日本経営品質賞（JQA）　216
ニュースリリース　158
任期制　98, 135
認証評価　68, 72, 94, 138, 145, 160, 167, 216
　——制度　201
年俸制　135

は 行

ハイブリッド型プロフェッショナル　255
バランススコアカード　195
ピアサポート　127, 179
非オーナー系　44
ビジョン　293
評価基準　292
評価指標　88
V字回復　139
フィージビリティ・スタディ　303
不易流行　229
負のスパイラル　139
部分最適　314
ブレインストーミング　302
プレーイングマネージャー　286
プレゼンテーション力　306
ブレイクダウン　246
プロフィール　319
プロフェッショナル　256, 273, 289, 314
プロジェクト　91, 117, 125, 140, 156, 161, 281
　——チーム　311
文化醸成能力　234
分析力　301
ベクトルの一致　86
ベンチマーク　25, 296
方針管理制度　129
ポートフォリオ　126, 159, 217
ボトムアップ（型）　17, 18, 41, 113, 130, 188
ボトムアップ型大学　107
ボトムアップ型の改革　140
本質（的な）改革　88, 125

ま 行

マーケットリサーチ　191
マーケティングマインド　57, 298
マスタープラン　185
マネジメント　305
　——改革　12, 121
　——構造改革　84
　——サイクル　6, 75
　——サイクルの確立　9
　——の特徴　130
ミッション　17, 57, 86, 142, 222, 228, 293
3つのポリシー　93, 193, 198
ミドル　223
ミドルアップダウン　286
ミドルの役割　238
目標管理　291
　——制度　82, 163, 245, 309
目標設定　290, 292
目標達成行動　19, 24, 103, 285
目標と計画　178
目標と評価　144, 283, 291
目標による管理　292
目標・方針の明示と総括　181
目標の連鎖　246
問題発見（力）、問題解決（力）　245, 302, 308, 319

や・ら・わ行

役員への親族就任の制限　4
予算編成方針　64, 150
ラーニングアウトカム　93
リサーチアドミニストレーター（URA）　244, 251
理事会運営の実質化　8, 39
理事会改革　11
理事会機能の確立・強化　91
理事会機能の実質化　187
理事会主導　135
理事会統治の実質化　91
理事会と教学の権限責任　93
理事会と教授会の関係　14
理事会と教授会の対立（関係不全）　22, 40, 53
理事長・学長兼任（兼務）型　15, 46, 106
リストラクチャリング　89, 188, 295
リーダーシップ　187, 223, 307
　——の構築　113
　理事長の——　39, 123

リベラルアーツ教育　125
ルーブリック　25, 197
ロジカルシンキング　302

論理的思考力　302
ワーキンググループ　117, 311

著者紹介

篠田　道夫（しのだ　みちお）

桜美林大学教授　日本福祉大学学園参与
昭和25年2月22日生　　　現住所　長野県伊那市
愛知大学法経学部法学科卒業
昭和47年4月学校法人日本福祉大学職員に採用される。図書館課、学生課、庶務課等を経て、昭和59年4月広報課長、昭和60年4月庶務課長、平成元年6月総務部長、平成6年4月学園事務局次長兼大学事務局長、平成9年4月学園事務局長
平成9年4月　　　学校法人日本福祉大学理事就任。（平成25年3月まで）
平成24年4月　　　桜美林大学大学院教授（現在に至る）
平成25年4月　　　学校法人日本福祉大学学園参与就任（現在に至る）
平成25年4月　　　大正大学特命教授（非常勤）（現在に至る）

[主な役職]
平成14年4月　　　日本私立大学協会附置私学高等教育研究所「私大マネジメント改革」チーム研究代表（現在に至る）
平成18年7月　（財）日本高等教育評価機構　評価システム改善検討委員会委員、平成27年4月より副委員長（現在に至る）
平成24年4月　　　文部科学省学校法人運営調査委員（現在に至る）
平成27年4月　　　中央教育審議会大学教育部会委員（現在に至る）

[著書]
『戦略経営111大学事例集』東信堂、2016年
『大学マネジメント改革―改革の現場・ミドルのリーダーシップ』ぎょうせい、2014年
『大学戦略経営論―中期計画の実質化によるマネジメント改革』東信堂、2010年
『大学アドミニストレーター論―戦略遂行を担う職員』学法新書、2007年
『大学職員論―経営革新と戦略遂行を担うSD』地域科学研究会、2004年

大学戦略経営の核心

2016年12月20日　初　版第1刷発行　　　　　　　　〔検印省略〕

＊定価はカバーに表示してあります

著者 © 篠田道夫　発行者 下田勝司　　　　　　　印刷・製本　中央精版印刷

東京都文京区向丘1-20-6　郵便振替 00110-6-37828
〒113-0023　TEL 03-3818-5521(代)　FAX 03-3818-5514
E-Mail tk203444@fsinet.or.jp

発行所　株式会社 東信堂

Published by TOSHINDO PUBLISHING CO.,LTD.
1-20-6, Mukougaoka, Bunkyo-ku, Tokyo, 113-0023, Japan
ISBN978-4-7989-1380-3　C3037 Copyright©2016 SHINODA, Michio

東信堂

転換期を読み解く――潮木守一時評・書評集	潮木守一	二六〇〇円
大学再生への具体像――大学とは何か【第二版】	潮木守一	二四〇〇円
フンボルト理念の終焉？――現代大学の新次元	潮木守一	二五〇〇円
いくさの響きを聞きながら――横須賀そしてベルリン	潮木守一	二四〇〇円
「大学の死」、そして復活	潮木守一	二八〇〇円
大学教育の思想――学士課程教育のデザイン	絹川正吉	二八〇〇円
大学教育の在り方を問う	絹川正吉	二三〇〇円
北大 教養教育のすべて	山田宣夫	三二〇〇円
―エクセレンスの共有を目指して	小笠原正明・安藤厚、細川敏幸 編著	二四〇〇円
国立大学法人の形成	大﨑仁	二六〇〇円
国立大学・法人化の行方――自立と格差のはざまで	天野郁夫	三六〇〇円
大学は社会の希望か――大学改革の実態からその先を読む	天野郁夫	二〇〇〇円
転換期日本の大学改革――アメリカと日本	江原武一	三六〇〇円
大学の管理運営改革――日本の行方と諸外国の動向	江原武一	三六〇〇円
大学経営とマネジメント	新藤豊久	二五〇〇円
大学戦略経営論 中長期計画の実質化によるマネジメント改革	篠田道夫	三六〇〇円
戦略経営の核心	篠田道夫	三六〇〇円
戦略経営Ⅲ 大学事例集	篠田道夫	三四〇〇円
大学の財政と経営	篠田道夫	三三〇〇円
私立大学マネジメント	丸山文裕	三三〇〇円
私立大学の経営と拡大・再編 一九八〇年代後半以降の動態	（社）私立大学連盟編	四七〇〇円
大学の発想転換――体験的イノベーション論二五年	両角亜希子	四二〇〇円
30年後を展望する中規模大学 ―マネジメント・学習支援・連携	坂本和一	二〇〇〇円
大学のカリキュラムマネジメント	市川太一	二五〇〇円
戦後日本産業界の大学教育要求 ―経済団体の教育言説と現代の教養論	中留武昭	三三〇〇円
大学生経済支援政策	飯吉弘子	五四〇〇円
アメリカ大学管理運営職の養成	高野篤子	三三〇〇円
【新版】大学事務職員による大学経営支援論 ―より良い大学経営専門職となるために	犬塚典子	三八〇〇円
アメリカ連邦政府による大学経営支援政策 ―高等教育システム論	山本眞一	一六〇〇円

〒113-0023 東京都文京区向丘 1-20-6
TEL 03-3818-5521 FAX 03-3818-5514 振替 00110-6-37828
Email tk203444@fsinet.or.jp URL-http://www.toshindo-pub.com/

※定価：表示価格（本体）＋税

東信堂

大学の自己変革とオートノミー —点検から創造へ	寺﨑昌男	二五〇〇円
大学教育の創造 —歴史・システム・カリキュラム	寺﨑昌男	二五〇〇円
大学教育の可能性 —教養教育・評価・実践	寺﨑昌男	二五〇〇円
大学は歴史の思想で変わる —FD・評価・私学	寺﨑昌男	二八〇〇円
大学改革 その先を読む	寺﨑昌男	二三〇〇円
大学自らの総合力 —理念とFD	寺﨑昌男	二〇〇〇円
大学自らの総合力Ⅱ —理念とSD そしてSD	寺﨑昌男	二四〇〇円
21世紀の大学:職員の希望とリテラシー	寺﨑昌男	二五〇〇円
ミッション・スクールと戦争—立教学院のディレンマ	老川慶喜編	五八〇〇円
一貫連携英語教育をどう構築するか—「道具」としての英語観を超えて	鳥飼玖美子編著	一八〇〇円
英語の一貫教育へ向けて	立教学院英語教育研究会編	二八〇〇円
大学評価の体系化	大学基準協会編	三二〇〇円
高等教育の質とその評価 —日本と世界	山田礼子編著	二八〇〇円
アウトカムに基づく大学教育の質保証—チューニングとアセスメントにみる世界の動向	深堀聰子	三六〇〇円
高等教育質保証の国際比較	杉本和弘・羽田貴史編	三六〇〇円
学士課程教育の質保証へむけて—学生調査と初年次教育からみえてきたもの	山田礼子	三三〇〇円
新自由主義大学改革—国際機関と各国の動向	細井克彦編集代表	三八〇〇円
新興国家の世界大学戦略—世界水準をめざすアジア・中南米と日本	米澤彰純監訳	四八〇〇円
東京帝国大学の真実	舘昭	二〇〇〇円
原理・原則を踏まえた大学改革を—場当たり策からの脱却こそグローバル化の条件	舘昭	四六〇〇円
学生支援に求められる条件—日本近代大学形成の検証と洞察	大島真夫・浜島幸司・清野雄多司	二八〇〇円
アカデミック・アドバイジング その専門性と実践—日本の大学へのアメリカの示唆	清水栄子	二四〇〇円

〒113-0023 東京都文京区向丘1-20-6　TEL 03-3818-5521　FAX 03-3818-5514　振替 00110-6-37828
Email tk203444@fsinet.or.jp　URL:http://www.toshindo-pub.com/

※定価：表示価格（本体）＋税

東信堂

溝上慎一 監修　アクティブラーニング・シリーズ（全7巻）

① アクティブラーニングの技法・授業デザイン　水松下佳代 編　1600円
② アクティブラーニングとしてのPBLと探究的な学習　溝上慎一・成田秀夫 編　1600円
③ アクティブラーニングの評価　石井英真 編　1600円
④ 高等学校におけるアクティブラーニング：理論編　溝上慎一 編　1600円
⑤ 高等学校におけるアクティブラーニング：事例編　溝上慎一 編　2000円
⑥ アクティブラーニングをどう始めるか　成田秀夫 編　1600円
⑦ 失敗事例から学ぶ大学でのアクティブラーニング　亀倉正彦　1600円

アクティブラーニングと教授学習パラダイムの転換　溝上慎一　2400円

大学生の学習ダイナミクス―授業内外のラーニング・ブリッジング　河井亨　4500円

大学のアクティブラーニング
―3年間の全国大学調査から「深い学び」につながるアクティブラーニング　河合塾 編著　3200円

「学び」の質を保証するアクティブラーニング
―全国大学の学科調査報告とカリキュラム設計の課題　河合塾 編著　2800円

アクティブラーニングでなぜ学生が成長するのか
―経済系・工学系の全国大学調査からみえてきたこと　河合塾 編著　2800円

初年次教育でなぜ学生が成長するのか
―全国大学調査からみえてきたこと　河合塾 編著　2800円

主体的学び 創刊号　主体的学び研究所 編　1800円
主体的学び 2号　主体的学び研究所 編　1600円
主体的学び 3号　主体的学び研究所 編　1600円
主体的学び 4号　主体的学び研究所 編　1600円

「主体的学び」につなげる評価と学習方法
―カナダで実践されるICEモデル　S・ヤング&R・ウィルソン 著／土持ゲーリー法一 訳　2000円

ポートフォリオが日本の大学を変える
―ティーチング／アカデミック・ポートフォリオの活用　土持ゲーリー法一　2500円

ティーチング・ポートフォリオ―授業改善の秘訣　土持ゲーリー法一　2000円

ラーニング・ポートフォリオ―学習改善の秘訣　土持ゲーリー法一　2500円

〒113-0023 東京都文京区向丘1-20-6　TEL 03-3818-5521　FAX 03-3818-5514　振替 00110-6-37828
Email tk203444@fsinet.or.jp　URL:http://www.toshindo-pub.com/

※定価：表示価格（本体）+税

東信堂

アメリカ公立学校の社会史——コモンスクールからNCLB法まで	W・J・リース著 小川佳万・浅沼茂監訳	四六〇〇円
アメリカ 間違いがまかり通っている時代——公立学校の企業型改革への批判と解決法	D・ラヴィッチ著 末藤美津子訳	三八〇〇円
教育による社会的正義の実現——アメリカの挑戦(1945-1980)	D・ラヴィッチ著 末藤美津子訳	五六〇〇円
学校改革抗争の100年——20世紀アメリカ教育史【増補版】	D・ラヴィッチ著 末藤・宮本・佐藤訳	六四〇〇円
アメリカ学校財政制度の公正化	竺沙知章	三四〇〇円
現代アメリカの教育アセスメント行政の展開——マサチューセッツ州《MCASテスト》を中心に	北野秋男編	四八〇〇円
アメリカ公民教育におけるサービス・ラーニング	唐木清志	四六〇〇円
ハーバード・プロジェクト・ゼロの芸術認知理論とその実践——内なる知性とクリエイティビティを育むハワード・ガードナーの教育戦略	石井英真	四六〇〇円
【増補版】現代アメリカにおける学力形成論の展開——スタンダードに基づくカリキュラムの設計	池内慈朗	六五〇〇円
現代ドイツ政治・社会学習論	浜田博文編著	二八〇〇円
アメリカにおける学校認証評価の現代的展開	桐谷正信	三六〇〇円
アメリカにおける多文化的歴史カリキュラム	山本須美子	四五〇〇円
EUにおける中国系移民の教育エスノグラフィ——「事実教授」の展開過程の分析	大友秀明	五二〇〇円
現代教育制度改革への提言 上・下	日本教育制度学会編	各二八〇〇円
日本の教育をどうデザインするか	上田学編著	二八〇〇円
現代日本の教育課題——二一世紀の方向性を探る	上田・岩槻・村田翼夫編著	三六〇〇円
人格形成概念の誕生——近代アメリカの教育概念史	田中智志	三八〇〇円
社会性概念の構築——アメリカ進歩主義教育の概念史	田中智志	三八〇〇円
グローバルな学びへ——協同と刷新の教育	田中智志編著	二〇〇〇円
学びを支える活動へ——存在論の深みから	田中智志編著	二〇〇〇円
教育の共生体へ——ボディ・エデュケーショナルの思想圏	田中智志編	三五〇〇円
社会形成力育成カリキュラムの研究	西村公孝	六五〇〇円
社会科は「不確実性」で活性化する——未来を開くコミュニケーション型授業の提案	吉永潤	二四〇〇円

〒113-0023 東京都文京区向丘1-20-6 TEL 03-3818-5521 FAX03-3818-5514 振替 00110-6-37828
Email tk203444@fsinet.or.jp URL:http://www.toshindo-pub.com/

※定価：表示価格（本体）＋税

東信堂

未曾有の国難に教育は応えられるか——「じひょう」と教育研究六〇年	新堀通也	三三〇〇円
新堀通也、その仕事	新堀通也先生追悼集刊行委員会編	三六〇〇円
ポストドクター——若手研究者養成の現状と課題	北野秋男編著	二八〇〇円
日本のティーチング・アシスタント制度——大学教育の改善と人的資源の活用	北野秋男編著	三六〇〇円
「再」取得学歴を問う——専門職大学院の教育と学習	吉田文編著	二八〇〇円
航行を始めた専門職大学院	橋本鉱市	二六〇〇円
学級規模と指導方法の社会学——実態と教育効果	山崎博敏	三二〇〇円
夢追い形進路形成の功罪——高校改革の社会学	荒川葉	二八〇〇円
進路形成に対する「在り方生き方指導」の功罪——高校進路指導の社会学	望月由起	三六〇〇円
教育から職業へのトランジション——若者の就労と進路職業選択の社会学	山内乾史編著	二六〇〇円
教育と不平等の社会理論——再生産論をこえて	小内透	三三〇〇円
〈シリーズ 日本の教育を問いなおす〉		
拡大する社会格差に挑む教育	西村和雄・大森不二雄編	二四〇〇円
混迷する評価の時代——教育評価を根底から問う	西村和雄・大森不二雄編倉元直樹・木村拓也編	二四〇〇円
教育における評価とモラル	倉元直樹・木村拓也編	二四〇〇円
《大転換期と教育社会構造：地域社会変革の社会論的考察》	西村信雄編	
第1巻 教育社会史——日本とイタリアと	小林甫	七八〇〇円
第2巻 現代的教養Ⅰ——地域と生活主体生涯学習の展開	小林甫	六八〇〇円
第3巻 現代的教養Ⅱ——技術者生涯学習の生成と展望	小林甫	六八〇〇円
第3巻 学習力変革——地域自治と社会構築	小林甫	近刊
第4巻 社会共生力——東アジアと成人学習	小林甫	近刊

〒113-0023　東京都文京区向丘1-20-6
TEL 03-3818-5521　FAX 03-3818-5514　振替 00110-6-37828
Email tk203444@fsinet.or.jp　URL:http://www.toshindo-pub.com/

※定価：表示価格（本体）＋税

東信堂

書名	著者・訳者	価格
責任という原理──科学技術文明のための倫理学の試み（新装版）	H・ヨナス／加藤尚武監訳	四八〇〇円
主観性の復権──心身問題から『責任という原理』へ	H・ヨナス／宇佐美公生・滝口清栄訳	二〇〇〇円
ハンス・ヨナス「回想記」	H・ヨナス／盛永審一郎・木下喬・馬渕浩二・山本達訳	四八〇〇円
生命の神聖性説批判	H・クーゼ著／飯田亘之・石川悦子・小野谷加奈恵・片桐茂博・水野俊誠訳	四六〇〇円
生命科学とバイオセキュリティ──デュアルユース・ジレンマとその対応	河原直人編著	二四〇〇円
医学の歴史	石井道夫監訳	四六〇〇円
安楽死法：ベネルクス3国の比較と資料	盛永審一郎監修	二七〇〇円
死の質──エンド・オブ・ライフケア世界ランキング	丸祐一・小野谷加奈恵・飯田亘之訳	二〇〇〇円
バイオエシックス入門〔第3版〕	今井道夫・松坂和夫訳	三三八一円
バイオエシックスの展望	今井道夫・香川知晶編著	三三〇〇円
生命の淵──バイオシックスの歴史・哲学・課題	大林雅之	二〇〇〇円
今問い直す脳死と臓器移植〔第2版〕	澤田愛子	二〇〇〇円
キリスト教から見た生命と死の医療倫理	浜口吉隆	三八一〇円
動物実験の生命倫理──個体倫理から分子倫理へ	大上泰弘	四〇〇〇円
医療・看護倫理の要点	水野俊誠	二〇〇〇円
テクノシステム時代の人間の責任と良心	山本・レンク盛永訳	三五〇〇円
原子力と倫理──原子力時代の自己理解	小笠原道雄編	一八〇〇円
科学の公的責任──科学者と私たちに問われていること	小笠原・野平編訳	一八〇〇円
歴史と責任──科学者は歴史にどう責任をとるか	小Th・小笠原・野平編訳	一八〇〇円
（ジョルダーノ・ブルーノ著作集）より		
カンデライオ	加藤守通訳	三二〇〇円
原因・原理・一者について	加藤守通訳	四八〇〇円
傲れる野獣の追放	加藤守通訳	四八〇〇円
英雄的狂気	加藤守通訳	三六〇〇円
ロバのカバラ──ジョルダーノ・ブルーノにおける文学と哲学	N・オルディネ／加藤守通監訳	三六〇〇円

〒113-0023　東京都文京区向丘1-20-6　TEL 03-3818-5521　FAX 03-3818-5514　振替 00110-6-37828
Email tk203444@fsinet.or.jp　URL:http://www.toshindo-pub.com/

※定価：表示価格（本体）＋税

東信堂

オックスフォード キリスト教美術・建築事典	P&L・マレー著 中森義宗監訳	三〇〇〇〇円
イタリア・ルネサンス事典	J・R・ヘイル編 中森義宗監訳	七八〇〇円
美術史の辞典	P・デューロ他 中森義宗・清水忠訳	三六〇〇円
涙と眼の文化史──中世ヨーロッパの標章と恋愛思想	徳井淑子	三六〇〇円
青を着る人びと	伊藤亜紀	三五〇〇円
社会表象としての服飾──近代フランスにおける異性装の研究	新實五穂	三六〇〇円
書に想い 時代を讀む	河田悌一	一八〇〇円
日本人画工 牧野義雄──平治ロンドン日記	ますこ ひろしげ	五四〇〇円
美を究め美に遊ぶ──芸術と社会のあわい	青木 美紀 編著	二八〇〇円
バロックの魅力	小穴晶子編	二六〇〇円
新版 ジャクソン・ポロック	藤枝晃雄	三八〇〇円
美学と現代美術の距離──アメリカにおけるその乖離と接近をめぐって	金 悠美	三八〇〇円
ロジャー・フライの批評理論──知性と感受性の間で	要 真理子	四二〇〇円
レオノール・フィニー──境界を侵犯する新しい種	尾形希和子	二八〇〇円
〔世界美術双書〕		
バルビゾン派	井出洋一郎	二〇〇〇円
キリスト教シンボル図典	中森義宗	二〇〇〇円
パルテノンとギリシア陶器	関 隆志	二三〇〇円
中国の版画──唐代から清代まで	小林宏光	二三〇〇円
象徴主義──モダニズムへの警鐘	中村隆夫	二三〇〇円
中国の仏教美術──後漢代から元代まで	久野美樹	二三〇〇円
セザンヌとその時代	浅野春男	二三〇〇円
日本の南画	武田光一	二三〇〇円
画家とふるさと	小林 忠	二三〇〇円
ドイツの国民記念碑──一八一三─一九一三年	大原まゆみ	二三〇〇円
日本・アジア美術探索	永井信一	二三〇〇円
インド、チョーラ朝の美術	袋井由布子	二三〇〇円
古代ギリシアのブロンズ彫刻	羽田康一	二三〇〇円

〒113-0023 東京都文京区向丘1-20-6　TEL 03-3818-5521　FAX 03-3818-5514　振替 00110-6-37828
Email tk203444@fsinet.or.jp　URL:http://www.toshindo-pub.com/

※定価：表示価格（本体）＋税